PETITE
CHRONIQUE PROTESTANTE

DE FRANCE,

ou

DOCUMENTS HISTORIQUES

SUR

LES ÉGLISES RÉFORMÉES DE CE ROYAUME,

RECUEILLIS, MIS EN ORDRE ET PUBLIÉS

Par A. CROTTET.

XVIᵉ SIÈCLE.

PARIS,
A. CHERBULIEZ ET Cⁱᵉ, Libraires, | L.-R. DELAY, Libraire,
place de l'Oratoire, nº 6. | rue Tronchet, nº 2.

GENÈVE,
A. CHERBULIEZ ET Cⁱᵉ, Libraires, | Veuve BEROUD ET SUS. GUERS.
rue de la Cité. | G. KAUFMANN.

1846.

AVERTISSEMENT.

―――∞◊∞―――

Nos lecteurs ne doivent pas s'attendre à trouver dans ce volume une histoire détaillée et complète du Protestantisme en France pendant le seizième siècle.

Un travail de ce genre eût dépassé de beaucoup nos forces et, d'ailleurs, des devoirs importants nous eussent empêché de l'entreprendre.

Quoique la persécution contre les Églises réformées ait été longue et continue, plusieurs des monuments qui pouvaient en rappeler le souvenir ont disparu. Les uns ont été ruinés par la vétusté, l'incurie ou l'ignorance ; les autres ont été anéantis par les efforts du clergé romain, qui a toujours eu soin de supprimer, quand il l'a pu, les actes qui, après lui avoir été utiles dans le temps, pouvaient lui faire tort ou le couvrir de honte dans la suite. Cependant, malgré ces diverses causes réunies, il est probable que bien des documents précieux et ignorés gisent encore enfouis dans les bibliothèques et les dépôts d'archives du royaume. C'est là qu'il faut nécessairement aller les compulser, si l'on veut faire autre chose que rapporter des faits généraux déjà connus. Un homme indépendant et ami des recherches historiques peut seul se charger de faire de semblables perquisitions, qui exigent beaucoup de soins, de temps et de dépense. Puisse-t-il se rencontrer bientôt et répondre, par un travail consciencieux, aux vœux de ceux qui désirent depuis longtemps, posséder une histoire authentique et fidèle des Églises qui se sont détachées, il y a plus de trois siècles, de celle de Rome !

En attendant, et sans avoir la prétention de suppléer à cette lacune, nous avons cru faire une chose agréable aux Protestants de France en leur communiquant, dès à présent, sous le titre de Chronique, une série de faits qui concernent leurs anciennes églises, leurs pasteurs et leur foi. Outre les documents que nous ont fournis les sources généralement connues, nous en avons rapporté plusieurs qui ne se trouvent que dans des ouvrages devenus extrêmement rares. Enfin, nous avons inséré dans notre composition plusieurs pièces manuscrites, la plupart inédites, que nous avons copiées dans quelques bibliothèques de la Suisse et de la France, ou que nous devons à l'obligeance de quelques amis.

Nous ne regretterons pas d'avoir employé nos moments de loisir à faire ces recherches, si elles peuvent contribuer à servir la cause sacrée de la vérité et à dissiper l'obscurité dans laquelle la passion et l'esprit de parti ont cherché trop souvent à placer certains faits.

Pons, le 7 décembre 1845.

CHRONIQUE PROTESTANTE.

CHAPITRE PREMIER.

1509-1523.

Aurore de la Réformation en France. — Premiers travaux de Lefèvre sur la Bible. — Arrivée de Guillaume Farel à Paris. — Sa conversion. — L'évêque Briçonnet tente de réformer son diocèse. — Oppositions. — Progrès de l'Évangile à Meaux.

Luther en Allemagne, Zwingli en Suisse, n'avaient pas encore donné le signal de cette réforme générale de l'Église, réclamée si souvent, mais en vain, par les peuples soumis au joug de Rome, que déjà, depuis quelques années, un homme distingué travaillait à la faire pénétrer en France par ses écrits.

Jacques Lefèvre [1], né en 1450, à Étaples, petite ville

---

[1] Cet homme célèbre est aussi connu sous les noms de *Fabri*, *Fabry*, *Faber stapulensis*, *Lefèvre d'Etaples*. On trouvera dans les *Remarques critiques sur le Dictionnaire de Bayle*, par Des Maizeau, et dans l'ouvrage récent de M. Charles-Henri Graf, *Essai sur la Vie et les Écrits de Jacques Lefèvre d'Etaples*, plusieurs renseignements précieux puisés aux meilleures sources, que nous n'avons pu insérer ici qu'en partie.

de Picardie, après avoir excité l'admiration du public savant de son temps, par un grand nombre d'ouvrages remarquables sur la philosophie, les mathématiques et les belles-lettres, dont le goût commençait à se répandre partout, avait tourné ses pensées vers l'étude de la Bible.

Sa vie, jusqu'à l'année 1507, avait été assez agitée. Il l'avait partagée entre l'étude, les voyages et l'enseignement, et il avait fini par se retirer à la cour de Louis XII, où sa réputation lui avait donné accès et lui avait valu de puissants protecteurs.

A cette époque, il éprouva le besoin du repos, et il chercha un lieu où il pût se livrer, loin du bruit, à de paisibles travaux. Un de ses plus illustres disciples, Guillaume Briçonnet, alors évêque de Lodève, auquel il avait communiqué son goût pour l'étude [1], le lui procura en lui offrant un asile dans l'abbaye de Saint-Germain-des-Prés, que son père, le cardinal Briçonnet, archevêque de Reims, venait de lui céder [2]. Ce fut dans cette tranquille retraite que son esprit naturellement disposé à la piété, se livra presque exclusivement à l'étude des saintes lettres. « Pendant un long temps, dit-il lui-
» même dans la préface du Psautier quintuple qu'il fit
» paraître en 1509, je me suis attaché aux études hu-
» maines, et j'ai à peine goûté du bout de mes lèvres,
» comme on dit, les études divines (car elles sont
» augustes, et il ne faut pas s'en approcher téméraire-

---

[1] Du Plessis. *Hist. de l'Église de Meaux.* t. 1, p. 326.

[2] Ce prélat avait sacré Louis XII en 1498. Il avait été marié avant d'être ecclésiastique. Voyez, cette famille, Guy Bretonneau, *Hist. Généalogique de la Maison des Briçonnet.* Paris, 1620, in-4°.

» ment). Mais déjà dans le lointain une lumière si
» brillante a frappé mes regards, qu'en comparaison,
» les doctrines humaines m'ont semblé des ténèbres;
» elles m'ont paru exhaler un parfum dont rien sur la
» terre n'égale la douceur. [1] »

Ce n'était cependant que peu à peu et par une étude constante de la Bible, que Lefèvre devait parvenir à se débarrasser des langes de la superstition, et à se laisser guider par cette brillante lumière de l'Évangile que ses yeux commençaient à entrevoir.

Dans le temps même qu'il entreprenait ces nouveaux travaux, un jeune gentilhomme, nommé Guillaume Farel, né à Gap, en 1489, arrivait à Paris pour y faire ses études. Il n'y avait rien alors dans cet étudiant qui pût faire pressentir qu'il deviendrait un jour l'un des plus puissants instruments de la réformation française. Humblement soumis au pape comme il nous l'apprend lui-même [2], il avait pour lui la même vénération que pour Dieu; il avait en horreur tous ceux qui, par leurs actes ou par leurs paroles, s'opposaient aux volontés du chef de l'Église [3]. Il pratiquait avec un soin scrupuleux les observances les plus minutieuses du catholi-

---

[1] Graf, *Essai*, p. 37.

[2] Voyez dans Ruchat, *Hist. de la Réformation de la Suisse*, t. II. Appendice, p. 528, nouvelle édition. L'épitre circulaire (de Farel), adressée de Morat, en 1530 « *A tous Seigneurs et Peuples et Pasteurs a qui le Seigneur m'a donné acces, qui m'ont aidé et assisté en l'œuvre de Notre-Seigneur Jésus, et envers lesquels Dieu s'est servy de moy en la prédication de son Saint Évangile, grâce, paix et salut soient donnés*. Elle se trouve aussi dans le n° 147 des manuscrits de la bibliothèque de Genève.

[3] *A tous Seigneurs*, etc., p. 530.

cisme. Il avait déjà fait de nombreux pélerinages, et il montrait sa piété en se prosternant avec respect devant les images, en faisant des vœux et en adorant les reliques des saints. Quant à la messe, le pain consacré par la main du prêtre était à ses yeux le *seul vrai Dieu et n'y en avait point d'autre qu'icelui ni au ciel ni en la terre* [1].

Le jeune dauphinois continua à se livrer à ses pieuses pratiques dans le sein de la capitale, et ceux qui croyaient ainsi que lui à leur efficacité lui accordèrent bientôt leur estime et leur amitié.

Une circonstance, cependant, sembla devoir dissiper ses illusions. Il n'avait pas encore fait sa philosophie que, suivant cet entraînement général qui portait alors les esprits vers les anciens ouvrages depuis si longtemps oubliés, il se mit à lire pour la première fois la Bible : « Il fut fort ébahi, dit-il, voyant tout au » contraire sur la terre, en vie et doctrine, et que tout » estoit autrement que porte la Saincte Escripture [2]; » mais cette lecture ne fit que le troubler. Il crut s'être trompé, et, en fils soumis, il humilia son intelligence devant les décisions de l'Eglise. Sa dévotion pour les saints devint plus fervente que jamais ; il se mit à leur adresser ses prières le jour et la nuit. « Ne travaillant » rien plus, dit-il, et regardant particulièrement de » servir un chacun de ces dieux plus que je ne pou- » voye, et tous en général, tellement que je pouvoye » bien estre tenu pour un registre papal, pour marty- » rologue et tout ce qu'il faut en toute l'idolâtrie et

---

[1] *A tous Seigneurs*, etc.
[2] *Id.*

» diablerie papales, en laquelle n'ait cogneu aucun qui
» m'ait vaincu [1] » Ce fut, au moment où la piété de
Farel était le plus exaltée qu'il entra en rapport avec
Jacques Lefèvre, que nous avons laissé dans l'abbaye
de Saint-Germain-des-Prés. Ce savant homme, dont la
foi était encore peu éclairée, pratiquait aussi avec la
plus grande exactitude les cérémonies du culte catholique. « Jamais je n'avais veu, dit Farel, chanteur de
» messe qui, en plus grande reverence la chantast,
» combien que par toutes les parts je les aye cherchez
» jusques aux plus profonds des Chartreux et autres
» moines ; car je ne demandoye fors que les plus excel-
» lents idolatres, et avoye en horreur ceux qui ne
» faisoyent rien en l'Eglise papale sans très grande
» reverence. Cestuy..... faisoit les plus grandes reve-
» rences aux images qu'autre personnage que j'aye
» cogneu et demeurant longuement à genoux, il prioit
» et disait ses heures devant icelles. »

Malgré la différence d'âge, cette ferveur de zèle
établit une grande liaison entre ces deux personnages.
Farel, heureux d'avoir trouvé un homme selon son
cœur, et joyeux de la bienveillance que ce dernier lui
montrait, prenait souvent part à ses actes de dévotion.
Cependant toutes ces cérémonies que Lefèvre pratiquait avec tant d'empressement, étaient loin de le
satisfaire. Il sentait leur vanité. Un travail s'opérait
dans son esprit, il entrevoyait dans l'avenir quelque
chose de meilleur et ne craignait pas de le déclarer à
Farel. « Souventes fois, rapporte Farel, il me disoit que
» Dieu renouvelleroit le monde et que je le verroye [1]. »

[1] *A tous Seigneurs*, etc.
[2] *Id.*

Néanmoins, ce ne fut que plus tard que le savant docteur rompit avec ces coutumes superstitieuses. Pour le moment, soit qu'il fût retenu par la crainte, soit que ses convictions ne fussent pas encore formées à ce sujet, il continua à servir avec le même zèle la Vierge et les saints. Cependant les rapports que Farel eut avec ce grand homme lui furent favorables. Il participa à ses progrès, et bientôt, à l'exemple de son maître, il cessa de croire aux mérites de l'homme, et admit le salut par la grâce et l'unique mérite du Sauveur. Un personnage qu'il ne nomme point, mais auquel il souhaite que Dieu fasse miséricorde, lui ayant montré par l'Écriture Sainte et les anciennes oraisons de l'Église, qu'il fallait invoquer Dieu seul, au nom de son Fils ; il demeura longtemps avant de pouvoir reconnaître cette vérité. « Je fus difficile, dit-il, » à recevoir la pure invocation de Dieu, pourtant » (parce que) j'avoye tant de confiance en la Vierge » Marie et ès (aux) saincts et sainctes, desquelles je » ne faisoye que barbonner (marmotter) heures, » prières et suffrages jour et nuict [1]. » Comment n'aurait-il pas d'ailleurs hésité en voyant son pieux ami persister dans ses hommages superstitieux, et s'occuper même à former un recueil de légendes [2] destiné aux méditations journalières des fidèles.

Ce fut, cependant, ce dernier travail que Lefèvre avait commencé depuis peu qui servit à les arracher, pour toujours, au joug de l'erreur. La vue de tant de superstitions et de si grossiers mensonges, fit tomber la plume des mains du savant docteur et le désabusa.

---

[1] *A tous Seigneurs*, etc.

[2] Il a pour titre : *Agones Martyrum januarii.*

« Il laissa tout, et se mit du tout après la Sainte Escrip-
» ture. »

Farel résista encore quelque temps ; il lui coûtait de se séparer à jamais de ses anciennes idoles. Enfin, il fut pleinement convaincu, et il renonça à invoquer la Vierge et les saints. « Dieu me donna à cognoistre, » dit-il, qu'il le faut seul invoquer, et que toute l'invo- » cation des trépassés et de tous ceux qui sont hors de » ce monde, par laquelle les absens sont priés comme » présens et tout service est idolâtrie ; là fut du tout » esbranlée la papauté en mon cœur, et lors je com- » mençay à la detester comme diabolique, estant marry » d'avoir esté si longuement deceu par icelle ; et la » saincte Parole de Dieu commença à avoir le premier » lieu en mon cœur... [1] »

Sans doute, ils avaient encore bien des progrès à faire pour se soustraire entièrement à l'empire d'anciennes habitudes ; mais le premier pas était franchi, et ils n'avaient plus qu'à avancer sur cette nouvelle route, en se laissant guider par cette lumière divine qui venait de s'offrir à leurs yeux. Tous deux se mirent à étudier le saint livre avec zèle. Tandis que le docteur d'Etaples s'appliquait à traduire et à faire de savants commentaires sur plusieurs épitres de Saint-Paul, Farel étudiait avec soin les saints enseignements de la Bible. Pour en avoir une plus parfaite intelligence, ce dernier apprit le grec et l'hébreu. Ainsi qu'il nous l'apprend lui-même, il employa trois ans de sa vie à se livrer à ce travail pénible, priant Dieu de lui faire la grâce de connaître le droit chemin, lisant souvent à genoux le nouveau Tes-

[1] *A tous Seigneurs*, etc.

tament, conférant le texte grec avec la version vulgate, et consultant toutes sortes de gens grands et petits, pour recevoir d'eux quelque instruction [1].

Une étude si consciencieuse des livres saints leur dévoila de plus en plus la profonde corruption dans laquelle l'Église était tombée et leur fit sentir le besoin d'une réforme. Lefèvre ne craignit même pas d'en proclamer hautement la nécessité et de l'appeler de ses vœux. « O Christ ! s'écrie-t-il, dans son commentaire » sur les épitres de Saint-Paul, qu'il fît paraître en 1512, » ô Christ ! lumière véritable, reluis et chasse ces ténè- » bres, afin qu'ils puissent voir la lumière de tes paroles » et être sauvés [2]. »

Farel fut plus lent à se prononcer définitivement. Enfin, après une lutte pénible et dans laquelle il ressentit ce qu'éprouve toujours une âme qui se voit obligée, par la force de la vérité, à renoncer à des illusions qui lui ont été si longtemps chères, il cessa entièrement d'appartenir à l'Église de Rome.

On sera bien aise de connaître, par un dernier passage que nous extrayons de sa lettre circulaire, comment il parvint à rompre le charme qui le retenait dans l'erreur. « Je n'estaye pas fourré, dit-il, en la papauté » pour chose qui fût de ce monde, assavoir pour aucun » bien, honneur, gloire ne proffit terrien, mais par sé- » duction horrible, comme si la papauté fût esté vraye- » ment de Dieu et saincte et bonne, et que fut pour le » salut de mon âme, et n'en ay rien laissé par haine du

---

[1] Voyez *Act. Disp. Lausann*, fol. 153. Ruchat, *Hist. de la Réformation de la Suisse*, vol. 1, p. 203.

[2] *Ad. 1. Cor. 9.* Graf, *Essai*, etc.

» pape, ni des siens, ni pour avoir rien de ce monde ;
» et le jugement et affections humaines ne m'en ont
» point retiré, et n'ay point prins plaisir d'en laisser
» tant soit peu, ne désir avec de rien changer, mais
» ay esté par la pure parole de Dieu, par son exprès
» commandement et aussy n'ay laissé les dites abomi-
» nations papales tout-à-un coup. Mais il a fallu que
» petit à petit la papauté soit tombée de mon cœur, car
» par le premier ébranlement elle n'est venue bas..... »

Farel devenu, par l'appui de Lefèvre, régent au collége du cardinal Lemoine, l'un des plus illustres de la capitale, ne fut pas le seul à éprouver cet heureux changement. Plusieurs hommes distingués [1], compatriotes, amis ou disciples du docteur d'Etaples, et dont quelques-uns avaient trouvé, comme lui, un asile à l'abbaye de Saint-Germain-des-Prés, commencèrent à partager les mêmes sentiments. L'évêque Briçonnet lui-même ne demeura pas étranger au mouvement qui agitait les esprits. Déjà, en 1514, et probablement par les conseils de Lefèvre, il avait essayé, mais en vain, de faire revivre dans son couvent les anciennes règles de l'ordre [2]. De retour, en 1518, d'une ambassade à la cour de Léon X, qui avait duré deux ans, il voulut réformer aussi son nouvel évêché de Meaux, à la tête duquel il avait été placé en 1516. Mais il rencontra de violentes oppositions. Les curés de son diocèse, qui

---

[1] Gérard Roussel d'Etaples, Martial, etc. Vatable, né à Gamache en Picardie, se trouvait, en 1518, à Saint-Germain-des-Prés. Il fut nommé, en 1530, professeur d'hébreu au Collége de France. Graf. Essai, etc., p. 93.

[2] Guy Bretonneau, Hist. Généalogique de la Maison des Briçonnet, 1620, in-4°, p. 145. Graf, p. 13.

dépensaient leurs revenus à Paris en se faisant remplacer par des vicaires ignorants [1] ne voulurent pas retourner dans leurs paroisses. Les Cordeliers qui se voyaient aussi menacés dans leur tranquille oisiveté, joignirent leurs plaintes aux leurs, ils attaquèrent l'évêque, le dénoncèrent et lui suscitèrent mille embarras. Le prélat se vit alors obligé de suspendre l'exécution de ses plans de réforme et d'attendre une occasion favorable pour les effectuer.

Ce n'était là, cependant, qu'une faible opposition, en comparaison des hostilités qui allaient éclater contre tous ceux qui travaillaient aux progrès de la science et des lettres, en même temps qu'à la destruction des abus de l'Église.

Les ennemis des lumières, et, en général, tous ceux qui avaient intérêt à ce qu'on conservât les superstitions, n'avaient pu voir paraître, sans dépit, les derniers ouvrages de Lefèvre. Ils ne pouvaient lui pardonner d'avoir osé mettre à découvert les plaies de l'Église, quoiqu'il l'eût fait avec cette douceur et cette modération dont il ne se départit jamais. Aussi épièrent-ils avec soin le moment propice de lui témoigner leur haine. Ce moment ne tarda pas à se présenter.

Lefèvre, toujours occupé à combattre l'erreur partout où il la rencontrait, ayant publié, en 1518 et 1519, deux dissertations [2], où il prouvait, contrairement à

---

[1] Guy Bretonneau, *Hist. Généalogique de la Maison des Briçonnet.* 1620, in-4°, p. 164.

[2] *De Maria Magdalena, triduo Christi et una ex tribus Maria disceptatio*, in-4° imprimé à Paris, chez Henri Etienne, 1518 et 1519.
De tribus et una Magdalena disceptatio secunda, in-4°, Paris, 1519.

l'opinion reçue, que Madelaine, pécheresse dont parle saint Luc, chap. VII ; Marie-Madelaine dont le même évangéliste fait mention au chap. VIII, et Marie, sœur de Marthe, dont il est question au chap. XI de saint Jean, étaient trois femmes différentes, toute la gent monastique s'éleva avec fureur contre l'audacieux novateur et chercha à le perdre. Mais le plus fougueux antagoniste de Lefèvre fut le docteur Noël Béda ou Bedier, membre de la Sorbonne, mais défenseur fanatique des doctrines de l'Église, et ennemi juré de tous ceux qui voulaient faire refleurir les lettres, il réussit à faire condamner son collègue par la Faculté de théologie, le 9 novembre 1521 [1]. Déjà, il commençait de nouvelles poursuites, et espérait le faire punir comme hérétique, lorsqu'il se vit arrêté dans son acharnement. La dissertation sur les Madelaine avait été entreprise par Lefèvre, à la suite de questions qui lui avaient été adressées à ce sujet par plusieurs personnages distingués de la cour et par la reine-mère elle-même. Des amis puissants intervinrent en sa faveur, et François Ier, qui s'était déclaré le protecteur des gens de lettres, défendit au parlement de l'inquiéter davantage.

Mais un débat d'un plus haut intérêt occupait alors tous les esprits. La lutte que le moine Luther soutenait, en Allemagne, contre le pape, avait eu un grand retentissement en France. Les écrits du réformateur, et surtout son *Traité de la Captivité Babylonique*, avaient traversé promptement le Rhin ; ils étaient lus avec avidité, et commençaient à trouver des défenseurs dans le sein de l'Université, et même parmi les membres

---

[1] D'Argentré, *Collectio Iudic.*, etc., t. II. p. 7.

de la Faculté de théologie. La Sorbonne, appelée à se prononcer, vit le danger de différer. Elle se hâta donc, en 1521, de condamner, comme hérétique, le hardi docteur. Mais cette décision éclatante, bien loin de nuire à la réforme en France, attira l'attention générale sur les causes qui l'avaient provoquée.

Dès ce moment, plusieurs personnes qui avaient le sentiment des abus de l'Église, se rangèrent du côté de ceux qui voulaient la ramener à son état primitif. Une princesse illustre par sa naissance et la culture de son esprit, Marguerite, épouse du duc d'Alençon, et sœur de François Ier, qui avait déjà éprouvé, à cette époque, une influence salutaire des rapports qu'elle soutenait avec le pieux évêque de Meaux, alors entièrement dévoué à l'œuvre de la réforme, se déclara secrètement leur protectrice, et leur donna des preuves multipliées de sa bienveillance [1].

Ces circonstances favorables donnèrent une nouvelle impulsion au mouvement religieux naissant. L'évêque commença à agir avec plus de liberté. Lefèvre fit paraître un nouveau Commentaire sur les Évangiles [2], où, sans rompre ouvertement avec l'Église (ce qui ne paraît pas avoir été son intention), il proclame avec plus de courage les vérités du salut, et exprime son désir et sa confiance de voir bientôt prêcher l'Évan-

---

[1] Voyez : Lettres de Marguerite, reine de Navarre, Bibliothèque Royale, manuscrit S.-F., 337 (1521). Merle d'Aubigné, *Hist. de la Réformation*, t. III, p. 328.
Lettres de Marguerite d'Angoulême, publiées par Genin, Paris, 1841. Bref., p. 123.

[2] 1521.

gile dans sa pureté. « Oui, s'écrie-t-il, le temps arrivera
» enfin où l'Évangile de Christ sera prêché partout
» purement, sans mélange de traditions humaines, ce
» qui ne se fait point maintenant [1]. » « O Évangile !
» fontaine de l'eau vive qui jaillit pour la vie éternelle,
» quand règneras-tu dans ta pureté? Quand Christ seul
» sera-t-il tout en tous [2]? » « Que la seule étude, la
» seule consolation, le seul désir de tous soit de
» connaître l'Évangile, de suivre l'Évangile, de faire
» avancer partout l'Évangile, et que tous soient ferme-
» ment persuadés que nos ancêtres, que cette Église
» primitive, teinte du sang des martyrs, avait compris
» que ne rien savoir, excepté l'Évangile, c'est tout
» savoir [3]. »

Lefèvre ne se contente pas de recommander la prédication du pur Évangile de Jésus-Christ. Il se mit
lui-même à l'œuvre; mais, pour agir avec plus de
succès et rencontrer moins d'entraves, il se rendit
auprès de son protecteur, l'évêque Briçonnet, qui
faisait chaque jour de nouveaux progrès dans la
connaissance de l'Évangile, et était alors rempli de
zèle pour le propager autour de lui dans son diocèse.
Placé à la tête de l'administration de la Léproserie de
Meaux, le pieux et actif vieillard ne cessa d'encourager
le prélat dans ses projets de réforme. Ce fut à son instigation que ce dernier interdit la chaire aux Cordeliers
et aux autres religieux, qui n'y montaient que dans
un but intéressé. Il mit à leur place des hommes dis-

---

[1] *Ad. Marc.*, 13, 10. F. *Ad. Joh.*, 20, 26 w. Graf, p. 104.
[2] *Ad. Joh.*, 4. 32 w. Graf, *Id.*
[3] *Comm. in Ev. Praef*, p. 1. Graf, p. 103.

tingués par leurs talents ou leur piété, qu'il fit venir de Paris ou d'ailleurs. Parmi ces derniers, se trouvèrent Guillaume Farel, maistre Michel d'Arande [1], Martial Mazurier, célèbre prédicateur et président du collége Saint-Michel; Gérard Roussel, maître ès-arts; Jean Le Comte [2], fils de Sébastien Le Comte de la Croix, gentilhomme de Picardie, et de Marie Le Quien, femme de qualité. Ce dernier n'avait que vingt-deux ans.

Ce furent là les hommes qui, les premiers, travaillèrent à répandre l'Évangile en France, sous les auspices et la protection de l'évêque Briçonnet.

Ce prélat fit plus encore; il fonda une école où les principes de la doctrine chrétienne furent enseignés à plusieurs jeunes gens qu'il entretint à ses frais, et qu'il se proposa d'employer à l'œuvre du saint ministère [3]. Mais ce qui contribua par-dessus tout à dissiper les erreurs et les superstitions, fut la traduction en langue vulgaire du Nouveau Testament [4]. Lefèvre, toujours infatigable, entreprit ce travail utile, afin de répandre la connaissance de l'Évangile dans toutes les classes du peuple. « Maintenant, dit-il, dans son » épître exhortatoire qui la précède; le temps est venu » que nostre Seigneur Jesuchrist, seul salut, vérité et » vie, veult que son Évangile soit purement annoncée

[1] Crespin. *Martyrs*, liv. 2, p. 92.

[2] *Journal de Jean le Comte*, cité dans Ruchat, *Hist. de la Réformation de la Suisse*, t. III, page 132, nouvelle édition.

[3] Crespin, *Martyrs*, liv. 2, folio 92.

[4] Les quatre Évangiles parurent d'abord en 1523, chez Simon-de-Colines; le reste du Nouveau Testament, quelques mois après. Voyez Simon : *Nouvelles Observations sur le Texte et sur les Versions du Nouveau Testament*, p. 146.

» par tout le monde, afin que on ne se desvoye plus
» par autres doctrines des hommes. »

Dès que le Nouveau Testament fut imprimé, Briçonnet en distribua de nombreux exemplaires. Il ordonna à son receveur d'en donner à tous les pauvres qui en demanderaient [1]. Cette semence tomba dans une bonne terre et produisit beaucoup de fruits. « Il
» s'engendra, rapporte Crespin [2], un ardent désir en
» plusieurs personnes, tant d'hommes que femmes,
» de connoistre la voye de salut, nouvellement ré-
» vélé..... Les artisans, comme cardeurs, peigneurs et
» foulons n'avoyent autre exercice en travaillant de
» leurs mains, que conférer de la parole de Dieu,
» et se consoler en icelle. Et spécialement dimanches
» et festes estoyent employées à lire les Escriptures... »

Cette ardeur religieuse se communiqua aux villages, et bientôt, le diocèse de Meaux, où les superstitions étaient abandonnées, où la parole de Dieu était non-seulement prêchée avec fidélité, mais pratiquée, sembla offrir au monde l'image de l'Église renouvelée. Le bruit de cette réforme radicale dans les mœurs et les habitudes des habitants de ces lieux, se répandit au loin, et l'on ne parla, par toute la France, au grand chagrin des adversaires, que des réformés de Meaux.

---

[1] Bulaei (Du Boulay), *Hist. Univers.* Paris, t. vɪ, p. 176. Graf, p. 109.
[2] *Hist. des Martyrs*, liv. ɪv, p. 170.

CHAPITRE II.

1523 — 1524.

Farel va prêcher la réforme dans le Dauphiné. — Ses succès, son retour à Meaux. — Attaques des docteurs de Sorbonne contre Antoine Papillon, Louis de Berquin et Lefèvre. — Faiblesse de l'évêque Briçonnet. — Premiers Martyrs. — Farel se retire à Bâle.

Farel n'avait vu que les premiers commencements de cette transformation. Depuis sa conversion, son âme ardente avait brûlé de communiquer à ses parents, à ses amis et à ses compatriotes ses nouvelles convictions. Il s'était rendu dans le Dauphiné.

Ce fut à Gap, et au sein de sa famille, que le jeune missionnaire se mit à l'œuvre. Ses trois frères, Daniel, Gautier, Claude, reçurent dans leurs cœurs la semence de l'Évangile, sans oser toutefois en faire de suite profession. Ce ne fut que plus tard, et lorsqu'ils se sentirent mieux affermis dans leur foi qu'ils renoncèrent à leur patrie et à leurs biens, pour servir Dieu en liberté et selon leur conscience. Au dehors, Farel rencontra de grandes difficultés. La liberté avec laquelle il se mit à prêcher l'Évangile souleva contre lui une violente opposition. On lui reprocha d'exercer les fonctions de prédicateur sans en avoir le droit, on l'accusa d'annoncer une doctrine étrange et nouvelle. Farel, encouragé par l'attention que quelques personnes lui prêtaient, n'en continua pas moins ses pieuses exhortations jusqu'à ce qu'enfin il se vit contraint de sortir de Gap, chassé ignominieusement par l'évêque, « Il » fut chassé, voire fort rudement, tant par l'évêque

» que par ceux de la ville, trouvant sa doctrine fort
» étrange ¹ »

Fidèle à l'œuvre qu'il avait entreprise, et ne se laissant pas rebuter par les obstacles, Farel se mit alors à traverser les rivières, les forêts et les vallées du Dauphiné ² pour porter aux habitants de cette province le message de l'Évangile. Ses efforts ne demeurèrent pas infructueux, et, en divers lieux, plusieurs personnages quittèrent les erreurs de l'Église de Rome, et se déclarèrent pour les doctrines de la réforme. Parmi ceux dont les noms sont parvenus jusqu'à nous, il nous faut citer Pierre de Sebville ou Sébiville, religieux de l'ordre des Mineurs ³, François Lambert d'Avignon, cordelier de l'étroite Observance ⁴, le docteur Maigret, le chevalier Annemond de Coct ⁵, son parent Amédée

---

¹ *La Vie de feu heureuse mémoire, Mons. Guillaume Farel* (Manuscrit de la bibliothèque de Genève, n° 147. Manuscrit de Choupard, à Neufchâtel). Elle a été composée sur la correspondance et les écrits du réformateur, qui passèrent après sa mort entre les mains de Christophe Libertet ou Fabry, de Vienne en Dauphiné. Ce dernier avait été pendant dix-sept ans collègue de Farel à Neufchâtel. Ces pièces importantes se trouvent encore dans la bibliothèque de MM. les Pasteurs de Neufchâtel. Le savant auteur de la vie de Farel (*Das Leben Farels*; Zurich, 1831) M. Kirchhoffer, Pasteur à Stein, canton de Schaffhouse, a eu la bonté de nous en communiquer quelques copies, faites avec soin sur les originaux.

² *Olim errabundus in sylvis, in nemoribus, in aquis vagatus sum.* Farel, ad Capito, et Buc Basil., 25 octobre 1526. Manuscrit de Choupard. Lettres manuscrites de Neufchâtel.

³ Voy. *Appendice et Pièces Justificatives*, n° 3.

⁴ Voy. *Luther Epist.*, lib. II, p. 124. Apud Seckendorf, *Hist. Lutheran.*, liv. II, p. 40. Dans cette lettre, Luther dit que les témoins (de Coct et Farel), qui ont connu Lambert d'Avignon en France, sont auprès de lui.

⁵ *Appendice*, etc., n° 3.

Gaubert [1], Froment [2], Antoine Saunier de Moirans [3] et Christophe Libertet ou Fabry, de Vienne.

Tous ces hommes se dévouèrent de cœur à l'œuvre de la réformation, et cherchèrent à en hâter les progrès, en agissant chacun avec zèle dans les lieux où ils se trouvaient placés. Farel ne demeura que peu de temps avec eux. Satisfait du succès de sa mission, il quitta le Dauphiné pour aller reprendre à Meaux ses fonctions de prédicateur. Mais Dieu lui réservait d'autres destinées.

La Sorbonne n'avait pas vu sans inquiétude et sans dépit les réformes opérées dans un diocèse si rapproché de la capitale. Ses efforts pour empêcher la vente et la lecture des livres des réformateurs d'Allemagne n'avaient fait qu'augmenter la curiosité du public. Les ouvrages de Luther et de Mélanchton se trouvaient dans les mains d'un grand nombre de personnes appartenant à la classe instruite de la société. Plusieurs personnes distinguées de la cour et la sœur du roi elle-même avaient voulu en connaître le contenu.

La faculté de Théologie crut pouvoir remédier au mal en déployant une plus grande sévérité. Elle obtint du Parlement, en 1523, un arrêt en vertu duquel tous les livres de Luther furent saisis chez les libraires, et livrés aux flammes, et les écrits de Mélanchton défendus [4]. Mais cette mesure ne la rassura qu'en partie. Il lui importait, avant tout, d'atteindre et de faire condamner comme coupables ceux dont elle commençait

---

[1] *Appendice*, n° 3.
[2] Ruchat, *Hist. de la Réformation de la Suisse*, t. III, p. 179.
[3] *Id.*, p. 175.
[4] D'Argentré, *Collectio Judic.*, etc., t. II, page 4, 13. Graf. p. 105.

à suspecter l'orthodoxie. Deux personnes lui portaient surtout ombrage à la cour.

Le premier, Antoine Papillon, ami d'Erasme, et justement loué pour ses connaissances littéraires, avait traduit, sur l'invitation de la duchesse d'Alençon, le traité de Luther sur les vœux monastiques [1]. La princesse lui en avait témoigné sa reconnaissance, en le faisant nommer premier maître des requêtes du Dauphin, charge qui lui donnait droit de siéger au grand conseil.

Le second, Louis de Berquin, issu d'une famille illustre de la province d'Artois, occupait aussi un rang distingué à la cour de François Ier. De l'âge de Farel, il avait, comme le gentilhomme du Dauphiné, montré de bonne heure un grand attachement aux cérémonies et aux croyances de l'Église [2], et il avait témoigné une grande aversion pour la doctrine de Luther, lorsqu'on commença à en parler en France. Mais, doué d'un esprit éclairé, d'un caractère franc et ouvert, il avait conçu bientôt un profond mépris pour l'ignorance des moines, et n'avait pu s'empêcher de l'exprimer hautement en présence de tout le monde [3]. Cette manière d'agir lui avait attiré la haine de la Sorbonne, et Guillaume Duchêne [4], l'un de ses principaux docteurs était entré en controverse avec lui. C'était en cherchant des arguments pour lui répondre que Berquin avait décou-

[1] Voyez *Appendice*, etc., n° 3.
[2] Il estoit sans fard, grand sectateur des constitutions papistiques, grand auditeur des messes et sermons, observateur des jeûnes et jours de festes, dès sa jeunesse. Crespin, *Hist. des Martyrs*, liv. II, p. 96.
[3] Erasmus, Epist. IV, libr. XXIV.
[4] Il est connu dans les écrits du temps sous les noms de *A. Quercu*, *Nostre Maistre de Quercu*.

vert plusieurs erreurs de son église. Dès ce moment, il avait étudié avec soin la Sainte Ecriture, s'était mis à traduire du latin en français de petits ouvrages propres à faire connaître la doctrine évangélique, et les avait distribués à ses amis.

Ce fut d'abord contre ces deux hommes que les docteurs de Sorbonne dirigèrent leurs attaques. Le 23 mai 1523, à l'instigation de Béda et de ses adhérents, le parlement fit faire des perquisitions dans la demeure de Berquin. On y trouva quelques ouvrages de Luther, et quelques livres qu'il avait traduits en français. C'était une bonne fortune pour la faculté de théologie. Aussi s'empressa-t-elle de déclarer, après les avoir examinés, qu'ils contenaient des doctrines hérétiques, qu'il fallait les livrer aux flammes, obliger Berquin à faire une abjuration publique, et lui défendre de composer à l'avenir aucun livre, ni faire aucune traduction préjudiciable à la foi [1].

Le Parlement fit signifier cet avis à l'accusé. Louis de Berquin y répondit par écrit et de vive voix en présence des juges. Sur ses réponses, il fut arrêté le premier d'août, et quatre jours après, on lui lut son arrêt qui le renvoyait devant le tribunal de l'évêque de Paris. C'en était fait de Berquin, si François Ier, sollicité, sans doute, par Marguerite, qui témoigna toujours la plus grande estime à ce noble savant, n'eût évoqué l'affaire à son conseil. Ses nouveaux juges, plus indulgents, ne le condamnèrent qu'à abjurer quelques propositions hérétiques, ce qu'il fit. Nous verrons bientôt qu'il n'en continua pas moins à soutenir avec énergie ses nouvelles convictions. La même protection délivra

---

[1] Chevillier, *De l'Origine de l'Imprimerie de Paris*, p. 176.

Antoine Papilion des tracasseries de la Sorbonne.

Irrités du mauvais succès de leurs poursuites, mais non découragés, les théologiens tournèrent leur fureur contre Lefèvre, leur ancien et toujours redoutable antagoniste.

Le docteur d'Étaples, nommé, le 1ᵉʳ mai 1523 [1], grand-vicaire, par l'évêque de Meaux, travaillait toujours avec zèle, à répandre la connaissance de l'Évangile autour de lui. Il voyait avec joie, la vérité trouver insensiblement accès dans le cœur des grands et des petits, et concevait de douces espérances pour l'avenir. Il dut, toutefois, s'apercevoir bientôt que ce ne serait pas sans luttes et sans difficultés que ses vœux les plus chers parviendraient à se réaliser. Il exprimait, un jour, devant un Jacobin nommé de Roma, son espoir de voir la parole de Dieu prêchée par toute la France et en bannir l'erreur. « Moi et les autres religieux de tous les ordres, » s'écria le moine, qui était bien loin de partager ce pieux désir, « nous prêcherions une croisade contre le Roi et le ferions chasser par ses sujets, s'il permettait la publication de l'Évangile [2]. »

Les docteurs de Sorbonne ne tardèrent pas à lui donner une nouvelle preuve de ce mauvais vouloir. Plusieurs propositions extraites de son commentaire sur les Évangiles furent condamnées par eux [3]. Il refusa de les rétracter; mais, grâces à de puissants protecteurs, il échappa à la prison. Bien plus, ayant fait examiner l'affaire par une commission, et celle-ci s'étant montrée favorable à l'accusé, le Roi adressa à la Sorbonne

---

[1] Guy Bret., p. 179.
[2] Farel, Epistre au duc de Lorraine. Voy. Kirchhoffer, *Das Leben Farels*.
[3] D'Argentré, t. 1, page 10. Graf, 105.

une lettre pleine de louanges pour Lefèvre [1] et ordonna qu'on le laissât tranquille à l'avenir [2].

Ces attaques réitérées, et toujours plus haineuses, commencèrent à épouvanter l'évêque Briçonnet. On connaissait les efforts qu'il avait tentés pour bannir les superstitions de son diocèse. On savait qu'il avait osé répéter dernièrement du haut de sa chaire de Meaux, ces paroles de l'Apôtre : « Si quelqu'un vous annonce un Évangile différent de celui que vous avez reçu, qu'il soit anathême [3]. » Il n'en fallait pas davantage pour le perdre. Il vit avec effroi l'orage s'avancer et menacer sa tête. Le faible prélat se hâta de le conjurer. Le 15 octobre 1523, il rendit plusieurs décrets qui lui parurent propres à rétablir sa réputation d'orthodoxie, si gravement compromise. L'un enjoignit expressément les prières pour les morts et l'invocation de la Vierge et des Saints; un autre défendit, sous peine d'excommunication, de lire, emprunter ou garder des livres de Luther; un troisième établit la doctrine du Purgatoire. Le 13 décembre suivant [4], il fit défense aux curés et aux vicaires de laisser prêcher ceux que l'on commençait à appeler luthériens, et fit remplacer ces derniers par des personnages moins suspects. Enfin, pour qu'il ne manquât rien à cette réaction, il fit ou laissa punir un habitant de Meaux, qui avait osé s'élever contre les indulgences, dans un écrit attaché à la

---

[1] Lettre de François Ier. Voy. Du Plessis, *Hist. de l'Église de Meaux*, t. II, p. 282. Graf, 107.

[2] D'Argentré, t. II, p. 11.

[3] Kirchhoffer, *Das Leben Farels*, t. I, p. 13.

[4] Guy Bretonneau, p. 170, 172, 174. Graf, p. 107.

porte de la cathédrale, et déclarer que le Pape était l'antechrist.

Jean Le Clerc (c'était le nom du coupable) fut condamné à être marqué au front, après avoir été battu de verges pendant trois jours. Sa mère, qui partageait ses convictions religieuses, voulut assister à son supplice. Elle ne cessa, pendant tout le temps qu'il dura, de l'encourager à supporter ses souffrances avec constance, et quand elle l'eût vu flétrir au front, elle s'écria avec héroïsme : *Vive Jésus et ses enseignes* [1] *!*

La lâche timidité de l'évêque obligea plusieurs membres de la réunion de Meaux à se retirer [2]. Farel, entre autres, après avoir séjourné quelque temps à

---

[1] Jean Le Clerc quitta Meaux, et se retira d'abord à Rozay, en Brie, puis à Metz, où il se mit à exercer son métier de cardeur. Son zèle religieux le porta, l'année suivante, à commettre un nouvel acte qui lui coûta la vie. Une procession devait s'avancer à une certaine distance de Metz. La nuit d'avant, il se rendit sur les lieux, et rompit les statues de la Vierge et des Saints, qui devaient être les objets du culte des fidèles superstitieux. Le lendemain, les prêtres et le peuple, irrités de cet attentat, en recherchèrent avec empressement l'auteur. Jean Le Clerc, sur qui les soupçons se portèrent, fut arrêté. Il confessa hardiment le fait, et fit, devant ses juges, une profession franche de sa foi. Condamné à une mort affreuse, l'intrépide jeune homme l'endura avec une étonnante fermeté. Pendant qu'on lui coupait le poing droit, qu'on lui arrachait et déchirait avec des tenailles, le nez, les bras et les mamelles, il prononça à haute voix ces versets du psaume CXV :

Leurs idoles sont de l'or et de l'argent, ouvrage de mains d'hommes, etc.

Le feu termina cet horrible martyre. (Crespin, *Martyrs*, liv. II, p. 68.

[2] Michel et Arnaud Roussel, frères de Gérard Roussel, Pierre Caroli de Rozay en Brie, et docteur de Sorbonne, moins prononcés dans leurs opinions, vinrent les remplacer. (Du Plessis, *Hist. de l'Église de Meaux*, p. 328.

Paris, se rendit à Bâle [1], où la réforme, prêchée par le savant et pieux Œcolampade, avait déjà trouvé de nombreux adhérents. Il eut la joie de rencontrer en Suisse un de ses compatriotes chassé de France, comme lui, par la persécution. C'était le chevalier Annemond de Coct, duquel il a été parlé plus haut. Forcé, ainsi que François Lambert et quelques autres, de quitter le Dauphiné, où ils avaient continué l'œuvre commencée par Farel, ce gentilhomme, qui avait du zèle et beaucoup d'instruction, s'était retiré à Zurich. Il voulait se préparer au saint ministère, sous les yeux du grand réformateur Zwingli, et reporter le message de l'Évangile aux habitants de sa province, et surtout à Grenoble, qui renfermait déjà dans son sein un grand nombre de prosélytes cachés. Ce pieux désir ne pouvait qu'être agréable à l'homme savant dont il était venu suivre les leçons. Zwingli l'encouragea dans cette résolution, et écrivit même, à son instigation, une lettre remarquable [2] à son ami Pierre de Sebville, pour engager ce dernier à prêcher fidèlement la parole de Dieu dans la capitale du Dauphiné.

Dès ce moment, les réformateurs de la Suisse, et surtout les Français réfugiés à Bâle et à Zurich, entretinrent des rapports fréquents avec les réformés de cette province [3].

---

[1] Kirchhoffer, *Das Leben Farels*, 1, p. 16. Bèze, *Hist. Eccl.*, liv. 1, page 4.

[2] Elle est datée du 13 décembre de l'an 1523. On peut la lire au folio 190 des lettres imprimées d'Œcolampade. Manuscrit de Choupard.

[3] Voy. l'*Appendice*.

CHAPITRE III.

1524-1525.

Zèle de Marguerite, sœur de François Ier, pour répandre la réforme. — Prédicateurs évangéliques à Grenoble, à Lyon et à Mâcon. — Réformation du comté de Montbéliard. — L'Évangile est prêché en Lorraine. — Martyres de Jean Castellan et de Wolfgang Schuch.

La réforme, en perdant l'appui de l'évêque de Meaux, n'était point restée sans protecteur. Marguerite, qui aurait pu être ébranlée par la défection de ce personnage, qui avait contribué si puissamment, par ses lettres, ses conseils et ses exhortations [1] à lui faire aimer la doctrine évangélique, donna à cette époque des preuves éclatantes de son attachement à l'Évangile [2] et de sa résolution de ne rien négliger de ce qui pourrait contribuer à le répandre.

Ayant accompagné à Lyon François Ier, qui faisait alors de grands préparatifs pour rétablir sa puissance dans le Milanais, elle eut soin d'emmener avec elle deux hommes dévoués qu'elle jugea propres à exécuter le dessein secret qu'elle avait conçu de propager la réforme dans la ville où elle était appelée à résider et dans les lieux environnants. L'un était le premier

---

[1] Lettres de Marguerite, reine de Navarre. Biblioth. royale. Manuscrit S.-F. 337. Merle d'Aubigné, *Hist. de la Reformation*, t. III, p. 527.

[2] *Appendice*, n° 3.

maître des requêtes du Dauphin, cet Antoine Papilion, duquel nous avons déjà eu occasion de parler. L'autre était Michel d'Arande. Celui-ci était du nombre des prédicateurs qui avaient été obligés de quitter Meaux. Il avait déjà eu l'occasion d'exercer auparavant les fonctions du saint ministère auprès de cette princesse, et Marguerite l'avait nommé son aumônier [1]. Il y avait déjà à Lyon, avant l'arrivée de la sœur du Roi, quelques faibles commencements de réforme. Plusieurs personnes que le commerce de cette grande ville mettait en rapport avec les réformés d'Allemagne et de la Suisse, avaient renoncé aux erreurs de l'Église romaine. Au nombre de ces derniers, se trouvait messire Antoine du Blet, négociant, riche et considéré. C'était lui qui recevait les lettres que Pierre de Sebville écrivait à son ami Annemond de Coct [2]. Il les faisait parvenir au chevalier avec l'argent [3] que lui envoyaient les frères de ce dernier, qui demeuraient au château du Châtelard, par l'intermédiaire de Pierre Verrier et de Jean Vaugris, deux commerçants qui faisaient souvent le voyage de Bâle à Lyon [4].

Antoine Papilion, Antoine du Blet, et Michel

---

[1] *Appendice*, n° 3. Lettres de Marguerite, etc. Merle d'Aubigné, t. III, p. 527.

[2] *Appendice*, n° 3.

[3] Jean Vaugris à Farel, 15 décembre 1525 :
Guillaume Farel, mon bon frère et ami, grâce et paix en Jesus-Christ soit en vous. Des nouvelles de Lyon. Anthoine du Blet ne s'y tient plus, et pourtant je ne scay cõment vous pourres avoir vostre argent de Coctus, car il n'y a nul ici qui fasse la perssance. 19ᵉ lettre du recueil manuscrit de Choupard, Bibliothèque des pasteurs de Neufchâtel.

[4] *Appendice*, n° 2.

d'Arande, animés d'un même zèle et encouragés par Marguerite, résolurent de tenter quelques efforts pour introduire ou affermir la réforme dans les villes du voisinage où, n'étant plus gênés par la présence du Roi, qui était encore à Lyon, ils pourraient agir avec plus de liberté.

Les deux premiers se rendirent à Grenoble [1], auprès de Sebville. L'aumônier de la princesse alla s'établir à Mâcon [2]. Lyon ne demeura pas toutefois sans prédicateur évangélique. Le docteur Maigret, qui avait été obligé de quitter le Dauphiné peu de temps après le chevalier de Coct [3], se mit à prêcher dans cette ville, sous la protection de Marguerite.

Antoine Papilion et Antoine du Blet, demeurèrent peu de temps à Grenoble, à ce qu'il paraît; ils en repartirent en invitant Pierre de Sebville à venir prêcher le Carême suivant à Lyon, dans l'église de Saint-Paul [4]. Celui-ci se trouva, comme auparavant, seul pour lutter contre des ennemis dont la fureur allait toujours croissant. On lui défendit de prêcher publiquement sous peine de mort; et comme il voulut continuer, on se saisit de sa personne. Mais des amis secrets et puissants, au nombre desquels il faut, sans doute, ranger l'avocat du Roi, qui penchait vers la réforme, parvinrent à le faire relâcher, de Sebville prit la route de Lyon. L'effroi devint général dans le Dauphiné. On

---

[1] *Appendice*, n° 3.

[2] *Id.* n° 3.

[3] *Conjicere potes ut post Macretum et me in Sebimillam exarserint.* Annemond à Farel, 7 septembre 1524. Manuscrit de Choupard.

[4] *Appendice*, n° 2.

n'osa plus s'entretenir que secrètement des doctrines évangéliques, et le zèle de ceux qui, jusqu'à ce moment, avaient paru les plus avancés, se refroidit entièrement. Amédée Gaubert, parent d'Annemond de Coct, fut le seul qui demeura ferme [1].

Maigret rencontra aussi à Lyon une vive opposition. Après avoir prêché l'Évangile pendant quelque temps, en dépit des prêtres et des moines, il fut arrêté [2] et conduit à Paris. Il voulut prouver devant la Sorbonne, la vérité des doctrines qu'il avait annoncées. Mais on ne voulut pas l'entendre [3]. Il est probable cependant, que le jugement qui fut prononcé contre lui ne fut pas exécuté, grâce à la protection de Marguerite. Ce qui le ferait supposer, c'est que l'on trouve à Genève deux personnages de ce nom, l'un en 1535 [4], et l'autre remplissant les fonctions de ministre en 1546.

Cependant la persécution n'atteignait pas seulement les prédicateurs de la réforme, elle frappait aussi impitoyablement tous ceux qui étaient soupçonnés d'hérésie. Pour se mettre à l'abri de ses coups, un grand nombre de personnes de tout ordre et de toute condition accoururent dans celles des villes voisines de la France qui avaient déjà accueilli la nouvelle doctrine.

Bâle reçut de nouveaux réfugiés du Dauphiné et du Lyonnais. Strasbourg, où trois hommes éminents, le comte Sigismond de Hohenlohe, doyen du grand cha-

---

[1] *Appendice*, n° 3.

[2] *Id.* n° 2.

[3] Ruchat, *Hist. de la Reformation de la Suisse*, t. IV, p. 318. Nouvelle édition.

[4] *Id.*, t. III, p. 352, t. V, p. 314.

pitre de cette ville [1], Wofgang Capiton et Martin Bucer prêchaient avec succès la réforme, ouvrit ses portes aux malheureux qui, à l'exemple de Farel, avaient quitté Meaux ou Paris, comme elle l'avait déjà fait pour les persécutés du Brabant et de la Flandre.

L'arrivée de tant d'émigrés fut un événement heureux pour la réforme. Les pensées de ceux-ci se reportant naturellement sur les amis et les parents qu'ils avaient quittés, ils cherchèrent les moyens de leur faire parvenir le message de l'Évangile. Plusieurs d'entr'eux se mirent à étudier, et encouragés par les réformateurs, résolurent de se consacrer aux fonctions du saint ministère [2]. D'autres firent imprimer des livres de piété en français et surtout le nouveau Testament [3] pour les

---

[1] Il s'était déclaré, dès 1521, pour la réforme.

[2] « *Huc omnes devenerunt undique expulsi, et hinc iterùm ad verbi ministerium demittuntur.* » Capito ad Strœmerium, 1524. Kirchhoffer, *Das Leben Farels*, t. 1, p. 34.

[3] On voit, par plusieurs lettres manuscrites qui se trouvent également dans la bibliothèque des Pasteurs de Neufchâtel, avec quel zèle ces hommes travaillaient à multiplier les exemplaires des livres saints. Nous en rapportons ici quelques fragments :

Jean Vaugris à Guillaume Farel, à Basle, 29 août 1524 (n° 3 de Choupard.)

« *Item, je vous prie, s'il était possible qu'on fît translater le nouveau* » *Testament selon la translation de M. L., à quelque hôme qui le sceut* » *bien faire, que se ferait un grand bien pour le pays de France, Bour-* » *gogne et Savoie, etc.* »

Annemondus Coctus Farello, Basilea, 2 septembris 1524. (n° 4 de Choupard.

« *Puto enim Galliam Evangelicis voluminibus abundare, siquidem* » *illa sunt quæ de Jesu testimonium perhibent. Prætereà quùm Vaugris* » *Lugdunum ibit, scribam ad fratres ut pecuniæ aliquid ad me mittant...* » *Tu enim multa videris impetrare posse potissimum Gallis verborum Dei*

répandre au milieu de leurs compatriotes. Bientôt on vit sortir de Bâle et de Strasbourg des colporteurs chargés de livres, et des prédicateurs de l'Évangile, dirigés dans leur œuvre, par les conseils des réformateurs.

Farel fut un des premiers à entrer dans cette grande moisson. De retour d'un voyage qu'il avait fait à Wittemberg, avec Annemond de Coct et François Lambert, pour voir Luther, il brûlait du désir d'entrer dans la carrière de l'évangélisation, et de marcher sur les traces de ces grands hommes, dont il avait admiré l'activité en Allemagne. Œcolampade et les autres théologiens réformés, qui connaissaient ses dispositions, l'engagèrent à se rendre dans le comté de Montbéliard.

Le duc Ulrich de Wurtemberg, qui en était le souverain, et qui y faisait sa résidence, montrait en effet des dispositions favorables à la réforme. Il avait appelé en 1523, à Montbéliard, et choisi pour chapelain de sa cour, Jean Gayling, né à Ilsfeld, dans le duché de Wurtemberg [1]. Cet ecclésiastique avait été disciple

---

» *sitientibus. Vidi enim quæ Stapulensis aliique ad te ripserint......*»

A. du Châtelar (Annemond de Coct) à Farel, du 18 novembre 1524. (n° 5 de Choupard.)

« *J'ai veu aujourd'hui chez Conrard un nouveau Testament achevé*
» *d'imprimer le 12 d'octobre en françois, corrigé par Stapulensis. Le dit*
» *Conrard le fera réimprimer en plusieurs exemplaires, car je ne doute*
» *pas, côme lui ai dit, que très-grand nombre ne s'en despesche. Je lui ai*
» *parlé des livres françois que avez, et semble estre bon que, après ce*
» *que le novel Testament sera imprimé, ils soyent imprimés....* »

[1] *Éphémérides du comté de Montbéliard*, par Duvernoy, correspondant de la *Société Royale des Antiquaires de France*, etc., Besançon, p.309.

Précis Historique de la Réformation et des Églises Protestantes, dans l'ancien comté de Montbéliard; Paris, 1841, p. 18-19. Gayling est connu aussi sous le nom de Galingus. Voy. *Appendice*, n° 2.

de Luther, et l'un des premiers à prêcher la réforme dans sa patrie. Farel n'hésita pas. Obéissant sur le champ à l'appel qui lui était adressé, il partit pour Montbéliard au mois de juin 1524, accompagné de deux autres réfugiés, Jean de Mesnil, de Paris, et Guillaume du Moulin [1], qui devaient être ses compagnons d'œuvre. Ulrich, auquel Œcolampade l'avait vivement recommandé, lui accorda l'autorisation qu'il lui avait demandée d'annoncer *la parole divine et le Saint Évangile*. Jean Vaugris, ce marchand de Bâle, dont il a été question plus haut, voulut s'associer à la pieuse entreprise de Farel, qui passait dans le pays pour être vicaire de l'évêque de Besançon [2]. Pendant une année, il fournit gratuitement au réformateur les livres et toutes les autres choses dont il eut besoin. Le succès fut complet. Protégé par le prince, assisté des conseils d'Œcolampade, secondé par Jean Gayling et les deux évangélistes qu'il avait emmenés avec lui, Farel au bout de deux ans, réussit par son zèle, son activité, ses instructions publiques et particulières à faire adopter les doctrines évangéliques aux habitants du comté de Montbéliard.

Dans le temps même que Farel et ses deux compagnons se rendaient dans le comté de Montbéliard, les

---

[1] Du Moulin contribua beaucoup à la réformation de la Suisse romande. Voyez Ruchat, tom. II, *Appendice*, p. 504.

[2] Ancillon, *Vie de Farel*, 203 et 509.

Une des lettres adressées à Farel, pendant son séjour dans le comté de Montbéliard, porte la suscription suivante :

Guillelmo Farello, Episcopii Bisuntii Montispeliardi, vicario. (N° 7 de Choupard.)

réformateurs de Strasbourg cherchaient à introduire la réforme dans la Lorraine et les provinces voisines.

Ils choisirent dans ce but, un ancien moine et docteur en théologie, originaire de Tournay, nommé Jean Castellan ou Châtelain. Celui-ci, après avoir successivement parcouru les villes de Bar-le-duc, Vitry, Châlons en Champagne et Vic, arriva à Metz.

Cette ville était encore tout émue de la mort courageuse de Jean Leclerc. Les dernières paroles qu'avait prononcées le martyr avaient fait une grande impression sur les habitants. Aussi prêtèrent-ils une oreille attentive aux discours du nouveau prédicateur, au grand déplaisir des prêtres et des moines, qui firent d'inutiles efforts pour le faire arrêter. Plusieurs personnes, au nombre desquelles se trouvaient Pierre Toussain, neveu d'un ecclésiastique en faveur auprès de Jean, duc de Lorraine, et le chevalier d'Esch, renoncèrent secrètement aux erreurs de l'Église romaine.

Furieux de voir l'hérésie se répandre et trouver des adhérents dans tous les lieux où elle était prêchée, les champions du catholicisme se mirent en campagne pour s'emparer de Castellan. Au moment où celui-ci, satisfait d'avoir jeté à Metz les premiers fondements de la réforme, quittait cette ville pour aller porter ailleurs le message de l'Évangile, il fut saisi par des gens du cardinal de Lorraine qui l'épiaient, et fut emmené prisonnier, d'abord à Gorze, et peu de temps après, au château de Nomeny.

La nouvelle de l'arrestation de ce zélé missionnaire remplit de douleur les amis de l'Évangile. Le chevalier d'Esch, qui avait quitté Metz et s'était retiré à Strasbourg, puis à Bâle, par suite d'un différend dont le sujet ne nous est pas connu [1], et Pierre Toussaint, qui s'était rendu dans cette dernière ville pour y faire ses études sous les yeux du savant et pieux Œcolampade, qu'il appelait son précepteur et son père [2], firent les plus grands efforts pour l'arracher d'entre les mains de ses ennemis. Ils firent parler en sa faveur à la duchesse d'Alençon, qui était encore à Lyon. Mais le moment était peu favorable pour le succès de leur démarche. Le Roi était parti pour l'Italie, et la princesse, qui venait d'intercéder pour Maigret, ne crut pas devoir importuner de nouveau son frère au milieu des circonstances graves où celui-ci se trouvait alors. Jean Vaugris qui arrivait de Lyon, donna connaissance à Pierre Toussaint de cette fâcheuse détermination de la sœur de François Ier [3]. Rien ne put alors sauver le malheureux Castellan.

Après une captivité de dix mois, pendant laquelle on chercha, mais en vain, à ébranler sa fermeté par de cruels traitements, il fut conduit au château de Vic. Là, comme il avait appartenu à l'ordre des Frères Hermites de Saint-Augustin, il fut d'abord condamné à être dégradé. L'évêque de Nicopolis, suffragant de celui de Metz, qui siégeait pontificalement au tribunal ecclésiastique, fut chargé d'exécuter la sentence. Castellan, après avoir été revêtu d'ornements sacerdotaux, fut successivement dépouillé des insignes des diverses charges dont il avait été honoré, savoir : de ceux de prêtre, de diacre, de sous-diacre, d'acolyte, d'exorciste, de lecteur, de portier, de première tonsure et de chanterie.

[1] Appendice, n° 1.
[2] Id. n° 4.
[3] Id. n° 1.

Il fut alors livré au bras séculier qui confirma la sentence du clergé et le condamna à être brûlé vif [1].

La constance avec laquelle ce second martyr endura son affreux supplice, frappa d'étonnement ceux qui en furent les témoins. Plusieurs de ces derniers voulurent connaître ces doctrines dont on punissait avec tant de barbarie la profession, et s'en déclarèrent, après examen, zélés partisans. Quant à ceux qui avaient déjà embrassé secrètement l'Évangile, ils se sentirent plus affermis dans leur foi.

Ce mouvement religieux réjouit tous ceux qui s'intéressaient au progrès de la réforme. Tous s'empressèrent à l'envi de le seconder de leurs efforts et de leurs conseils. Mais il s'en fallut de peu, que le zèle inconsidéré de quelques-uns, et surtout les lettres et les écrits de François Lambert [2], qui depuis son retour de Wittemberg ne cessait d'entretenir les nouveaux convertis de ses idées particulières sur l'organisation de l'Église, ne lui communiquassent une fausse direction. Pierre Toussaint, averti du danger, s'empressa d'écrire, à ce sujet, au chevalier de Coci et à Farel, pour les engager à adresser des remontrances à leur ami. Il supplie également le réformateur de Montbéliard de joindre ses efforts aux siens, pour décider le chevalier d'Esch à traiter avec sa partie adverse et à retourner à Metz, où sa présence pourrait être utile aux amis de

---

[1] Crespin, *Martyrs*, liv. II, p. 87. François Lambert, d'Avignon, a aussi donné une relation du martyre de Castellan. Voyez son *Épître dédicatoire* à Frédéric, duc de Saxe, en tête de son *Commentaire sur Osée*. Strasbourg, 1525.

[2] *Appendice*, n° 1.

l'Évangile [1]. Le gentilhomme céda à leurs instances réunies, et partit pour sa ville natale [2].

Tandis que la réforme se consolidait à Metz, malgré la persécution, elle se propageait dans le reste de la Lorraine.

Un Allemand, nommé Wolfgang Schuch, qui avait été un des premiers à l'embrasser, la fit pénétrer dans la petite ville de Saint-Hippolyte, située aux pieds des Vosges. Ayant trouvé dans cette localité, où il était venu fixer sa résidence, une population adonnée aux superstitions et sans conducteur spirituel, il se mit à y exercer les fonctions pastorales. Son ministère fut couronné de succès, et il prêcha avec tant d'efficacité les vérités évangéliques, que ses paroissiens, qui avaient pour lui beaucoup de déférence et de respect, reconnurent leurs erreurs. Au bout de peu de temps, on cessa d'observer à Saint-Hippolyte, le carême, on ôta les images de l'Église et on abolit la messe.

Les prêtres et les moines apprirent avec dépit, ce nouveau progrès de l'hérésie. Justement effrayés, ils eurent recours au mensonge, et donnèrent à entendre à Ambroise, duc de Lorraine, que les habitants de ce lieu cherchaient à s'affranchir de l'obéissance qui lui était due en sa qualité de souverain du pays. Malheureusement c'était l'époque de la révolte des paysans. Le duc qui venait de contribuer avec son frère Claude de Guise, à réprimer un de leurs mouvements, n'eût

[1] *Appendice*, n° 1.
[2] Voyez la *Lettre d'OEcolampade à Farel*, du 6 février 1525. Une autre lettre du même réformateur nous apprend que le chevalier d'Esch eut aussi à souffrir de violentes persécutions. (*Farello, Epis.*, p. 201.)

pas de peine à ajouter foi à leurs paroles. Il se prépara à marcher de suite contre la ville rebelle, et à y mettre tout à feu et à sang.

Wolfgang Schuch ayant appris cette résolution du prince, lui adressa une lettre pour rétablir les faits dans leur vérité et justifier les habitants des calomnies qui étaient dirigées contre eux. Il est probable que la missive fut supprimée, ou qu'on en rendit un compte infidèle. Car le duc, excité par son confesseur, Bonaventure Renel[1], provincial de l'ordre des Cordeliers, persista dans son dessein de saccager la ville. Le pasteur prit alors la résolution généreuse de se dévouer pour son troupeau. Confiant à Dieu sa femme et ses six enfants, il se rendit à Nancy, auprès du prince, décidé à attirer sur lui le terrible châtiment que les prêtres et les moines voulaient faire tomber sur une ville toute entière.

Arrivé dans la capitale de la Lorraine, il fut jeté dans un cachot infect. Après une longue détention, pendant laquelle on essaya, mais en vain, d'ébranler sa foi par des menaces ou des promesses, il comparut devant les juges ecclésiastiques présidés par le confesseur du duc. Là, la Bible à la main, il rendit compte de sa foi. Mais ses paroles ne firent qu'irriter ses adversaires, qui ne

---

[1] *Il avoit grande autorité en la cour de Lorraine, estant parvenu à ce degré d'estre confesseur du duc Antoine, qui l'aimoit fort pour la licence qu'il lui bailloit en la liberté de ses plaisirs. Ce monstre cruel ne persuadoit rien tant à ce prince ignorant que d'exterminer toutes gens savants de sa cour et de ses pays: et lui avoit si bien appris ceste leçon, que souvent en devis familiers, le prince avoit coutume de dire: Qu'il suffisoit savoir Pater noster et Ave Maria, et que les grands docteurs estoyent cause des plus grands erreurs et troubles.* Crespin, **Martyrs** liv. II, p. 91.

lui répondirent que par des injures. Il fut déclaré hérétique, et condamné comme tel à être brûlé vif.

Schuch, entendit prononcer son arrêt avec fermeté, et se mit à réciter avec calme le premier verset du psaume 122. Il marcha d'un pas assuré au supplice. Sur son passage, il rencontra rangés devant le couvent, le père Bonaventure et les autres religieux. Hérétique, lui cria le provincial des Cordeliers, en lui montrant les statuettes qui décoraient le portail de l'édifice religieux, Hérétique, porte honneur à Dieu, à sa mère et aux saints. O hypocrites! répondit le pasteur avec indignation, *Dieu vous destruira et amènera à lumière vos tromperies*

Arrivé au lieu de l'exécution, on brûla d'abord ses livres en sa présence, et on lui demanda une dernière fois, s'il voulait se dédire. Non, répondit-il, après avoir exprimé l'assurance que Dieu, qui l'avait assisté, ne l'abandonnerait pas dans ce moment solennel, exécutez la sentence. Alors s'avançant lui-même au milieu des fagots, il commença à réciter à haute voix, le psaume 51, jusqu'à ce que sa voix se perdit étouffée par la fumée et les flammes. C'est ainsi que se termina, le 19 août 1525, l'existence de ce courageux serviteur de Dieu.

CHAPITRE IV.

1525 — 1529.

Nouvelles persécutions. — Départ de la sœur de François 1er. — Lefèvre et Gérard Roussel se retirent à Strasbourg. — L'évêque Briçonnet abandonne la profession de l'Évangile. — Martyres de Jacques Pauvant et de l'Hermite de Livry. — Assemblées secrètes dans le diocèse de Meaux. — Antoine Papillon meurt empoisonné. — Retour de Marguerite. — Sa correspondance avec le doyen du chapitre de Strasbourg. — Conciles provinciaux de Sens et de Bourges. — Martyres de Denis de Rieux, d'Étienne Renier et de Louis de Berquin.

Pendant qu'on immolait en Lorraine de si généreuses victimes, les ennemis de l'Évangile s'efforçaient d'arracher les semences de réforme qui continuaient à germer dans le diocèse de Meaux.

Ce fut d'abord contre les nouveaux prédicateurs mandés par l'évêque qu'ils dirigèrent leurs attaques. Pierre Caroli fut accusé d'avoir prêché des opinions hérétiques [1]. Martial Mazurier qui, dans un moment de zèle inconsidéré, avait renversé la statue de saint François placée sur la porte du couvent des Cordeliers [2], fut emprisonné [3]. Jacques Pauvant ou Pavannes, disciple et compatriote de Lefèvre, qui ne craignait

---

[1] D'Arg., II, p. 9; Graf, p. 114.

[2] Manuscrits de Meaux cités dans l'*Hist. de la Reformation*, par Merle d'Aubigné, tom. III, p. 556.

[3] Bulæi, VI, p. 181.

pas de professer des doctrines contraires à l'orthodoxie romaine, éprouva le même sort [1]. Les deux premiers, qui étaient docteurs de Sorbonne, échappèrent au châtiment, en faisant de lâches concessions. Le jeune étudiant se montra plus ferme. Il refusa longtemps de se rétracter, et ce ne fut que sur les pressantes sollicitations de Martial, qui vint souvent le visiter dans sa prison pour ébranler la résolution qu'il avait prise de mourir pour l'Évangile, qu'il se décida à faire amende honorable le lendemain de Noël 1524 [2].

Mais un événement inattendu fournit bientôt aux adversaires de la réforme une nouvelle occasion de manifester leur haine et leur fureur.

Peu de temps après le bannissement de Leclerc, des tableaux, où étaient inscrites des oraisons à la Vierge et aux saints, furent trouvés, un matin, lacérés à coups de couteau, dans la cathédrale. Cet événement causa une grande rumeur. Le faible et craintif évêque qui, depuis sa chute, avait parcouru son diocèse, et avait prêché dans les églises de Meaux contre la doctrine de Luther [3], vit de nouveau les soupçons se porter sur lui. Il se crut encore obligé, dans la circonstance présente, de prouver la sincérité de son attachement à l'Église de Rome. Par son ordre, les prédicateurs exhortèrent leurs auditeurs à venir dénoncer les coupables. Ceux-ci ayant

---

[1] Crespin, *Martyrs*. liv. II, p. 93.

[2] *Id.*   *id.*

[3] Après Pâques, 1524. « *Il condamna alors publiquement et à haute voix l'impie et sale doctrine du scélérat et malheureux hérésiarque M. Luther, et fit la même chose dans toutes les églises de Meaux, contre la secte de Luther, qui tâchait de lever la crête dès ce temps-là.* » Bretonneau, p. 200 et 201.

été découverts, il s'empressa de les excommunier [1], après quoi, ils furent battus de verges, marqués d'un fer chaud et bannis du royaume [2]. Le 29 du même mois [3], il prit sous sa protection spéciale les images des saints.

Mais tous ces efforts furent inutiles. Les Cordeliers, ses anciens ennemis, qui ne pouvaient lui pardonner de leur avoir interdit la chaire, persistèrent à le considérer comme un faux frère, et ils n'attendirent qu'une occasion favorable pour le perdre, lui et ses protégés. Elle ne tarda pas à se présenter.

Le 25 février 1525, François Ier perdit la bataille de Pavie, et fut conduit prisonnier à Madrid. Tous ceux qui avaient des motifs de redouter le progrès des lettres et de la réforme, ne se sentant plus gênés par la crainte que leur inspirait un prince qui avait jusqu'alors opposé une digue à leur rage fanatique, s'empressèrent de mettre à profit un événement qui plongeait la France dans le deuil.

D'un autre côté, les amis de l'Évangile placèrent leur espoir dans l'appui de la sœur du Roi, qui continuait à favoriser secrètement la réforme en France. Le prince de Hohenlohe, doyen du chapitre de Strasbourg, qui connaissait les dispositions de la princesse, et qui avait à cœur de voir la parole de Dieu se répandre dans ce royaume, saisit l'occasion de la captivité de François Ier et de la mort du duc d'Alençon [4], pour entrer en

---

[1] 21 janvier 1525.
[2] Crespin, *Martyrs*, liv. IV, p. 170. Du Plessis, I, p. 330.
[3] 24 janvier 1525.
[4] 1er avril 1525.

correspondance avec elle, et l'engager à le seconder dans son pieux dessein [1].

Marguerite pensa que le meilleur moyen d'atteindre le but désiré était de rendre son frère favorable à la doctrine évangélique en la lui faisant connaître. Dans le temps que l'évêque de Meaux était rempli de zèle et d'ardeur, il avait remis à la princesse les épîtres de saint Paul [2], en la priant de les offrir au Roi, qu'il désirait gagner à la cause de la réforme. Marguerite, jusqu'à ce moment, n'avait pas trouvé d'occasion propice pour remettre le saint livre. La triste position dans laquelle le Roi se trouvait alors lui fit croire que ce frère qu'elle aimait tendrement, accueillerait avec plus de faveur le volume sacré. Elle le lui adressa par l'intermédiaire du maréchal de Montmorency [3], qui partageait la captivité du monarque. Malheureusement tout fut arrêté par la maladie du prince, et Marguerite, en partant, au mois d'août, pour le soigner et travailler à sa délivrance, laissa ses protégés exposés à la fureur de la Sorbonne et du parlement.

En effet, dès la fin de mars [4], le parlement avait nommé une commission composée de deux laïques et de deux ecclésiastiques, approuvés par le pape. Elle avait pour mission de faire le procès aux hérétiques qui devaient être ensuite livrés au parlement et condamnés

---

[1] Voyez : *Lettres de Marguerite d'Angoulême*, publiées par Genin, p. 180. La première qu'elle adressa à Hohenlohe, du moins, parmi celles que l'on possède, est du 24 juin 1525.

[2] *Lettres de Marguerite*. Bibliothèque Royale. Manuscrit S. T., 337 1521). Merle d'Aubigné, *Hist. de la Réformation*, III vol., p. 533, 540.

[3] Voyez *Appendice*, n° 5.

[4] Du Plessis, II, p. 277.

au feu par lui [1]. La persécution ne se fit pas attendre longtemps. Caroli se vit de nouveau attaqué. Mazurier fut emprisonné. Jacques Pauvant et Matthieu Saunier qui se trouvait encore à Meaux, furent aussi accusés d'hérésie, et furent saisis. Le 25 août, la Faculté de théologie, par un arrêt confirmé par le parlement, défendit de traduire la Bible en tout ou en partie, et jugea que les traductions qui existaient déjà devaient être plutôt supprimées que tolérées [2]. C'était une menace contre Lefèvre; et, en effet, le docteur d'Etaples ne tarda pas à être persécuté. A la sollicitation des Cordeliers de Meaux [3], le parlement, par arrêt du 3 octobre, fit emprisonner différentes personnes de Meaux, ordonna à l'évêque de comparaître devant les deux conseillers qu'il avait délégués pour être interrogé, et chargea les commissaires laïques et ecclésiastiques de faire les procès de Caroli, de Mazurier, de Gérard Roussel, trésorier de l'église de Meaux, et de Lefèvre.

Marguerite, avertie du péril qui menaçait les membres de la réunion de Meaux, parla en leur faveur au Roi. Ce prince adressa, le 12 novembre, une lettre au parlement, pour l'inviter à différer la procédure dirigée contre eux [4]. Mais le parlement, excité sans doute par la Sorbonne, n'eut pas égard à la recommandation de François Ier. Il se contenta de remontrer à la régente les inconvénients qu'entraînerait la suspension des

---

[1] Chevillier, *De l'Origine de l'Imprimerie de Paris*, p. 177.

[2] D'Argentré, II, 7. Graff, p. 114. Voyez *Appendice*.

[3] Crespin, IV, 170.

[4] Dom du Plessis, II, p. 282. Des Maizeaux, *Remarques Critiques sur le Dictionnaire de Bayle*, art. Fèvre. Baum, *Origines Evangelii in Gallia Restaurati*, p. 58.

poursuites, et il ordonna à la commission de continuer à instruire le procès des accusés [1].

La consternation devint générale. Lefèvre et Gérard Roussel, se défiant de la sévérité des juges inquisiteurs, avaient déjà pris la fuite, et s'étaient retirés à Strasbourg, où ils cherchaient, mais en vain, à se déguiser sous les noms d'Antoine Péregrin et de Solnin. Capiton les reçut dans sa maison hospitalière, ainsi que Vadaste, Simon et d'autres Français réfugiés [2]. Farel, de retour de Montbéliard, vécut quelque temps avec eux. Heureux de revoir le savant qui avait guidé ses premiers pas dans la carrière évangélique, le pieux disciple ne put s'empêcher de lui dire, en lui montrant la réforme établie dans la capitale de l'Alsace : *Voicy, par la grâce de Dieu, le commencement de ce que autrefois m'avez dit du renouvellement du monde* [3]. Le vieux Lefèvre en remercia le Seigneur avec effusion, et le supplia d'achever l'œuvre qu'il avait commencée. En même temps, il exhorta son ancien élève à continuer à prêcher l'Évangile.

Caroli et Martial Mazurier échappèrent au danger, comme auparavant, au moyen de rétractations. Le premier, homme inconstant, ambitieux et de mœurs

---

[1] Des Maizeaux, *Remarques critiques sur le Dictionnaire de Bayle*, art. Fèvre.

[2] Capito Zwinglio, 20 nov. 1525 : *Farellus, Jacobus stapulensis, Rufus, Vadastus et quidam Simon, omnes Galli et contubernales ac hospites mei..... Jacob, se nominat Antoninum Peregrinum et Rufus solninum, nam latere cupiunt, et tamen pueris noti sunt.* Zwingli, Opp. ad Schultess. Epp., P. I, p. 439.

[3] Epître de Farel, *A tous Seigneurs*, etc. Manusc. 147 de la Bibliothèque de Genève. Ruchat, tom. II, nouvelle édition. *Appendice*. p. 535.

suspectes ¹, continua à se prononcer, suivant les circonstances, pour ou contre la réforme. Successivement curé à Alençon ², défenseur de l'orthodoxie romaine à Genève ³, premier ministre à Lausanne ⁴, il fut chassé de cette dernière place, et rentra dans le giron de l'Église romaine, après avoir obtenu l'absolution du pape. Le second devint plus tard chanoine et pénitencier de l'Église de Paris, et se distingua par ses attaques contre les luthériens ⁵.

Le tour de Briçonnet ne tarda pas à arriver. Les Cordeliers l'accusèrent de les avoir appelés, du haut de la chaire, faux prophètes, cafards, scribes et pharisiens; d'avoir prêché que *toutes simples gens* devaient avoir la Bible en Français ⁶ ; d'avoir distribué aux pauvres des évangiles et des psaumes, en langue vulgaire; d'avoir déclaré que l'Église ne possédait d'autre pouvoir que celui d'annoncer l'Évangile, etc ⁷. L'évêque demanda que l'interrogatoire eût lieu devant le Parlement réuni. Cette requête lui fut refusée, et ce fut en présence de deux conseillers de la cour seulement, Jacques Ménager et André Verjus, assistés des docteurs de la Sorbonne, que le prélat fut obligé de répondre sur les griefs qu'on lui reprochait.

On ignore ce qui se passa entre Briçonnet et ses juges. On sait seulement qu'il ne fut condamné qu'à deux cents livres d'amende, destinées à payer les frais

---

¹ Bèze, *Hist. Eccl.* Ruchat, tom. v, p. 31.
² Ruchat, tom. v, p. 32.
³ Ruchat, tom. iv, p. 152.
⁴ Id.   id.   p. 380.
⁵ Toussaint du Plessis, i, p. 335. Baum, *Orig.*, p. 62. Graf, p. 120
⁶ Du Boulay, p. 76 et 181.
⁷ Toussaint du Plessis, ii, p. 281. Baum., p. 63.

des poursuites que l'on se proposait d'exercer contre les hérétiques de son diocèse [1]. Il livra cette somme, le 4 décembre 1525. Dès ce moment, l'évêque de Meaux évita soigneusement tout ce qui avait pu faire suspecter la sincérité de son attachement à la foi catholique. C'est sans doute Briçonnet et ses faibles compagnons que Farel a voulu désigner dans ces paroles sévères qu'il adressait, en 1525, au réformateur Zwingli : « *Plu-* » *sieurs ont abandonné Christ d'une manière honteuse* » *pour s'attacher à l'Antechrist, parce qu'ils aimaient* » *les plaisirs grossiers et charnels, avec les douceurs* » *et les commodités d'une vie tranquille, plus que la* » *gloire de Dieu* [2]. »

Jacques Pauvant, le jeune étudiant de Meaux, ne se laissa pas abattre par ces actes de faiblesse et de lâcheté. Encore attristé par le souvenir de la faute qu'il avait commise le lendemain de Noël de l'année précédente, il se présenta avec fermeté devant ses juges, et fit ouvertement profession de sa foi. Condamné comme hérétique au supplice du feu, et conduit à la place de Grève, où la sentence devait recevoir son exécution, il prit la parole avant de monter sur le bûcher [3]. Son discours fit une grande impression sur la foule immense qui avait été attirée par cet affreux spectacle, et Farel nous rapporte [4] qu'un docteur de Sorbonne déclara « *qu'il voudrait avoir coûté à l'Église un million*

---

[1] Toussaint du Plessis, p. 283.

[2] Ruchat, nouvelle édit., tom. 1. Appendice, p. 600.

[3] Crespin, *Martyrs*, liv. II, p. 92.

[4] *Actes de la dispute de Lausanne*, cités dans Ruchat, tom. IV, p. 138, nouvelle édition.

d'or, et que l'on n'eût jamais laissé parler Jacques Pauvant devant le peuple. »

On ignore ce que devint Mathieu Saulnier, qui avait été emprisonné en même temps que lui. D'Argentré nous apprend seulement qu'on livra aux flammes, le 9 décembre 1525, un livre qu'il avait écrit pour sa défense et celle de son ami. Il y soutenait, entr'autres propositions, qu'il n'y avait pas d'autre purgatoire que le sang de Christ, que Christ n'en avait point parlé, et que c'était une pure invention due à l'avarice des prêtres; que Dieu, qui était présent partout, n'avait pas besoin de vicaire; qu'il valait mieux rompre les statues que de les adorer; qu'il n'était dit nulle part dans les livres saints qu'ils fallût adorer les saints; que cent messes ne valaient pas un discours bien compris et bien écouté [1], etc. Le martyre de Jacques Pauvant fut suivi, bientôt après, de celui d'un personnage que nous ne connaissons que sous le nom de l'Hermite de Livry, petite bourgade du diocèse de Meaux. Afin de donner au supplice de ce dernier, un caractère plus terrible et plus propre à frapper les esprits, on décida que le condamné serait brûlé vif à Paris, devant le parvis de la cathédrale de Notre-Dame. Le bourdon de cette église sonné à pleine volée, attira dans cet endroit une grande affluence de curieux. Mais les docteurs de Sorbonne furent trompés dans leur attente. Le prisonnier, loin d'être effrayé par ces sinistres préparatifs, s'avança vers le bûcher avec une assurance étonnante, et il ne leur restait plus qu'à faire croire aux assistants surpris *que cet homme estoit un damné qu'on menait au feu d'enfer.*

[1] D'Argentré, Coll. Jud., Nov. Err., p. 9, et p. 30-34. Baum, p. 56.

Mais on eut beau faire, ces cruelles persécutions n'atteignirent pas le but qu'on s'était proposé. Les fidèles du diocèse de Meaux, privés de leurs conducteurs spirituels, commencèrent à tenir des assemblées secrètes, comme le faisaient les premiers chrétiens. Réunis, tantôt dans une maison isolée, tantôt dans quelque lieu retiré, dans une vigne ou au milieu d'un bois, et présidés par celui d'entr'eux qui possédait une connaissance plus étendue de la Sainte Écriture, ils se mirent à prier le Seigneur avec ardeur, en conservant l'espoir que, tôt ou tard, l'Évangile serait reçu en France [1].

Les réformés de Meaux ne furent pas les seuls inquiétés. La rage des persécuteurs se déchaîna contre tous ceux qui avaient contribué par leurs efforts à servir la cause de la religion. Il paraît certain qu'Antoine Papilion mourut empoisonné. Michel d'Arande n'échappa qu'avec peine à la mort. François du Moulin et Antoine du Blet, perdirent la vie [2]. Pierre Toussaint, qui s'était rendu de Bâle à Paris, pour y achever ses études, et qui demeurait au collége du cardinal Lemoine, fut déclaré hérétique par la commission du Parlement, et jeté en prison [3]. Berquin qui, pour être moins observé, s'était retiré dans le diocèse d'Amiens, où il avait continué à faire la guerre aux erreurs de l'Église, fut dénoncé au Parlement par l'évêque, et enfermé à la Conciergerie comme hérétique et relaps [4].

---

[1] Crespin, *Martyrs*, liv. IV, p. 170.
[2] Voyez : *Lettre d'Érasme à François I*, 16 juin 1526. Er. epp., p. 1108.
[3] *Appendice*, n° 4.
[4] Chevillier, *De l'Origine de l'Imprimerie de Paris*, p. 177.

Ce fut avec un vif chagrin, que Marguerite apprit ce qui s'était passé pendant son absence. Dès son arrivée en France, au mois de mars 1526, elle redevint la puissante protectrice des amis de l'Évangile, et elle s'empressa de faire savoir au prince Sigismond de Hohenlohe, que les lettres par lesquelles ce dernier lui exprimait la confiance que les réformateurs mettaient en elle, ne lui avaient pas seulement été agréables, mais qu'elles l'avaient affermie dans son désir de répandre la réforme dans le royaume où Dieu l'avait placée. « *Elles me sont, lui écrivit-elle, une grande* » *cause de suivre le chemin de la vérité, auquel vous* » *me croyez plus avancée que je ne suis. Mais j'espère* » *que celui qui, malgré tous mes démérites vous inspire* » *de moi cette opinion, daignera en moi aussi accomplir* » *son œuvre, à quoi vous ne refuserez pas d'aider par* » *vos bonnes prières.* » Elle l'engagea à persévérer dans l'intention que le doyen lui avait manifestée de se rendre lui-même auprès du roi, dont on attendait le retour vers la fin du mois, pour lui parler en faveur de la réforme [1], et elle n'oublia pas de lui témoigner sa reconnaissance pour la généreuse hospitalité qu'il avait

---

[1] *Dès que le Roi sera revenu en France, il enverra vers vous, et vous recherchera à son tour. J'espère aussi de l'infinie miséricorde de Dieu que, par votre secours, la parole de vérité sera entendue. Au commencement, comme vous pourrez penser, il y aura quelque travail. Mais si Dieu, il est ce qu'il est, non moins invisible qu'incompréhensible, dont la gloire et la victoire sont si spirituelles, qu'il est le vainqueur, lorsque le monde le croit vaincu. Je suis sûre que vous l'entendez assez, pourquoi j'erai mieux de m'en taire que d'en parler. Je désire tous vous en apprendre de vous. 9 Mars 1526.*

Voyez Genin, *Lettres de Marguerite d'Angoulême*. Le journal le *Semeur*, 1842, vol. XI.

accordée au vieux Lefèvre et à ses autres compagnons d'infortune, réfugiés à Strasbourg. « *Je ne vous remer-* » *cierai pas du secours que vous faites, et Dieu par* » *votre moyen, à tous ses serviteurs; car il vous en* » *réserve la récompense bien plus gracieuse que ne* » *seraient mon remercîment ou mes louanges. Et de cela* » *suis-je assurée, vu l'esprit qui, par la vive foi, vous* » *unit à votre seul chef, et vous fait diligemment départir* » *de votre assistance à tous ceux qui en ont besoin,* » *principalement à ceux qui sont unis en l'esprit et en* » *la foi* [1]. »

De retour à Paris, peu de temps après sa sœur, François Ier se montra irrité, en apprenant que le parlement n'avait pas suivi les ordres qu'il lui avait donnés dans sa lettre. Marguerite profita de ce moment de mécontentement du Roi, pour rappeler auprès d'elle Lefèvre et Gérard Roussel [2]. L'emprisonnement de Pierre Toussaint avait plongé dans la douleur ses amis de Lorraine et de Suisse, et le marchand Vaugris, l'un de ces derniers, avait fait de généreux efforts pour hâter sa délivrance [3]. Marguerite s'intéressa au sort de ce jeune homme, qui lui était vivement recommandé. Elle le fit rendre à la liberté, et elle obtint de ceux qui l'avaient dénoncé à la terrible commission, qu'ils ne l'inquiéteraient plus à l'avenir [4]. Enfin, la princesse employa sa puissante protection en faveur de Berquin.

---

[1] Voyez Genin, *Lettres de Marguerite d'Angoulême*. Le journal le *Semeur*, 1842, vol. xi.
[2] *Erasmus, Joh. à Lasco : Epp.* p. 979. Graf, p. 121.
[3] Sans doute en se rendant à Lyon, où était arrivée la sœur de François Ier. Voyez *Appendice*, n° 4.
[4] *Append.*, n° 4.

Elle réussit à sauver cet intrépide adversaire des moines, pour lequel elle avait conçu une grande estime, et elle en témoigna sa vive satisfaction au maréchal de Montmorency, qui l'avait aidée à obtenir sa délivrance : « *Par cela*, lui écrivit-elle, *vous pouvez dire que m'avez tirée de prison, puisque j'estime le plaisir fait à moy* [1]. »

En se voyant les objets d'une si haute faveur, les amis de l'Évangile conçurent un moment les plus belles espérances. Pierre Toussaint, qui était rentré au collége du cardinal Lemoine, où il y avait plusieurs élèves et régents bien disposés en faveur de la réforme, s'empressa d'écrire à Farel de se rendre promptement à Paris, pour travailler avec Gérard Roussel et Lefèvre, à la propagation de la réforme en France [2]. Berquin recommença ses attaques contre les moines, et Sigismond de Hohenlohe se disposa à partir. Mais Marguerite, qui désirait, avant de rien entreprendre, s'assurer des dispositions de son frère, se hâta d'écrire au doyen de Strasbourg, pour l'engager à suspendre son voyage : « *Tous*
» *vos amis ont délibéré que, pour quelque raison, il n'est*
» *pas temps encore que vous veniez ici. Mais, dès que*
» *nous y aurons fait quelque chose avec la grâce de Dieu,*
» *je mettrai peine à vous le communiquer. Et sitôt que le*
» *Tout-Puissant nous aura fait la grâce de commencer,*
» *vous serez consolé en cette compagnie, en laquelle*
» *vous êtes présent, quoique absent de corps* [3]. »

Enfin, une démarche décisive fut tentée, par la princesse, auprès de François Iᵉʳ, mais elle n'eut aucun

---

[1] Cette lettre est de 1526. Voyez Genin, *Lettres*, etc., et le *Semeur* 1842, vol. xi.

[2] *Appendice*, n° 4.

[3] *Lettres de Marguerite*, mars 1526. Genin.

succès. Marguerite se vit obligée de faire savoir au prince de Hohenlohe, que le Roi ne le verrait pas volontiers à la cour, et qu'il ne fallait pas songer, pour le moment, à l'exécution d'un plan qui pourrait mettre obstacle à la délivrance des enfants du monarque retenus comme otages en Espagne [1].

Farel, désespérant alors de voir la doctrine évangélique faire des progrès en France, dirigea ses pas ailleurs, et écrivit à Pierre Toussaint de venir le rejoindre, pour travailler à l'œuvre de la réforme, dans un pays qui paraissait plus disposé à la recevoir [2]. Toussaint ne crut pas devoir obéir à cet appel [3]. Il demeura à Paris, et fut nommé plus tard un des prédicateurs de Marguerite [4]. Cette princesse devenue, en 1527, reine de Navarre, par son mariage avec Henri d'Albret, choisit Roussel pour son chapelain, et fit nommer Lefèvre, précepteur de Charles, troisième fils de François Ier. Elle réussit ainsi, à la grande joie des réformés, qui lui écrivaient comme à leur bienfaitrice [5], à mettre, pour quelque temps, ses protégés à l'abri des poursuites de leurs ennemis.

La persécution ne cessa pas pour cela. Le clergé

---

[1] *Lettres de Marguerite*, mars 1526, Genin. *Semeur*, 1842.

[2] Il s'était rendu à Aigle, petite ville où l'on parle français, et qui appartenait alors aux Bernois.

[3] *Appendice*, n° 7.

[4] *Précis hist. de la Réformation dans le comté de Montbéliard*. p. 34.

[5] Hædion, de Strasbourg, en lui dédiant, sur l'invitation des Français réfugiés, son *Commentaire sur Osée*, l'appelle même très-chère sœur : ..... *Charissima soror..... cautione multa opus est....., sed ministri verbi, quos in hoc alis....., nihil hujus amittent commonefacere..... quantam sustineas expectationem, quam sint in te oculi omnium defixi, quam odiosis argumentis a religionis tenore ad prava carnis desideria quotidie revoceris*. 22 mars 1528, Baum., 86.

craignant de voir la réforme faire en France les mêmes progrès qu'en Allemagne, mit tout en œuvre pour en arrêter la marche. Plusieurs docteurs prirent la plume pour défendre ceux des articles du symbole romain qui étaient le plus vivement attaqués. C'est ainsi que, pour bien prouver la vérité du purgatoire, et pour confondre *la secte damnable des faux hérétiques luthériens et leurs sectateurs* (ce sont les termes mêmes de l'auteur), il fut imprimé à Paris, avec privilége, l'an 1528, un livre intitulé, *Merveilleuse Histoire de l'Esprit de Lyon*. Il y est question d'une certaine sœur Alix, dont l'âme revient, et déclare qu'elle est violemment tourmentée dans les flammes du purgatoire, et qu'elle a besoin des prières des fidèles pour être délivrée. L'ouvrage est dédié à François Ier.

Outre ces écrits, deux conciles provinciaux, celui de Sens et celui de Bourges, réunis sous la présidence d'Antoine du Prat et du cardinal de Tournon, cherchèrent les moyens de détruire l'hérésie. Celui de Sens, en particulier, défendit les traductions de la Bible en langue vulgaire, implora le secours du bras séculier contre ceux qui faisaient des assemblées secrètes et se mettaient à prêcher sans permission, prescrivit la doctrine qui devait être enseignée, et condamna celle qu'on cherchait à répandre [1].

A la suite de ces deux assemblées, des mesures rigoureuses furent adoptées contre les hérétiques. Le Roi, alarmé par les récits qu'on lui faisait des progrès de la doctrine luthérienne (c'est ainsi que l'on désignait

---

[1] *Sanctiones eccl.* Jouay, sectione 3ª 2ᵐ classis, in concilio senonensi, fol. 11, colum. 4.

les enseignements de l'Évangile), ordonna, sur l'avis du chancelier Antoine du Prat, que la connaissance du crime d'hérésie appartiendrait, en première instance, aux juges et aux magistrats séculiers. Dès ce moment, les parlements commencèrent à rivaliser de sévérité. Celui de Paris fit saisir un habitant de Rieux, nommé Denis, qui avait soutenu que la messe était un vrai renoncement de la mort et de la passion de Jésus-Christ. Briçonnet alla le trouver dans la prison de Meaux, où il avait été conduit, pour essayer d'ébranler sa foi. Il lui promit, non seulement de le faire mettre en liberté, mais il s'engagea encore à lui payer une pension annuelle s'il consentait à se rétracter. Le prisonnier rejeta, avec indignation, les offres de l'évêque. Il fut alors condamné à être brûlé vif. Ce fut le 3 juillet 1528, qu'il fut conduit à la mort. Par un rafinement de cruauté, on souleva, à trois différentes reprises, le malheureux condamné, au-dessus du bûcher, au moyen d'une poulie et d'une chaîne en fer. Pendant tout le temps que dura cet affreux supplice, il ne cessa de prier et d'invoquer le nom de Dieu.

Un nouveau bûcher s'éleva bientôt après dans une province du Midi. La réforme, que nous avons vue pénétrer dans le Dauphiné, s'était introduite, cette année, dans le Vivarais. Un Cordelier, nommé Etienne Macho polis [1], qui, à l'exemple de Lambert d'Avignon, d'Annemond de Coct et de Farel, s'était rendu en Saxe, pour y voir Luther, avait commencé, à son

---

[1] C'est, sans doute, un pseudonyme. Les ouvriers de la réforme avaient l'habitude de déguiser leurs véritables noms pour déjouer les attaques de leurs ennemis, ou pour d'autres motifs. Voyez Appendice, n° 4.

retour, à prêcher, dans la ville d'Annonay, contre le culte des reliques et contre d'autres coutumes superstitieuses qui y étaient en honneur. Forcé de se retirer ailleurs, il céda sa place à Étienne Rénier, religieux du même ordre. Celui-ci se mit à parler contre les abus avec une audace encore plus grande. Saisi et condamné comme hérétique, le Cordelier périt à Vienne, sur un bûcher, sans que son courage se démentît un seul moment. Mais, on eut beau faire, les persécutions dirigées par l'archevêque, d'abord, contre un maître d'école, nommé Jonas, qui avait continué l'œuvre commencée; puis, contre une vingtaine d'autres personnes dont quelques-unes succombèrent à de mauvais traitements, n'empêchèrent pas la réforme de se répandre de plus en plus dans la ville d'Annonay et les localités voisines [1].

Les moines de la Sorbonne excitèrent de rechef le parlement de Paris à frapper sans miséricorde ceux qui osaient s'éloigner de la doctrine reçue. Noël Beda ou Bedier [2], l'un d'eux, qui avait été l'objet particulier des attaques de Louis de Berquin, mit, de son côté, tout en œuvre pour perdre ce noble savant, dont la vie n'avait été préservée, jusqu'à ce moment, que grâce à de puissantes protections.

Les amis de cet homme distingué, et surtout le savant, mais timide Érasme, l'avertirent du danger qui le menaçait. Mais ce fut en vain. Berquin n'en continua pas moins à porter de nouveaux coups aux moines

---

[1] Crespin, *Martyrs*, liv. 2, p. 96.

[2] Noël Beda venait d'écrire contre Berquin et d'autres réformés un livre intitulé : *Apologia adversus clandestinos lutheranos*.

et à Beda. Une accusation d'hérésie fut lancée contre lui, et le parlement nomma douze juges, au nombre desquels se trouvait le célèbre Guillaume Budé, pour examiner cette affaire. Il fut reconnu coupable et fut arrêté. Les commissaires, appelés à prononcer son jugement, convinrent ensemble qu'on brûlerait ses livres, qu'on lui percerait la langue, et qu'on ne le condamnerait qu'à la prison perpétuelle, pourvu qu'il consentît à abjurer ses erreurs [1]. Cette sentence fut communiquée au prisonnier. Louis de Berquin, qui était loin de s'attendre à une pareille condamnation, fit appel au Roi. Les juges, irrités de son opiniâtreté, le menacèrent d'aggraver sa peine, s'il n'acquiesçait au premier jugement. Budé, désireux de le sauver, ne négligea rien pour l'engager à céder, et, en effet, il lui arracha un moment la promesse d'une rétractation. Mais, bientôt après, le gentilhomme reprit sa première résolution. Persuadé de la bonté de sa cause, il persista dans son appel. Les juges le condamnèrent alors à être brûlé sur la place de Grève, après avoir été étranglé [2]. Comme on craignit que le Roi, qui avait toujours montré beaucoup de bienveillance à Berquin, n'empêchât l'exécution de la sentence, on saisit pour cela le moment, où la cour s'éloignait de Paris pour se rendre à Blois. Le 22 avril 1529, Louis de Berquin fut conduit au supplice. Le visage de cet homme intrépide ne trahit aucun signe de faiblesse. Arrivé sur la place de Grève, il voulut haranguer le peuple. Mais les docteurs de Sorbonne et les moines se rappelaient encore la vive

---

[1] Chevillier, p. 177, 178. Crespin, liv. ii, p. 97
[2] Id. id.

impression que le discours de Jacques Pauvant avait produite sur la multitude. Un grand nombre d'individus, gagés à ce dessein, l'interrompirent par leurs cris, en sorte que ses dernières paroles ne furent entendues que d'un petit nombre de personnes. Quelques instants après, son corps fut réduit en cendres. Il n'avait que quarante ans.

CHAPITRE V.

1529-1533.

La réforme trouve des adhérents dans les Universités. — Premières années de Jean Calvin. — Son séjour à Paris. — Il commence à connaître les doctrines de la réforme. Son arrivée à Orléans. Il étudie le droit et la théologie. — Il travaille à répandre la réforme à Orléans et à Bourges. — Ses prédications à Liguières. — Son retour à Paris. — Son premier ouvrage. — Zèle du réformateur. — Il est obligé de quitter Paris.

Le martyre d'un personnage aussi illustre eut un grand retentissement par toute la France. En effet, la lutte généreuse que Louis de Berquin avait osé entreprendre contre les moines, avait été suivie avec le plus vif intérêt par tous ceux qui désiraient voir refleurir les lettres, et réformer les abus de l'Église. Quoique l'issue de ce long combat fût terrible, et que les esprits fussent un moment frappés de terreur, un grand nombre de personnes se rangèrent secrètement sous l'étendard de l'Évangile.

Ce fut, surtout, au sein des Universités que la réforme trouva le plus grand nombre d'adhérents. Celle d'Orléans, que son voisinage de la capitale avait mise de bonne heure en rapport avec les nouvelles idées, comptait déjà, depuis quelque temps, plusieurs amis des doctrines bibliques, et entr'autres, un avocat, connu sous le nom de François Daniel, et un autre personnage, nommé Nicolas Duchemin (Cheminus).

qui tenait dans sa maison, une pension pour les étudiants qui fréquentaient les écoles de cette ville. Mais la circonstance qui contribua le plus à accroître le nombre des sectateurs des doctrines bibliques dans cette cité, fut l'arrivée d'un jeune étudiant de Picardie, dont le nom est devenu trop célèbre, dans l'histoire de la réformation française, pour que nous ne consacrions pas quelques instants à jeter un coup-d'œil rapide sur la première période de sa vie, peu connue d'ailleurs.

Jean Calvin, né à Noyon [1], le 10 juillet 1509, appartenait à une famille honnête de la bourgeoisie. Son père, Gérard Cauvin, avait quitté de bonne heure, le bourg de Pont-l'Évêque, lieu de sa naissance, pour venir s'établir à Noyon. C'était un homme de sens et fort estimé, et qui était parvenu à occuper successivement les postes de notaire apostolique, de procureur fiscal du comté, de secrétaire de l'évêché et de promoteur du chapitre [2]. Ces diverses charges l'avaient mis

---

[1] *En la maison où pend à présent l'enseigne du Cerf*, rapporte maître Jacques Le Vasseur, dans la partie de ses *Annales de l'Église cathédrale de Noyon*, intitulée : *La Calvinographie*, chapitre xci, p. 1157.

Le livre de ce personnage, qui était chanoine de l'église cathédrale de Noyon, contient jusqu'à mille trois cent quatre-vingts pages, et a été imprimé à Paris, l'an 1633 et 1634. Il l'a composé, dit-il, *afin de satisfaire à la curiosité de ceux qui parlent de Calvin, pour et contre, et dans ce but, il a feuilleté avec une diligence exacte tous les registres de Noyon et toutes les études des Notaires*. Cet auteur, et un docteur en théologie, nommé Jacques Desmay, qui a consigné dans un petit livre intitulé : *Remarques sur la vie de Jean Calvin, hérésiarque, tirées des registres de Noyon, ville de sa naissance*, Rouen, 1657, les recherches qu'il avait faites sur les lieux, en 1614 et 1615, donnent quelques renseignements précieux sur les premières années de Calvin. Voyez : Charles Drelincourt, *La Defense de Calvin*, etc., Genève, 1668.

[2] Le Vasseur, chap. x, p. 1151.

en rapport avec les seigneurs du voisinage qui l'appelaient souvent, à cause de l'habileté qu'il montrait dans les affaires [1].

Sa mère, Jeanne Lefranc, était native de Cambray, et Jean des Vatines [2], chanoine de Noyon, le tint sur les fonts du baptême dans l'église de Sainte-Godeberte [3].

Jean Calvin fut destiné de bonne heure, par son père, à l'état ecclésiastique [4]. On ne possède que fort peu de détails sur son enfance. On sait seulement, qu'il fit ses premières classes au collége des Capettes, établi dans la ville de Noyon [5], et qu'il dut à la considération dont son père jouissait généralement d'être élevé avec les enfants de l'illustre maison des Mommor [6], circonstance heureuse qui lui procura le bienfait d'une éducation soignée dès ses plus tendres années. Un membre de cette famille, messire Charles de Hangest, occupait alors le siége épiscopal de Noyon. Il ne fut pas difficile d'obtenir un bénéfice pour le jeune écolier, chez lequel on remarquait sans doute de brillantes dispositions, et, en effet, dès le 21 mai 1521, il reçut, en qualité de chapelain, une portion du revenu de la chapelle de la Gésine, fondée dans l'église cathédrale [7].

---

[1] *Histoire de la Vie et Mort de feu M. Jean Calvin*, par Théodore de Bèze, Genève, 1657, p. 8.

[2] Bèze, p. 8. Desmay, p. 31.

[3] En parlant de son baptême, Calvin avait coutume de dire: *Je renonce le crême et retiens mon baptême*, voulant marquer par là qu'il avait retenu tout ce qui était prescrit par l'Evangile, et qu'il avait rejeté avec soin les cérémonies inventées par les hommes. Bèze, *Vie de Calvin*, p. 8.

[4] *Préface de Calvin sur les Psaumes*.

[5] Desmay, p. 31.

[6] Bèze, *Vie de Calvin*, p. 8. Calv., *Praef. in Senecam ad Claudium*. Desmay, p. 32.

En 1523, la peste éclata à Noyon, avec violence. Plusieurs chanoines abandonnèrent la ville, Gérard Cauvin, craignant de voir la contagion atteindre l'enfant sur lequel il fondait de belles espérances, adressa, le 5 août 1523, une requête au chapitre, afin d'obtenir que Jean Calvin, son fils, pût aller *où bon lui semblerait durant la peste, sans perdre ses distributions.* La demande fut agréée [1]. Ce fut alors que Calvin, à peine âgé de quatorze ans, se rendit à Paris [2] pour continuer ses études. Il fréquenta d'abord, avec les jeunes de Mommor, ses anciens condisciples [3], le collège de la Marche, et eut pour premier précepteur Mathurin Cordier, le célèbre grammairien [4]. Puis il passa à celui de Montaigu. Dans les premiers temps, il demeura au collège même, sous la direction d'un maître, qui était aussi espagnol d'origine ; mais ensuite, et sans doute pour être moins dérangé dans ses études privées, il prit un logement ailleurs, ayant encore pour précepteur un espagnol qui devint depuis docteur en médecine. Ses progrès furent rapides, et au bout de quelques années, il put commencer l'étude de la philosophie [5]. Austère dans ses mœurs, observateur rigide des cérémonies du catholicisme, ses désirs, d'accord avec la volonté de son père, le portaient vers l'étude de la théologie [6], et c'était afin de le mettre mieux à même

---

[1] Desmay, id.
[2] Id. p. 33.
[3] Bèze, *Vie de Calvin*, p. 8. Calvin, *Préface des Psaumes*.
[4] Calvin lui dédia, plus tard, son *Commentaire sur l'Épitre aux Thessaloniciens*.
[5] Bèze, *Vie de Calvin*, 9
[6] Id. id.

de satisfaire son goût, qu'on l'avait fait nommer, le 27 septembre 1527, à la cure de Saint-Martin de Marteville, quoiqu'il ne fût que tonsuré [1]. Mais, peu de temps après, son père, qui avait de l'ambition, l'arracha à ses études de philosophie, pour lui faire embrasser la carrière du droit, qui lui paraissait devoir le conduire plus promptement à la fortune et aux honneurs. Calvin céda au désir de son père.

Cependant, depuis quelque temps, une révolution religieuse s'opérait lentement dans l'âme réfléchie du jeune étudiant. Un de ses compatriotes, nommé Pierre Robert Olivétan, son parent et son ami, lui avait fait part des nouvelles convictions qu'il avait puisées lui-même dans la lecture des livres saints, ou dans la fréquentation de ceux qui étaient à la tête du mouvement religieux. Ses discours avaient fait une vive impression sur Calvin, et dès-lors, son zèle pour les pratiques superstitieuses de l'Église s'était refroidi, tandis qu'il commençait, comme il nous l'apprend lui-même, à avoir *quelque goût de la vraye piété* [2].

Ce fut avec ces dispositions que Calvin, âgé alors de dix-huit ans, arriva à Orléans, pour y commencer ses études de jurisprudence, sous le célèbre Pierre de l'Étoile, qui enseignait le droit civil à un très-grand auditoire. Si nous en croyons Desmay, ce serait seulement dans cette ville que Calvin aurait commencé à éprouver de l'éloignement pour les doctrines de Rome. Voici ses paroles : « *J'ai appris que ce fut à Orléans où il fut premièrement subverty de la foy par un Jacobin*

---

[1] Desmay, p. 35.
[2] Bèze, *Vie de Calvin*, p. 10. Calvin, *Préface des Psaumes*.

apostat, allemand de nation, avec lequel il se logea en chambre garnie. En cette Université, il fut Procureur de la nation de Picardie [1]. » Mais nous préférons nous en rapporter au récit de Théodore de Bèze. Quant à la demeure que Calvin choisit, il est probable que ce fut celle de Duchemin [2], et s'il eut quelque rapport avec un luthérien allemand, ce fut avec le savant helléniste Melchior Wolmar, qui se trouvait alors à Orléans [3]. Quoiqu'il en soit, Calvin se livra avec zèle à ses nouvelles études, et ses progrès furent tels, qu'au bout de peu de temps, on ne le considéra plus comme un simple étudiant, mais comme un des professeurs ordinaires. Il fut souvent appelé à remplacer ces derniers et il lui fut même proposé de le recevoir docteur sans frais. Mais il refusa cet honneur [4].

Cependant l'étude du droit ne lui fit pas négliger celle de la théologie, vers laquelle il se sentait naturellement entraîné. Il lui consacra, au contraire, ses meilleurs moments [5].

[1] Desmay, p. 43. *La Défense de Calvin*, par Drelincourt, p. 169.
[2] Les plus anciennes lettres que l'on possède de Calvin sont adressées à Nicolas Duchemin, et à l'avocat François Daniel.
Voici les dates des quatre premières :
A Nicolas Cheminus, de Noyon, mai 1528.
A François Daniel, de Paris, juillet 1529.
A Nicolas Cheminus, la veille de la fête de Simon.
A François Daniel, février 1530.
Voyez : *Manuscrits de la Bibliothèque de Genève. Lettres diverses de Calvin*, n°ˢ 106, 107, 108.
[3] Antoine de la Faye, *De Vitâ et obitu*. Th. Bezæ, p. 9. Florimond de Raimond (*De la Naissance de l'Hérésie*, liv. VII, chap. 9.) dit aussi, en parlant de Wolmar, *ce fust le premier qui luy donna le goust de l'hérésie*; mais, il prétend que ce fut seulement à Bourges.
[4] Bèze, p. 10.
[5] *Hist. Eccl.* de Bèze, nouvelle édition, p. 6.

La journée achevée, tandis que ses condisciples se livraient au sommeil ou à la dissipation, il se retirait dans sa chambre, après avoir pris un léger repas, et se mettait à étudier les saints livres. Il interrompait ses méditations à minuit. Au point du jour il se réveillait, et avant de se lever, il repassait dans sa mémoire ce qu'il avait appris quelques heures auparavant. Il est certain que ce fut dans ces travaux solitaires et non interrompus qu'il puisa cette vaste érudition qui le fit nommer plus tard le théologien par excellence, et il est malheureusement vrai aussi que ces veilles continuelles, qui contribuèrent si puissamment à développer ses facultés intellectuelles et surtout sa mémoire, furent aussi la cause première de cette mauvaise santé dont il eut presque constamment à souffrir [1], et qui influa d'une manière si fâcheuse sur son caractère.

Un examen attentif et consciencieux de la Bible découvrit bientôt à Calvin les erreurs dangereuses et les superstitions dans lesquelles l'Église romaine était tombée, par suite de l'ignorance, de la cupidité et de la corruption de ses conducteurs. Dès-lors, il prit la résolution qu'il n'abandonna jamais de les combattre à outrance, et de chercher, par l'explication de la parole de Dieu, à reconstituer la société chrétienne sur ses anciennes bases.

C'était toutefois par des écrits, plutôt que par la prédication, qu'il se proposait de travailler à atteindre ce but. Il se sentait naturellement peu disposé à se mettre lui-même en scène, et ses goûts, comme ses désirs, le portaient à la vie solitaire. Mais il eut beau

---

[1] Bèze, *Vie de Calvin*. p. 11.

faire, il ne put échapper à l'empressement du monde, et il trouva toujours autour de lui un auditoire avide de recueillir ses admirables leçons [1]. A Orléans surtout, où sa piété et ses talents étaient généralement reconnus, il se vit recherché par plusieurs personnages qui appelaient de leurs vœux une réforme de l'Église. Ce fut là, à proprement parler, qu'il commença son œuvre de réformateur, et Théodore de Bèze nous apprend que ce fut avec succès. « *Il avança merveil-*
» *leusement le royaume de Dieu en plusieurs familles,*
» dit-il, *enseignant la vérité, non point avec un langage*
» *affecté, dont il a toujours esté ennemi, mais avec telle*
» *profondeur de savoir, et telle et si solide gravité en*
» *son langage, qu'il n'y avoit dès-lors homme l'écou-*
» *tant qu'il n'en fût ravi en admiration* [2]. »

Calvin, après un laps de temps difficile à déterminer, mais qui ne paraît pas avoir dépassé une année, se rendit à Bourges, où l'Italien André Alciati, qui passait pour le jurisconsulte le plus savant et le plus éloquent de l'époque, attirait la foule à ses leçons. Il y était arrivé depuis peu, lorsqu'il fut obligé d'interrompre brusquement ses études, pour se rendre auprès de son

---

[1] C'est ce qu'il nous raconte lui-même naïvement, dans sa *Préface des Psaumes :*

« *Un an ne s'estoit pas escoulé* (depuis qu'il avait commencé à étudier
» les livres saints) *que tous ceux qui témoignoyent quelque desir de la*
» *pure doctrine, se rangeoyent pour apprendre vers moi, bien que novice*
» *et apprentif. Moi qui estois de mon naturel, moins fait au monde,*
» *ayant tousiours aimé le loisir et l'ombre, ne cherchois que de me tenir*
» *caché; ce qui me réussit si peu, que toutes les fois je croyois de treuver*
» *une retraite à l'escart, je rencontrai comme une école publique.* »

[2] *Hist. Eccl.,* liv. 1, p. 6.

père, atteint d'une maladie mortelle [1]. De retour à Bourges, après le décès de celui-ci, il y acheva son droit. Libre alors de suivre sa première inclination, il s'appliqua avec une nouvelle ardeur à l'étude de la théologie, et il trouva un ami et un guide précieux dans **Melchior Wolmar** [2], un de ces savants et pieux Allemands que la protection accordée aux gens de lettres par François Ier avait attirés en grand nombre en France. Marguerite, qui avait reçu en dot le duché de Berri en épousant le Roi de Navarre, avait depuis peu fait nommer Wolmar à une chaire de littérature grecque et latine dans son université de Bourges. Il faisait aussi, à côté de ses fonctions, l'éducation particulière de quelques jeunes gens de bonnes familles, au nombre desquels se trouvait le célèbre Théodore de Bèze.

Ce fut à l'instigation et sous la direction de ce professeur que Calvin apprit le grec. Malgré ces diverses occupations, il trouva encore le temps de seconder, comme à Orléans, les efforts qui étaient déjà tentés pour introduire la réforme dans la ville de Bourges.

Deux docteurs en théologie, Jean Chaponneau et Jean Michel, l'un moine de l'abbaye de Saint-Ambroise, l'autre appartenant à l'ordre de Saint-Michel, avaient commencé à y réunir un petit nombre de fidèles, en

---

[1] *Lettre de Calvin à Cheminus,* de Noyon, mai 1528. Il écrit à son ami, qu'il avait vu, à son passage par Orléans, qu'il reviendra bientôt.

[2] Dans son *Commentaire sur la seconde Epître de saint Paul aux Corinthiens,* qu'il lui dédia, il lui témoigne sa reconnaissance et l'appelle son maître.

leur annonçant, quoique d'une manière encore un peu obscure, les vérités évangéliques [1].

Calvin, par sa parole forte et décisive, affermit le petit troupeau. Il fit plus; il alla, sur l'invitation qui lui en fut faite, prêcher dans quelques châteaux et bourgades du voisinage. La petite ville de Lignières fut celle qu'il visita le plus souvent. La dame et le seigneur du lieu le reçurent volontiers, et, quoique ce dernier fût peu en état de juger du mérite des prédicateurs qu'il entendait, il ne put s'empêcher de dire quelquefois : « *Il me semble que M. Jean Calvin prêche mieux que les moines, et qu'il va rondement en besogne.* » C'est que, remarque Théodore de Bèze, qui nous rapporte ce fait, « le dit seigneur n'estant pas de son
» naturel des plus superstitieux s'apercevoit bien que
» les moines qui venoyent chacun an prescher là
» contrefaisoyent les marmiteux, pour acquérir répu-
» tation et pour le gain [2]. »

Calvin paraît avoir quitté Bourges en 1529, à l'approche de Pâques, car on le trouve à Noyon au mois d'avril de la même année, se démettant de sa chapelle de la Gésine en faveur de son frère Antoine [3]. S'il exerça alors, dans sa cure de Saint-Martin-de-Marteville, les seules fonctions que son âge lui permettait de remplir lui-même, savoir, celles de la prédication, ce ne fut que pendant fort peu de temps. Son ancien condisciple, messire Claude de Hangest, devenu abbé de saint Éloy, lui ayant fait échanger sa cure contre

---

[1] *Hist. Eccl.*, liv. 1, p. 7.
[2] Bèze, *Vie de Calvin*, p. 13.
[3] Desmay, p. 49; Drelincourt, p. 168.

celle de Pont-l'Evêque, qui était plus avantageuse [1], il retourna de nouveau à Paris, pour y compléter ses études. Mais la capitale était devenue, depuis le supplice de Berquin, un séjour dangereux pour les hommes de lettres, et surtout pour les théologiens qui osaient s'écarter de l'orthodoxie romaine. Il chercha longtemps, et finit enfin par trouver un asile sûr où il put se livrer à ses paisibles travaux [2].

Ce fut alors qu'il composa un commentaire sur le traité de Sénèque *De Clementiâ*, qu'il dédia à Claude de Hangest, abbé de saint Éloy [3]. Suivant quelques historiens, cet ouvrage avait pour but principal de faire une salutaire impression sur l'esprit de François Ier [4], et de le porter à suspendre les rigueurs qu'il faisait exercer contre les luthériens. Suivant d'autres, c'était simplement une œuvre littéraire. Quoiqu'il en soit, ce livre fixa dès-lors l'attention du public savant sur le jeune auteur qui, ayant latinisé son nom dans le titre du livre, fut connu depuis ce moment sous celui de Calvin. Mais ce qui réjouit surtout les amis de l'Évangile, ce fut de voir ce dernier, qui avait reçu à ce qu'il paraît des impressions salutaires des relations qu'il soutenait alors avec un riche marchand de Paris, nommé

[1] Desmay, 5 juillet, p. 40.
[2] *Lettre de Calvin à François Daniel*, de Paris, juillet 1529.
[3] L'Epître dédicatoire est datée de Paris, le 4 d'avril 1532. Il envoya un exemplaire de son ouvrage à son ami François Daniel. Voyez : *Lettre à François Daniel*, de Paris, 1532.
Lettres diverses de Calvin, manusc. de la Bibliothèque de Genève, n° 106, 107, 108.
[4] « *Aliud agens, aliud simulans, scilicet ut ignes extingueret quos Franciscus Gallorum rex accendi jusserat in perniciem Lutheranorum.* » Papyre Masson., *Vita Calvini*.

Étienne des Forges, homme très-pieux et très-considéré [1], se montrer de plus en plus attaché à la réforme, et prendre une part active au mouvement religieux.

En effet, dès cette année, on le trouve non seulement en rapport avec le réformateur Martin Bucer [2], son aîné de dix-huit ans; mais encore occupé à affermir le petit nombre de fidèles qui commençaient à se réunir dans Paris [3], et à le prémunir avec soin contre les doctrines dangereuses qui menaçaient déjà de fausser le mouvement de la réforme. Mais son zèle lui suscita bientôt une persécution qui l'obligea à s'éloigner promptement de la capitale.

C'était la coutume dans l'Université que le Recteur prononçât un discours dans une des églises, le 1ᵉʳ novembre, jour de la Toussaint. Nicolas Cop, qui exerçait cette charge en 1533, et qui était lié d'amitié avec Calvin, monta en chaire au jour désigné, dans l'église des Mathurins, et prononça une harangue de la composition de ce dernier. Malheureusement, quelques Cordeliers se trouvaient là pour l'écouter. Ils trouvèrent dans son discours des propositions hérétiques, les couchèrent par écrit et les déférèrent au parlement. Cop indigné assembla le 19 l'Université. Il se plaignit avec amertume de ce qu'on avait porté cette cause devant un autre corps que celui qu'il présidait. Il supplia l'assemblée de se joindre à lui pour tirer

---

[1] Bèze, *Vie de Calvin*, p. 13.

[2] Voyez *Appendice*, n° 8.

[3] Bèze dit expressément, dans son *Histoire Ecclésiastique*, à l'année 1543, page 20 de la nouvelle édition que, quatorze ans auparavant, il avait une église secrète à Paris, dont le ministre portait le nom de Roche.

vengeance des délateurs. Ces paroles produisirent un tumulte effroyable, et l'affaire prit un caractère sérieux. Pour en éviter les conséquences fâcheuses, on voulut s'assurer l'appui de quelques hauts personnages qui protégeaient secrètement la réforme et les gens de lettres. Calvin fut envoyé à la cour, dont une partie seulement se trouvait alors à Paris, le reste ayant accompagné le Roi en Provence. Il eut à se louer de la réception qui lui fut faite : « *Il fut recognu, et très bien recueilli de ceux qui avoyent quelque droite affection et jugement en ces affaires* [1], dit Théodore de Bèze. Mais cette démarche n'amena pas le résultat qu'on en avait espéré. La cour du parlement cita le Recteur à comparaître devant elle. Celui-ci se mit en route pour se rendre au palais, accompagné de ses bedeaux ; mais, ayant appris en chemin que l'on se disposait à l'arrêter, il revint sur ses pas, sortit en toute hâte du royaume, et se retira à Bâle, d'où son père, Guillaume Cop, médecin distingué du Roi, était originaire. On donna ordre de s'emparer sur-le-champ de Calvin, qui avait aussi été dénoncé au parlement, à cause de ses liaisons avec Cop. Des huissiers, l'adroit lieutenant criminel Jean Morin en tête, se dirigèrent vers le collège de Forteret, où le réformateur faisait alors sa résidence. Mais Calvin, averti à temps de leur présence, trouva le moyen d'échapper à leurs poursuites en s'évadant, dit-on, par une fenêtre. On ne put que saisir ses livres

---

[1] Dans l'édition française de la *Vie de Calvin*, par Bèze, que nous avons sous les yeux, il n'est nullement question d'une entrevue avec la Reine de Navarre. Ce fait est rapporté, il est vrai, dans les premières éditions ; mais on sait que Bèze a fait plusieurs corrections dans les éditions subséquentes.

et ses papiers, parmi lesquels se trouvèrent plusieurs lettres de ses amis d'Orléans et d'autres lieux. On allait se servir de ces dernières pièces pour entreprendre de nouvelles persécutions, lorsque Marguerite intervint avec sa puissante protection [1].

[1] Voyez, pour cette affaire, Bèze, *Vie de Calvin*, p. 14 et 15. *Hist. Eccles.*, liv. 1, p. 9. *Registres de l'Université*, dans du Boulay, tom. vi, p. 238 et 239.

CHAPITRE VI.

1533 — 1534.

Bienveillance de Marguerite envers Lefèvre. — Ses efforts pour étendre la Réforme en France. — François Ier cède aux instances de sa sœur, et invite Mélanchton à venir dans son royaume. — Imprudence des réformés. — Violente persécution. — Courault et Gérard Roussel se retirent de Paris.

Toujours désireuse de voir la réforme se répandre de plus en plus en France, Marguerite continuait à veiller avec une sorte d'affection, mais sans trop se découvrir, sur les jours de ceux que les moines considéraient à juste titre comme les auteurs du mouvement religieux. Lefèvre fut un des premiers à éprouver les heureux effets de la bienveillante sollicitude de la sœur de François Ier. Déjà, elle avait essayé de le garantir de la fureur de ses ennemis, en l'emmenant à Blois, où la Cour se tenait souvent, et où elle avait donné le jour à sa fille Jeanne, au mois de janvier 1528. Elle l'avait fait nommer bibliothécaire du château. Mais, voyant qu'il continuait à être inquiété dans cette demeure royale, où le studieux vieillard avait achevé sa traduction de la Bible, elle résolut de lui procurer dans ses états, un asile où il put finir ses jours en paix. Ce fut dans cette intention qu'elle adressa la lettre suivante au grand-maître Anne de Montmorency. « Le « bon homme Fabry m'a escript qu'il s'est trouvé ung

» peu mal à Bloys, avecques ce qu'on l'a voulu fascher
» par delà. Et pour changer d'air, irait voulentiers
» veoir ung amy sien pour ung temps, si le plaisir du
» Roy estoit lui vouloir donner congié. Il a mis ordre
» en sa librairie, cotté les livres, et mis tout par inven-
» taire, lequel il baillera à qui il plaira au Roy. Je vous
» prie demander son congié au Roy [1]. » Sa demande
fut accordée, et Lefèvre se rendit à Nérac, en 1531,
avec son ancien élève et compatriote Jean le Comte [2].

Marguerite adressa aussi, plusieurs fois, au Roi de
semblables demandes, et elle usa souvent de la douce
influence qu'elle exerçait sur l'esprit de son frère, pour
désarmer la haine que celui-ci nourrissait contre les
réformés, qu'il soupçonnait de vouloir changer à la fois
la constitution et la religion du royaume [3]. Mais cette
princesse ne se contenta pas de ce rôle de protectrice,
elle s'appliqua avec soin à rechercher les moyens de
rétablir la saine doctrine, et de débarrasser la religion
des abus dont elle était surchargée. C'était dans cette
intention que, déjà en 1532, elle avait engagé le
confesseur du roi, Guillaume Petit, docteur de Sorbonne et évêque de Senlis, qu'elle avait mis dans ses
bonnes grâces, à faire imprimer le livre des *Heures* en
français, après en avoir retranché les endroits les plus
superstitieux. C'était aussi dans le même but qu'elle
avait elle-même mis au jour, la même année, un

---

[1] Genin, *Lettres de Marguerite*, p. 279.

[2] *Journal de Jean le Comte*, cité dans Ruchat, tom. III, p. 133.

[3] *Le Roy la haïssait fort* (la réforme), *disant qu'elle et toute autre secte tendaient plus à la destruction des royaumes, des monarchies et dominations, qu'à l'edification des âmes.* Brantôme. *Dames Illustres*.

ouvrage en vers de sa composition, intitulé : *Le Miroir de l'Ame Pécheresse*, où, sans trop faire mention des saints et des saintes, elle ne reconnaît d'autres mérites et d'autre Purgatoire que le sang de Jésus-Christ [1]. En 1533, elle fit plus, elle réussit à faire monter dans les chaires de Paris, trois prédicateurs qui professaient des doctrines opposées à celles de l'Église de Rome. C'étaient Gérard Roussel, duquel il a été fait mention plus haut, et deux moines de l'ordre des Augustins, nommés, l'un Bertault et l'autre Courault. Le premier prêcha le carême au Louvre, en présence de Marguerite.

Les docteurs de Sorbonne, et surtout Béda, dont le

---

[1] Ce livre forme la première partie d'un volume de poésies de cette princesse, qui a pour titre : *Marguerites de la Marguerite des Princesses, très-illustre Royne de Navarre*. A Lyon, chez de Tournes, 1547. — Son apparition excita au plus haut point la fureur des moines. Les docteurs de Sorbonne, et surtout Béda, poussèrent l'audace jusqu'à faire, du haut de la chaire, des allusions pleines de malveillance pour la sœur de François Ier. On joua, en octobre, au collége de Navarre, pour ridiculiser cette princesse, une comédie dont les détails se trouvent mentionnés dans la première des lettres imprimées de Calvin. On y vit d'abord paraître une reine s'occupant à filer et à coudre, mais obsédée par une furie, qui la pressait de quitter son aiguille et sa quenouille pour se mettre à lire la Sainte Écriture. Après quelque résistance, cette princesse cède enfin, et parcourt les pages d'une traduction des Evangiles. Cette lecture achevée, elle paraît comme une furie, et toute différente de ce qu'elle était auparavant.

Enfin, Nicolas le Clerc, député par l'université pour faire la recherche des livres hérétiques, mit le *Miroir* au rang des livres suspects. Marguerite se plaignit au roi. Quelques-uns de ceux qui avaient rempli des rôles dans la pièce furent emprisonnés. L'évêque de Senlis vint de la part du roi, le 24 octobre, à l'assemblée de l'université, pour demander des explications. Celle-ci déclara qu'on avait ignoré que le livre fût de la princesse, et qu'il n'avait été saisi, que parce qu'il ne se trouvait pas revêtu de l'approbation de l'université.

zèle était infatigable, parvinrent par leurs intrigues à faire cesser ces prédications au bout de peu de temps. Privés de la faculté d'annoncer les vérités évangéliques en public, Roussel et les religieux se mirent à les exposer en particulier. Mais les moines ne voulaient aucun enseignement qui amenât la ruine des abus qu'ils avaient intérêt à conserver. Béda et plusieurs autres fougueux défenseurs du dogme catholique se mirent à prêcher contre eux dans les diverses paroisses de Paris. Ils dénoncèrent les trois prédicateurs au parlement, et eurent assez de crédit pour faire emprisonner Roussel et Courault, les seuls qu'on pût atteindre. Cependant, cette affaire se termina mieux qu'on n'aurait osé l'espérer. La faculté de Théologie ayant déclaré, par jugement du 12 mai 1533, que les propositions imputées aux deux prisonniers n'avaient que l'apparence de l'hérésie, ces derniers furent mis en liberté, avec défense toutefois de prêcher ou d'enseigner. Mais Béda, qui avait irrité le Roi par ses discours séditieux, fut envoyé en exil au mont Saint-Michel, où il mourut le 8 février 1537 [1].

Cette punition, infligée au fougueux persécuteur, fut considérée comme un événement heureux par tous les amis de l'Évangile, et surtout par l'Église secrète de Paris, qui avait vu livrer cette année au supplice du feu un de ses membres les plus zélés, le chirurgien Jean Pointet, originaire de Menton, près d'Annecy, en Savoie [2]. On crut reconnaître, dans ce fait, un signe

---

[1] D'Argentré, au tom. II de sa collection, p. 120.

[2] Crespin, *Martyrs*, liv. II, p. 100.

certain que le monarque se montrait plus favorable à la réforme.

En effet, soit que ce prince cédât aux instances réunies de sa sœur, de sa maîtresse Anne de Pisseleu [1], duchesse d'Étampes, de la dame de Canny [2], sœur de cette dernière, des deux frères du Bellay, l'un, évêque de Paris, l'autre, seigneur de Langey [3], et de quelques autres personnages de la cour, qui désiraient de voir s'opérer des changements devenus nécessaires dans le culte et la doctrine, soit qu'il n'eût en vue que le désir de se concilier l'amitié des princes protestants, dont il recherchait l'alliance, toujours est-il qu'il résolut de faire venir en France le célèbre Philippe Mélanchton, pour l'entendre s'expliquer lui-même sur les différends qui agitaient la chrétienté [4].

Il ne pouvait faire un meilleur choix. D'un caractère doux et conciliant, le savant réformateur allemand, qui se trouvait à Wittemberg, auprès de Luther, paraissait plus propre que ce dernier à produire une impression favorable sur l'esprit de François Ier, et à le porter à adopter les mesures les plus convenables, pour mettre un terme aux divisions religieuses qui commençaient à se manifester dans le royaume.

---

[1] Voy. Florimond. *De la Naissance de l'Heresie*, etc., liv. VII, p. 847.

[2] Calvin écrivit à cette dame une lettre en 1554. Voyez *Appendice*, n° 13.

[3] Guillaume du Bellay, seigneur de Langey, fut envoyé plusieurs fois en Allemagne par François Ier, pour négocier avec les princes allemands.

[4] Camer. *In Vitâ Melanchth.*, p. 146. Voy. aussi *Le Bureau du Concile de Trente*, par Innocent Gentillet, jurisconsulte dauphinois. 1586. liv. 1, p. 25. Bèze. *Hist. Eccl.*, liv. 1, p. 10.

La joie fut grande parmi les réformés, en apprenant cette détermination du Roi. L'espérance de voir luire des jours plus heureux s'empara de tous les cœurs. Mais le zèle imprudent de quelques fidèles vint soudainement changer les dispositions favorables du monarque, et renouveler des scènes de terreur et d'effroi. Ce fut de la capitale que partit ce coup désastreux.

L'Église de Paris, à cette époque, comptait déjà dans son sein plusieurs personnages de rang et de fortune et un certain nombre d'étudiants de l'Université. Elle mettait un grand empressement à propager les doctrines évangéliques en France et à l'étranger, et elle avait envoyé encore, il y avait fort peu de temps, Jean Lecomte, auprès de Farel, pour l'aider dans ses pieux travaux [1].

D'accord sur la nécessité d'une réforme et l'appelant de leurs vœux, les membres qui la composaient différaient sur la conduite qu'ils avaient à suivre dans leurs relations extérieures. Les uns, connus sous le nom de temporiseurs [2], voulaient qu'on continuât de s'assembler en secret, comme on le faisait, pour entendre la lecture des livres saints et prier Dieu, tout en conservant dans le monde les dehors du catholicisme. Les autres demandaient une rupture complète avec l'erreur, et une profession franche et déclarée de l'Évangile, au risque d'attirer sur soi des punitions ou même la mort.

---

[1] Jean le Comte avait quitté Nérac, et remplissait les fonctions de précepteur des enfants que l'amirale de Bonnivet avait eus de son premier mari, lorsqu'il se décida à partir pour la Suisse. *Mémoires de Jean le Comte*, cités dans Ruchat, tom. III, p. 133.

[2] Bèze, *Hist. Eccl.*, liv. 1, p. 20.

Aussi longtemps que le petit troupeau eut à sa tête
Gérard Roussel et Courault, et qu'il fut guidé par les
conseils de ces deux hommes pieux, dont le dernier
portait vraisemblablement le surnom de La Roche, la
division n'éclata pas. Mais lorsque, par l'emprisonnement des deux prédicateurs, les fidèles furent livrés à
eux-mêmes, quelques-uns, n'écoutant que leurs inspi-
rations, prirent la résolution de députer un des leurs,
auprès de leurs compatriotes qui prêchaient la réforme
dans la partie de la Savoie qui touchait à la Suisse, afin
qu'il leur apprît au juste, à son retour, comment ils
devaient se comporter au milieu des circonstances particulières où ils se trouvaient. Un nommé Féret, qui
travaillait chez l'apothicaire du Roi, fut chargé de ce
message [1].

Le spectacle qui s'offrit aux regards de ce dernier,
en arrivant au terme de son voyage, dut faire une
vive impression sur son esprit. Partout, des ministres
envoyés de Paris, de Strasbourg, de Bâle et du Dauphiné, étaient à l'œuvre. Neufchâtel avait embrassé la
réformation [2], et avait pour premier pasteur Marcourt,
l'ancien ami de Le Comte. Celui-ci se trouvait à la tête
de l'Église réformée de Granson [3]. Morat, Avenche,
Orbe, Payerne, venaient de se déclarer pour la réforme.
Guillaume Farel et Antoine Saunier, de retour d'un
synode tenu au milieu des églises apostoliques des
vallées du Piémont, dans lequel il avait été décidé de
faire une nouvelle traduction française de la Bible,

[1] Crespin, *Martyrs*, liv. III, p. 106.
[2] 23 octobre 1530.
[3] Ruchat, tom. III, p. 134.

cherchaient, de concert avec Froment, à la faire pénétrer dans Genève. Olivétan, parent et ami de Calvin, se mettait en mesure d'exécuter à Neufchâtel, le travail prescrit par l'assemblée vaudoise [1]. Enfin, le mouvement religieux menait déjà à sa suite ces excès qui accompagnent presque toujours les révolutions, tant religieuses que politiques. Dans plusieurs localités, les réformés, emportés par un zèle outré, appliquaient aux églises de l'ancien culte ce passage du Deutéronome, chap. VII, v. 5 : *Vous démolirez leurs autels, vous briserez leurs statues, vous couperez leurs bocages, et vous brûlerez au feu leurs images taillées*, et abattaient les statues des saints, dispersaient les reliques, etc.

On comprend que les pasteurs, qui combattaient alors l'erreur avec tant d'acharnement et au péril de leur vie, ne se rangèrent pas du côté de ceux qui voulaient temporiser. Ils déclarèrent au député qu'il était du devoir des membres de l'Église secrète de Paris, de rompre de suite avec les superstitions du catholicisme, et qu'il fallait avant toutes choses obéir à l'Évangile. Féret se disposa à partir. Mais entraîné par tout ce qu'il voyait, il voulut auparavant se préparer les moyens de travailler aussi avec efficacité au renversement des superstitions dans sa patrie. Il fit imprimer à Neufchâtel, dans ce but, sous forme de placards et de petits livrets, un écrit qu'il se proposait

---

[1] Pierre Robert Olivétan se trouvait à Genève en 1532. Il y exerçait les fonctions de précepteur des enfants de Jean Chantemps. Banni de cette ville, pour avoir réfuté publiquement un Jacobin, il s'était retiré à Neuchâtel. C'est là qu'il fit paraître la traduction de la Bible, qu'il avait entreprise à la demande des Vaudois. Le Nouveau Testament parut en 1534, le reste en 1535.

de répandre, et qui portait le titre suivant : « *Articles*
» *véritables sur les horribles, grands et importables*
» *abus de la messe papale, inventée directement contre*
» *la saincte Cène de nostre Seigneur, seul médiateur,*
« *et seul Sauveur Jésus-Christ.* »

Le style en était âpre et violent. Le pape, les cardinaux et les évêques surtout n'y étaient pas ménagés [1]. Aussi, Courault et tous les hommes sages et réfléchis, auxquels Féret le communiqua à son retour, en désapprouvèrent-ils hautement la forme, tout en reconnaissant que le fond en était véritable. Ils furent donc d'avis qu'il fallait se garder de les afficher ou de les répandre, de crainte d'exciter de rechef la fureur de leurs ennemis, et d'amener ainsi de nouveaux supplices et de nouvelles émigrations.

Mais ce conseil prudent ne fut pas suivi. Les membres ardents de l'Église, n'écoutant que leur zèle, résolurent de passer outre. Courault lui-même fut entraîné; si bien, qu'au mois d'octobre 1534, les places publiques et les rues de Paris furent couvertes d'une multitude de ces petits traités. Le même fait se répéta dans quelques-unes des principales villes du royaume.

On se ferait difficilement une idée de l'irritation et de la colère que cet acte téméraire excita chez les adversaires. Les docteurs de Sorbonne entrèrent dans une fureur inexprimable. Ils ne parlèrent plus que de vengeance et de poursuites. Mais, la circonstance la plus malheureuse, dans toute cette affaire, fut que le Roi, à son retour de Blois, trouva un de ces placards

---

[1] Voyez dans l'*Appendice*, au n° 9, quelques lignes de cet écrit.

affiché, peut-être par la main d'un ennemi des réformés, à la porte de sa chambre, au Louvre. Son indignation à cette vue fut telle, qu'il ordonna qu'on s'emparât sur le champ de tous ceux qui passaient pour avoir le moindre penchant au luthéranisme.

Il ne pouvait rien faire de plus agréable aux ennemis de l'Évangile, et en particulier au cardinal de Tournon, qui avait cherché inutilement à empêcher cette conférence du Roi avec Mélanchton, dont il redoutait l'issue, et qui épiait le moment favorable pour la rompre [1]. Aussi, mit-on le plus grand empressement à obéir aux ordres du souverain. Mais personne ne montra plus de zèle que le lieutenant criminel Jean Morin. *Il estoit sanguinaire et ingénieux à inventer tourments, s'il en fût onques,* dit Crespin, et son habileté pour découvrir les criminels et les surprendre par ses questions, était passée en proverbe. Il eut bientôt fait quelques captures importantes, et entre autres, celle d'un marchand gaînier, qui remplissait dans l'église réformée de Paris les fonctions d'avertisseur, c'est-à-dire, qui était chargé de faire connaître aux fidèles les lieux dans lesquels devaient se tenir les assemblées secrètes. La crainte du bûcher porta ce dernier à trahir ses frères, et il consentit, pour racheter sa vie, à conduire le terrible magistrat dans les demeures

---

[1] Le poëte Clément Marot avait déjà témoigné par ses vers combien le clergé redoutait cette conférence du roi avec Mélanchton. Voici ce qu'il en dit :

> *Je ne dis pas que Mélanchton*
> *Ne déclare au Roy son advis;*
> *Mais de disputer vis-à-vis*
> *Nos maistres n'y veulent entendre.*

qui lui étaient connues. Maisons nobles, habitations bourgeoises, colléges de l'Université, tout fut alors soigneusement visité par Morin, qui ramena en triomphe un grand nombre de prisonniers.

Le Roi apprit cette nouvelle avec joie. Afin de donner une preuve éclatante de son attachement à la foi catholique, et pour apaiser le Dieu Tout-Puissant que l'on supposait irrité par cette violente attaque contre la messe, il fit faire, le 21 janvier, une magnifique procession, à laquelle il assista avec ses trois fils, marchant la tête nue, et portant un cierge ardent dans ses mains. La noblesse, le parlement et la justice prirent part à cette solennité. La procession parcourut les divers quartiers de la ville. Elle s'arrêta quelque temps sur chacune des six principales places, où des reposoirs avaient été dressés pour le saint-sacrement. Là se passa une scène affreuse. Pendant que l'air retentissait des chants religieux, six des malheureux prisonniers furent brûlés vifs avec les circonstances atroces qui avaient marqué le supplice de Rieux.

Au retour de la procession, et après avoir assisté, dans la salle de l'évêché, à un festin où se trouvèrent réunis quelques ambassadeurs, toute la cour du parlement en robes rouges, une grande partie de la noblesse et du clergé, le Roi déclara d'un ton menaçant à l'assemblée qu'il était désormais résolu à punir avec sévérité les hérétiques, et à ne pas même épargner ses propres enfants, s'ils venaient à embrasser l'erreur [1].

En effet, dès le 29 janvier 1535, après avoir laissé immoler de nouvelles victimes, et entre autres le pieux

---

[1] Voyez son discours. *Appendice*, n° 10.

Etienne de la Forge, à la mémoire duquel Calvin a rendu un si beau témoignage [1], François Ier fit paraître un édit par lequel il défendait, sous peine de mort, de donner asile aux hérétiques, et promettait aux dénonciateurs le quart des amendes et des confiscations. A partir de ce moment, les malheureux réformés se virent les objets d'incessantes poursuites, et la France se couvrit de bûchers.

Courault et Gérard Roussel parvinrent à se soustraire à la fureur des persécuteurs. Le premier se retira d'abord à Bâle, puis à Genève. Le second se rendit dans les États de la Reine de Navarre, qui avaient déjà servi de refuge à Lefèvre, à Marot [2] et à d'autres personnages que Marguerite protégeait depuis longtemps contre la fureur de leurs ennemis.

[1] Calvin. *Contre les libertins*, chap. IV.

[2] Marot, qui joue un rôle dans l'histoire de la réformation française, pour avoir mis en vers français les psaumes de David, faisait partie de la maison de la princesse Marguerite dès 1520. Pendant la captivité de François Ier, l'inquisiteur Bouchard le fit jeter en prison comme suspect d'hérésie. Il en fut délivré par une lettre du roi, à la date du 1er novembre 1527. Il vécut quelque temps à Blois, puis se réfugia en Béarn. Ne s'y croyant pas assez en sûreté, il se rendit en Italie, auprès de la duchesse de Ferrare. François Ier lui permit de rentrer en France. Mais la crainte du bûcher l'en fit partir de nouveau. Il se sauva à Genève, et finit par se retirer en Piémont, où il mourut en 1544, âgé de soixante-et-un ans. Nous avons inséré, dans l'Appendice au n° 11, une lettre que nous avons copiée dans un manuscrit de la bibliothèque royale et qui fournit une nouvelle preuve de la sollicitude avec laquelle la sœur de François Ier s'occupait des premiers réformés.

CHAPITRE VII.

1534-1535.

La réforme s'introduit dans plusieurs villes du Midi. — Martyre de Jean de Caturce. — Progrès de la réforme dans la Guienne et dans le Béarn. — Gérard Roussel, abbé de Clairac et évêque d'Oloron. — La Reine de Navarre recommande la lecture de la Bible. — Pieuse activité de Gérard Roussel. — François Ier écrit à Mélanchton. — Édit de Coucy. — Lettre de Mélanchton au Roi de France. — L'Électeur de Saxe refuse de laisser partir le réformateur. — Renouvellement des persécutions. — Plaintes des princes allemands. — Les réformés accusés faussement de sédition et de rebellion.

Depuis quelque temps, la réforme commençait à prendre pied dans plusieurs villes du Midi de la France. Toulouse, siége d'une Université, n'avait point échappé au mouvement religieux. L'étude des lettres, dont le savant médecin italien, Jules César de l'Escale, avait beaucoup contribué à répandre le goût, y avait conduit, comme à Paris, à Orléans et à Bourges, à celle des livres saints. Bientôt, dans cette ville, toute remplie de reliques et d'images superstitieuses, et où le fanatisme régnait à ce point, que, ne pas fléchir les genoux lorsque la cloche de l'*Ave Maria* se faisait entendre, oublier de saluer les statues des saints, manger de la chair un jour défendu, ou apprendre le grec et l'hébreu, passaient pour des signes certains d'hérésie, plusieurs personnes embrassèrent secrètement les doctrines évangéliques, et se mirent à les répandre autour d'elles. De ce nombre, fut un licencié en droit, nommé Jean de Caturce, qui exerçait les fonctions de professeur à Toulouse.

La persécution ne tarda pas à éclater. Une de ses premières victimes fut le licencié lui-même. Il fut accusé d'avoir présidé une assemblée hérétique, à Limoux, sa ville natale, le jour de la Toussaint. C'était là le premier grief. On lui reprocha ensuite d'avoir engagé, la veille des Rois, ceux qui assistaient avec lui à un souper, non seulement à s'écrier : *Christ règne en nos cœurs,* au lieu de prononcer le phrase ordinaire : *le Roi boit,* mais encore d'avoir proposé aux convives de remplacer les gais propos et les danses d'habitude par l'explication faite à tour de rôle, de certains sujets de l'Écriture Sainte, sur lesquels il avait exprimé lui-même des opinions condamnées par l'Église.

Emprisonné, au mois de janvier 1532, pour avoir agi de la sorte, Jean de Caturce offrit à ses juges de justifier de point en point les articles de sa foi devant des gens compétents. Mais ceux-ci, voyant la facilité avec laquelle il réfutait les objections, au moyen de citations des livres saints, aimèrent mieux lui demander la rétractation de quelques assertions, et exiger de lui pour toute amende honorable de reconnaître purement et simplement dans une de ses leçons, et devant son auditoire accoutumé qu'il avait erré. La crainte du supplice le fit un moment hésiter. Mais il reprit bientôt sa fermeté et refusa de faire aucune concession. Déclaré alors hérétique, on le conduisit au commencement de juin, sur la place Saint-Etienne, pour procéder à la cérémonie de la dégradation. Cette opération dura près de trois heures. Pendant tout ce temps, Jean de Caturce, auquel on avait laissé la liberté de la parole, ne cessa de parler à ses juges, et de répondre au

discours qu'ils lui adressèrent, de manière à les couvrir de confusion et de honte, en présence des étudiants de l'Université accourus pour être témoins d'un spectacle si nouveau. Un jacobin s'avança ensuite pour prononcer le sermon qu'on avait coutume de prêcher, à cette occasion, aux hérétiques. Ayant pris pour texte de son discours ces paroles de saint Paul : Tim., chap. IV : « *L'Esprit dit expressément que dans les derniers temps quelques-uns se révolteront de la foi, s'attachant à des esprits séducteurs et aux doctrines des démons.* » Et s'étant arrêté là, il allait commencer à parler, lorsque de Caturce s'écria avec vivacité : Continuez, continuez la lecture de votre texte. Le moine fut interdit, et son émotion fut telle qu'il demeura court. Si vous ne voulez pas achever, dit de nouveau le licencié, je le ferai à votre place. En achevant ces mots, il se mit de suite à réciter les versets suivants qu'il savait par cœur :
« *Enseignant des mensonges par hypocrisie, étant cau-*
» *térisés dans leur propre conscience. Défendant de se*
» *marier, commandant de s'abstenir des viandes que*
» *Dieu a créées, afin que les fidèles et ceux qui ont*
» *connu la vérité en usent avec actions de grâces*, etc. »
Après avoir prononcé sur ces passages quelques paroles qui furent entendues avec plaisir par les assistants, Jean de Caturce, recouvert de vêtements ridicules, fut conduit devant la cour du parlement de Toulouse, qui passait déjà pour être l'un des plus sanguinaires du royaume, afin d'y recevoir son arrêt de mort. Après avoir entendu prononcer la sentence, il ne put s'empêcher de s'écrier en latin, tandis qu'on l'emmenait : O palais d'iniquité, ô siége d'injustice! Il s'avança vers le bûcher, en louant et glorifiant Dieu, et continua à

exhorter, du milieu des flammes, la foule qui était présente, à ne point se lasser de rechercher la vérité. Crespin nous apprend que ce martyre fit une impression salutaire sur les spectateurs. *On ne saurait exprimer,* dit-il, *le grand fruit que fit sa mort, spécialement vers les Escholiers qui lors estoyent en ceste université de Toulouse, assavoir, l'an 1532* [1].

Le supplice de cet homme généreux ne fit pas cesser la prédication de la réforme dans cette ville et les lieux circonvoisins. Trois protégés de Marguerite, le protonotaire d'Armagnac, un Cordelier, nommé de Nuptiis ou plutôt Desnosses; un autre, qui portait le nom de Melchior Flavin, continuèrent à enseigner les doctrines évangéliques. Mais leur zèle était plutôt apparent que réel. Le premier, porté par la faveur de la Reine de Navarre à l'évêché de Rhodez, devint un des adversaires les plus décidés du mouvement religieux. Desnosses, après avoir prêché à la Daurade, une des principales églises de Toulouse, échappa avec Melchior Flavin, aux poursuites du parlement, en se réfugiant dans la ville de Bourges, mais ne persévéra pas plus que ce dernier dans la profession de l'Évangile. Il n'en fut pas de même d'un autre Cordelier, nommé Marcii qui leur succéda. Celui-ci prêcha avec le plus grand succès à Castres et dans le Rouergue, et mourut martyr à Toulouse.

Mais, ce fut surtout dans le Béarn, et dans la partie de la Guienne qui appartenait au roi de Navarre, que la réforme fit le plus de progrès. Elle y prit, toutefois, au commencement, un caractère particulier. Soit que

[1] Liv. II, p. 99. Bèze, *Hist. Eccl.*, liv. I, p. 7.

le vieux Lefèvre et Gérard Roussel, réfugiés à Nérac, auprès de Marguerite, et, d'accord en ceci avec Mélanchton, vissent avec douleur les déchirements de l'Église; soit qu'ils jugeassent que l'essentiel fût de maintenir avec force, les doctrines évangéliques, et qu'ils considérassent les cérémonies du catholicisme comme choses indifférentes; soit enfin, qu'ils fussent retenus par la crainte des persécutions, ou qu'ils manquassent du génie nécessaire pour reconstituer l'Église sur ses véritables bases; toujours est-il que ces deux hommes éminents n'introduisirent d'abord que fort peu de changements dans la forme extérieure du culte. Marguerite se laissa guider par eux, et quoiqu'intérieurement, elle condamnât les superstitions de l'église de Rome, elle garda toujours par complaisance pour François Ier, tous les dehors du catholicisme, avec une exactitude qui trompa ce monarque [1]. Cependant, à part cette faiblesse, la reine de Navarre ne négligea rien pour propager dans ses états la vérité évangélique. Des prédicateurs réformés, sous des habits de moines, vinrent prêcher à sa cour, d'abord en secret, par crainte du roi de Navarre qui était alors hostile à

---

[1] Voici à ce sujet deux passages de Brantôme. *Dames illustres*. p. 310.

Elle n'en fit jamais aucune profession, ny semblant (de la religion réformée) *et si elle la croyait, elle la tenait toujours dans son ame fort secrette d'autant que le roi la haïssait fort............ Le Connétable de Montmorency discourant.... un jour avec le Roy, ne fit ni scrupule de luy dire que s'il voulait bien exterminer les hérétiques de son royaume, il fallait commencer à sa cour et à ses plus proches, lui nommant la Royne sa sœur, à quoi le Roy respondit : ne parlons point de celle-là, elle m'aime trop. Elle ne croira jamais que ce que je croiray et ne prendra point de religion qui préjudicie à mon estat.*

la réforme [1]; puis, d'une manière plus ouverte, lorsque ce prince eut partagé les sentiments de son épouse. Gérard Roussel fut le premier à remplir cette charge. Bientôt après, la princesse mit ce dernier à même de rendre de plus grands services à la cause de la réforme. Elle le pourvut successivement de l'abbaye de Clairac en Guienne et de l'évêché d'Oloron en Béarn. Elle fit plus, elle chercha à répandre les livres saints, étant convaincue par sa propre expérience, qu'aucun autre ouvrage n'était plus propre à toucher les cœurs. Un ancien écrivain nous apprend [2], en effet, que cette reine faisait ses délices de la lecture de la Bible; qu'elle ne cessait de la méditer, et il nous rapporte que la princesse étant venue à Pamiers, l'avait exhorté lui-même, avec bonté, mais avec force, à ne pas laisser passer une journée sans lire quelque portion de ce saint livre, si propre, disait-elle, à éloigner du vice et à porter à la vertu. Gérard Roussel, s'acquitta avec zèle, des nouvelles fonctions qui lui avaient été confiées. *Il preschait souvent deux ou trois fois par jour*, dit Florimond de Rémond [3], *à la messe matutinale, à la canoniale et à vespres.*

Non content de rendre à la prédication de la parole

---

[1] Hilarion de Costes raconte dans ses éloges des Dames Illustres, tom. II, p. 274, que *Henri II*, roi de *Navarre*, ayant esté averti qu'on faisait en la chambre de la Reine sa femme, quelque forme de prière et d'instruction contraire à celle de ses peres, il y entra resolu de chastier le ministre, et trouvant qu'on l'avait fait sauver, les ruines de sa colère tombèrent sur sa femme qui en reçut un soufflet, lui disant : *Madame, vous en voulez trop savoir.*

[2] *Appendice*, n° 12.

[3] *Histoire de la naissance, progrès et decadence de l'heresie de ce siecle*, liv. 7, p. 250.

de Dieu la place qu'elle devait occuper dans le culte, il rétablit la cène dans sa pureté primitive, rendit le calice au peuple et communia avec les fidèles, en ayant soin de leur adresser du haut de l'autel toutes les fois que cela arrivait, une exhortation propre à leur faire comprendre le but et la signification de ce sacrement [1]. Aimeric, religieux de l'ordre de Saint-Benoît, qu'il avait nommé son vicaire-général, le seconda de son mieux dans toutes ses entreprises de réforme.

Cette activité religieuse de Roussel qui contrastait si fort avec l'indifférence de son collègue de Lescar, second évêque de Béarn, lequel, issu de la maison d'Albret, ne songeait qu'à faire bonne chère, à mener joyeuse vie, et à complaire en tout aux désirs de la reine, sa parente, fit une vive impression sur les populations de ce pays. Témoins de son zèle, de sa simplicité, de la pureté de sa vie, de son empressement à s'occuper de l'instruction de la jeunesse et des intérêts des pauvres, elles s'attachèrent à leur nouveau pasteur et embrassèrent la doctrine qu'il leur prêchait [2].

Tandis que la réforme s'établissait paisiblement dans les états du roi de Navarre, elle continuait à être en France, l'objet des plus rudes persécutions.

L'Allemagne protestante s'émut à l'ouïe de ces cruautés, et Mélanchton excité, sans doute, par quelques

---

[1] Flor. *Histoire de la naissance, progrès et décadence de l'Hérésie de ce siècle.* liv. 7, p. 850.

[2] Flor. p. 850 et 851. — *Sa vie estoit sans reproche...... Sa mute de chiens et levriers estoit un grand nombre de pauvres : ses chevaux et son train, une troupe de jeunes enfants esleves aux lettres; il avoit beaucoup de creance parmi le peuple, auquel il engrava peu a peu une haine et mespris de la religion de leurs peres.*

amis secrets de l'Évangile, avec lesquels il se trouvait en correspondance dans le royaume, chercha les moyens d'adoucir l'irritation du roi. Il écrivit dans ce but, une lettre au savant Jean Sturm [1], et une autre à Jean du Bellay, évêque de Paris [2].

François Ier, qui avait pu se convaincre que les bûchers n'empêchaient pas la réforme de se répandre, parut se relâcher un peu de sa sévérité. On profita de ce moment de calme pour lui rappeler son ancien projet de faire venir Mélanchton en France, afin de le consulter sur les moyens à employer pour apaiser les différends religieux qui prenaient un caractère de plus en plus alarmant. Le Roi se laissa de nouveau gagner, et comme il avait appris par Barnabas Voré sieur de la Fosse, qu'il avait précédemment envoyé auprès de Mélanchton, que ce dernier serait disposé à venir en France, s'il recevait une lettre expresse de sa part, il en remit une au même gentilhomme, et le chargea de la porter au savant et pieux docteur, avec des sauf-conduits [3].

Dix-sept jours après, le 15 juillet 1835, parut l'édit de Coucy, que l'on peut appeler un édit de tolérance, si l'on considère les supplices qui avaient eu lieu. Il ordonnait d'arrêter *toute poursuite contre les suspects, prévenus ou condamnés pour crime d'hérésie, pourvu*

---

[1] Il était alors, professeur au collége royal, fondé à Paris en 1529, par François Ier. Il devint plus tard le fondateur et le premier recteur de cette école célèbre de Strasbourg où professèrent Bucer, Capiton et Hédion.

[2] Camerarius, *In vitâ Melanch.*, p. 144. Seckendorf, *Hist. Luth.*, liv. III, p. 109 et 159, cite des lettres de Guillaume du Bellay et de Jean du Bellay, adressées à Mélanchton.

[3] Cette lettre est datée de Guise, le 28 juin 1535. Elle est la XXIX du premier livre des lettres de Mélanchton. Voyez *Appendice*, n° 13.

qu'ils seront tenus de vivre en bons et vrais catholiques, et d'abjurer canoniquement leurs erreurs dedans six mois... Et en outre, est prohibé et défendu à tous, sur peine de la hart, de ne lire, dogmatiser, translater, composer, ni imprimer, soit en public, soit en particulier, aucune doctrine contrariant à la foi chrétienne.

Mélanchton, en recevant la lettre de François Ier, se disposa à se rendre de suite en France. Mais une volonté supérieure s'opposa à son départ. L'Électeur de Saxe, craignant que le projet du Roi ne l'exposât à la colère de Charles-Quint, ou prévoyant que les efforts tentés pour réformer l'Église gallicane seraient prodigués en pure perte, écrivit au monarque qu'il ne pouvait pas permettre au réformateur de se rendre à ses désirs [1]. Cependant Mélanchton ne désespéra pas de triompher des obstacles. Il répondit lui-même au Roi, le 28 septembre, qu'il comptait bientôt le voir, et travailler avec lui à remettre la paix et la tranquillité dans l'Église [2]. En attendant, il lui envoya un écrit qui contenait ses conseils sur la pacification des controverses [3]. Mais le savant docteur fut trompé dans son attente. L'Électeur persista à ne point vouloir le laisser partir. Les prières de Luther, qui représentait au Duc de Saxe que l'attente de voir Mélanchton avait fait cesser les supplices des réformés en France, et les instances du sieur de Langey qui, encore, au mois de décembre de la même

---

[1] Seckendorf, liv. III, p. 42-43.
[2] *Appendice*, n° 14.
[3] *Consilium de moderandis controversiis religionis ad Gallos*. Flor. liv. VII, p. 858.
Seckendorf. p. 108.

année, demandait le réformateur, ne purent le faire changer de résolution [1].

Privé de la faculté de pouvoir travailler directement à la réformation de l'Église de France, Mélanchton n'en continua pas moins à prendre un vif intérêt au mouvement religieux de ce pays. On le trouve en effet à cette époque, en correspondance avec l'évêque d'Oloron et la Reine de Navarre [2], et il est même probable que ce fut à la suite d'un message adressé à cette princesse, ou à Gérard Roussel, dont il avait chargé son neveu, André Mélanchton, que ce dernier demeura en France, et vint jeter, l'an 1541, les semences de la réforme à Tonneins, en remplissant dans cette ville les fonctions de régent et de prédicateur [3].

Les persécutions, un moment arrêtées, recommencèrent avec une nouvelle fureur, et les réformés, de toutes parts trahis et recherchés par des individus avides de leurs dépouilles, remplirent les prisons, pour monter bientôt après sur les bûchers qui étaient dressés sur tous les points du royaume.

Les princes allemands, indignés de voir traiter de la sorte ceux qui se disaient leurs frères dans la foi, adressèrent leurs plaintes au monarque. François Ier, décidé par les conseils fanatiques de quelques courtisans à anéantir par les supplices ceux qui se séparaient de l'Église, et obligé d'un autre côté par des raisons politiques de ménager les chefs de la ligue protestante, fit répondre par ses ambassadeurs qu'il n'exerçait ses

---

[1] Seck. liv. III, p. 107-110.
[2] Florimond, liv. 7, p. 856.
[3] Bèze, *Hist. Eccl.*, liv. I, p. 17. Flor., liv. VII, p. 849.

rigueurs qu'avec regret ; que ceux qu'il livrait à la mort étaient loin d'avoir la même croyance qu'eux ; que c'étaient ou des anabaptistes, ou des sujets séditieux et rebelles qui voulaient renverser non-seulement la religion, mais encore l'ordre politique du royaume. Il chercha à accréditer ces paroles par des écrits composés *ad hoc* qu'il fit répandre avec profusion dans les pays étrangers. Mais cette imposture fut bientôt démasquée par les soins d'un théologien dont le nom fut dès lors dans toutes les bouches. Cet homme était Jean Calvin.

CHAPITRE VIII.

1535-1538.

Séjour et travaux de Calvin dans l'Angoumois. — Voyages du réformateur à Nérac et à Noyon. — Il quitte l'Angoumois et se rend à Poitiers. — La réforme s'établit dans cette ville. — Calvin et son ami du Tillet sortent de France et se retirent à Bâle — Le réformateur publie son institution chrétienne. — Il va visiter la duchesse de Ferrare. — Son retour à Bâle. — Nouveau voyage à Noyon. — Calvin quitte cette ville avec son frère Antoine, pour retourner à Bâle. — La guerre l'oblige à passer par Genève. — Farel le retient dans cette ville. — Lettres de du Tillet et de Calvin.

Forcé de quitter Paris, comme nous l'avons vu dans un chapitre précédent, Calvin était allé à Angoulême, chercher un refuge auprès d'un jeune ecclésiastique dont il avait sans doute fait la connaissance dans les colléges de l'Université, ou auquel il avait été recommandé. Il arriva dans cette ville, à la fin de 1533 ou au commencement de 1534, sous le nom de Charles d'Espeville, pseudonyme qu'il adopta désormais, pour déjouer les poursuites de ses ennemis,

Louis du Tillet (c'est ainsi que se nommait le jeune ecclésiastique) était le quatrième enfant d'une famille riche et distinguée de l'Angoumois. Son père, Elie du Tillet, ennobli en 1484, avait été nommé en 1514 président des comptes dans sa province, puis, vice-président de la chambre des comptes de Paris. Ses deux frères aînés, Séraphin du Tillet, chevalier et valet de chambre de François Ier, et Jean du Tillet protonotaire et secrétaire du roi, et bien connu par ses savants travaux sur l'histoire de France, avaient été successivement pourvus, le premier en 1515, le second en 1520, de la charge de greffier en chef du parlement de Paris. Le troisième, qui portait aussi le nom de Jean, avait embrassé la carrière ecclésiastique, et se faisait déjà remarquer par son ardeur pour l'étude et son goût pour la recherche des monuments littéraires de l'antiquité chrétienne. Il avait obtenu de François Ier la permission de visiter à cet effet, les plus célèbres bibliothèques du royaume, et en avait tiré beaucoup de livres et de manuscrits précieux, qu'il se proposait de faire connaître au public [1].

Louis du Tillet qui se destinait aussi à la prêtrise et qui possédait déjà deux bénéfices, la cure du bourg de Claix, où il résidait quelquefois, et un canonicat dans la cathédrale d'Angoulême, était le plus jeune des quatre frères. Il s'empressa d'offrir à Calvin, dont les talents lui étaient déjà connus, un asile dans la maison paternelle. Celui-ci ne fut point ingrat. Il reconnut cette généreuse hospitalité en enseignant à son hôte la langue grecque dont la connaissance était encore fort peu répandue à cette époque. C'est ce qui lui fit donner dans le pays le surnom de *Grec de Claix* ou *Petit Grec* [2]. Il paraît aussi, d'après un ouvrage du cardinal du Perron, qu'il eut également pour élève le troisième fils d'Elie du Tillet [3].

---

[1] Remarques sur le Dictionnaire de Bayle, article du Tillet. Thuan, liv. XLVII, p. 974.
[2] Flor., liv. VII, p. 883.
[3] Perroniana, aux articles *Charlemagne et Calvin*.

Mais les leçons qu'il donna à ces deux disciples ne l'empêchèrent pas de continuer ses études de théologie. Florimond de Rémond nous apprend même que ce fut à Angoulême qu'il commença à composer son plus célèbre ouvrage. « *C'est là, dit-il, où il ourdit pre-* « *mièrement, pour surprendre la chrétienté, la toile* » *de son institution qu'on peut appeler l'Alcoran* « *ou plustost le Talmud de l'Hérésie.* » Il trouva dans la maison des du Tillet [1] toutes les ressources nécessaires pour se livrer à ses savantes recherches. Une vaste galerie contenait les trois ou quatre mille volumes que Jean du Tillet avait rapportés de ses voyages. Calvin s'installa au milieu de ces livres et de ces manuscrits précieux, et se livra avec tant d'ardeur au travail qu'il avait entrepris, *qu'il passoit les nuits entières sans dormir et les jours sans manger,* dit l'historien qui nous fournit ces renseignements [2].

Cependant, ces occupations n'empêchèrent pas Calvin de chercher à répandre autour de lui la réforme, comme il l'avait fait à Orléans, à Bourges et à Paris. Son vaste savoir l'avait fait rechercher de plusieurs ecclésiastiques distingués, qui cultivaient les lettres. Antoine Chaillou, prieur de Bouteville, l'abbé de Sain-

---

[1] On pense que cette maison se trouvait dans la rue qui porte le nom de Genève. Peut-être cette rue a-t-elle été en effet appelée ainsi dans la suite, pour rappeler le séjour du célèbre réformateur. Calvin a laissé un autre souvenir de sa présence. Il y a encore dans les environs d'Angoulême une vigne qu'on appelle la *Calvine*. Drelincourt, dans sa défense de Calvin qu'il fit imprimer en 1678, dit également, à la page 4 : « *J'apprends qu'il y a une vigne que l'on appelle encore aujourd'hui vigne de Calvin.* »

[2] Flor., liv. III, p. 884 et 885.

Etienne de Bassac [1], le sieur de Torsac, frère de Pierre de la Place, duquel nous aurons sujet de parler, formaient avec les deux frères du Tillet sa société habituelle. Ce fut d'abord à ces personnages qui avaient conçu pour lui beaucoup d'estime et d'affection qu'il parla des erreurs de l'Église romaine. Mais il y avait danger à traiter trop ouvertement de semblables sujets dans l'intérieur d'une ville. Afin de s'y soustraire, le prieur de Bouteville, qui avait hors des portes d'Angoulême une maison nommée Girac, dans laquelle il faisait sa résidence habituelle, l'offrit à la petite compagnie. Elle devint dès ce moment le lieu ordinaire de ses rendez-vous. Les entretiens devinrent alors plus libres. Les questions théologiques les plus délicates furent examinées avec le désir sincère de connaître la vérité [2]. Calvin commença aussi à parler ouvertement aux membres de la petite réunion de la nécessité d'une réforme, et il leur donna communication des chapitres de son institution qu'il avait déjà composés. Du reste, pendant tout le temps que Calvin séjourna à Angoulême, il observa les formes extérieures du catholicisme. Seulement, il assista au culte le plus rarement qu'il put. A trois différentes reprises, il fut chargé par le chapitre de cette ville de prononcer dans l'église de Saint-Pierre, les oraisons latines devant le clergé assemblé, et il composa aussi à l'instigation de Louis du Tillet, qui commençait à partager ses sentiments, quelques *Formulaires de Sermons et Remontrances*

---

[1] L'abbaye de Bassac est à peu de distance de Jarnac.
[2] *Toute sa conférence... n'estoit que par forme de dispute pour chercher la vérité; mot qu'il avoit ordinairement en bouche! Trouvons, disoit-il, la vérité*. Flor., liv. 7, p. 882.

chrestiennes. Ce dernier les remit à quelques curés de sa connaissance, pour qu'ils les récitassent au peuple dans leurs prônes et lui donnassent *quelque goust de la vraye et pure cognoissance de son salut par Jésus-Christ* [1].

Calvin ne demeura pas constamment à Angoulême. Il s'en absenta à deux différentes reprises. Le désir de voir et de consulter le pieux Lefèvre, le conduisit d'abord à Nérac. Le vénérable vieillard, auquel il fit part sans doute de ses vues et de ses plans, fut frappé du génie qu'annonçait le jeune théologien et se plut à considérer en lui l'homme que Dieu avait choisi pour opérer en France ce renouvellement de l'Église, qu'il avait été le premier à appeler de ses vœux [2]. Cet espoir, que les événements subséquents durent encore fortifier, ne put que contribuer à adoucir les derniers jours du savant docteur, qui acheva sa course trois ans après cette entrevue [3]. Roussel, que Calvin était aussi allé visiter, ne partagea pas l'admiration du vieillard. S'il faut s'en rapporter à Florimond,

---

[1] Bèze, *Vie de Calvin*, p. 15.

[2] Bèze, *Vie de Calvin*; première édition française, raconte ainsi cette entrevue : *Ce bon vieillard veid de bon œil ce jeune homme comme presageant que ce devoit estre l'autheur de la restauration de l'Église en France.* Voy. aussi Hist. Eccl., p. 9.

[3] En 1537, Florimond dit avoir vu dans l'église de Nérac, le tombeau de Lefèvre, sur lequel on avait inscrit les dernières paroles qu'il avait prononcées :

> *Corpus humo mentemque Deo bona cui ta relinquo*
> *Pauperibus, Faber hæc dum moreretur, ait.*

Je laisse mon corps à la terre, mon esprit à Dieu, et tous mes biens aux pauvres. Flor., liv. 7. p. 847.

Marguerite avait assisté à ses funérailles. Sammarthani, *Elogia*, p. Graf.

l'évêque, effrayé des réformes radicales que proposait le jeune théologien, comme l'unique moyen de ramener l'Église à sa pureté primitive, tenta, mais en vain, de le ramener à des sentiments plus modérés, en lui disant, *qu'à la vérité, il estoit nécessaire de nettoyer la maison de Dieu, l'appuyer, mais non pas la destruire* [1].

Peu de temps après ce voyage, Calvin se vit contraint d'en entreprendre un second. Il était près d'atteindre sa vingt-cinquième année. Il allait se trouver dans la nécessité, lui simple tonsuré, de recevoir les Ordres, et de remplir les fonctions qu'il avait fait exercer jusqu'ici par le moyen de vicaires. Calvin résolut de tout abandonner plutôt que de pratiquer les cérémonies d'un culte que sa conscience condamnait. Il se rendit en Picardie, pour y résigner ses bénéfices. Le lundi, 4 mai 1534, il se défit à Noyon de sa chapelle de la Gésine, en faveur de maître Antoine de la Marlière [2], et il donna sa cure de Pont-l'Évêque à un de ses parents, nommé Caïm [3]. Ayant rompu ainsi les derniers liens qui le retenaient attaché à l'Église romaine, il se sentit plus libre de parler à ses concitoyens des erreurs du catholicisme, et il le fit avec tant de persuasion que quelques-uns de ces derniers, au nombre desquels se trouvaient deux de ses frères et une sœur, renoncèrent dès ce moment aux doctrines de Rome [4].

Calvin reprit le chemin d'Angoulême. Il s'arrêta quelque temps à Paris, mais il ne se montra que rarement en public; car la capitale, depuis l'affaire de

---

[1] Flor., liv. 7, p. 928.
[2] Desmay. p. 48.
[3] *idem.* p. 49.
[4] *idem.* p. 26-49.

Cop, était un lieu dangereux pour lui. Cependant, dans une occasion particulière, le zèle qu'il montra toujours pour la défense des doctrines évangéliques, lui fit oublier un moment les règles de la prudence et braver le péril.

Michel Servet, médecin espagnol, de Villeneuve, en Arragon qui commençait alors à attirer l'attention publique sur lui, par l'audace avec laquelle il attaquait plusieurs des dogmes fondamentaux du christianisme, venait d'arriver à Paris. Calvin apprit avec indignation que cet homme cherchait à répandre ses idées parmi les partisans du mouvement religieux. Il prévit de suite combien la cause de la réforme serait compromise par la diffusion d'opinions aussi hétérodoxes, et il résolut de combattre le mal par tous les moyens qui étaient à sa disposition. Il parvint à rencontrer Michel Servet, et, dans l'espoir de le gagner à de meilleurs sentiments, ou de lui prouver ses erreurs par la parole de Dieu, il lui proposa une discussion en présence des fidèles. Servet ayant accepté, le rendez-vous fut donné dans une maison de la rue Saint-Antoine. Calvin ne manqua pas de s'y rendre. Mais ce fut en vain qu'il attendit le médecin Espagnol. Celui-ci ne comparut pas [1].

De retour auprès de du Tillet, à la fin de 1534, ou plutôt, d'après notre manière de compter, au commencement de 1535 [2], Calvin résolut de quitter la France

---

[1] Bèze, *Vie de Calvin*, p. 16.

[2] Dans sa *Vie de Calvin*, Bèze dit que le réformateur se décida à partir de France en 1534, l'année finissant alors à Pâques. Dans son histoire ecclésiastique, il assure d'une manière positive que ce fut en 1535. Nous pensons être dans le vrai en plaçant le départ de Calvin l'an 1535 après Pâques.

où les persécutions contre les réformés, devenaient de plus en plus terribles. Il espérait trouver sur la terre étrangère un lieu où il pût servir Dieu en esprit et en vérité, et préparer, loin du bruit du monde et dans le silence du cabinet, des écrits propres à éclairer les esprits sur les erreurs de l'Église de Rome.

Louis du Tillet voulut l'accompagner. Il commençait lui aussi à recevoir les doctrines évangéliques, et il avait le plus vif désir de visiter quelques-unes de ces villes d'Allemagne et de Suisse où la réforme était déjà triomphante. Ils se mirent donc en route. Mais avant de quitter la France, Calvin et son ami s'arrêtèrent à Poitiers, où étudiait alors Pierre de la Place, frère du sieur de Torsac, lequel, ainsi que nous l'avons vu plus haut, faisait partie de la petite réunion d'Angoulême. Ce qui probablement attira Calvin dans cette ville, fut le désir de visiter un docteur, régent de l'Université, nommé Charles Le Sage, qui était originaire comme lui de Noyon [1], et celui surtout de consulter, dans l'intérêt de ses études, la bibliothèque alors si riche en ouvrages précieux qu'elle possédait [2]. La réputation de son savoir l'avait précédé à Poitiers, et il se vit recherché comme

---

[1] Flor., liv. 7, p. 891.

[2] On trouve dans une remontrance faite en 1562, par les chanoines de Saint-Hilaire de Poitiers aux commissaires du roi en Poitou sur le pillage de leur église par les Huguenots les lignes suivantes : « Et « davantage la tant fameuse et renommée librairie et bibliothèque dudit « lieu (Poitiers), qui étoit munie de si grand nombre de bons et anciens « livres tant grecs, hébreux que latins, et où de toutes parts les gens « doctes accouroient pour en tirer quelque chose pour servir au public, n'a « pu éviter la barbarie et cruauté plus que gothique desdits séditieux. » Voy. Manuscrits de la Bibliothèque de Poitiers, Collection de Fontenau, n° 12, p. 281.

à Angoulême, par plusieurs personnages lettrés dont un, François Fouquet, prieur des Trois-Moutiers, en Bas-Poitou, lui offrit une retraite dans la maison qui lui appartenait dans cette cité.

Calvin, de plus en plus résolu à combattre les fausses doctrines du catholicisme, trouva bientôt l'occasion de manifester son zèle. Les débats religieux qui provoquaient déjà en France de violentes persécutions, attiraient alors l'attention générale. Les questions théologiques commençaient à devenir, dans tous les rangs de la société, le sujet de tous les entretiens; mais nulle part elles n'excitaient un plus vif intérêt que dans le sein des universités. Là, professeurs et élèves y montraient un égal désir de connaître et d'examiner les points controversés. Calvin profita avec habileté de cette disposition des esprits. Dans les conversations particulières qu'il eut avec les hommes d'élite qui formaient sa société habituelle, et dans les promenades qu'il fit avec eux autour de Poitiers, il leur parla d'abord avec réserve, puis ensuite avec plus de liberté, des erreurs de l'Église et de la nécessité de la réformer. Enfin, il conduisit dans les grottes solitaires de Saint-Benoît et de Croutelles, ceux qui avaient reçu une impression salutaire de ses discours, leur fit voir les ouvrages qu'il avait déjà composés, leur donna des copies des prières qu'il avait écrites de sa main, et souvent, se jetant lui-même à genoux, il les invita à prier avec lui, *ce qu'il faisoit avec beaucoup de véhémence,* dit Florimond, auquel nous empruntons ces détails. Ce ne fut pas seulement parmi les professeurs et les élèves de l'Université que Calvin gagna des partisans à la cause de la réforme. Le lieutenant-général au siége de Poitiers, qu'il avait eu occasion de visiter, commença lui-même à abandonner les doctrines de Rome, pour embrasser celles de l'Évangile. Le jardin de la maison que ce dernier possédait dans la rue des Basses-Treilles devint le lieu de rendez-vous des nouveaux réformés de Poitiers, et ce fut là que Calvin, en présence d'Antoine de la Duguie, docteur régent de l'Université, de Philippe Véron, procureur; d'Albert Babinot, professeur des Institutes, et de Jean Vernou, commença à traiter pour la première fois la question du sacrement de la Cène. Plusieurs réunions, auxquelles prirent aussi part le docteur régent Le Sage, l'avocat Jean Boisseau, sieur de la Borderie, et un personnage nommé Saint-Vortumien, furent consacrées à l'examen sérieux de cet important sujet. Elles se tinrent pour plus de sûreté dans les grottes de Saint-Benoît et de Croutelles, et dans d'autres lieux retirés et secrets de la ville ou de la campagne. Tous ceux qui y assistèrent ne renoncèrent à croire au sacrifice de la messe qu'après de longs débats et lorsque leurs convictions furent entièrement formées. Charles Le Sage fut le dernier à se rendre. Dans une discussion qui eut lieu dans la grotte de Croutelles, il reprocha même au réformateur d'attaquer une doctrine qui était encore en honneur chez tous les peuples chrétiens. *Voilà ma messe*, répondit Calvin, en montrant la Bible ouverte devant lui; puis, jetant son bonnet de mante, et levant les yeux au ciel, il s'écria avec l'accent de la conviction : « *Seigneur, si au jour du Jugement, tu me reprens de ce que je n'ay esté à la messe, et que je l'ay quittée, je diray avec raison, Seigneur, tu ne me l'as pas commandé : voilà ta Loy : voilà l'Escriture, qui est*

» *la règle que tu m'as donnée, dans laquelle je n'ay*
» *peu trouver autre sacrifice que celuy qui fut immolé*
» *à l'autel de la croix* [1]. »

La messe une fois rejetée, le petit troupeau résolut, à l'instigation de Calvin, de célébrer la Cène, qu'on appelait alors manducation, de la même manière qu'elle avait été instituée par le Seigneur, la veille de sa mort. Cette pieuse cérémonie s'accomplit pour la première fois et avec toute la simplicité apostolique dans une de ces retraites secrètes qui servaient de lieux de culte à la petite Église.

Calvin ne s'en tint pas à ces premiers efforts. Il invita les membres de l'assemblée qui étaient alors pleins de zèle et de ferveur à consacrer leur vie à répandre la réforme en France. Trois d'entre eux, Jean Vernou, Albert Babinot et Philippe Véron, se sentirent pressés de répondre à cet appel. Il fut convenu que le premier agirait à Poitiers et les lieux circonvoisins; que le second se rendrait à Toulouse, et que le dernier, qui avait changé son nom pour celui de Ramasseur, afin de déjouer les poursuites des adversaires, parcourrait la Saintonge, l'Aunis et l'Angoumois. Quelques fonds réunis à cet effet par le petit troupeau leur permit de commencer de suite leur pieuse entreprise. Calvin ne prolongea pas beaucoup son séjour à Poitiers, après leur départ. Malgré le mystère dont il s'était entouré, il vit les soupçons se diriger sur lui. Il se décida donc

---

[1] Flor., liv. 7, ch. xiv, p. 906. Florimond assure avoir entendu citer plusieurs fois ce trait de la vie de Calvin de la bouche de Jean Boisseau, l'un des assistants, lequel rentra dans le sein du catholicisme quarante ans après, et mourut à l'âge de quatre-vingts ans. Voyez liv. 7. p. 892.

d'après les conseils de son hôte, à quitter cette ville et
à poursuivre son voyage [1].

[1] C'est à tort, à notre avis, que Bayle, dans son dictionnaire critique, à l'article Calvin, a révoqué en doute la présence du réformateur à Poitiers, sous le prétexte que Théodore de Bèze n'en a rien dit dans sa biographie. Outre que ce dernier auteur a omis, ce qu'on ne saurait nier, quelques traits intéressants qui le concernent, nous avons plusieurs raisons de croire que les faits ci-dessus relatés sont véritables. D'abord, une tradition constante mentionne le séjour de Calvin à Poitiers. Une grotte que nous avons été curieux de visiter porte encore le nom du réformateur. Elle est située à une forte lieue de la ville. Après avoir traversé le joli bourg de Saint-Benoît et suivi pendant quelque temps un sentier pittoresque, on arrive dans un lieu retiré et d'un aspect sauvage. Sous un massif de rochers situés sur le bord du Clain et recouverts d'arbres en différents endroits, se trouvent plusieurs cavernes de diverses profondeurs. L'une d'elles porte le nom de grotte de Calvin. Le réformateur qui nous apprend lui-même qu'il aimait le *loisir* et l'*ombre* ne pouvait pas rencontrer une solitude plus complète.

Nous avons, en second lieu, de la peine à croire que Florimond, qui n'est mort qu'en 1602, et qui a vécu lorsque Calvin n'avait pas encore achevé sa carrière, eût eu assez d'impudence pour inventer des faits que tout le monde aurait pu démentir.

Enfin, nous lisons dans P. de Farnace, qui a écrit la vie du célèbre président Pierre de la Place, assassiné à la Saint-Barthélemy, les paroles suivantes, qui semblent devoir ne laisser aucun doute. « Pierre de la Place
» *estant escolier à Poictiers environ vingt ans auparavant* (il parle de ce
» qu'il fit en 1554), *Dieu luy avait fait voir feu maistre Jean Calvin, lors*
» *passant par ce lieu avec l'archevêque du Tillet*, (il fait erreur, Louis
» du Tillet ne fut jamais évêque ou archevêque, mais seulement cha-
» noine et archidiacre d'Angoulême), *lequel personnage il ouit volon-*
» *tiers parlant magnifiquement de la connaissance de Dieu en général*
» (c'est le sujet des deux premiers livres de l'Institution), *mais quand*
» *il fut question de parler du pur service de Dieu, il s'arresta tout court,*
» *comme estant grand zélateur de la religion en laquelle il avait été*
» *soigneusement nourry, si est-ce que dès-lors il lui demeura quelque*
» *scrupule en sa conscience qu'il pourrait bien avoir été trompé, à quoy*
» *il pensoit souvent comme il a depuis témoigné; ce qui estait comme un*
» *préparatif pour nourrir ceste petite semence, jusqu'à ce qu'elle vinst à*
» *germer et sourde en la saison ordonnée de Dieu...* » Pierre de Farnace, *Brief recueil des principaux points de la Vie de messire Pierre de la Place*, p. 11.

Nous avons vu à la bibliothèque de Poitiers un beau manuscrit en

Arrivé à Orléans, il s'y arrêta aussi quelque temps pour mettre au jour un petit écrit intitulé : *Psychopanychia*, dirigé contre l'erreur de ceux qui soutenaient alors que les ames dorment depuis la mort jusqu'à la résurrection. Enfin, Calvin et du Tillet se préparèrent à sortir de France. Montés chacun sur un cheval et suivis de deux valets à pied, selon la manière de voyager de cette époque, ils prirent le chemin de la Lorraine, avec l'intention de se rendre à Bâle. Un événement malheureux qui leur arriva, tandis qu'ils étaient en route, les mit dans un grand embarras. Un de leurs serviteurs les abandonna à Delme, petite ville entre Metz et Château-Salins, en leur emmenant un de leurs chevaux qui portait la petite malle qui contenait leur argent. Heureusement pour eux, que l'autre valet se trouva muni d'une dixaine d'écus qui lui appartenaient. Cette petite somme leur fournit les moyens de se rendre à Strasbourg, et de là à Bâle, où Nicolas Cop et Courault s'étaient déjà retirés. Calvin espérait se reposer dans cette ville de la vie agitée qu'il avait menée jusqu'à ce moment. C'était là son désir, comme il nous l'apprend lui-même dans la préface de son Commentaire sur les Psaumes : « *Je m'en allai en Allemagne,* dit-il, *pour y trouver en quelque coin obscur le repos que je n'avois peu trouver pendant un long temps.*»

Mais son attente fut trompée. Il était à peine arrivé

français, de Pierre de La Place, intitulé : *La Vie de l'Homme Chrestien*. Il est sur vélin et porte le numéro 27. Il est dédié *à Très devote et religieuse personne François de la Place, aulmonier de Saint Jehan d'Angely et prieur de Marestay.* C'est sans doute le premier ouvrage de cet écrivain. On s'aperçoit en le lisant que l'auteur, quoique appartenant encore extérieurement au catholicisme, avait déjà fait de grands progrès dans la connaissance des vérités évangéliques.

à Bâle, où il se livrait sans se faire connaître à l'étude de l'hébreu, que sa conscience l'obligea à rentrer dans la lice, pour recommencer de nouveaux combats.

Nous avons vu plus haut par quels moyens François Ier, qui briguait l'alliance des protestants Allemands et Suisses, cherchait à justifier les horribles persécutions qu'il exerçait contre ses sujets qui avaient embrassé la réforme et qui se voyaient contraints, pour s'y soustraire, de se réfugier dans les pays étrangers. Calvin ne put souffrir les accusations mensongères dont les réformés, ses compatriotes, étaient les objets. Il reconnaissait, il est vrai, à François Ier, et en général à tous les gouvernements, le droit et le devoir de punir de mort les véritables hérétiques, qu'il considérait comme des pestes publiques. C'était là une malheureuse opinion de son siècle, un reste de catholicisme dont il n'avait pas su se défaire, comme il le montra malheureusement dans l'affaire de Servet [1]; mais il

---

[1] Voici à ce sujet la lettre qu'il écrivait à Sultzer, au mois d'août 1553. (Voyez œuvres de Calvin, tome 3, Epist., p. 70.) Nous donnons ici la traduction qu'en a faite M. Guizot dans l'article qu'il a publié sur Calvin, dans le Musée des Protestants célèbres.

« Je ne dissimule point que j'ai cru de mon devoir de réduire à l'impuissance autant qu'il était en moi, cet homme obstiné et indomptable, » afin que la contagion ne s'étendît pas plus loin. Nous voyons avec » quelle licence s'étale l'impiété et combien d'erreurs nouvelles jaillissent » de toutes parts. Nous voyons aussi quelle est la mollesse de ceux que » Dieu a armés du glaive pour défendre la gloire de son nom. Quand les » papistes apportent à la défense de leurs superstitions tant de constance » et d'ardeur, qu'ils répandent à flots et avec atrocité le sang innocent, » il est honteux que des magistrats chrétiens n'aient point de courage » pour protéger la pure et certaine vérité. Il ne nous conviendrait point, » j'en suis d'accord, d'imiter leur furieuse violence. Mais il y a quelque » borne à la modération, et les impies ne doivent pas vomir impunément » leurs blasphèmes contre Dieu, quand on peut les en empêcher. »

s'indigna que l'on considérât comme tels ceux qui s'attachaient au contraire à servir Dieu avec pureté, et qui ne voulaient d'autres doctrines que celles de l'Évangile. Il prit alors la résolution de publier le livre auquel il avait travaillé depuis deux ans ou environ, afin de faire connaître à tous quelle était la croyance de ceux que l'on cherchait à représenter comme des fanatiques et des perturbateurs de l'ordre civil et religieux. Il espéra aussi que cette exposition publique de la foi des réformés intéresserait les protestants étrangers en faveur de leurs frères de France. *Ce fut,* dit-il *ce qui me porta à publier l'Institution; premièrement, afin de décharger d'une injuste accusation mes frères, dont la mort estoit précieuse devant Dieu; et de plus, afin que, comme les mesmes supplices pendoyent sur la teste à plusieurs povres fidèles, les nations étrangères fussent touchées de quelque ressentiment de leurs maux, et en prissent quelque soin* [1].

L'institution chrétienne parut, en latin, le 6 août 1535, précédée d'une épître dédicatoire à François 1er, dans laquelle le réformateur, qui n'avait alors que vingt-six ans, faisait avec énergie l'apologie des réformés français. Ce bel ouvrage qui n'avait pas encore l'étendue que Calvin lui donna par la suite, frappa d'étonnement et d'admiration le public religieux. On en rechercha avec empressement l'auteur, mais il s'était déjà dérobé à tous les regards et était parti avec Louis du Tillet pour l'Italie.

Le désir de voir Renée, fille de Louis XII, qui avait épousé, en 1527, Hercule d'Est, IIe du nom, duc de

[1] Préface du *Commentaire sur les Psaumes.*

Ferrare et de Modène, l'avait attiré dans ce pays [1].
L'éloge de cette princesse était alors dans toutes les
bouches. On ne s'entretenait partout que de sa vertu,
de sa générosité, de ses manières élégantes et affables,
de la facilité avec laquelle elle parlait l'italien et de sa
connaissance parfaite des classiques grecs et latins [2].
Mais ce qui, aux yeux des réformés, mettait le comble
à tous ces dons précieux, c'était le profond attachement que la duchesse professait pour les doctrines
évangéliques que la sœur de François Ier, et peut-être
aussi Mme de Soubise, sa gouvernante, lui avaient déjà
fait aimer avant son départ pour Ferrare. Sa cour, alors
une des plus brillantes d'Italie, avait déjà servi de
refuge au poète Marot, et à plusieurs autres de ses
compatriotes, que la violence de la persécution avait
chassés de la France, et qu'elle avait présentés à son
époux comme des gens de lettres qui méritaient d'être
encouragés.

Calvin fut reçu avec distinction par la duchesse.
Pendant les quelques mois qu'il passa à Ferrare, sous
le nom de Charles d'Espeville, il eut plusieurs fois
occasion d'affermir la foi de la princesse par ses entretiens ou par les prières et les prédications qu'il fit en
secret dans son palais. Plusieurs personnages qui l'entendirent à cette occasion, et en particulier Mme de
Soubise, sa fille, Anne de Parthenay, l'un des ornements de la cour de Ferrare, par la variété de ses
talents; son fils, Jean de Parthenay, seigneur de Soubise;

---

[1] Bèze, *Vie de Calvin*, p. 18.
[2] *La Réforme en Italie, au seizième siècle, ses progrès et son extinction*, par Th. Maceree, p. 76.

son gendre, Antoine, sire de Pons et comte de Marennes qui était gentilhomme de la chambre du duc de Ferrare, ainsi que le baron de Mirambeau, qui faisait partie de cette illustre famille, embrassèrent les doctrines de la réforme [1]. Calvin, en gagnant à la cause de l'Évangile ces personnages distingués, qui pouvaient si puissamment travailler à sa propagation, n'oublia pas les amis qu'il avait laissés en France. Il adressa d'Italie, à deux de ces derniers, qui étaient probablement l'avocat François Daniel ou Roussel et Nicolas Duchemin, deux lettres dont l'une traitait de la nécessité de fuir l'idolâtrie et de conserver la pureté du christianisme, et l'autre des cas où il était du devoir du chrétien de conserver ou d'abandonner les bénéfices de l'Église romaine [2]. Le réformateur s'éloigna alors de Ferrare avec Louis du Tillet, laissant dans l'ame de la fille de Louis XII, un sentiment si profond de respect pour ses talents et pour son caractère que *tousiours depuis,* rapporte Théodore de Bèze, *tant qu'il a vescu, elle l'a aimé et honoré comme un excellent organe du Seigneur* [3].

Les deux voyageurs reprirent le chemin de Bâle. Ils y séjournèrent quelque temps ainsi qu'à Strasbourg, et cette fois Calvin, dont le vaste savoir s'était manifesté d'une manière si éclatante, fut accueilli avec le plus grand empressement par les réformateurs de ces deux

[1] On trouvera de plus amples détails sur ces personnages dans notre *Histoire de l'Église de Pons*, et dans la notice sur l'établissement de la réforme en Saintonge et qui la précède. Voy. p. 12, 38, 82 et 83. Flor. liv. vii, p. 896 et 908.

[2] Bèze, *Vie de Calvin*, p. 22. Il fit imprimer ces deux Epîtres à Bâle en mars 1537.

[3] Bèze, *Vie de Calvin*, p. 18. La dernière lettre de Calvin que l'on possède est adressée à la duchesse de Ferrare.

villes. Il forma le dessein de choisir l'une d'elles pour sa résidence. Mais auparavant, il voulut faire un dernier voyage dans sa ville natale, pour y mettre ordre à ses affaires. Il partit donc pour Noyon [1]. Louis du Tillet, en attendant son retour, alla visiter Neuchâtel et Genève [2], où la réforme venait de triompher par les efforts de Farel, de Viret et de Froment [3]. Nous ne possédons aucun renseignement sur le voyage du réformateur. Nous savons seulement qu'il revint accompagné de son frère Antoine [4], et que ne pouvant, à cause de la guerre que se livraient alors François Ier et Charles-Quint, traverser la Champagne et la Lorraine, ce qui eût été leur chemin le plus direct, tous deux se décidèrent à passer par la Bresse, qui appartenait alors au duc de Savoie. Le cours de leur voyage les conduisit à Genève. Ils y arrivèrent à la fin d'août. Calvin n'avait pas l'intention de s'y arrêter. *Je ne voulois que passer dans la ville, n'y séjournant pas plus d'une nuit,* nous dit-il lui-même dans la préface de son *Commentaire sur les Psaumes.* Mais Dieu en avait décidé autrement. Louis du Tillet se trouvait alors précisément à Genève. Il sut l'arrivée de Calvin et se hâta d'en donner avis à Farel [5]. Aussitôt que le zélé réformateur eut appris

---

[1] Bèze, *Vie de Calvin*, p. 18.
[2] Id.   id.
[3] En août 1535.
[4] Charles, son autre frère, qui avait successivement exercé à Noyon, les fonctions de chapelain et de curé, tomba malade, en 1536, circonstance qui l'empêcha probablement de partir avec lui. Il refusa de recevoir les sacrements de l'Église, ce qui fut cause qu'après sa mort, on l'enterra de nuit, entre les quatre piliers d'une potence destinée aux exécutions des criminels.
[5] Bèze, *Vie de Calvin*, p. 19.

que le savant auteur de l'*Institution* se trouvait auprès de lui, il prit la résolution soudaine de le retenir et de l'associer à son ministère [1]. Il accourut donc auprès de Calvin et le pressa vivement, au nom de Dieu, de se joindre à lui pour consolider dans Genève l'œuvre de la réforme. Mais il rencontra la résistance la plus opiniâtre. Calvin, comme nous avons déjà eu occasion de le remarquer, répugnait à se mettre en scène, et c'était par des travaux particuliers qu'il voulait travailler à la réformation de l'Église. Ni les instances, ni les prières du zélé missionnaire ne purent d'abord le faire changer de dessein. Farel, indigné de voir un jeune homme si capable de le seconder, préférer ses études et une vie tranquille à la charge de messager de la parole sainte, à laquelle il s'était dévoué lui-même avec tant d'ardeur, éleva alors sa voix avec force

[1] Si nous nous en rapportons à Florimond, Farel aurait été averti longtemps auparavant, par une lettre de Wolmar, des services que Calvin pourrait rendre à la cause de la réforme. Voici ce que dit cet historien dont la partialité est bien connue : « Oyez le jugement que
» de luy le premier qui sonda jamais son ame, qui fut Melchior Volmar
» escrivant au ministre Farel, lequel associa Calvin à la conqueste de
» Genève, comme vous verrés. Le lecteur prendra plaisir de lire les
» mots de son original, que je traduiray en françois. » *De Calvi.*
disoit-il, *non tam metuo ingenii, tēn streblotēn, quam benè spero. Id
enim vitium aptum est rebus nostris, ut in magnum assertorem nostrum dogmatum evadat, non enim facilè capi poterit, quin majoris tricis adversarios involvat.* « Quant à Calvin, disoit-il, je ne crains
» tant son esprit de travers (sic?) que j'en espère bien : car ce vice est
» propre à l'avancement de nos affaires, pour le rendre plus grand
» défenseur de nos opinions ; parce qu'il ne pourra si aisément estre
» pris, qu'il ne puisse envelopper ses adversaires en des empêchemens
» plus grands.
» Ceste lettre escrite de la main de Volmar, estoit entre les mains
» d'un nommé Chrestien, ministre de Poitiers, de laquelle il faisoit
» montre à cause de quelque dent de lait contre Calvin. *liv.* vii, *p.* 889.

Puisque vous refusez de vous employer dans cette église à l'œuvre du Seigneur, s'écria-t-il, eh bien! que Dieu maudisse le repos que vous cherchez, ainsi que vos études ¹! »

Cette imprécation terrifia Calvin et soumit sa volonté. « *L'effroi que j'en receu*, dit-il lui-même, *comme si j'eusse esté frappé du Ciel, me fit discontinuer mon voyage* ². » Il consentit à rester à Genève; mais il ne voulut d'abord se charger que de l'enseignement de la théologie. Cependant, quelque temps après, il se laissa mettre au nombre des pasteurs de la ville. Louis du Tillet ne s'attendait pas à cette détermination de la part de son ami. Peu affermi dans sa foi, n'ayant ni les talents, ni l'activité, ni l'énergie de Calvin, ce ne fut qu'avec regret qu'il se vit contraint de s'arrêter à Genève. Le spectacle que présentait alors cette ville, ne pouvait d'ailleurs que faire une impression pénible sur son esprit. On y prêchait, il est vrai, l'Évangile avec pureté; mais les prédications de Farel et des autres pasteurs, avaient produit jusqu'à ce moment peu d'effet sur les cœurs. La ville était divisée en de malheureuses factions, et toute la réformation ne consistait guère que dans la cessation du culte catholique et la disparition des images et des statues des saints ³. Louis du

---

[1] Bèze, *Vie de Calvin*. p. 19.
[2] *Préface du Commentaire sur les Psaumes.*
[3] Bèze, *Vie de Calvin*, p. 127. Calvin, *Préface du Commentaire sur les Psaumes.*

Farel, en nous parlant de sa première rencontre avec Calvin, nous fait connaître lui-même le triste état de Genève à cette époque.

« *Dieume l'a fait rencontrer et contre ce qu'il avoyt delibéré, l'a fait arrester à Genève, et s'en est servi là et en autre part, estant pressé plus qu'on ne sçauroit dire, et singulièrement par moi, qui au nom de Dieu l'ai pressé*

Tillet se laissa aller au découragement. Il en vint peu à peu à regretter d'avoir laissé sa patrie dans un moment d'entraînement, et il forma le dessein d'y rentrer. Cependant, ce fut à l'insu de Calvin, dont il redoutait l'irritabilité et les reproches sévères, qu'il prit cette résolution. Après avoir laissé quelque argent au réformateur, qui n'avait encore rien reçu de la république, il se rendit d'abord à Strasbourg, sous le prétexte d'y visiter Bucer, avec lequel il était particulièrement lié, et qui l'appelait son Louis; puis, après avoir séjourné quelque temps dans cette ville, il partit pour la France, et vint trouver à Paris Jean du Tillet, son frère, alors greffier du parlement de Paris. C'est de là qu'il adressa au réformateur de Genève plusieurs lettres [1], dont nous ne citerons ici que quelques lignes pour lui faire connaître les véritables motifs qui l'avaient porté à se séparer de lui.

LETTRE DE DU TILLET, A LA DATE DU 10 MARS 1538.

..... *Estant par de là, depuis plus de deux années, ma conscience n'a jamais peu s'appaiser de ce que sans*

de faire et prendre les affaires qui étaient plus dures que la mort combien qu'il pria aucunes fois au nom de Dieu d'avoir pitié de lui, le laisser servir autrement à Dieu, comme toujours il s'y est employ... néanmoins voyant que ce que je demandais était selon Dieu, en se faisant violence, il a plus fait et plus promptement que personne aie fait, et...

La vie de feu heureuse mémoire Mons. Guill. Farel, n° 147 des Manuscrits de la bibliothèque de Genève.

[1] Nous avons eu le bonheur de trouver cette correspondance que nous croyons tout à fait ignorée jusqu'à ce moment. S'il plait à Dieu, nous espérons pouvoir la publier un jour, ainsi que quelques lettres du réformateur Bucer, qui l'accompagnent.

certaine vocation de Dieu, je me estois retiré du lieu que je ne devois delaisser sans commandement de Dieu (dont j'ai esté mis en langueur).....

..... Je confesse que je recognois pour eglises de Dieu, celles où je suis retourné, mais qu'elles vous aient en exécration, j'en suis en quelque doubte.....

Je recognois les graces et dons que notre Seigneur a fait à plusieurs d'entre vous et le zèle de Dieu que vous avez.....

Cette lettre ne parvint point à Calvin. Le réformateur qui s'était mis activement à l'œuvre et avait entrepris, en combattant avec énergie les vices et les désordres du peuple génevois, de faire de la cité dans laquelle Dieu l'avait appelé d'une manière si inattendue, une ville exemplaire par sa foi et par ses mœurs, avait soulevé un violent orage contre lui. Il avait été banni de Genève avec Farel, et Courault, qui était venu à son instigation se fixer auprès de lui pour l'aider, quoique âgé et aveugle, dans les travaux de son ministère, avait subi le même sort [1].

Calvin apprit cet événement à du Tillet, dans une lettre qu'il lui adressa de Strasbourg, le 10 juillet de la même année.

..... J'ay esté tant sollicité par les deux de ceste ville (Bucer et Capiton) que, pour les satisfaire, j'ay faict un voyage. Touchant de nous, il a esté résolu qu'il est expédient de faire encore une assemblée..... où il sera déclaré que deuement et fidellement nous avons administré notre charge pour fermer la bouche à nos ennemis... Je me suis retiré à Basle, attendant ce que

---

[1] Bèze, *Vie de Calvin*, p. 23.

le Seigneur vouldra, mais ils ont assez de charge sans moy, et je pourré vivre quelque temps, en me aidant de ce que m'avez laissé avec une partie de mes livres.

Louis du Tillet apprit avec joie le départ de Calvin de Genève. Il crut qu'une fois rendu à la liberté, il ne répugnerait pas à revenir en France, pour revoir ses anciennes connaissances. Ce fut dans cet espoir qu'il lui adressa de Paris, le 11 septembre, une nouvelle lettre où, après l'avoir engagé à rentrer dans le royaume, il lui faisait des offres de service.

..... *Je fournirai à toute vostre nécessité, je n'ai point le manquement d'argent, vivant dans la maison de mon frère....*

Calvin reçut cette missive à Strasbourg où, contrairement à ses goûts, mais cédant aux vives instances de Martin Bucer [1], il avait consenti à devenir le pasteur des Français réfugiés dont le nombre s'élevait déjà à quinze cents.

Voici quelques mots de la réponse que Calvin adressa de cette ville à du Tillet, le 20 octobre.

..... *Touchant de ma retraite, je vous confesse que j'ai trouvé estrange le premier mot que vous en dictes. Chercher le moyen de rentrer où je suis comme en un enfer. La terre est au Seigneur, direz-vous, il est vray, mais vous prye de me permettre suivre la reigle de ma conscience, laquelle j'estime estre plus certaine que la vue. Avant est de reprendre charge, j'eusse bien désir*

---

[1] Alors me voyant détaché de cette vocation et libre, j'avais résolu de vivre à l'écart et repos, mais cet excellent serviteur du Christ, Martin Bucer me fit entrer dans une nouvelle station, se servant de la même adjuration qu'avait employée Farel : Calvin, *Préface du Commenta sur les Psaumes*.

en estre veu. Et si je ne eusse eu affaire que à ceulx que vous estimez trop aspres et irresolus à mettre les gens en besoigne, je m'en feusse encore aucunement dispensé.

Vous me faites une offre dont je ne vous puis assez remercier. Et ne suis pas tant inhumain que je n'en sente la gratuité si grande que mesme ne l'acceptant point, je ne pourrois jamais satisfaire à l'obligation qui luy est deue de moy. Mais je m'abstiendré de charger autant que possible personne, principalement vous, lequel avez eu trop de charge le temps passé. Pour le présent, ma nourriture ne me couste rien. Aux necessitez qui sont oultre, l'argent des livres fournira la bourse. Car j'espère bien que vous deignerez m'en donner d'autres au besoing.

L'un de mes compagnons est maintenant devant Dieu pour rendre compte de la cause qui luy a esté commune avec nous.

C'est là où j'appelle de la sentence de tous les sages, lesquels pensent, les simples, par elle, avoir assez de poix pour notre condamnation. Là, les Anges de Dieu rendront compte, lesquels sont schismatiques.

Du Tillet mécontent de voir son attente trompée, et, peut-être aussi blessé de quelques expressions vives et sévères de la lettre du réformateur, mit fin à la correspondance, en lui faisant parvenir de Paris, une dernière lettre qui porte la date du 11 décembre.

... Vous condamnez publiquement, lui écrivit-il, *les églises de ces païs, pour n'estre églises de Dieu, et y condamnez plusieurs choses en soy non condamnables...*

... Vous eussiez peu user de l'offre que vous avois faict qui me feust venu à plaisir, non à charge,

aussi bien que je ne me suis jamais par cy devant senti chargé de vous et ne le me sentira estre, Dieu aidant, si quelquefois il advient que veuilliez user d'icelluy mien offre, ainsi que le vous ay faict...

... Que si vous ne pouvez user de ceste modestie et temperance, vous me ferez (jusques à ce que notre Seigneur nous donne pouvoir mieulx accorder ensemble) beaucoup de plaisir de ne m'escripre point, au moins de tels propos, comme aussi je ne vous en escripré de ma part. Car au lieu d'en tirer profit ou consolation, nous n'en rapporterions que malcontentement et regret. Mais ne laissez point pourtant d'estre asseuré que je desire et desireré tousiours, Dieu aidant, votre bien et salut, comme le mien et feré toute ma vie pour vous à ceste fin, comme je vouldrois estre fait pour moy. En me recommandant à vous bien humblement et affectueusement je supply nostre Seigneur qu'il vous veuille tellement reduire et conduire tousiours en ses voies, que nous soions finalement receuz en sa gloire comme ses eleus. Amen.

Dès ce moment, tous rapports cessèrent entre Calvin et du Tillet. Ce dernier, après avoir encore échangé, pendant l'année 1539, quelques lettres avec Bucer, dont le caractère était plus doux et plus conciliant, finit par retourner à Angoulême. Il y reprit ses bénéfices après avoir fait abjuration publique de la doctrine réformée, et il parvint dans la suite à la dignité d'archidiacre [1].

---

[1] Florimond, liv. vii, p. 890.
Son frère, Jean du Tillet, qui devint plus tard évêque de St-Brieu et de Meaux, et qui avait été élève de Calvin, demeura plus longtemps

Calvin, après un séjour de trois ans à Strasbourg, dont nous ne pouvons pas rapporter ici les particularités, se rendit aux vœux et aux instances du peuple genevois. Il consentit, mais à regret, à reprendre le poste auquel il avait été appelé d'une manière si extraordinaire par Farel. Nous n'avons pas à le suivre dans l'œuvre immense que Dieu lui donna d'accomplir dans Genève, au milieu de tant de luttes et de si violentes oppositions. Qu'il nous suffise de dire que dès ce moment, c'est-à-dire à partir du mois de septembre 1541, cette cité dont il était devenu le réformateur, le législateur et le théologien, prit une importance qu'elle n'aurait jamais eue sans lui, et devint le foyer le plus actif de la réformation française.

attaché à la doctrine réformée. Il publia en 1549, sous le nom emprunté d'Eli Phili, un vieux manuscrit qui porte le nom de Charlemagne et qui est connu sous le nom de *Livres Carolins* et mit en tête une préface dans laquelle il se déchaîne terriblement contre le culte des images.

Voici ce que le Cardinal du Perron dit à ce sujet : *C'est Monsieur du Tillet qui l'a fait imprimer, studio nocendi, plutôt qu'autrement; et lui, qui avait esté escolier de Calvin, ne pourrait pas avoir austre opinion des images que celle-là. Calvin*, dit-il ailleurs, *estoit bien empesché sur le fait de l'Eucharistie. On dit que chez messieurs du Tillet, il y a encore quelques Epîtres de sa main sur le fait de l'Eucharistie, par lesquelles on pourrait voir plus clairement ce qu'il en tenoit qu'en ses écrits. Il ne faut pas s'étonner si ces Messieurs du Tillet ont esté un peu suspects, ayant eu Calvin pour précepteur.* Voyez Perroniana, aux mots Charlemagne et Calvin.

Ce fut sans doute pour rétablir son orthodoxie compromise, que Jean du Tillet publia plus tard les ouvrages suivants : *Traité de l'antiquité et solennité de la messe. Réponse d'un évêque aux ministres des Églises nouvelles*, à Paris 1666. *Avis à Messieurs les gentilshommes séduits par les pipéries des églises nouvelles*. Paris 1568.

CHAPITRE IX.

1538 — 1557.

Progrès de la Réforme en Poitou et dans les autres provinces de France. — Massacres Mérindol et à Cabrières. — Grande émigration. — De nouveaux messagers l'Évangile se répandent en France. — Martyres de cinq étudiants à Lyon. — Philib. Hamelin, réformateur de la Saintonge, est brûlé à Bordeaux.

Tandis que la réforme s'établissait triomphante aux portes de la France, elle continuait à s'étendre dans ce royaume, malgré les violentes persécutions auxquelles elle était en butte de la part de François Ier.
Le Poitou, où Calvin avait jeté les premiers fondements d'une église secrète, et avait organisé, pour ainsi dire, une société de propagande, fut la province qui se prononça le plus promptement en faveur des doctrines évangéliques, malgré tous les efforts qui furent tentés pour la conserver au culte romain [1]. L

[1] Nous lisons dans le journal manuscrit de Me Michel le Riche, avocat du roi au siège de Saint-Maixent les faits suivants :

29 août 1537.

Un nommé *Guillemot, marchand, demeurant à Poitiers, fit amende honorable durant la procession qui fut faite par le clergé dudit lie (Saint-Maixent), pour avoir mal parlé et suivy la secte luthérienne selon la sentence contre luy donnée par le lieutenant dudit lieu.*

Octobre 1537.

L'Évesque suffragant de Poitiers vint en cette ville visiter les églises et estant avec luy maistre Jehan Cenan, Prevost à Poitiers, fut pa

des premiers soins du réformateur, qui tenait à continuer l'œuvre qu'il avait commencée dans cette partie de la France, avait été de mander auprès de lui Jean Vernou, Albert Babinot et Philippe Véron. Ceux-ci, accompagnés de Saint-Vertumien, se rendirent à son appel, et ne quittèrent Calvin qu'après avoir pris ses conseils et avoir reçu de nouvelles directions. Remplis d'ardeur par le souvenir du spectacle qui avait frappé

injonction ès Vicaires de Saint Saturnin de publier un arrest au prosne, lequel arrest concerne les sectataires de l'hérésie de Luther par lequel on publie chacuny dimanche ès paroisses de cette ville une monitoire ancienne de l'official de Poitiers contre lesdits lutheriens et ceux qui les suivent. (Manuscrits de la Bibliothèque de Poitiers.)

On lit également dans le journal manuscrit de Guillaume le Riche, avocat du roi à Saint-Maixent, et père de celui que nous avons cité ci-dessus, les passages qui suivent :

Juillet 1537.

Plusieurs écoliers s'élèvent contre un Cordelier qui avait dit des propos non soutenables.

Mars 1542.

Le vingt-cinq, fête de Pâques, le procureur du roi, Arembert de Poitiers, accompagné de vingt-cinq à trente hommes armés de bastons de guerre, furent envoyés environ deux à trois heures après disner au lieu de la Mothe Saint-Heraye, pour prendre au corps un jeune homme âgé de vingt-cinq ans ou environ, du pays de Normandie, comme l'on dit parce que ledit homme avoit presché tout le carême audit lieu contre les ministres de l'Église et cérémonies d'icelle, exhortant le peuple de non prier les saints ni porter chandelles, et autres plusieurs chefs que l'on n'avait accoustumé prescher, lequel fut adverti de l'entreprise et néantmoins prescha auparavant la venue parce qu'à son sermon étoient les sieurs de Curzay, de la Villedieu, de Salles, et plusieurs autres, par le moyen desquels ledit prédicant échappa et ne fut pris.

Comme aussi à Niort a presché un religieux nommé de Lauba, qui fait des sermons à Niort contre le vouloir et inhibition de Monsieur l'Evesque de Poitiers, qui en écrivit aux habitants dudit Niort et aussi à ceux de cette ville, parce qu'un augustin nommé Reyes qui aussi preschait selon les autres vouloient prescher, ce qu'il ne fit parce qu'il avoit ici un autre prescheur. (Manuscrit de la Bibliothèque de Niort.)

leurs regards à Genève et dans la Suisse romande, ils reprirent leurs travaux avec un nouveau zèle dans les diverses sphères d'activité qui leur avaient été assignées. Ils ne tardèrent pas à voir leurs efforts couronnés de succès.

En effet, peu de temps après leur retour, Jean Vernou et Philippe Véron eurent la joie de voir Pontus de Saint-Georges, un des membres de l'illustre maison de Couhé-Vérac, ainsi que son frère, l'abbé de Valence [1], se déclarer pour la réforme. Cet événement produisit une grande impression dans le pays. Bon nombre de gentilshommes et plusieurs membres du clergé qui, depuis longtemps, gémissaient des abus et des superstitions qu'on avait introduites dans le culte, suivirent l'exemple des deux frères. Bientôt, du haut des chaires des églises de plusieurs villes et bourgs du Poitou, des prédicateurs dénoncèrent au peuple les erreurs dans lesquelles l'Église était tombée. Parmi ceux qui se signalèrent le plus, il nous faut citer un religieux nommé de Louba, qui prêcha à Niort, pendant le Carême de 1542, en dépit de l'évêque de Poitiers, et surtout Jean de Saint-Gelais, évêque d'Uzès et abbé commandataire de Saint-Maixent, qui résidait dans cette dernière ville. Ce prélat, après être monté plusieurs fois en chaire, pendant le Carême de 1544, ce qui était chose rare alors dans le haut clergé, eut l'honneur de prêcher, le 5 avril de la même année, en présence de Marguerite, reine de Navarre, qui passait alors par Saint-Maixent [2].

---

[1] L'abbé de Bonneveau et l'abbé de Reau firent de même. Flor. liv. VII, p. 919.

[2] *Mémoires de Guillaume et de Michel le Riche.*

Plusieurs tentatives furent faites pour arrêter les progrès de la réforme dans cette province. Déjà, en 1542, pendant que les grands jours se tenaient à Poitiers, une commission à la tête de laquelle se trouvait Jean Estivale, sieur de la Gueffrie, alors maire de la ville, avait été chargé de visiter des caves et des granges, où l'on soupçonnait qu'avaient lieu les réunions secrètes des réformés de Poitiers. Plusieurs de ces derniers avaient été même saisis et condamnés au supplice du feu.

En avril 1543, on publia des lettres du Roi, qui défendaient à *tous religieux* et *clercs* de prêcher en public, sans avoir été nommés ou examinés au préalable par l'évêque de Poitiers ou ses vicaires [1]. Mais les supplices et les défenses n'arrêtèrent pas le mouvement

---

[1] *Journal de M° Guillaume le Riche.* — Cette mesure paraît avoir été générale, et il est probable que cet examen que les évêques devaient faire subir à leurs subordonnés, roulait uniquement sur les articles de foi qui furent arrêtés la même année par le doyen et la faculté de théologie de l'université de Paris. On lit, en effet, en tête de ces articles, les lignes suivantes :

Comme ainsi soit qu'aujourd'hui nous voyons par les contentions et altercations d'aucuns prédicateurs, preschans doctrines contraires et diverses, plusieurs fidèles selon ce qu'escrit Saint Paul aux Éphésiens, ainsi que petits enfants mal stables et peu arrestez estre de toutes parts agitez et menez et tournans à tous vents de divers doctrines : et à nostre devoir, estat et charge appartienne apaiser les flots de diverses doctrines et contraires opinions en la foy. Nous bien assurez du très saint propos et religieux vouloir de nostre roy très-chrestien, nous avons rédigé en bref ordre ce que doivent prescher et lire les fidèles docteurs et predicateurs et les autres fidèles croire avec l'église catholique, touchant aucuns articles et propositions concernant la foy, aujourd'hui mis par plusieurs en différent et controverse. Crespin, liv. III, p. 127. Calvin répondit à cette publication par un ouvrage intitulé : *Antidote aux articles de la Faculté Sorbonique de Paris.*

religieux, et l'on fut encore obligé de sévir, en 1544, contre plusieurs personnes *qui couraient le pays, prêchaient en chambre et en cachette*. L'on arrêta entre autres, à Saint-Maixent, le 13 juin, un nommé maître Jérôme, qui avait osé aborder, le jour de la fête du Très-Saint-Sacrement de l'autel, un Père Cordelier, à sa descente de chaire, pour lui demander raison de la doctrine qu'il avait prêchée, et qui avait aussi soutenu une dispute avec ce religieux, en présence de l'évêque d'Uzès et du lieutenant-général [1].

Ce n'était pas seulement en Poitou que la réforme faisait de rapides progrès. Elle pénétrait ou s'affermissait dans plusieurs autres provinces du royaume.

Le sire de Pons et son épouse, le baron de Mirambeau et le seigneur de Soubise, qui avaient été obligés de se séparer de la fille de Louis XII, par suite d'un traité que le duc de Ferrare avait conclu avec le Pape, et dont une des clauses secrètes l'obligeait à bannir tous les Français de sa cour, apportèrent en particulier chacun dans leurs résidences, la connaissance des vérités évangéliques qu'ils avaient entendues exposer par le grand réformateur lui-même. Encouragés par Philippe Véron et par Babinot qui, moins heureux à Toulouse, était venu joindre ses efforts à ceux de son compatriote, ces gentilshommes travaillèrent à inculquer à leurs vassaux les notions plus pures du christianisme qu'ils possédaient [2].

Les semences de réforme, jetées par Calvin et Louis du Tillet, dans l'Angoumois, portèrent aussi leurs fruits

[1] *Journal de Me Guillaume le Riche.*
[2] Voyez notre *Histoire des Églises reformées de Pons*, etc., et la N qui la précède, p. 12, 38 et 82.

et l'Évangile y trouva bientôt un sectateur zélé dans la personne du sieur de Saint-Hermine, qui habitait le château du Fa, près d'Angoulême.

Des faits à peu près semblables, mais que nous ne pourrions rapporter ici qu'en étendant ce volume au-delà des limites que nous nous sommes tracées, se passèrent dans les autres provinces de France et dans le Béarn, où Roussel et la Reine de Navarre continuaient à favoriser la réforme. Partout, en Guienne, en Languedoc, en Bourgogne, en Touraine, en Normandie, où les doctrines évangéliques avaient aussi pénétré depuis quelque temps, ainsi que dans la Lorraine, où Farel s'était rendu en 1542, le nombre des disciples de l'Évangile s'accrut considérablement. Ces triomphes redoublèrent la haine des adversaires et ils signalèrent leur fureur par un exploit qui remplit de terreur les ames les plus intrépides, et qui excita l'indignation de tous ceux qui ne se laissaient point aveugler par le fanatisme.

Quelques milliers de Vaudois, descendants de ces anciens chrétiens, qui avaient toujours refusé de recevoir le joug et les superstitions de Rome, et que les croisades sanglantes des Papes avaient dispersés sur divers points de l'Europe, et notamment dans la Calabre, la Bohême et les vallées du Piémont, s'étaient répandus depuis deux cent soixante-dix ans ou environ, dans quelques quartiers de la Provence. Ils s'étaient particulièrement fixés à Merindol, à Cabrières et à Lourmarin, et ils étaient parvenus, par un travail opiniâtre, à fertiliser ces lieux incultes [1]. Comme leurs

[1] De Thou, liv. vi. Bèze, *Hist. Eccl.*, liv. i. p 23.

frères des vallées du Piémont, ils s'étaient mis de bonne heure en rapport avec les réformés de la Suisse et de l'Allemagne [1], dont ils partageaient la foi, et ils avaient fait faire, conjointement avec eux, une nouvelle traduction française de la Bible, de laquelle ils faisaient usage depuis l'année 1535.

Ces relations qui contribuèrent à réveiller leur zèle, redoublèrent aussi la haine que leur portaient depuis longtemps, les évêques et les inquisiteurs qui s'étaient souvent servis du bras séculier pour commettre, au milieu de cette population paisible et devenue aisée, plusieurs actes de cruauté et de rapacité. Après une série de persécutions dans le détail desquelles nous ne pouvons entrer [2], le parlement d'Aix, cita en 1540, ces pieux serviteurs de l'Évangile à comparaître devant lui, et ils furent tous condamnés hommes et femmes, à être brûlés vifs, commes rebelles et luthériens. Leurs biens furent déclarés confisqués, et l'arrêt décida que non-seulement, leurs habitations seraient détruites, mais encore que les arbres de leurs plantations seraient arrachés du sol [3].

Malgré les vives sollicitations de l'archevêque d'Arles et de l'évêque d'Aix, le président Barthélemy Chassanée ne crut pas devoir exécuter de suite une sentence si étrange. François Ier, lui-même, voulut auparavant avoir des renseignements plus précis sur

[1] En 1532, Farel et Saunier étaient allés assister à un de leurs synodes. Gilles, *Histoire des Vaudois*.
[2] Le moine Jacobin de Roma, duquel nous avons parlé plus haut, fit surtout remarquer par sa cruauté.
[3] L'arrêt est du 18 novembre 1540 Bèze, liv. I, p. 24. *Hist. Calvinisme*, par Maimbourg, liv. II.

cette affaire, et il chargea Guillaume du Bellay, sieur
de Langey, qui était alors son lieutenant en Piémont,
de les lui transmettre. Ce dernier envoya en Provence
deux hommes de confiance, auxquels il donna charge
de lui apporter le double de l'arrêt qui avait été
rendu, et de s'enquérir de la vie et des mœurs des
habitants de Merindol. Il fut alors vérifié, suivant de
Thou, qu'ils y demeuraient depuis près de trois siècles;
qu'ils étaient laborieux et charitables, ayant en horreur
les procès et servant fidèlement le prince; enfin, qu'ils
étaient pieux et de très bonnes mœurs. Ces bons
témoignages rendus au roi, l'intercession des membres
du sénat de Strasbourg [1] et des princes allemands, celle
des cantons Suisses [2], conjurèrent pendant quelque
temps l'orage qui menaçait leurs têtes. Mais les adversaires des malheureux Vaudois et surtout le cardinal
de Tournon, qui se montrait en toutes occasions
l'ennemi acharné des réformés, réussirent, par de faux
rapports, à changer les bonnes dispositions du roi.
Croyant avoir affaire à des sujets rebelles et séditieux,
il permit à Jean Mesnier, baron d'Oppède, d'exécuter
l'arrêt qui avait été rendu cinq ans auparavant. Tout
était horrible et cruel dans la sentence qui fut pro-
noncée contre eux, dit l'historien de Thou, et tout
fut plus horrible et plus cruel encore dans l'exécution.
Vingt-deux bourgs et villages furent brûlés ou saccagés
avec une inhumanité dont l'histoire des peuples les

[1] Il existe dans les archives de Strasbourg une supplique des malheureux habitants de Merindol et de Cabrières, adressée au sénat de
Strasbourg. Farel et Viret étaient venus eux-mêmes la présenter aux
magistrats de cette ville.

[2] Nous pensons que la lettre de François I*er* que nous avons insérée
à l'*Appendice*, n° 15, se rapporte à une intercession faite par les
cantons réformés.

plus barbares présente à peine des exemples. Les malheureux habitants, surpris pendant la nuit et poursuivis de rochers en rochers, à la lueur des feux qu[i] consumaient leurs maisons, n'évitaient souvent un[e] embûche que pour tomber dans une autre. Les cri[s] pitoyables des vieillards, des femmes et des enfants loin d'amollir le cœur des soldats forcenés de rage comme leurs chefs, ne faisaient que les mettre sur le[s] traces des fugitifs, et marquer les endroits où il[s] devaient porter leur fureur [1].

A Cabrières, une des villes principales de ce canton on égorgea plus de sept cents hommes de sang-froid et toutes les femmes restées dans les maisons, furen[t] enfermées dans un grenier plein de paille, auquel o[n] mit le feu; celles qui tentèrent de s'échapper par le[s] fenêtres, furent repoussées à coups de crocs et d[e] piques; enfin, selon la teneur de la sentence, le[s] maisons furent rasées, les bois coupés, les arbres de[s] jardins arrachés et en peu de temps, ce pays si fertil[e] et si peuplé, devint désert et inculte [2]. François Ier instruit de ces barbaries, ne les punit pas à la vérit[é] de son vivant, mais en mourant, en 1547, il recommanda à son successeur d'en tirer vengeance, ce qu[e] celui ci fit en effet, en 1550 [3].

[1] De Thou, liv. vi.
[2] L'abbé Anquetil, *Hist. de France*, tom. v, p. 422.
Le jésuite Maimbourg, dans son *Histoire du Calvinisme*, liv. ii, f[ait] monter à 3600 le nombre des victimes, et porte à 900 les maisons q[ui] furent pillées et détruites.
[3] On trouvera des détails intéressants sur toute cette affaire dans l'*Histoire de l'exécution de Cabrières et de Mérindol et d'autres lieux de P[ro]vence, particulièrement déduits, dans le plaidoyer qu'en fit, l'an 1551, p[ar] le commandement du roi Henri II et comme son advocat général en [cette] cause, Jacques Aubery, lieutenant civil au Châtelet de Paris*. Paris 16[..]

Cette épouvantable exécution, et celle non moins barbare exécutée en 1546, contre les réformés de Meaux, devinrent le signal de nouvelles émigrations plus nombreuses que toutes celles qui avaient précédé. Strasbourg, le comté de Montbéliard, la Suisse romande, reçurent la plupart de ces réfugiés. Augustin Marlorat [1], Jean de Bosco ou du Bosc [2], Jean Raimond Merlin [3], Antoine de Chandieu [4], Michel Mulot, François de Saint-Paul, connu aussi sous le nom de Saules, Chanorrier, Bérault [5] et le célèbre Théodore de Bèze [6],

[1] Marlorat, théologien distingué, avait prêché la réforme à Bourges. Il fut nommé en mars 1549, pasteur de Crissier, près de Lausanne, et plus tard, de Vevay. Ruchat, tom. IV, p. 488; tom. VI, p. 270.

[2] Jean de Bosco, jacobin, avait aussi annoncé l'Évangile à Bourges. Il devint pasteur à Thonon. Ruchat, tom. VI, p. 270.

[3] Merlin, dit Macroy, de Romans, en Dauphiné, enseigna l'hébreu à Lausanne dès l'an 1549.

[4] Antoine de Chandieu, ou comme il se faisait appeler le plus ordinairement, *Zamariel* ou *Sadeel*, deux mots qui, en hébreux, signifient *Champ de Dieu*, était né en 1534, et était sorti d'une famille noble et ancienne du Forez. Il est parlé des barons de Chandieu dans l'histoire de France.

[5] François Bérault, fils du célèbre Nicolas Bérault, fut nommé professeur de grec à Lausanne.

[6] Théodore de Bèze, né le 24 juin 1519, à Vézelay en Bourgogne, appartenait à une famille noble. Son oncle, conseiller au parlement de Paris, le prit chez lui dès sa naissance, et l'éleva avec tendresse jusqu'au commencement de 1528. A cette époque, son parent l'envoya à Orléans et le confia aux soins du savant et pieux Wolmar qui, à côté de ses fonctions de professeur public, faisait chez lui l'éducation de quelques jeunes gens de famille. Ce fut auprès de cet homme distingué qu'il puisa ces principes de foi et de piété, qui, en se développant plus tard, l'arrachèrent aux pièges dans lesquels la fortune et l'amour des plaisirs le firent tomber. *C'est celuy mesme*, dit-il lui-même, dans sa Vie de Calvin, *qui a esté mon fidèle précepteur et gouverneur de toute ma jeunesse, dont loueray Dieu toute ma vie.* En 1535, Wolmar étant retourné en Allemagne, Bèze alla étudier le droit à Orléans. Ce fut aussi là qu'il commença à révéler son goût pour la poésie. Après avoir obtenu le

que nous verrons reparaître plus tard en France, et
s'établirent dans le pays de Vaud, alors soumis aux
Bernois. Mais le plus grand nombre de ces malheureux fugitifs vinrent se fixer à Genève. Cette ville
qui avait déjà accordé l'hospitalité à un grand nombre
d'hommes distingués par leur rang ou leurs talents, de
l'Italie, de l'Angleterre, de l'Espagne et de la France

grade de licencié en droit, il quitta Orléans et se rendit à Paris. Je…
et riche, il ne sut pas résister aux séductions de la capitale. Cepend…
une dangereuse maladie et la perspective d'une mort prochaine, …
firent exécuter la résolution qu'il avait formée depuis longtem…
d'abandonner les erreurs du papisme pour vivre selon la pure doct…
de l'Évangile. Renonçant donc aux bénéfices que lui avait déjà pro… :
son oncle, l'abbé de Froidmont, qui songeait aussi à lui résigner …
abbaye qui valait quinze mille livres de rente, il quitta la France a…
Jean Crespin, avocat au parlement, et Claudine Denosse, jeune p…
sonne à laquelle il avait fait une promesse de mariage. Ils arrivère…
Genève le 24 octobre 1548; Crespin s'y arrêta et s'y fit imprimeu…
écrivain. Quant à Théodore de Bèze, après avoir été visiter à Tubin…
son ancien précepteur Melchior Wolmar, il accepta, l'année suivan…
les fonctions de professeur de grec dans la nouvelle Académie …
Lausanne. Il les exerça l'espace de dix ans. A l'expiration de ce tem…
il revint à Genève et se fit recevoir ministre, le 15 décembre 1558.

¹ Le poète Marot, en particulier, s'y était retiré en 1543, pour f…
les persécutions de la Sorbonne, qui lui en voulait, d'avoir traduit …
vers français trente Psaumes de David. Pendant son séjour à Genè…
Marot en traduisit vingt autres. Calvin fit imprimer ces cinqua…
psaumes cette même année 1543, en y mettant une préface et …
joignant la liturgie et le catéchisme qu'il avait composés pour l'us…
de l'église de Genève. Théodore de Bèze acheva de traduire en vers fr…
çais le reste du Psautier, et le tout fut imprimé pour la première …
en France, en 1562, et avec privilége du Roi, par Antoine, fils d'An…
Vincent, marchand-libraire, à Lyon. Le privilége du Roi, qui est d…
du 26 décembre 1561, porte que les Psaumes avaient *été traduits* …
la verité hébraïque, et mis en rime française et bonne musique, …
il a esté veu et cogneu par gens doctes en les S. Escriptures et ès …
langues, et aussi en l'art de musique. Guillaume Franc, habile mu…
cien, qui vint à Lausanne, en 1543, commença à mettre en musique…
Psaumes de Clément Marot et de Théodore de Bèze. Claude Goudim…
qui vint ensuite, acheva ce travail. On en introduisit incessamment

et qui comptait parmi ses huit ministres [1], plusieurs étrangers, reçut dans son sein ces victimes de la persécution. Nous citerons ici les noms de quelques-uns de ces réfugiés qui rendirent dans la suite d'importants services à la cause de la réforme. Ce sont ceux de Pierre Richer [2], de Jean de Léri [3], de Philippe de Corguilleray [4], de François de Morel [5], de Claude de la Boissière [6], de Bouchard, vicomte d'Aubeterre [7], de Philibert

---

[1] ant dans les églises pour faire partie du service divin. D'après les mémoires de Jean le Comte, cités dans Ruchat, il paraît que ce fut dans l'église réformée de Grauson, en Suisse, le 1ᵉʳ décembre 1540, que l'on commença à introduire le chant des psaumes que Marot venait de mettre en vers et de dédier à François Iᵉʳ. Avant cette époque, on chantait à l'entrée du sermon l'oraison dominicale et le symbole des Apôtres, et à l'issue du service religieux, les dix commandements de Dieu. Ruchat, tom. IV, p. 486 et 487.

[2] Ces huit ministres étaient alors : Jean Calvin, Abel Pouppin, ancien cordelier qui avait prêché la réforme à Bourges; Nicolas des Gallards; Michel Cop, qui avait été chanoine de Notre-Dame de Cléry; Raimond Chauvet; Jean de Saint-André; François Bourgoin qui avait été chassé de Nevers en 1547, et Jean Macaire. *Registre manuscrit de la venerable Compagnie*, institué en 1546.

[3] Richer ou Richier avait été Carme et docteur de Paris. Il avait continué à Annonay l'œuvre de réforme qu'avait entreprise Etienne Trepolis. Gaulterius. *Tab. Chron.* p. 802. Col. 1.

[4] Il était natif de la Margelle, terre de Saint-Sène, en Bourgogne.

[5] Il portait aussi le nom de du Pont. Ce gentilhomme vint à Genève accompagné de toute sa famille. Il habitait ordinairement une maison près de cette ville. On voit aussi par plusieurs lettres qui se trouvent parmi les lettres manuscrites de la bibliothèque de Genève, qu'il résidait aussi dans cette cité au château de Saint-Germain.

[6] Il est aussi connu sous le nom de Monsieur de Coulonges.

[7] Il était de famille noble et avait été ministre à Aix, en Provence. Voici ce qu'on lit à son sujet, dans les mémoires de Brantôme : *il estoit fugitif a Geneve, faiseur de boutons de son metier, comme estoit la loy introduite qu'un chacun d'eux eût un metier et en vecût, tel gentilhomme et seigneur qu'il estoit, et ledit Aubeterre, bien qu'il fût de bonne maison, estoit de celui de faiseur de boutons; mais, en passant par Geneve, je l'y vis tost pauvre et miserable.*

Hamelin [1], de Laurent de Normandie [2], etc. Les écri[ts]
de Calvin [3], les lettres [4] que le réformateur ne cessa[

[1] Philibert Hamelin avait été prêtre en *Touraine*. Voyez notre *Hi[st.]
de l'Église de Pons*, etc. Chap. II.

[2] Laurent de Normandie, issu d'une famille illustre, avait été lie[u-]
tenant civil de Noyon, et avait été, sans doute, gagné à la réforme p[ar]
Calvin lui-même. Il ne fut pas le seul habitant de Noyon qui vin[t se]
fixer à Genève. La sœur du réformateur, nommée Marie, maître IIe[s]
de Collemont, l'un des chanoines de Noyon, maître Antoine de
Marlière et Caïm, auxquels Calvin avait résigné ses bénéfices,
quelques autres personnes, suivirent l'exemple de Laurent de N[or-]
mandie. *D'icy jugez*, dit le chanoine Le Vasseur au chapitre 97,
117ᵐᵉ page de ses Annales, où il parle de la retraite de Laurent [de]
Normandie, *s'il (Calvin) eût eu la fleur de lys à Noyon, si un li[eute-]
nant de Roy l'eust suivy.*
Drelincourt, dans sa défense de Calvin, pages 241, 242 et 243, n[ous]
apprend, d'après Levasseur et Desmay, que ce qui a donné lieu à l'in[fâme]
calomnie dont on a essayé de flétrir la mémoire du réformateur, c[est]
que dix-huit ou vingt ans après la sortie de ce dernier, un chapelain [de]
Noyon, nommé comme lui Jean Cauvin, fut privé de la chapelle [de]
Noyon et du chœur, à cause de son incontinence. Une lettre que n[ous]
avons trouvée dans les généalogies genevoises de M. Galliffe et que n[ous]
avons insérée dans l'Appendice, nous fait connaître l'époque de l'arri[vée]
de Laurent de Normandie à Genève. Voyez *Appendice*, n° 71.

[3] *L'an 1545,* dit Bèze, dans sa Vie de Calvin, *il fit un traité comm[e]
l'homme fidèle se doit gouverner entre les papistes, sans communi[quer]
à leurs superstitions; auquel est ajoutée une explication contre [les]
repliques de ceux qui se couvroyent faussement du titre d'estre N[ico-]
démites..... Ce livre là esmeut beaucoup de gens en France, qui au[pa-]
ravant estoyent endormis ès idolatries.*

[4] Le célèbre Guillaume Budé déclara, par son testament, un [an]
auparavant qu'il mourût, qu'il voulait être enterré sans aucune cé[ré-]
monie. Cette circonstance donne lieu de penser qu'il reconnut su[r la]
fin de sa vie les erreurs de l'Église romaine. Ce qui est certain, c'est q[ue]
sa veuve, à laquelle on croit que Calvin adressa la lettre que nous a[vons]
insérée dans l'*Appendice* au n° 17, se retira à Genève avec ses deux fil[les]
et deux de ses fils, Jean de Budé et Mathieu de Budé. Les descenda[nts]
de cette famille distinguée habitent encore Genève, et l'un de s[es]
membres, M. le comte de Budé, propriétaire du château de Ferney, q[ui]
avait appartenu à ses ancêtres avant de devenir la propriété de Volta[ire,]
est décédé dans cette demeure célèbre, le 23 février 1844.

d'adresser en France, pour engager ceux qui reconnaissaient les erreurs de l'Église romaine, à rompre tous rapports avec elle, contribuèrent tellement à accroître à Genève le nombre des réformés étrangers qui souvent y arrivaient pauvres et dénués de tous moyens d'existence, que la ville se trouva souvent embarrassée pour pourvoir à leur entretien. La plupart furent employés à travailler aux remparts. D'un autre côté, de pieux et riches protecteurs vinrent au secours des malheureux réfugiés. La Reine de Navarre, quelque temps avant sa mort, fit parvenir dans ce but, à Calvin, quatre mille francs [1]. La duchesse de Ferrare envoya aussi une forte somme, et cet exemple fut suivi par plusieurs seigneurs et dames de France, ainsi que par quelques riches marchands. Plusieurs legs furent aussi faits en leur faveur. C'est ainsi que David de Busanton, qui s'était retiré à Genève pour cause de religion, légua, en 1546, mille écus aux pauvres de Strasbourg, et autant à ceux de Genève. Cela donna occasion aux étrangers réfugiés à Genève, de diverses nations, de faire entre eux des contributions charitables, chacun pour les pauvres de

---

[1] Bolsec, *Vie de Calvin*, p. 14. Flor., VII, p. 92. Ruchat, v p. 263. Florimond, liv. VII, p. 850, nous apprend que Calvin entretenait une correspondance suivie avec Marguerite, sœur de François 1ᵉʳ et reine de Navarre. Voici ses paroles : « *La dame de Riberac, bonne et vertueuse dame, fille de la maison de Candalle, laquelle a été nourrie auprès d'elle, m'a dit que Calvin l'exhorta souvent et par lettres et par messagers* (Froment entre autres, voyez Ruchat v, p. 122) *de vouloir maintenir la vérité, et qu'elle le pria de la venir trouver*. Nous avons inséré dans l'*Appendice* au n° 16, une lettre que le réformateur adressa à cette princesse (elle mourut l'an 1549), pour se disculper de l'intention d'avoir cherché à l'offenser, en attaquant, dans son livre contre les libertins, qu'il avait publié en 1544, deux docteurs de cette secte, nommés Quintin et Pocquet, qu'elle avait accueillis à sa cour.

sa nation, afin de subvenir à leurs besoins, et d'établir un certain ordre pour l'administration de ces deniers. Ce fut là l'origine de trois bourses, comme on les appelle à Genève; savoir, la bourse française, la bourse italienne et la bourse allemande. Mais la persécution qui redoubla encore de fureur, sous le règne d'Henri II, qui succéda à son père le 1ᵉʳ avril 1547, ne fut pas la seule circonstance qui amena à Genève cette prodigieuse affluence d'étrangers. Le désir de contempler la cité réformée, celui d'entendre les prédications du grand réformateur *qui preschoit d'ordinaire*, dit Bèze, *de deux sepmaines l'une, tous les jours*, ou de suivre les admirables leçons de théologie qu'il donnait régulièrement trois fois par semaine, portèrent un grand nombre de familles à s'exiler volontairement de France, pour venir s'y fixer. « Plusieurs
» familles, dit Florimond [1], se bannissoient volontai-
» rement de la France, pour aller habiter ce coin de
» la Savoye où il estoit, ville qu'on appelloit Hiéropolis
» la sainte cité; ainsi la nomme Estienne le Roy, en
» son petit livre des Martyrs. Surtout les peintres,
» orlogeurs, imagiers, orfèvres, libraires, imprimeurs
» et autres qui, en leurs mestiers, ont quelque noblesse
» d'esprit furent des premiers aisez à surprendre. »

Voici de quelle manière le même historien [2] nous raconte, d'après le récit que lui en fit un gentilhomme de la Guienne, le départ pour Genève de quelques étudiants de l'université de Toulouse.

« Cinq ou six escoliers, portez de semblable désir

[1] Liv. vii, p. 935.
[2] Ibid., p. 937.

» quittèrent les études, et troussant bagage, s'en vont
» jour et nuict à Genève. Le désir de voir le saint
» homme aisloit leurs pieds. Jamais, à ce qu'il me
» raconta, la joye de ce bon et religieux chevalier,
» Godefroy de Bouillon, voyant les murs tant desirez
» de Hierusalem, n'égala le contentement qu'ils
» receurent à la descouverte des saintes murailles de
» Genève. A leur arrivée, ayant sceu que l'exhortation
» se faisoit (ainsi appelloient-ils leur presche), ils
» accourent tout hors d'haleine pour voir Calvin en
» chaire, estonnez pourtant de sa mauvaise grâce,
» et de son action désagréable. Ils l'accompagnent à
» l'issue chez lui et le saluent. Il y avoit de la presse
» à qui s'approcheroit près de lui. Ce sont les mer-
» veilles du Seigneur, leur dit Calvin, mes frères, qui
» vous appellent pour la culture de sa vigne. J'appris
» de luy et de plusieurs autres depuis, que Calvin
» n'avoit rien de rare et recommandable en chaire, si
» ce n'est lors qu'il entroit sur les injures, et ses sermons
» imprimez en font foy. »

Calvin, Viret [1], Farel et Bèze, surent faire tourner à l'avancement de la réforme en France, la venue de tant de gens. Excités par leurs exhortations, plusieurs des réfugiés se sentirent pressés de rentrer dans leur patrie, pour travailler à y répandre les semences de cette réforme, qu'ils voyaient porter de si heureux fruits dans les villes où ils s'étaient retirés. Bientôt on vit sortir de Genève, de Lausanne, de Neuchâtel et d'autres lieux un grand nombre de prédicateurs, de ministres et d'étudiants. Une foule de colporteurs,

[1] Pierre Viret, né en 1511, dans la ville d'Orbe en Suisse, avait été le compagnon d'œuvre de Farel dans la réformation de la Suisse romande.

chargés de livres de controverse et de piété, que les presses actives de Jean Crespin, de Pierre de Wingle, de Jean Girard, de Philibert Hamelin, d'Eustache Vignon, du célèbre Robert Etienne et d'autres imprimeurs, ne cessaient de multiplier, se répandirent aussi sur tous les points de la France [1].

Le succès répondit aux efforts de ces zélés et courageux messagers de l'Évangile. Leur dévouement, la ferveur de leur foi, leur simplicité, la sainteté de leur vie, leur langage édifiant et la fidèle exposition qu'ils firent des doctrines bibliques [2], gagnèrent dans toutes

---

[1] Florimond, selon son habitude, se moque beaucoup de ces colporteurs dans la personne desquels il ne voit que d'avides marchands. « *Plusieurs compagnons des imprimeurs de la France et d'Allemagne* dit-il, *au bruit du profit qu'on leur présentoit y accouroient, lesquels après s'escartoient partout, pour débiter ces Bibles, Catéchismes, Boucliers, Marmites, Anatomies et autres tels livres. Surtout les petits Psalmes, quand ils furent rimés, dorés, lavés et reglés. Leur seule joliveté convioit les dames à la lecture; et comme les avares marchands au seul flairer du gain, ne craignent de seillonner les mers et prendre le hasard de mille et mille fortunes et tempestes, en ceste mesme sorte des compagnons d'imprimerie, à l'appétit du gain, qui leur avoit donné le premier goust, et pour avoir plus facile accez ès villes, et sur les champs, dans les maisons de la noblesse, aucuns d'entr'eux se faisoient colporteurs de petits affiquets pour les dames, cachans aux fonds de leurs bales ces petits livrets, dont ils faisaient présent aux filles, mais c'estoit à la derrobée, comme d'une chose qu'ils tenoient bien rare, pour en donner le goust meilleur. Ces postillons et courtiers de si mauvaise marchandise deviennent bien souvent la proye et la part des flammes auxquels on les jettoit surpris sur le fait.* liv. VII, p. 874. »

[2] Citons encore à cette occasion quelques lignes de Florimond.

« *Les premiers Luthériens qui passèrent en France, voir mesmes les Calvinistes qui vindrent depuis sous cette modestie et simplicité chrestienne, pipèrent le monde : car ceux qui ne pouvoient croire qu'en une vie si chrestienne comme estoit la leur en apparence, pût loger une fausse doctrine, et que sous le riche habit du duc Anchises fut cachée une botte de bien mauvais odeur, estoient esbranlés en leur ancienne créance*

les provinces du royaume, de nombreux disciples à la réforme, et bientôt il se forma dans une multitude de villes et de bourgs des églises secrètes où la parole de Dieu fut prêchée avec pureté. Mais ces triomphes ne furent obtenus qu'au prix des plus grands sacrifices. Un grand nombre de ces pieux serviteurs du Seigneur, furent jetés dans d'affreux cachots, et expièrent dans d'atroces supplices le crime d'avoir annoncé à leurs frères les vérités évangéliques, plutôt que les traditions humaines.

Cependant, la perspective d'une mort cruelle et presque certaine, n'empêcha pas de nouveaux ouvriers d'entrer dans la moisson. Cette fois, ce ne furent plus seulement des hommes de foi et de dévouement, qui sortirent des murs de Genève et de Lausanne; ce furent aussi de pieux ministres de l'Évangile, qui avaient puisé une instruction solide auprès de Calvin, de Théodore de Bèze, de Viret et d'autres hommes distingués. Faisons connaître ici les noms et les destinées de quelques-uns de ces intrépides prédicateurs de la réforme.

Cinq jeunes Français, Martial Alba, de Montauban ; Pierre Ecrivain, de Boulogne en Gascogne ; Charles

couroient après ces hommes qui ne respiraient que toute sainteté. Le nom du Seigneur et du Christ estoit à tout propos dans leur bouche. Le certes seul, ou en vérité, leur serment ordinaire; ils se déclaroient ennemis du luxe, des débauches publiques, et folastreries du monde, trop en vogue parmi les catholiques : en leurs assemblées et festins, au lieu de danses et hauts bois, c'estoient lectures des Bibles qu'on mettoit sur table, et chants spirituels, surtout des psaumes quand ils furent rimez. Les femmes à leur port et habits modestes, paroissoient en public comme des Eves dolentes ou Magdelaines repenties, ainsi que disoit Tertullien de celles de son temps. Les hommes tous mortifiés, sembloient estre frappés du Saint-Esprit. liv. VII. p. 864. »

Faure, de Blanzac en Angoumois; Pierre Navihères, du Limousin, et Bernard Seguin, de la Réolle en Bazadois, ayant achevé leurs études de théologie à Lausanne, se disposèrent à retourner dans leurs provinces respectives, pour travailler à y propager la réforme qui avait déjà commencé à y prendre racine.

Après s'être arrêtés quelques jours à Genève, ils prirent, à la fin d'avril 1552, le chemin de Lyon. Arrivés à Colonge, petit bourg, situé à quelques lieues de Genève, et peu éloigné de l'emplacement où se trouve actuellement le fort de l'Ecluse, ils furent accostés par un voyageur qui se rendait aussi à Lyon, et qui leur proposa de faire route avec eux. Ils acceptèrent sans défiance. Les cinq étudiants descendirent à l'hôtel des *Trois-Poissons*. Quant à leur compagnon, il se rendit à Ainay lieu de sa résidence. Mais, avant de se séparer d'eux, il leur fit promettre qu'ils viendraient lui faire visite le lendemain. Ils se rendirent effectivement au logis de l'inconnu, se promenèrent quelque temps dans son jardin, et finirent par accepter un repas chez lui. Mais, pendant qu'ils étaient à table avec leur hôte, ils virent entrer tout-à-coup dans la chambre où ils se trouvaient réunis, le prévôt Pouillet, suivi de son lieutenant et d'un grand nombre de sergents. Sans autre préambule, ce magistrat se mit à leur demander leurs noms, leurs prénoms, les fit fouiller, et après les avoir fait garotter, donna l'ordre de les conduire dans les prisons de l'Officialité.

Grande fut l'affliction en Suisse, quand on apprit l'arrestation des cinq étudiants. Viret et Théodore de Bèze, qui avaient eu chez eux Pierre Navihères et Bernard Seguin, s'empressèrent de faire les démarches nécessaires pour obtenir leur délivrance. A leur instigation, les Bernois écrivirent le 21 mai, à la cour de France, et au lieutenant du Roi, à Lyon. On leur fit de vagues promesses qui ne se réalisèrent pas. Une nouvelle tentative fut faite collectivement par les cantons réformés de Bâle, de Berne, de Zurich et de Schafhouse. Ils envoyèrent en ambassade Jean Hab, bourguemaître de Zurich. Le député obtint une audience au mois d'août. Mais cette fois, le Roi répondit tout cruement, de sa propre bouche, « qu'il souhaitait que ces cantons » ne l'importunassent plus pour ce sujet, puisqu'il leur » avait assez expliqué son intention dans la lettre qu'il » leur avait écrite, en réponse à celle qu'ils lui avaient » envoyée pour cette même affaire, et qu'il n'en relâ- » cherait point; qu'il laissait ces cantons en liberté de » régler leurs affaires à leur gré; qu'il voulait aussi » faire la même chose dans son royaume, et le conser- » ver pur de ces gens séditieux [1]. »

Malgré cette réponse décourageante, les Bernois ne renoncèrent pas à l'espoir de sauver les cinq malheureux étudiants. Le cardinal de Tournon, qui était aussi archevêque de Lyon, venant à traverser, à son retour de Rome, leur territoire pour se rendre en France, ils le firent solliciter de s'intéresser en faveur des prisonniers. Le prélat répondit avec obligeance que, quoique ces derniers fussent maintenant hors de son pouvoir, puisqu'ils avaient été transférés à Paris, et que leur affaire était déférée au parlement, il s'emploierait pour les faire rendre à la liberté. Mais ils eurent bientôt sujet de reconnaître la perfidie du cardinal. Trouvant sans

doute une occasion favorable d'assouvir le ressentiment
qu'il éprouvait de la conversion à la réforme de son
propre neveu, Claude de Tournon qui, dès l'année 15[..]
s'était réfugié en Suisse, avec sa famille [1], le prélat [fit]
poursuivre vivement à Paris, le procès des étudiants.
Les Bernois indignés de cette conduite, lui écrivirent
le 17 janvier 1553, pour lui reprocher son manque de
parole. En même temps, ils remirent à un messager
que Viret voulut envoyer à ses frais à Paris, des lettres
pour les présidents du parlement, par lesquelles ils
priaient ces derniers de surseoir l'affaire, jusqu'à ce que
le Roi eût répondu aux nouvelles missives qu'ils lui
avaient fait parvenir.

Mais toutes ces démarches, et d'autres qui furent
faites avec persévérance, soit auprès du cardinal de
Tournon, soit auprès d'Henri II, n'amenèrent aucun
résultat favorable. Ramenés à Lyon, les pauvres étudiants furent condamnés, comme hérétiques, à être
brûlés vifs, sur la place des Terreaux. Leur détention
à Lyon, à Roanne et à Paris, avait duré depuis le
1er mai 1552, au 16 mai 1553. Pendant tout ce laps de
temps, ils ne furent point oubliés par leurs frères.
Calvin et Viret leur adressèrent des lettres pour les
consoler et les fortifier. Plusieurs personnes pieuses, et
entre autres, un marchand de Saint-Gall, nommé Jean
Liner, qui purent les visiter avec beaucoup de liberté,
n'épargnèrent rien pour adoucir la rigueur de leur
captivité.

De leur côté, les étudiants ne cessèrent de montrer
la conduite la plus édifiante. Ils écrivirent à leurs

[1] Ruchat v., p. 208.

parents, dont quelques-uns étaient encore plongés dans les erreurs du catholicisme, les lettres les plus touchantes, adressèrent à tous ceux qui vinrent les voir de pieuses paroles, et devinrent, avec Pierre Berger, détenu comme eux pour l'Évangile, dans la prison de Roanne, les instruments, dans la main de Dieu, de la conversion d'un malfaiteur, nommé Jean Chambon.

Enfin, le 16 mai 1553, fut le jour marqué pour leur départ de ce monde. A deux heures de l'après-midi, les gardes qui devaient les mener au supplice, entrèrent dans leur prison et les trouvèrent en prières; les uns étaient prosternés contre terre, les autres chantaient des Psaumes en élevant leurs regards vers le ciel. Les étudiants, revêtus de la robe grise des prisonniers, furent liés avec des cordes. On les fit monter sur une charrette. Loin d'être abattus par ces sinistres apprêts, ils s'exhortèrent à persévérer jusqu'à la fin, et entonnèrent le Psaume neuvième : *Sans cesse je te bénirai, Seigneur,* etc. Mais on ne le leur laissa pas achever. Ils recommencèrent alors leurs prières, et se mirent à répéter plusieurs passages de la Sainte Écriture. Comme ils traversaient la place de l'Herberie, à l'extrémité du pont de la Saône, l'un d'eux, se tournant vers la foule qui les regardait passer, prononça à haute voix ces paroles qui terminent l'épître de saint Paul aux Hébreux :

« *Le Dieu de paix, qui a ramené d'entre les morts le grand Pasteur des brebis, notre Seigneur Jésus-Christ, par le sang de l'alliance éternelle.*

» *Vous rende accomplis en toutes sortes de bonnes œuvres, pour faire sa volonté, faisant lui-même en vous ce qui lui est agréable, par Jésus-Christ, auquel soit gloire aux siècles des siècles. Amen.* » Puis, pour montrer à tous les assistants qu'ils étaient unis par les liens d'une même foi, les cinq étudiants récitèrent le symbole des Apôtres, le divisant par articles, qu'ils répétèrent l'un après l'autre. Celui qui eut à prononcer ces mots *Il a été conçu du Saint-Esprit, il est né de la Vierge Marie,* éleva la voix afin de donner à connaître au peuple que c'était à tort qu'on les accusait de rejeter les paroles du symbole et de médire de la Vierge. Les sergents et les gardes voulurent à deux différentes reprises, leur imposer silence; mais les prisonniers leur ayant dit avec l'accent du reproche : *Nous empêcherez-vous, si peu que nous ayons à vivre, de louer et d'invoquer Dieu;* ils n'osèrent leur refuser cette dernière consolation.

Ce fut ainsi qu'ils arrivèrent au lieu du supplice. On avait dressé sur la place un poteau auquel était attachée une chaîne de fer. Tout autour était amoncelé le bois qui devait servir à ce sacrifice humain. On avait laissé entre deux, un espace suffisant pour y placer les condamnés. Les cinq étudiants, les deux plus jeunes en têtes, montèrent sur le bûcher. Le bourreau les dépouilla de leurs vêtements et les attacha au poteau. Martial Alba, le plus âgé des cinq, était monté le dernier et s'était mis en prière sur le bois. L'exécuteur vint le saisir à son tour pendant qu'il était encore à genoux et, le soulevant par les aisselles, il allait le descendre et l'attacher auprès de ses compagnons, lorsque celui-ci demanda avec instance au lieutenant Tignac qui était là présent, de lui accorder une faveur. *Que veux-tu,* lui dit celui-ci? *Que je puisse baiser mes frères avant que de mourir,* répondit Alba. Le lieutenant lui permit. Alors Martial se baissa et embrassa ses quatre amis qui étaient déjà liés et attachés. *Adieu, adieu, mon frère*, leur dit-il à chacun. Bien que retenus par les entraves, les quatre prisonniers purent en tournant leur tête avec effort, se donner aussi cette dernière marque d'affection. Martial les ayant encore recommandés à la grâce de Dieu, se tourna alors vers le bourreau. *Mon ami*, lui dit-il en l'embrassant, *n'oublie pas ce que je t'ai dit.* La chaîne de fer étreignit alors les cinq étudiants, et l'exécuteur ayant reçu l'ordre des juges d'achever promptement son œuvre, leur mit à chacun une corde au cou, pour les étrangler tous cinq à la fois, au moyen d'une machine qu'il avait préparée à cet effet; il enduisit leurs corps d'une matière graisseuse, et répandit dessus du souffre pulvérisé. Ces apprêts achevés, il mit le feu au bûcher qui s'enflamma avec tant de rapidité que les cordages qui devaient, en étranglant les jeunes étudiants, adoucir leur supplice, furent consumés en un instant. On entendit alors ces derniers s'exhorter encore quelques instants au milieu des flammes, en s'écriant : *courage, mes frères, courage*, puis leurs voix cessèrent de se faire entendre pour toujours, et bientôt il ne resta de ces martyrs généreux que quelques cendres et quelques charbons [1].

Cette constance merveilleuse des cinq écoliers fit une grande impression sur la foule, et anima d'un nouveau zèle les fidèles de Lyon, que Pierre Fournelet,

---

[1] Crespin, liv. IV, p. 201-231. Il existe dans les archives de Berne, plusieurs lettres qui se rapportent à ces cinq étudiants. Elles se trouvent dans le recueil intitulé *Welsch-Missiven-Buch*.

de Louet, en Normandie, avait commencé à réunir dans cette ville dès le mois d'octobre 1546.

Quelques mois après, en octobre 1553, Philibert Hamelin, consacré au Saint-Ministère et muni des instructions de Calvin et des pasteurs de Genève, partit de cette ville avec l'intention de se rendre de nouveau en Saintonge, où la réforme qui avait déjà eu là comme ailleurs ses martyrs, continuait à faire des progrès. Plus heureux que les cinq étudiants de Lausanne, il réussit à échapper à la vigilance des espions et il arriva sans obstacle au lieu de sa destination. Nous ne répéterons pas ici ce que nous avons eu occasion de raconter dans un autre ouvrage, sur ce missionnaire zélé, qui, au rapport du célèbre Bernard de Palissy, « *s'efforçoit partout où il passoit d'inciter les hommes d'avoir des ministres et de dresser quelques formes d'Église.* » Nous dirons seulement que peu de temps après avoir jeté les fondements des Églises d'Arvert et de Saintes, qui devinrent plus tard deux des plus importantes de la Saintonge, Philibert Hamelin fut surpris par les ennemis de la réforme, et fut brûlé à Bordeaux le 18 avril 1557.

[1] Voyez *Appendice*, n° 18.
[2] Voyez *Appendice*, n° 20.

CHAPITRE X.

18 Avril 1557 — 4 Septembre.

Continuation des persécutions. — Plusieurs hauts personnages embrassent la Réforme. Un grand nombre de Réformés vont s'établir au Brésil. — L'Évangile est prêché en Bretagne. — Progrès de la Réforme en Guienne. — Henri II veut établir l'inquisition. — Organisation de l'Église de Paris.

Cependant Henri II, fidèle au système de persécution qu'avait adopté son prédécesseur, et espérant toujours que les rigueurs parviendraient à arrêter les progrès des doctrines de la réforme, qui commençaient à l'inquiéter, continuait à poursuivre avec acharnement ceux qui osaient renoncer au culte de Rome. Le dernier édit donné à Châteaubriant, le 27 juillet 1551, se faisait déjà remarquer par sa sévérité. Il créait des tribunaux sans appel, connus sous le nom de présidiaux. Il ordonnait qu'il serait informé contre les baillifs et les sénéchaux qui mettraient de la négligence à poursuivre les hérétiques. Les biens de ces derniers devaient être confisqués au profit du roi, qui en assurait le tiers au dénonciateurs. Excité par sa maîtresse, Diane de Poitiers, duchesse de Valentinois, à laquelle il faisait don des confiscations, de même que par le connétable de Montmorency, le duc de Guise et le cardinal de Lorraine, qui, soit par fanatisme, soit pour plaire à la duchesse, qui les maintenait dans la faveur du roi, soit pour flatter le clergé et en faire l'instrument de leur ambition, se montraient en toutes occasions les ennemis les plus ardents des réformés : le monarque, qui était un prince faible et facile à tromper, se prépara à porter de nouveaux coups à ces derniers.

La perspective de persécutions encore plus cruelles que les précédentes, loin d'épouvanter les réformés, sembla leur donner un nouveau courage. Soutenus par leur foi, fortifiés par les lettres [1] que les réformateurs ne cessaient de leur adresser, ils continuèrent à braver les supplices et la mort.

Les doctrines évangéliques professées avec tant de fermeté, de dévouement et de constance, trouvèrent partout de nouveaux partisans. Plusieurs membres distingués de la noblesse, que la crainte des persécutions avait jusqu'à ce moment empêchés de manifester ouvertement leur penchant pour la réforme, l'embrassèrent avec joie. C'est ce que firent en particulier, la favorite de Catherine de Médicis, Jacqueline de Longwic, duchesse de Montpensier [2], Antoine de

[1] Voyez entre autres deux lettres de Calvin aux fidèles du Poitou, *Appendice* n° 21 et n° 22.

[2] De Thou et le président de la Place conviennent tous deux qu'elle jouissait d'un grand crédit auprès de Catherine. Voici les paroles de ce dernier écrivain : *Si elle eût plus longuement vescu (elle mourut le août 1561) l'on estime que les troubles ne fussent tels survenus, depuis ils survindrent, pource qu'elle estoit d'une part fort aimée crüe de la Roine et d'autre, le Roy de Navarre se sentoit fort obligé elle*. La Place : *De l'État de la Religion et République*. Liv, vi, folio 21

Une lettre curieuse nous apprend que Catherine de Médicis, peu de temps après son mariage avec Henri II, fils de François Iᵉʳ, lisait la bible et chantait les psaumes mis en vers par Marot. Voyez *Appendice* n° 44.

Bourbon, devenu roi de Navarre par son mariage avec Jeanne d'Albret, le frère de ce dernier, Louis de Bourbon, prince de Condé, qui avait épousé, le 22 juin 1551, Eléonore de Roye, nièce de Coligny, et François de Coligny, sieur d'Andelot, qui était devenu possesseur de vastes domaines en s'unissant à Claude de Rieux, comtesse de Laval et de Montfort. Des quatre personnages que nous venons de nommer, deux, surtout, d'Andelot et le roi de Navarre contribuèrent puissamment à favoriser les progrès de la réforme, à l'époque où nous sommes parvenus.

D'Andelot avait appris à connaître et à aimer les doctrines évangéliques, en lisant pendant le temps de sa captivité dans le château de Milan, des ouvrages de piété, composés par des auteurs réformés, et que la duchesse de Ferrare lui avait peut-être fait passer [1] elle-même. De retour en France, il n'avait eu rien de plus pressé que de faire partager ses nouvelles convictions à ses deux frères, l'amiral et le cardinal de Châtillon [2]. Il paraît que Gaspard de Coligny qui avait aussi épousé une demoiselle de la maison de Laval, fut le premier gagné, car nous le voyons, dès l'année 1555, favoriser de tout son pouvoir, une entreprise qui paraissait devoir améliorer le sort des réformés et étendre la connaissance de l'Évangile, en même temps qu'elle pouvait devenir très avantageuse pour la France. Nous voulons parler de l'essai de colonisation tenté au Brésil, par le chevalier Nicolas Durand de Villegagnon.

[1] Soulier, *Histoire de la naissance, progrès et décadence du Calvinisme*, p. 17.
[2] *Id. Ibid.*

Avant de poursuivre, disons quelques mots de cette malheureuse expédition.

Villegagnon, chevalier de Malte et marin distingué, avait été pourvu, sous Henri II, de la vice-amirauté de Bretagne. Pendant qu'il occupait ce poste, il se brouilla avec le gouverneur du château de Brest. Le différend était grave, et les suites pouvaient en être fâcheuses pour lui. Il résolut de s'y soustraire en sortant de France, et en allant fonder une colonie au Brésil, dont il avait entendu vanter la richesse et le climat. Pour arriver plus facilement à son but, il s'adressa à l'amiral de Coligny, dont on commençait à connaître l'attachement pour la réforme. Il lui donna à entendre que son intention était d'avancer le règne de Dieu dans ces contrées encore païennes, et d'y procurer un asile aux fidèles qu'on persécutait avec tant de violence en France.

L'amiral goûta le projet de Villegagnon. Cachant avec prudence au Roi le véritable motif de cette entreprise, et ne l'entretenant que des avantages très-réels qu'elle pouvait apporter à son royaume, il fit accorder à Villegagnon, deux grands navires bien équipés et une somme de dix mille livres.

Le chevalier s'embarqua au Hâvre-de-Grâce, le 15 juillet 1555[1], et il arriva, après une traversée pénible, au mois de novembre, à l'embouchure de la rivière de Ganabara ou de Janeiro, sous le 23ᵉ degré de latitude méridionale. Il tâcha d'abord de s'établir sur la terre ferme. Mais plusieurs raisons l'engagèrent à se retirer

---

[1] Bèze, liv. xi, p. 100. Suivant Jean de Léri, ce départ aurait eu lieu au mois de mai. Voyez son *Histoire d'un voyage fait au Brésil*, etc.

dans une île, à laquelle il donna le nom de *Coligny*, en l'honneur de l'amiral. A son arrivée, il affecta de témoigner un grand respect pour les doctrines évangéliques, car il n'ignorait pas que la plupart de ceux qu'il avait amenés avec lui les professaient, et qu'ils n'avaient consenti à l'accompagner que sur la promesse qu'il leur avait faite de les laisser travailler à la propagation de l'Évangile et de leur procurer la liberté de conscience qu'Henri II leur refusait. Il fit plus, il renvoya ses navires en Europe, et écrivit à l'Église de Genève pour lui demander des ministres et des hommes capables d'enseigner aux sauvages les arts de la civilisation.

Les pasteurs de Genève accueillirent avec joie ce message qui leur venait d'une contrée si éloignée, et ils s'empressèrent d'adresser aux fidèles de leur cité un pressant appel. Il y fut répondu avec enthousiasme. Deux ministres, Pierre Richier, alors âgé de cinquante ans, et Guillaume Chartier; Philippe de Corguilleray, Jean de Léri, plusieurs ouvriers mariés ou célibataires s'offrirent pour faire partie de cette nouvelle expédition. La petite troupe quitta Genève, au mois de septembre 1556, sous la conduite de Philippe de Corguilleray qui, pour travailler à la propagation de l'Évangile, abandonnait à un âge avancé une belle position, et se séparait de ses enfants. Elle se rendit d'abord à Châtillon-sur-Loire, auprès de Coligny, puis, elle se transporta de là à Paris, où elle s'arrêta un mois. En arrivant à Honfleur, où les attendait Bois-le-Comte, neveu de Villegagnon, qui devait commander les trois bâtiments mis à sa disposition, elle se trouva composée, par suite des divers renforts qu'elle avait successivement reçus de Paris, de la Normandie et de la Champagne, d'environ trois cents individus, tant hommes que femmes et enfants. Les passagers ayant été répartis sur les trois navires, la petite flotte mit à la voile le 19 novembre 1556, et elle atteignit l'île de Coligny le 7 mars de l'année suivante.

Villegagnon fit paraître la plus grande joie à leur arrivée. Il invita de suite les ministres à établir dans son île la discipline qui était en usage à Genève. Lui-même nomma pour l'administration civile un conseil composé de dix notables. Tout alla bien pendant quelque temps. Mais bientôt des débats, sur divers points religieux, suscités par un nommé Jean Cointac, qui avait été élève de la Sorbonne, et qui avait au commencement marché d'accord avec les ministres, vinrent mettre le trouble dans la petite colonie. Villegagnon, qui avait appris avec déplaisir que le bruit s'était répandu en France, qu'il avait donné passage sur ses navires à un grand nombre de réformés, et qui craignait aussi qu'Henri II ne confisquât ses possessions en Europe, ne retint les bâtiments qu'il lui avait confiés, et ne le privât de l'aide et des secours dont il avait besoin, commença dès ce moment à se ranger du côté de ceux qui faisaient de l'opposition aux ministres. Sous le prétexte d'envoyer consulter Calvin, pour lequel il affectait encore d'avoir du respect, sur les matières contreversées, il se débarrassa d'abord de Chartier, l'un des ministres. Puis, après le départ de celui-ci, il leva entièrement le masque et défendit que la Cène fût célébrée dans son île. Cette cérémonie ne se fit plus que de nuit et à son insu.

Les réformés furent indignés de la conduite de Villegagnon. Quelques-uns, au nombre desquels se trouvaient plusieurs de ceux qui étaient partis de Genève, lui firent dire qu'ils ne voulaient plus dépendre de lui, puisqu'il avait violé sa promesse. Le chevalier ne se trouvant pas assez fort pour les contraindre de suivre ses ordres, se contenta de leur commander de sortir de son île. Ils auraient pu lui désobéir impunément; mais ils aimèrent mieux profiter de l'occasion favorable d'un navire français qui venait d'arriver du Hâvre, et qui n'appartenait pas à Villegagnon, pour retourner en Europe. En attendant qu'il remît à la voile, ils se retirèrent, avec Philippe de Corguilleray et Richier, dans un petit village que quelques pauvres Français, que Villegagnon avait chassés de son île comme bouches inutiles, avaient construit sur le continent, à une demi-lieue du fort de Coligny.

Le capitaine, ayant fini son chargement, convint d'emmener avec lui seize personnes, pour le prix de cent écus. Philippe de Corguilleray, répondit lui-même de cette somme. Cet arrangement fait, la petite troupe s'embarqua le 4 janvier 1558 [1]. Après une traversée des plus pénibles, et pendant laquelle ils eurent à supporter une horrible famine, ils arrivèrent le 26 mai

---

[1] Après leur départ, Villegagnon continua à persécuter les réformés qui ne voulurent pas renoncer à leur foi. Il fit mourir trois d'entre eux, Jean du Bordel, Mathieu Vermeil et Pierre Bourdon. Pour empêcher un soulèvement que pouvait faire naître son oppression, il dispersa les réformés sur divers points de la côte du Brésil et jusque sur les bords de la Plata. Mais cette mesure affaiblit ses forces. Les affaires de la colonie allèrent en empirant, et Villegagnon désespérant lui-même de pouvoir les rétablir, demanda et obtint son rappel en Europe. Les Portugais finirent par s'emparer du fort de Coligny, que Villegagnon avait presque laissé sans défense, et en transportèrent l'artillerie à Lisbonne. Quant aux malheureux réformés, traqués par les vainqueurs comme des bêtes sauvages, ils furent massacrés.

de l'année suivante, au port de Blavet en Bretagne. Là, un nouveau danger les attendait, Villegagnon avait remis au capitaine du navire qui les avait emmenés un petit coffret cacheté et enveloppé de toile cirée qui contenait, outre un grand nombre de lettres, un procès que le chevalier avait fait contre eux, à leur insu, et dans lequel il enjoignait au premier juge auquel cette pièce serait remise, de s'emparer de ces derniers et de les faire brûler comme hérétiques. Selon la recommandation de Villegagnon et sans se douter de la perfidie de celui-ci, le commandant du navire s'empressa de remettre les dépêches qui lui avaient été confiées à des magistrats qu'il connaissait dans ce port. Mais le chevalier fut trompé dans son attente. Les juges, après les avoir lues, non seulement ne firent aucunes poursuites, mais reçurent les malheureux passagers comme des frères, et leur fournirent les moyens de se rendre dans les lieux où ils voulaient se fixer. Philippe de Corguilleray retourna à Genève. Quant à Pierre Richer il se rendit à la Rochelle, où les doctrines évangéliques avaient trouvé des partisans dès l'année 1535 [1].

En voyant les seize colons, échappés à la tyrannie de Villegagnon, bien accueillis en Bretagne, la pensée est sans doute venue à nos lecteurs, que les juges de

---

[1] Bèze, liv. 1, p. 14. On trouvera des détails circonstanciés sur cet établissement des réformés au Brésil, dans l'ouvrage suivant : *Historia navigationis in Brasiliam quæ et America dicitur qua describitur authoris navigatio, quæque in mari vidit memoriæ prodenda. Villagagnonis in America gesta. Brasiliensium victus et mores a nostris admodum alieni, cum eorum linguæ dialogo : Animalia etiam, arbores, atque herbæ, reliquaque singularia et nobis penitus ignota.*

Gallicè scripta. Nunc vero primum latinitate donata, et raris figuris illustrata. Genevæ 1594. Joanne Lerio Burgundo.

Blavet partageaient leurs convictions religieuses. C'était le cas, en effet. La réforme, grâce à d'Andelot, avait pénétré depuis deux ans dans cette province. Un prédicateur nommé Gaspard Carmel et connu sous le nom de Fleury, neveu par alliance du réformateur Farel et qui avait été envoyé par l'Église de Neuchâtel à celle de Paris, lui avait été accordé sur sa demande par ce dernier troupeau pour l'accompagner dans ses vastes domaines. Gaspard Carmel s'était acquitté avec zèle de la mission qui lui avait été confiée. Il avait publiquement prêché les vérités évangéliques dans les salles de plusieurs châteaux que d'Andelot possédait en divers lieux de la Bretagne et le long des bords de la Loire. Plusieurs gentilshommes et notamment les trois frères de la maison de Beaulac, Beaulac, Boterue et Bohelimer, avaient assisté à ses prédications; ils n'avaient pas tardé à reconnaitre les erreurs de l'Église de Rome, et ils avaient uni leurs efforts à ceux de d'Andelot pour répandre la réforme autour d'eux : ce qu'ils avaient fait avec succès.

Pendant que les doctrines évangéliques faisaient, sous l'influence de d'Andelot, ces conquêtes en Bretagne, elles trouvaient en Guienne un puissant protecteur dans la personne du roi de Navarre, auquel Henri II avait donné le gouvernement de cette province, qui devait appartenir désormais au premier prince du sang.

Ce monarque, qui avait déjà en Béarn de nombreux sujets réformés, commença dès l'année 1555, à manifester quelque attachement pour les vérités évangéliques. Un moine, nommé Pierre David, faisant partie de la suite du maréchal Saint-André, qui s'était rendu à Agen pour y consulter le célèbre médecin Jules César de l'Escalle, ayant été obligé de quitter cette ville, où il avait prêché l'évangile avec assez de pureté, dans l'église de Saint-Caprais, le roi de Navarre le reçut à sa cour de Nérac, et lui permit de prêcher dans la grande salle du château. Jeanne d'Albret, quoique encore indécise, assista avec son époux à ses prédications.

Cet acte hardi du roi de Navarre fit faire de grands progrès à la réforme dans tous les états qui se trouvaient soumis à son autorité, et réjouit le cœur de tous les fidèles. Calvin, auquel ce prince avait fait demander un ministre, par l'intermédiaire du sieur de St.-Martin, qu'il avait envoyé dans ce dessein à Genève, lui écrivit le 14 décembre 1557, une longue lettre [1] pour l'exhorter à se montrer fermement attaché à l'Évangile et à user de son influence pour alléger la condition toujours plus cruelle des réformés. Ce fut sans doute François-le-Guay, plus connu sous les noms de Bois-Normand et De la Pierre, le ministre qui avait été élu par les pasteurs de Genève, pour se rendre à la cour de Nérac, qui furent chargés de remettre cette missive au roi de Navarre.

Cependant Henri II, s'apercevant qu'en dépit de ses édits sévères, l'hérésie continuait à faire des progrès, résolut, à l'instigation du cardinal de Lorraine, d'établir en France l'inquisition, qui avait déjà rendu de si grands services à l'église de Rome. Le Pape s'empressa d'entrer dans les vues du roi de France, et choisit pour grand

---

[1] Voyez *Appendice*, n° 25.
[2] Olhagaray, dans son *Histoire de Foix, Béarn et Navarre*, p. 51, l'appelle Beau-Normand.

inquisiteur un moine dominicain, nommé Mathieu Ori. L'édit d'inquisition fut remis au parlement pour l'enregistrer ; mais ce corps, qui comptait déjà des partisans secrets des doctrines réformées, et qui voyait avec indignation et peut-être aussi avec crainte un tribunal sans appel, s'élever au-dessus de lui et remplacer les formes ordinaires de la justice, adressa d'énergiques représentations au Roi par l'organe du président Séguier [1]. Cette résistance étonna Henri II, qui n'osa pas engager une lutte. L'édit fut peu à peu abandonné, mais les persécutions continuèrent à s'exercer avec une fureur toujours plus grande. Ce furent surtout les réformés de Paris qui eurent à souffrir de cette recrudescence de rage.

Les fidèles de la capitale, témoins de la mort de tant de courageux martyrs, s'étaient prodigieusement accrus. Plusieurs familles avaient quitté les provinces pour venir se réfugier à Paris, dans l'espérance d'y pouvoir servir Dieu avec plus de liberté. Jusqu'à cette époque, les réformés de cette ville, divisés en petits groupes avaient choisi pour célébrer leur culte, les lieux les plus secrets. Leurs petites assemblées avaient été quelquefois présidées par des ministres que le danger ou d'autres circonstances avaient forcés à s'éloigner : le plus souvent elles avaient eu à leur tête de simples laïques. En 1555, les fidèles de Paris commencèrent à organiser leur église. Voici à quelle occasion.

Un gentilhomme du Maine, nommé le sieur de la Ferrière, s'était retiré depuis peu de temps à Paris avec sa famille, pour s'y mettre à l'abri des persécutions, et

---

[1] De Thou, lib. xvi.

pour éviter que l'enfant que son épouse allait l[ui]
donner ne fût baptisé avec les cérémonies superstitieuses en usage dans l'Église romaine. A peine arrivé
ce zélé réformé se lia avec quelques fidèles, et [sa]
maison située au Pré-aux-Clercs, devint pour ces derniers, un lieu de rendez-vous et d'édification. Sur c[es]
entrefaites, l'épouse du gentilhomme vint à accouch[er.]
Celui-ci se trouva dans un grand embarras. Il n'y a[vait]
pas dans ce moment de pasteur régulièrement éta[bli]
dans la capitale, il ne pouvait lui-même se rendre
à Genève, et il ne voulait pas non plus que le baptê[me]
fût administré par un prêtre d'une Église qu'il considérait comme entièrement corrompue et rejetée [de]
Dieu. Il supplia donc les fidèles de choisir l'un d'ent[re]
eux, pour remplir vis-à-vis de son enfant les foncti[ons]
de ministre de Jésus-Christ. Ceux-ci ne voulurent p[as]
d'abord se rendre à ses désirs; mais la Ferrière insis[ta]
et les supplia, au nom de Dieu, de ne pas refuser cet[te]
grâce à son enfant, qu'ils exposaient ainsi à mou[rir]
sans avoir reçu le signe de la régénération. La peti[te]
assemblée céda à ses désirs. Se réglant alors sur l[es]
coutumes de l'Église primitive, et après avoir deman[dé]
au Seigneur, par le jeûne et la prière, de leur indiqu[er]
le plus capable d'entre eux pour remplir cette sain[te]
charge, elle choisit pour son ministre Jean Le Maço[n,]
plus connu sous le nom de La Rivière [1]. Ce jeu[ne]

---

[1] Bèze, liv. xi, p. 63. Il portait aussi le nom de Launay.

Les fidèles de Meaux se trouvant dans une position à peu près s[em]blable, avaient élu de la même manière en 1546, Pierre le Clerc [pour] leur ministre. Ils avaient organisé leur église sur le modèle de [celle] que Calvin avait formée à Strasbourg en 1538, et en avaient ad[opté] la discipline.

homme (il n'avait alors que vingt-deux ans) était natif d'Angers; il était le fils aîné d'un procureur-royal de cette ville, homme très-riche, mais très-hostile à la réforme. Destiné par son père au barreau, il était allé étudier dans une université, et c'était là qu'il avait commencé à reconnaître les erreurs de l'Église romaine. Ses études achevées, il voulut avant de se rendre chez son père, qui le rappelait auprès de lui, visiter les nouvelles Églises de Lausanne et de Genève. Sa foi s'affermit dans ce pays, et avant de le quitter, il abjura entièrement les fausses doctrines du papisme. Le père s'aperçut bientôt du changement qui s'était opéré chez son fils. Il mit d'abord tout en œuvre pour le faire revenir à ses premiers sentiments. Il employa tour à tour la flatterie et les promesses, lui parla de la fortune qui devait lui revenir comme à l'aîné de sa famille; lui montra la perspective d'un bon établissement, et plus tard, celle d'un emploi honorable, s'il voulait renoncer à la religion des *Christaudins* (c'est ainsi qu'on appelait alors la doctrine de l'Église réformée). Voyant que l'énumération de ces avantages ne faisait aucune impression sur le jeune avocat, le père eut recours aux larmes. Le fils fut touché de la douleur de son père, mais sa foi ne fut point ébranlée. L'amour du procureur se changea alors en fureur, et il menaça de livrer lui-même son enfant, puisqu'il se montrait sourd à toutes ses sollicitations. Des amis conseillèrent à celui-ci de se retirer à Paris, pour éviter les suites de l'irritation de son père. C'est ce que le jeune Le Maçon fit en effet. Nous venons de voir comment Dieu l'appela à prendre une part active à l'œuvre de la réforme. L'Église de Paris, alors pourvue d'un ministre à poste fixe, chercha à se rapprocher autant que cela lui fut possible de l'organisation de l'église primitive [1] et elle acheva de se constituer, au mois de septembre 1555, en établissant un consistoire composé de quelques anciens ou surveillants et de quelques diacres [2].

Cet acte audacieux accompli dans le sein de cette capitale qui renfermait les ennemis à la fois les plus puissants, les plus acharnés et les plus nombreux de l'Évangile, fut un véritable service rendu à la cause de la réforme en France. L'Église de Paris, qui prit de suite une grande importance, et qui, déjà, à la fin de 1555, avait plusieurs pasteurs à sa tête, devint après celle de Genève, le foyer le plus actif de la propagande évangélique dans ce royaume. Dès ce moment, elle entra non-seulement en rapports directs avec Calvin et les autres réformateurs, qui lui adressèrent les ministres qui s'étaient formés à leurs écoles, mais encore avec toutes les églises qui s'étaient établies ou étaient en voie de formation dans le nord, l'ouest et le centre de la France. Depuis son organisation, jusqu'en 1557, elle n'eut pas beaucoup à souffrir de la persécution, les soins de la guerre ayant forcé le roi et les grands à laisser quelque repos aux réformés. Mais ce calme qui favorisa ses premiers développements

---

[1] Bèze, liv. II, p. 63.

[2] Les Anciens ou Surveillants devaient veiller sur le troupeau avec le pasteur, faire le rapport des scandales et des fautes, en connaître et en juger avec le pasteur. Ils devaient s'occuper de tout ce qui concernait l'ordre, l'entretien et le gouvernement de l'église.

Les diacres devaient recueillir et distribuer, sur l'avis du consistoire, les deniers destinés aux pauvres, aux prisonniers, aux malades, visiter et avoir soin de ces derniers.

[3] Voyez Appendice, n° 24.

cessa peu de temps après la perte de la bataille de Saint-Quentin. Les réformés de la capitale qui avaient choisi les lieux les plus secrets pour tenir leurs assemblées religieuses [1], s'imaginant que l'embarras où se

[1] On lit dans la préface d'un manuscrit de la Bibliothèque Royale intitulé : *Histoire des Persécutions et Martyrs de l'Eglise de Paris, dès 1557, jusqu'au temps de Charles neufiéme, les* paroles suivantes : *Nous avons esté longtemps cachez en nos maisons privées, aux bois et aux cavernes, et nous a souvent la nuict couverts aux cachettes.* 182, Saint-Germain. Manuscrits français. Théologie.
Ce manuscrit est peut-être l'original de l'ouvrage de la Roche-Chandieu. Malheureusement la partie la plus intéressante, depuis la page 7-71, manque.
Florimond de Rémond nous donne quelques détails sur ces assemblées secrètes des premiers réformés. « *Ils ont longuement continué*, dit-il, *ceste façon de s'assembler là où ils ont peu establir des églises secrètes, comme dans la vaste forêt de Paris.*
Pour faire ces assemblées, on faisoit choix de quelque maison qui eust des huis desrobez, afin de pouvoir au besoin se sauver. Et aussi entrer par diverses advenues, et celuy qui faisoit le Predicant, portoit des dez et des cartes, afin de les pouvoir jeter sur le tapis, au lieu de la Bible, pour couvrir leur fait sur le jeu. Ainsi se sauva le mnistre Louperaut, qui se fit appeler Montigni, dans la rue du Coq, à Paris, près le Louvre, en la chambre garnie de maistre Pierre du Rosier, lequel ayant esté surpris par son hoste, avec dix ou douze luthériens s'excusa sur les parties qu'ils avoient fait aux cartes et aux dez, avec ses compagnons. Le ministre de Mantes étoit plus advisé, quand preschant à cachettes, à Paris, à la Croix-Verte, près le Louvre, il faisoit mettre des jettons sur la table et des contes pour tromper les survenants, s'ils n'estoient de son troupeau. Liv. vii, p. 910.
Voici encore, au sujet de ces assemblées clandestines, une anecdote du même auteur, qui se plaît souvent, ainsi que nous l'avons déjà remarqué, à jeter du ridicule sur les réformés. « *Comme un jour*, dit-il, *quelques-uns craignant estre surpris à Paris, eussent pris les champs et par diverses routes se fussent rencontrez en un mesme lieu escarté et esloigné du village, il advint que sur le point de la manducation (la Cène) le pain ja distribué, le surveillant cassa la bouteille destinée pour la potation sacramentalle : de sorte que demeurant sans vin, la troupe resta bien estonnée. Quelqu'un proposa de la faire avec de l'eau,*

trouvait la cour à la suite de cette défaite, l'empêcherait de s'occuper d'eux, se hasardèrent à tenir leurs réunions dans le centre de la capitale et même dans les rues les plus fréquentées. Mais ces illusions se dissipèrent bientôt, et ils ne tardèrent pas à s'apercevoir qu'Henri II était plus que jamais disposé à procéder avec énergie et rigueur vis-à-vis d'eux.

mais cet advis fut blasmé..... Ces pauvres fidèles en peine et bien estonnés, ne sachant que faire sur un tel esclandre : enfin, un diacre s'advisa d'aller prendre quantité de raisins (c'estoit dans la saison qu'ils avoient encore commencé à s'empourprer) et les pressant dans les mains, en tira le verjus. Celuy qui presidoit en cette occasion pour authoriser ce mystère, fit la lecture du XIIIe *chapitre des Nombres, où il est question de cette grappe d'une grosseur démesurée en la terre de promission et portée par deux hommes, pendue à un levier, figure du Rédempteur pendu en la croix.*

CHAPITRE XI.

4 Septembre 1557. — 19 Mars 1558.

Assemblée de Réformés surprise à Paris. — Démarches pour sauver les prisonniers. Calomnies déversées sur les réunions secrètes des Réformés. — Interrogatoire et martyre de la dame de Luns. — Intercession de quelques cantons de la Suisse et de plusieurs princes Allemands en faveur des Réformés français.

Le 4 septembre 1557, une réunion ayant été désignée dans une maison de la rue Saint-Jacques, située en face du collége du Plessis et derrière la Sorbonne, pour y célébrer la Sainte-Cène, trois à quatre cents personnes de toutes qualités s'y rendirent à l'approche de la nuit. Cette affluence extraordinaire de monde, dans ce quartier, attira l'attention de quelques prêtres, pensionnaires de la Sorbonne, qui se doutèrent qu'il y avait là quelque assemblée luthérienne. Ils ne voulurent pas laisser échapper cette occasion favorable de signaler leur zèle. Ils firent avertir de suite le guet ordinaire de la ville, ameutèrent le peuple, et prirent leurs mesures pour ne laisser échapper aucuns de ceux qui se trouvaient dans ce moment réunis dans la maison suspecte. Ils étaient résolus, dans le cas où la garde n'arriverait pas à temps pour l'occuper, d'empêcher que personne n'en sortît, et ils avaient amassé à cet effet, une immense quantité de pierres sur les fenêtres du collége pour repousser ceux qui tenteraient de l'exécuter.

Pendant tous ces préparatifs meurtriers, le petit troupeau qui ne se doutait pas de ce qui l'attendait au dehors, écoutait l'explication de la parole sainte, adressait ses prières au Seigneur et participait à la Sainte-Cène. Environ minuit, le service étant achevé, chacun pensa à se retirer en paix dans sa demeure. Mais alors les fidèles connurent le danger qui les menaçait. Les adversaires en les voyant paraître sur le seuil de la maison poussèrent de grands cris et excitèrent le peuple contre eux, en les traitant de voleurs, de brigands et de conspirateurs. Ce tumulte nocturne mit sur pied les habitants des rues voisines. Depuis la prise de Saint-Quentin, Paris était dans de continuelles alarmes. On crut qu'il s'agissait de quelque entreprise de l'ennemi, et le peuple, auquel on avait dernièrement distribué des armes en cas d'événements imprévus, accourut dans la rue où se faisaient entendre ces clameurs.

Lorsqu'on sut qu'on venait de découvrir une assemblée de luthériens, la rage fut extrême. Les issues du quartier furent aussitôt gardées, afin de n'en laisser échapper aucun, et des flambeaux allumés furent placés de loin en loin pour l'éclairer.

L'effroi s'empara alors des fidèles qui s'attendirent tous à être massacrés sur-le-champ. Cependant les pasteurs et les anciens de l'Église firent leur possible pour les rassurer. Après avoir invoqué plusieurs fois le secours de Dieu dans leur détresse, ils tinrent conseil entre eux. Deux seules alternatives se présentaient : il fallait attendre la venue des juges, et dans ce cas, se résoudre à une mort certaine, en faisant un franche déclaration de sa foi, ou bien se frayer un chemin à travers cette multitude furieuse qui tenait la maison assiégée, et en laissant les femmes renfermées jusqu'à la venue des magistrats qui les traiteraient peut-être avec moins de rigueur.

Ceux qui connaissaient par expérience la lâcheté de la populace qui faisait entendre ses hurlements, firent adopter ce dernier parti. Les gentilshommes, divisés en plusieurs groupes, mirent alors l'épée à la main, et se placèrent aux premiers rangs. La plupart des hommes marchèrent sous leur protection, et malgré les pierres qui tombèrent comme une grêle sur eux, les piques et les hallebardes hérissées sur leur passage, les charrettes qu'on avait placées au milieu de la rue en forme de barricades, tous parvinrent à échapper au péril. Un seul de la troupe, n'ayant pu franchir les obstacles qui se trouvaient sur sa route, fut atteint d'un coup de pierre et renversé sur le pavé. On se jeta sur lui et il fut tellement accablé de coups, que son cadavre perdit jusqu'à la forme humaine. Ses tristes restes furent emportés au cloître de Saint-Benoît, et demeurèrent exposés aux outrages de tous.

Il ne restait plus dans la maison que les femmes, les enfants et quelques hommes qui n'avaient pas osé suivre les autres. Ces derniers tentèrent aussi de s'échapper, en franchissant les murs de quelques jardins et en faisant une sortie au point du jour. Mais ce fut en vain : ils furent refoulés à l'intérieur, après avoir été maltraités et meurtris.

Les malheureuses femmes, se voyant alors presque sans protecteurs, se présentèrent aux fenêtres de la maison, pour implorer la pitié de ces forcenés qui s'efforçaient déjà de rompre les portes pour arriver jusqu'à elles et pour tout saccager. Mais ce fut inutilement qu'elles protestèrent de leur innocence, qu'elles demandèrent qu'on appelât l'autorité et qu'on procédât à leur égard selon les règles ordinaires de la justice. La multitude furieuse demeura sourde à ces supplications. Il ne leur resta plus qu'à se remettre entre les mains de Dieu et à se préparer à la mort.

L'arrivée du procureur du Roi au Châtelet, nommé Martine, suivi de commissaires et d'un grand nombre de sergents, vint fort à propos les préserver d'un massacre général. A la première sommation, et après l'avoir prié auparavant de retenir la populace qui était là pleine de rage, de voir cette proie lui échapper, la porte fut ouverte au magistrat qui fut touché jusqu'aux larmes du spectacle qui s'offrit à ses yeux. Cependant cette émotion fit bientôt place chez lui à l'indignation lorsque, par l'enquête qu'il se mit à faire, il sut qu'on avait célébré un culte proscrit par les lois. Il commanda aussitôt de saisir tous ceux qui se trouvaient rassemblés dans ce lieu, et ordonna de les conduire en prison.

Le jour commençait à poindre et la rue était encombrée d'une multitude prodigieuse de peuple qui attendait en armes le passage des prisonniers. Les hommes garottés deux à deux parurent les premiers. Ils se virent à l'instant injuriés et frappés avec le bois des hallebardes et des javelines, et principalement ceux qu'en raison de leur âge ou de la longueur de leurs vêtements on prenait pour les ministres.

Martine voulut préserver les femmes d'un pareil traitement, en les tenant renfermées dans la maison jusqu'à ce que cette foule méchante se fût écoulée.

Mais cela ne lui fut pas possible. On le menaça de les égorger sur-le-champ, et de mettre le feu à la maison, s'il ne les faisait pas sortir comme les autres. Force fut au procureur du Roi de céder. Sans égard pour leur sexe et leur rang (toutes, à l'exception de quatre ou cinq, appartenaient à de hautes maisons) la populace furieuse se rua sur ces malheureuses femmes, qui se trouvaient au nombre de cent vingt ou de cent quarante. Non-seulement les épithètes et les injures les plus grossières leur furent prodiguées; mais encore, elles furent outragées de coups, leurs vêtements furent mis en pièces, leurs chaperons enlevés de dessus leurs têtes, leurs cheveux arrachés et leurs visages couverts de sang et d'ordure. Ce fut dans cet état qu'elles furent renfermées dans les cachots du Châtelet. Le grand nombre de prisonniers obligea les geôliers à en mettre plusieurs ensemble. Cette circonstance contribua à affermir leur courage. Les plus avancés en piété exhortèrent leurs frères à la patience et à la résignation, et bientôt la prison toute entière retentit du bruit de leurs chants et de leurs prières[1].

La nouvelle de ce qui venait de se passer dans la rue Saint-Jacques, se répandit bientôt dans tout Paris, et donna lieu aux propos les plus étranges. On s'accorda généralement à accuser ceux qui avaient été surpris dans cette réunion nocturne de crimes énormes. Les uns soutinrent qu'ils s'étaient ainsi rassemblés pour immoler de petits enfants. Les autres prétendirent qu'après avoir fait bonne chère, ils avaient éteint les flambeaux et s'étaient mêlés, hommes et femmes honteusement[2]. Ces bruits ridicules qui rappellent les

[1] Crespin, liv. vii, p. 425.
[2] Mézerai. *Abr. Chron.*, tom. v, p. 873. Crespin, liv. vii, p. 425.

accusations dirigées contre les premiers chrétiens trouvèrent tant de crédit parmi la foule ignorante et crédule, et furent si habilement exploités par les moines, les prédicateurs et le cardinal de Lorraine, que les réformés, forts de leur innocence, crurent nécessaire de chercher à éclairer l'opinion publique sur leur compte.

Deux écrits ou apologies furent composés par les pasteurs, dans ce but. Ils trouvèrent le moyen de faire tomber l'une de ces pièces dans la chambre du Roi. Elle fut lue en sa présence, mais elle ne changea en rien les sentiments du monarque. La seconde, répandue à profusion parmi la foule, eut plus de succès. Ce *petit livret*, dit Crespin, *fut d'un fruict inestimable, et osta à beaucoup de gens la mauvaise opinion qu'ils avoyent des assemblées, et incita mesme les autres à faire plus diligentes enquestes de la vraye doctrine.*

Les pasteurs [1] ne s'en tinrent pas là. Après avoir

---

[1] On sera bien aise de connaître ici, par quelques extraits, qu'il nous a été permis de faire des régistres de la vénérable Compagnie des Pasteurs de Genève, les noms des serviteurs de Dieu, qui exercèrent leur ministère à Paris, dans ces temps difficiles.

Mars 1557.

Lundy quinzième mars, maistre Gaspart (Cormel) *ministre de Neufchastel, mari de la niepce de Mons. Guillaume Farel, passant par ici est parti pour aller à Paris secourir l'assemblée qui y est grande par la grâce de Dieu.*

Juillet 1557.

On attend M. de Coulonge (Franç. de Morel), *lequel estant par trop descouvert à Paris, où il faisoit office de Pasteur, avoit prins congé d'icelle Église.*

(Il fut nommé pasteur à Genève de l'église de Saint-Germain, qui après avoir été fermée à l'époque de la réformation, fut ouverte de nouveau cette année, par suite de l'affluence des réfugiés.)

Ibid.

Mons. de Saules, part pour Paris, de son bon gré.

Septembre 1558.

Le quinziesme jour de septembre, par l'advis des Frères, qui estoyent

relevé par leurs exhortations le courage des réformés, qui se voyaient si cruellement séparés des êtres qui leur étaient le plus chers, et les avoir engagés à placer toute leur confiance dans ce Dieu tout-puissant, par la Providence duquel ils avaient échappé au péril, ils cherchèrent les moyens d'arracher les malheureux prisonniers au triste sort qui les attendait. De concert avec leurs collègues des Églises d'Orléans et de Blois, nouvellement constituées, ils s'empressèrent d'écrire aux électeurs et aux princes d'Allemagne, pour les supplier d'employer auprès d'Henri II, leur puissante intercession [1].

Les pasteurs de Genève, avertis par eux de ce qui avait eu lieu à Paris, ne demeurèrent pas inactifs de leur côté. Dès le 24 septembre, Calvin écrivit à Farel, pour lui faire sentir la nécessité de faire de promptes démarches en faveur de leurs frères infortunés [2]. A la sollicitation des deux réformateurs, plusieurs ambassades furent envoyées dans les États germaniques. En

---

tous lors assemblez, après avoir prié Dieu, fut résolu que nostre frère, Monsieur Macar, seroit mandé pour retourner icy faire sa charge, et au lieu d'iceluy fut eleu M° François de Morel, pour aller administrer la parole de Dieu à Paris, lequel de Morel estoit ung des ministres de l'Évangile de cette ville.
15 juillet 1559.

Maistre Auguste Marlorat, fut eleu pour Paris.

[1] Nous avons vu à la Bibliothèque Royale de Paris, une copie des lettres en latin, escrites aux Princes électeurs et Princes d'Allemagne, en forme de supplication, par les églises de Paris, Orléans et Blois, en l'an 1557. Elles se trouvent dans le volume dixième, intitulé : *Meslange touchant ceux de la religion*, à la page 16. La première est adressée à Monseigneur le comte George de Wurtemberg.

[2] Lettres diverses de Calvin, n° 108 des Manuscrits de la Bibliothèque de Genève. C'est la 344° des Lettres imprimées du Réformateur.

attendant, ils adressèrent aux prisonniers plusieurs lettres pour les consoler dans leur affliction, et les engager à faire une profession courageuse de leur foi.

Cependant les ennemis de l'Évangile demandaient à grands cris la mort de ceux qui avaient été incarcérés, et la populace fanatisée ne manquait pas de se rendre chaque jour sur les places destinées aux exécutions, pour ne pas perdre l'occasion de repaître sa vue des supplices des pauvres captifs. Leurs désirs et leurs vœux furent bientôt satisfaits.

Le 17 septembre 1557, trois des prisonniers furent amenés devant les juges. C'étaient Nicolas Clinet, vieillard de soixante ans, natif de Saintonge, et l'un des surveillants ou anciens de l'Église de Paris; Taurin Gravelle, de Dreux, avocat au parlement, qui avait prêté, pour la réunion, la maison que son parent, le sieur Barthomier, lui avait laissée en garde, et la damoyselle Philippe de Luns. Nous ne rapporterons pas tout ce qui concerne les deux premiers. Quant à leur compagne d'infortune, elle montra une constance si héroïque, que nos lecteurs seront bien aises de trouver ici le récit de ses derniers combats. Nous le transcrivons presque mot à mot du manuscrit des *Martyrs de l'Église de Paris*, qui se trouve à la Bibliothèque Royale [2].

Cette jeune femme (elle n'avait alors que vingt-un ans, ou environ) avait quitté la paroisse de Luns, dans le diocèse de Périgueux, pour venir s'établir à Paris

---

[1] Voyez *Appendice*, n° 26.

[2] Cette relation se trouve entièrement conforme, à quelques expressions près, à celle que nous lisons dans le VIII° livre des *Martyrs* de Crespin.

et se joindre à l'Église qui s'y était formée depuis peu. Sa piété était exemplaire, et sa maison, située dans le faubourg de Saint-Germain-des-Prés, était ouverte aux fidèles qui désiraient s'y réunir pour prier Dieu. Quoiqu'elle fût demeurée seule depuis le mois de mars de cette année, par suite de la mort de son époux, le seigneur du Gramboy[1], que son zèle avait fait nommer surveillant; cette circonstance ne l'avait pas empêchée de fréquenter assidûment les assemblées religieuses, et elle n'avait pas manqué de se rendre à celle de la rue Saint-Jacques, où la Sainte-Cène devait être célébrée. Au Châtelet, elle avait répondu avec fermeté aux docteurs de Sorbonne, qui étaient venus auprès d'elle, pour essayer de la ramener au catholicisme, que sa foi était fondée sur la parole de Dieu, et qu'elle voulait mourir en la professant.

Quand elle comparut devant ses juges, elle se montra calme et résignée. Cependant, elle ne put retenir quelques soupirs; mais à cela près, elle conserva toujours sa présence d'esprit, et elle répondit avec courage et souvent même avec une certaine gaieté, aux questions qui lui furent adressées. Une fois, entre autres, que le lieutenant Munier lui demandait si elle croyait que le corps de Jésus Christ fût au sacrement de l'autel, elle ne put s'empêcher de prononcer ces paroles : « Eh! *Monsieur, qui croiroit que cela fust le corps de celuy auquel toute puissance a esté donnée et qui est élevé par-dessus tous les cieux, quand les souris le mangent.* » A ce sujet, elle raconta avec tant de grâce et d'enjouement un fait de ce genre, qui s'était passé

---

[1] Crespin le nomme le seigneur de Graveron.

dans la province qu'elle avait quittée, qu'on reconnut bientôt qu'elle était loin d'être abattue par la crainte, bien que ses yeux fussent quelquefois baignés de larmes.

Au reste, dès le premier interrogatoire, elle put s'apercevoir qu'elle ne pourrait pas échapper à la mort, si ce n'est en abjurant. Ses voisines attestaient bien, il est vrai, qu'elles n'avaient qu'à se louer de leurs rapports avec elle, qu'elle était très-charitable; mais elles ajoutaient (ce qui à cette époque était un crime impardonnable), *que sans cesse, il y avoit en sa maison gens chantans les Pseaumes; que deux ou trois fois on avoit veu sortir nombre infini de personnes de là dedans; que son mari mourant n'avoit jamais appelé les prestres; qu'ils ne savoyent où il estoit enterré, et que jamais ils n'avoyent eu nouvelles du baptême de leur enfant.*

La pauvre jeune femme voulut alors se préparer à comparaître devant Dieu. A l'issue de la séance, et au moment où l'on donnait l'ordre de la ramener dans sa prison, elle s'adressa au lieutenant : « *Monsieur,* lui dit-elle, *vous m'avez osté ma sœur et avez commandé que je feusse entièrement seule. Je voy bien que ma mort approche et partant* (en conséquence), *si j'ay eu jamais besoin de consolation, c'est à présent. Je vous prie m'octroyer que j'aye une Bible ou un Nouveau Testament pour me conforter.* »

Nous ne savons pas si sa demande fut agréée. Mais ce qui est certain, c'est qu'elle montra une grande connaissance du saint livre, dans les réponses qu'elle fit aux juges. Nous allons les rapporter ici, telles que l'auteur, qui les avait copiées au greffe, les a insérées dans son manuscrit :

D. Interrogée par le lieutenant particulier, si elle ne vouloit pas croire à la messe?

R. *Qu'elle vouloit seulement croire ce qui est au viel et nouveau Testament.*

D. Si elle ne croit pas ce qui est en la Messe et mesmement au sacrement de l'Hostel?

R. *Qu'elle croyoit aux sacremens institués de Dieu, mais qu'elle n'avait trouvé que la messe fut instituée de Luy.*

D. Si elle ne vouloit recevoir le sacrement de l'Hostie?

R. *Qu'elle ne vouloit rien faire que ce que Jésus-Christ avoit commandé.*

D. Depuis quel temps elle s'estoit confessée au prestre?

R. *Qu'elle ne sçavoit et que tous les jours elle se confessoit à Dieu, comme il avoit commandé, et ne croyoit qu'autre confession fut requise et instituée par Jésus-Christ. pour ce que luy seul avait puissance de pardonner les péchés.*

D. Ce qu'elle sentoit des prières adressées à la sainte Vierge Marie et aux saints?

R. *Qu'elle ne savoit autre oraison à faire que celle que Dieu lui avoit enseignée, s'adressant à luy par son fils Jésus-Christ et non autre. Bien savoit-elle que les saints du paradis sont heureux, mais ne leur vouloit adresser ses prières.*

D. Ce qu'elle croyait des Images?

R. *Qu'elle ne leur vouloit porter aucune révérence.*

D. De qui elle avait aprins ceste doctrine?

R. *Qu'elle avait étudié au nouveau Testament.*

D. Si elle faisait distinction des viandes au jour du vendredi et samedi?

R. Qu'elle ne voudroit manger de la chair ces jour[s]
si elle pensoit blesser la conscience de son procha[in]
infirme; mais qu'elle sait bien que la parole de Die[u]
commande ne faire distinction des viandes en quelq[ue]
jour que ce soit, et qu'on pouvoit user de toutes, [en]
les prenant avec actions de grâces.

Là-dessus, on lui objecta que l'Église avait fai[t]
défense de manger la chair à certains jours; et que c[e]
qui n'estoit de soy péché, estoit fait péché à raiso[n]
de sa prohibition.

R. Qu'elle ne croyoit en cela à autres command[e]ments et défenses qu'à celles que Jésus-Christ av[oit]
faites; et quant à la puissance que le pape s'attribu[e]
de faire des ordonnances, elle n'en avoit rien trou[vé]
au Nouveau Testament.

De rechef, on lui repliqua que les puissances ta[nt]
ecclésiastiques que séculières, ont été délaissées p[ar]
Dieu pour gouverner son peuple.

R. Qu'elle le confessoit des puissances appelées secu[-]
lières; mais que en l'Église, elle n'avoit point l[u]
qu'austre eust authorité de commander que Jésu[s-]
Christ.

D. Qui estoit celui ou celle-là qui l'avoit instruite[?]

R. Qu'elle n'avoit austre instruction que le texte d[u]
Nouveau Testament.

D. Une autrefois elle fut interrogée de la mort d[e]
son feu mari, si elle ne l'avoit pas enterré dans so[n]
jardin?

R. Que non, mais avoit esté emporté à l'Hôtel-Dieu
pour estre inhumé avec les pauvres (comme elle
pouvoit montrer l'attestation) sans toutefois austr[es]
cérémonies superstitieuses.

D. S'il est requis pour la salvation de celui qui est décédé de faire prières?

R. *Qu'elle croyoit celui qui seroit décédé au Seigneur, être purgé par son sang et ne lui falloit autre purgation, et que partant n'estoit besoin de faire prier pour les trespassez, et qu'ainsi elle l'avait leu au Nouveau-Testament.*

D. Si aux assemblées où elle se trouvoit après la prédication faite, on avoit accoustumé d'esteindre les chandelles?

R. *Que non, et ne s'estoit jamais trouvée en lieu où le cas se fist.*

Nicolas Chinet et Taurin Gravelle ayant montré la même fermeté devant les juges, les trois martyrs furent condamnés comme hérétiques, le 27 septembre, après avoir reçu la question. En attendant l'heure du supplice, ils furent conduits à la chapelle du palais. Les docteurs de Sorbonne vinrent selon leur habitude, faire de nouvelles tentatives pour les ramener à la foi catholique. Mais leurs efforts furent prodigués en pure perte. On fit alors monter chacun des trois martyrs dans une charrette. Un prêtre s'approcha au même instant de la jeune femme pour la confesser, mais elle le repoussa en disant qu'elle se confesserait à Dieu, auquel seul, d'après ce qu'elle avait lu dans la Bible, elle reconnaissait le pouvoir de remettre les péchés et duquel elle attendait le pardon des siens.

Sollicitée par quelques conseillers de la cour du parlement de prendre une croix de bois dans ses mains, selon qu'on avait coutume de le prescrire aux criminels, et pour obéir, disaient-ils, au commandement de Dieu qui ordonne à chacun de porter sa croix. *Ah! Messieurs,* leur répondit-elle, *vous me faites bien porter ma croix, m'ayant injustement condamnée et m'envoyant à la mort pour la querelle* (la cause) *de nostre Seigneur Jésus-Christ, lequel n'entendit onques* (jamais) *parler de ceste croix que vous dites.*

Le jugement portait que les trois condamnés devaient avoir la langue coupée, dans le cas où ils ne voudraient pas se convertir. Aucun d'eux n'ayant consenti à le faire, on procéda à cette cruelle opération. Quand ce fut le tour de la jeune dame, elle s'écria avec gaieté: *Puisque je ne plains mon corps, plaindrai-je ma langue, Non, non,* dit-elle, en la tendant elle-même au bourreau.

Ce fut dans cet état que les prisonniers sortirent du palais. Gravelle montrait une étonnante fermeté. Les soupirs qui s'échappaient de son sein, ses regards sans cesse tournés vers le ciel, indiquaient assez les pensées qui agitaient son cœur dans ce moment solennel. Clinet, déjà affaibli par l'âge, laissait apercevoir un peu de tristesse sur son visage pâle et défait. Quant à leur compagne d'infortune elle paraissait sur sa charrette rayonnante de beauté et de grâces. Pour témoigner la joie qu'elle éprouvait de paraître bientôt en présence de son divin époux, elle avait quitté ses vêtements de deuil et elle avait repris son chaperon de velours et les autres ornements qu'elle avait portés dans le temps de son bonheur terrestre. Arrivés sur la place Maubert, Clinet et Gravelle furent brûlés vifs. La jeune femme fut étranglée, après avoir été flamboyée aux pieds et au visage.

Ces supplices firent une profonde impression sur le peuple, qui commençait à revenir de son égarement et de sa fureur, et qui éprouvait le désir de connaître cette doctrine pour laquelle il voyait un si grand nombre d'individus affronter la mort avec tant de courage. *Ces tristes et constants spectacles,* dit un écrivain contemporain [1], *jettoient quelque trouble, non seulement dans l'âme des simples, mais des plus grands, qui les couvroient de leur manteau, ne se pouvant la plupart persuader que ces gens n'eussent la raison de leur costé, puisqu'au prix de leur vie, ils le maintenaient avec tant de fermeté et de résolution; autres en avoient compassion, marris de les voir ainsi persécutez. Et contemplant dans les places publiques ces noires carcasses suspendues en l'air, avec des chaînes vilaines, reste des supplices, ils ne pouvoient contenir leurs larmes, les cœurs mesmes pleuroient avec les yeux. Cependant les curieux désiroient voir leurs livres, et savoir le fond de leur créance, et pourquoy on les faisoit mourir.*

Déjà sept des malheureux prisonniers de la rue Saint-Jacques, avaient payé de leur vie leur attachement à l'Évangile; et douze ou treize nouveaux procès d'hérésie allaient être jugés, lorsque ces supplices furent momentanément arrêtés, d'abord, par les réclamations d'une captive qui présenta à la cour du parlement des sujets de récusation contre l'un des commissaires qui avaient été choisis parmi les créatures du cardinal de Lorraine, ensuite par l'intervention des cantons réformés de la Suisse, qui venaient d'envoyer des ambassadeurs au roi.

Henri II, obligé de ménager ses états par des raisons

---

[1] Florimond, liv. vii, p. 865.

politiques, fit suspendre les rigueurs. A l'exception [de]
trente prisonniers, tous furent mis hors du châte[au]
sans être toutefois rendus de suite à la liberté. L[es]
uns, au nombre desquels se trouvaient plusieurs jeun[es]
étudiants, furent envoyés dans les monastères et confi[és]
à la garde des prieurs, qui devaient les contraindre [à]
suivre les cérémonies du culte romain. Les autres fure[nt]
renvoyés devant l'official pour y recevoir l'absoluti[on]
ordinaire, après avoir fait une profession de foi cath[o]-
lique. Quelques fidèles, effrayés par la perspective d[es]
tourments, se montrèrent lâches et timides. Le res[te]
se tira d'affaire par des professions de foi ambigu[es.]
Calvin, qui veillait sans cesse depuis Genève, sur l[es]
intérêts de la réforme en France, adressa des r[e]-
proches sévères à ces derniers, sur la faiblesse qu['ils]
venaient de montrer ¹. Quant à ceux que leur ferme[té]
retenait dans les fers, le réformateur écrivit, le [2]
février 1558, en leur faveur, au duc de Wurtemberg.
Il invita en même temps ce prince à chercher à modére[r]
cette fureur aveugle, qu'Henri II ne cessait de déploy[er]
contre ceux qu'il qualifiait du nom d'hérétiques, en l[ui]
faisant connaître les doctrines des réformés.

Le duc prit en considération la lettre de Calvin, [et]
dès le 19 mars suivant, il envoya, conjointement av[ec]
quelques hauts seigneurs, des ambassadeurs au roi d[e]
France, pour lui remettre une missive de leur part.
Cette démarche des princes allemands, dont l'allianc[e]
lui était aussi nécessaire que celle des cantons Suisses,
procura aux réformés quelques instants de calme qu[i]
permirent aux églises qui s'organisaient de toutes part[s]
de se consolider et de s'accroître.

¹ Voyez Appendice, n° 29. — ² Id., n° 27. — ³ Id., n° 28.

CHAPITRE XII.

Du 19 Mars 1558 — 28 Avril 1559.

... de la réforme en Béarn. — Plusieurs membres du parlement, de la noblesse et du clergé embrassent l'Évangile. — Chants des Psaumes au Pré-aux-Clercs. — Emprisonnement de d'Andelot. — Le ministre Simon Brossier est reçu à la cour de Nérac. — Le parlement de Paris traite les réformés avec moins de rigueur. — Confession de foi des Églises réformées de France.

En Béarn, la réforme, protégée par le Roi et la Reine de Navarre, qui toutefois était alors moins zélée que son époux, fit de tels progrès, que le Pape et le Roi de France en conçurent de vives alarmes. Le premier parla de donner ce royaume au monarque espagnol qui le convoitait depuis longtemps. Le second déclara que, s'il accordait aux ministres réformés la liberté de prêcher publiquement, il se verrait contraint de lui faire la guerre. Il lui témoigna en même temps son mécontentement de ce qu'il avait permis qu'on allât chercher à Paris et à Genève, un ministre pour enseigner l'hérésie à sa cour et aux gens de sa maison. Le cardinal d'Armagnac trouva le moyen d'apaiser la colère du Pape. Quant à Antoine de Bourbon, craignant de se voir enlever le Béarn, après avoir eu la douleur de perdre la Navarre, il invita le ministre Boisnormand à quitter sa cour et à se retirer ailleurs.

Mais cette retraite, bien loin de nuire à la réform[e] contribua, au contraire, à l'étendre davantage. Boisn[or]mand vint, à la sollicitation des courtisans, s'étab[lir] au château de Mazères-lès-Pau, qui appartenait à [une] des familles les plus anciennes du Béarn, et se mit [à] prêcher avec succès[1]. La crainte s'empara de rech[ef] du Roi de Navarre, et après avoir donné l'ordre [de] faire sortir le ministre de son royaume, il prit la rés[o]lution de se rendre auprès d'Henri II, avec son épous[e,] afin de calmer l'irritation du monarque. Pierre Dav[id,] ce moine duquel il a été question plus haut, et q[ui] avait nommé son aumônier, l'accompagna dans [ce] voyage. Antoine de Bourbon, moins observé que da[ns] son royaume, le fit prêcher sans surplis dans plusie[urs] villes qu'il traversa, et en particulier à La Rochell[e.]

La réforme, un moment arrêtée par les craintes [du] Roi de Navarre, s'établit sur tous les points du Béar[n] pendant son absence. La nouvelle s'en répandit partou[t,] et cette circonstance ne fit qu'augmenter la froide[ur] qu'Henri II avait montrée à Antoine de Bourbon, [à] l'arrivée de celui-ci à Fontainebleau.

Le Roi de Navarre, mécontent de la réception qu[e] lui avait faite, feignit toutefois de se montrer ir[rité] des succès des réformés. Il consentit même à ce q[ue] le cardinal d'Armagnac allât exercer les fonctions [de] gouverneur en Béarn, en remplacement de Lou[is] d'Albret, l'insouciant évêque de Lescar, et de Susan[ne] de Bourbon, épouse de Jean d'Albret, seigneur [de] Miossens, auxquels il avait laissé à son départ la dire[ction]

[1] Olhagaray, *Hist. de Foix, Béarn et Navarre*, p. 517.
[2] Voyez la *Notice* qui précède notre *Histoire de l'Église de Pau*, p. 29.

…n du royaume et la garde de son fils, Henri de
…varre. Le cardinal, qui avait espéré terminer les
…érends religieux dans une conférence publique,
…contra plus de résistance qu'il ne pensait de la
…t des réformés. Il ne réussit qu'à faire emprisonner,
…qu'au retour du Roi, un ministre nommé Henri de
…rran, qui avait été auparavant Jacobin.

Tandis que la réforme faisait ainsi la conquête du
…arn, elle gagnait chaque jour de nouveaux partisans
…s presque toutes les villes de France D'Andelot con-
…uait à faire des efforts pour la consolider en Bretagne.
…miral qui, depuis la bataille de Saint-Quentin, était
…enu prisonnier dans le fort de l'Ecluse, en Flandre,
…qui avait reçu de son frère des ouvrages de piété [1],
…vait de se convaincre des funestes erreurs de
…lise de Rome. Plusieurs membres de la noblesse et
… parlement, qui avaient été témoins de la fermeté
…s prisonniers réformés, ou qui avaient entendu avec
…prise leurs professions de foi, se sentaient ébranlés.
…fin, l'on voyait un grand nombre d'ecclésiastiques [2]
…e moines, renoncer à des positions avantageuses, à
… vie oisive et le plus souvent licencieuse, pour em-
…sser la réforme et se soumettre ainsi volontairement

---

[1] Bèze, liv. II, p. 91.
[2] Deux évêques entre autres, Jean Antoine Caraccioli, évêque de
…s, et Jacques-Paul Spifame, évêque de Nevers. Ils se retirèrent
…ève et devinrent ministres. Le parlement donna l'année sui-
…(1559) un décret de prise de corps contre le dernier qui est
…sous le nom de Monsieur de Passi. De Thou, liv. XXII, p. 453.
… de Lettes, évêque de Montauban, s'était depuis longtemps retiré
… pays de Vaud, et avait acheté la baronie d'Aubonne, en 1556.
…at. voy. p. 168.

à tous les dangers de la persécution et à toutes sortes de privations [1].

Un événement qui se passa au printemps, à Paris, donna bientôt une preuve éclatante de la faveur que la réforme commençait à rencontrer dans toutes les classes de la société.

Le Pré-aux-Clercs, plaine agréable qui s'étendait le long de la Seine, depuis l'abbaye Saint-Germain-des-Prés jusqu'à l'emplacement où se trouve actuellement l'hôtel des Invalides. était à cette époque, la promenade la plus fréquentée de la capitale. C'était en particulier, le lieu de rendez-vous des étudiants de l'Université, dont un bon nombre déjà, faisaient partie de l'église de Paris.

Il arriva, un soir, que plusieurs de ces derniers se mirent à chanter à haute voix les psaumes, mis en musique par des maîtres distingués. Cette harmonie attira l'attention de leurs camarades qui quittèrent leurs jeux, se placèrent à leur suite et chantèrent avec eux

---

[1] Florimond, on doit s'y attendre, explique à sa manière cette désertion. Voici ce qu'il dit à ce sujet.

De tels gens se multiplia l'Église nouvelle. Les bons religieux auxquels la garde estoit commise, rappellent et crient après ces eschappez... à ces moines eschappez courant par le monde, se rient de la voix des gardiens et prieurs qui les rappellent. Et pauvres brebis égarées vont qui çà, qui là, faire l'office de Pasteurs. A leur exemple, plusieurs nonains incontinentes prennent la clef des champs, deschirent leurs voiles pour prendre un mary, ou faire pis. On jettoit des petits billets et des livrets propres pour les seduire par-dessus les murailles des cloistres, ou par le moyen de colporteurs, on leur faisoit tomber entre les mains ce qu'on jugea propre à telles amorces... Bref, en plusieurs lieux, par débauche, moines et moinesses s'accouploient ensemble..... La pauvreté assaillait, ils se faisoient colporteurs de livres, quinquailliers, ministres, liv. vii, p. 916, 917.

lendemain, à pareille heure, une foule immense
amenée par la curiosité, remplit le Pré-aux-Clercs.
Les murs et les lieux qui dominaient la promenade se
garnirent de spectateurs. Antoine de Navarre qui avait
pris courage et qui avait même osé assister dernièrement à des assemblées composées de réformés de
basse condition, et aller au Châtelet réclamer comme
faisant partie de sa maison, le ministre de Chandieu
qui avait été surpris dans son logement, vint, accompagné de plusieurs seigneurs français et étrangers, se
mêler aux chanteurs. Le chœur ayant le roi et les
gentilhommes en tête, fit plusieurs fois le tour du
Pré-aux-Clercs [1]. Ces réunions de chant continuèrent
d'avoir lieu les jours suivants, et quoique l'affluence
fût grande l'ordre le plus parfait ne cessa d'y présider.
Mais les prêtres, les docteurs de Sorbonne et les
autres adversaires de l'Évangile, avaient déjà pris
l'alarme. Furieux de voir la multitude, naguère si
fanatisée, écouter dans un religieux silence les chants
des réformés, ils s'étaient empressés d'aller trouver le
roi au camp d'Amiens, et lui avaient dénoncé les
assemblées des luthériens comme des réunions sédi-
tieuses, où l'on se rendait en armes, dans le dessein
de s'emparer de sa capitale et de la soustraire à son
autorité.

Henri II fit alors défense de continuer ces chants,
envoya le Garde-des-Sceaux pour informer contre ceux
qui s'étaient trouvés aux assemblées, et déclara que
tous ceux qui se rendraient au Pré-aux Clercs seraient
considérés et traités comme rebelles. Les conducteurs

[1] Crespin, liv. vii, p. 439.

de l'église de Paris invitèrent alors les fidèles à s'abs[te]-
nir de ces réunions publiques. Ils furent obéis. Ce[la]
n'empêcha pas toutefois le Garde-des-Sceaux de fai[re]
quelques arrestations. Mais, comme on ne put accus[er]
les prisonniers que d'avoir chanté les Psaumes tradui[ts]
par Marot, ce qui n'était pas encore considéré comm[e]
un crime [1], ceux-ci furent relâchés, au grand méco[n]-
tentement des moines, qui se mirent à déclamer a[vec]
plus de fureur que jamais contre les luthériens. Cepe[n]-
dant un nouvel acte de sévérité de la part d'Henri [II]
leur donna bientôt à connaître que le Roi n'était [rien]
moins que disposé à l'indulgence. Ayant appris qu[e]
d'Andelot avait travaillé avec ardeur et succès, par [le]
moyen des ministres qu'il avait emmenés avec lui [à]
Paris, à introduire la réforme en Bretagne, ce prin[ce]
le manda auprès de lui, dans l'espoir de l'intimider.
lui reprocha non-seulement ce fait, mais aussi de s'êt[re]
trouvé au Pré-aux-Clercs, de s'être absenté de la mes[se]

---

[1] La traduction des Psaumes, par Clément Marot, avait été accue[illie]
avec faveur à la cour de François Ier, et les plus hauts personnages d[e ce]
temps ne dédaignaient pas de les chanter, comme on peut s'en c[on]-
vaincre par la lettre que nous avons insérée dans l'*Appendice*, au n°

Le passage suivant de Florimond, nous apprend qu'Henri II et [les]
grands de sa cour aimaient aussi à les chanter.

Ils (les Psaumes) *ne furent pas lors mis en musique, comme o[n]
voit aujourd'huy, pour estre chantez au presche : Mais chacun y d[onnoit]
tel air que bon luy sembloit et ordinairement des vau-de-ville. Ch[acun]
des Princes et courtisans en prit un pour soy. Le roi Henri second ayma[nt la chasse]
et prit pour le sien le Pseaume, Ainsi qu'on oyt le cerf bruire, le[quel il]
chantoit à la chasse. Madame de Valentinois qu'il aymoit prit pour [elle]
Du fond de ma pensée, qu'elle chantoit en volte. La Royne avoit ch[oisi]
Ne veuillez pas, ô sire, avec un air sur le chant des bouffons. Le R[oy de]
Navarre Antoine prit, Revange moy, prens la querelle, qu'il cha[ntoit]
en bransle de Poitou, ainsi les autres.* liv. VIII, p. 1043. V[oir]
Appendice, n° 30.

pendant tout le temps qu'avait duré l'expédition de
Calais, et enfin d'avoir envoyé des livres de Genève
à l'amiral, son frère. Le brave général, qu'on appelait
ordinairement le *chevalier sans-peur*, lui répondit en
ces termes :

« Sire, l'obligation que j'ai à Votre Majesté, pour
» vos bienfaits et honneurs, m'a tellement asservi,
» que je n'ai épargné pour votre service, par infinies
» fois, ni corps, ni biens, et ne suis ni ne serai jamais
» las de continuer, tant que j'aurai la vie au corps, y
» étant naturellement obligé. Vous ne trouverez aussi
» étrange, s'il vous plaît, si, après avoir fait mon
» devoir à votre service, je m'étudie à chercher mon
» salut, et si à ce faire j'emploie le reste de mon
» temps.

» La doctrine que je confesse avoir fait prêcher est
» sainte et bonne, prise du vieux et du nouveau
» Testament, approuvée des anciens conciles et de la
» première Église, et est celle que nos pères ont tenue
» et crue.

» Il ne se trouvera pas que j'aie été au Pré-aux-
» Clercs, comme l'on m'accuse. Que, si j'y avais été,
» je ne penserais pour cela avoir rien fait contre Dieu,
» ni contre Votre Majesté.....

» Je confesse qu'il y a bien longtemps que je n'ai
» été à la messe et ne l'ai fait à la légère, mais après
» en avoir pris l'avis et conseil des plus savants de
» votre royaume. Que si Votre Majesté s'était étudiée
» à s'enquérir de la vérité (office qui vous appartient)
» vous n'en pourriez assez louer et magnifier la bonté
» de Dieu, lequel m'a tellement ôté le voile d'igno-
» rance, que je m'assure, avec sa grâce, de jamais

» n'y aller. J'ai aussi envoyé un livre à monsieu[r]
» l'amiral, mon frère, plein de consolation et propr[e]
» pour le consoler en l'ennui de sa prison adven[ue]
» pour votre service.

» Par ainsi, Sire, je vous supplie de laisser m[a]
» conscience sauve, et vous servir du corps et d[es]
» biens qui sont du tout vôtres. »

Le Roi et le cardinal de Guise qui était présent à c[et]
entretien, furent très-surpris de cette déclaration. Celu[i-]
ci prit la parole et lui dit de bien réfléchir à ce qu'il [di-]
sait, car il le voyait marcher sur un très-mauvais terra[in.]

« Vous savez mieux que ne dites, Monsieur le Ca[r-]
» dinal, » répliqua d'Andelot, avec une brusque fra[n-]
chise, « J'en appelle votre conscience à témoin si vo[us]
» n'avez ci-devant favorisé cette sainte doctrine,
» mais les honneurs et les ambitions vous en ont
» tout détourné, voire jusques à persécuter les membr[es]
» de Jésus-Christ. »

Le Roi se montra irrité de ces paroles : « Je ne v[ous]
» avais pas donné cet ordre, » dit-il, en lui montra[nt]
» celui qu'il portait suspendu à son col, pour en us[er]
» ainsi, « car vous avez promis et juré d'aller à [la]
» messe et de suivre ma religion. »

« Sire, répondit d'Andelot, je ne savais pas ce q[ue]
» c'était d'être chrétien, et ne l'eusse accepté à cet[te]
» condition, si Dieu m'eût eu touché comme il a f[ait]
» à présent. »

Le Roi, lui ayant commandé alors de sortir de [sa]
présence, le fit arrêter par ses gardes et condui[re]
d'abord à Meaux et de là au château de Melun.

L'emprisonnement de d'Andelot plongea dans la douleur l'Église de Paris et tous les réformés. Lui seul ne fut point abattu. Fortifié par les lettres des pasteurs de la capitale et celles de Calvin [1], il déploya pendant sa captivité une fermeté égale à celle dont il avait fait preuve en présence du Roi. Le cardinal de Guise, qui avait préparé toute cette affaire, fut étonné de ce courage qui se roidissait contre les menaces. Effrayé des conséquences que pouvait entraîner l'exemple de cette fidélité à l'Évangile, donné en si haut lieu, par un personnage qui jouissait de tant de crédit dans l'armée, et réfléchissant aussi que le Roi qui chérissait le connétable de Montmorency, alors prisonnier, ne permettrait pas que le neveu de celui-ci fût puni comme hérétique, le prélat recourut à l'adresse pour vaincre la fermeté de d'Andelot. Il lui fit parler par la duchesse de Laval et de Monfort, son épouse, et par le confesseur du Roi, le docteur Ruzé, *homme stylé à la courtisanne et à la sorbonique,* dit Bèze. Les larmes de la première et les paroles adroites du second, auxquelles il avait d'abord résisté, finirent en effet par triompher de la résolution du prisonnier. Il consentit, pour obtenir sa liberté, à ce qu'on célébrât une messe en sa présence, sans faire toutefois d'abjuration verbale.

Cet acte de faiblesse fut un scandale pour l'Église de Paris, et attira au prince de sévères reproches de la part de Calvin [2]. Mais d'Andelot reconnut bientôt sa faute, et ce vaillant capitaine ne cessa dès ce moment de donner des preuves de son vif attachement pour la réforme. Son frère, l'amiral, encore prisonnier, et

---

[1] Voyez Appendice, n° 32 et 34.
[2] *Ibid.*, n° 35.

l'épouse de celui-ci, qui se trouvaient aussi tous deux
en correspondance avec le réformateur de Genève,
montrèrent aussi la même ferveur [1].

Mais les deux neveux et la nièce de Montmorency
ne furent pas les seuls grands personnages qui se mirent
à professer ouvertement les doctrines de la réforme.
Le roi de Navarre, demeuré jusqu'alors indécis par les
conseils perfides de son chapelain, le moine David, qui
s'était laissé gagner par les cardinaux de Bourbon et
de Lorraine, et s'était engagé, sous la promesse d'un
riche bénéfice, à replonger le monarque et son épouse
dans les superstitions du catholicisme, commença à
s'affranchir des entraves qui l'avaient arrêté. Averti des
intrigues de celui en qui il avait placé sa confiance, ce
prince le chassa de sa cour et prêta l'oreille aux graves
exhortations d'un pieux et vénérable ministre, nommé
Simon Brossier, qui venait d'arriver à Nérac, après
avoir puissamment contribué à organiser les églises de
Bourges, d'Issoudun et de Tours. Cet événement remplit de joie les pasteurs du Béarn et de la Guienne, et
Pierre Villeroche, l'un d'eux, s'empressa de faire part de
cette bonne nouvelle à Calvin, qui écrivit de suite au roi
pour l'exhorter à persévérer dans cette bonne voie.

Si les réformés du Béarn et de la Guienne étaient
heureux de compter dans leurs rangs leur roi et leur
gouverneur, ceux des autres provinces n'avaient pas
de moindres actions de grâces à rendre à Dieu pour les
succès que les doctrines évangéliques ne cessaient de
remporter. Partout les églises s'organisaient et quelques-unes, comme celles d'Orléans en particulier

[1] *Appendice*, n°ˢ 36 et 40.

étaient assez populeuses pour avoir des écoles où se formaient déjà des élèves destinés au saint ministère. Le réformateur de Genève les suivait de l'œil, les encourageait et les avertissait surtout avec soin de se mettre en garde contre les erreurs pernicieuses qui pouvaient être pour elles une occasion de ruine.

Les conseils de Calvin ne furent point perdus, et bientôt les églises réformées de France reconnurent elles-mêmes la nécessité de faire cesser leur isolement, et d'adopter des mesures propres à conserver dans leur sein les doctrines vitales du christianisme. Ce fut dans le Poitou, où la réforme comptait de très-nombreux partisans, que l'on commença à parler pour la première fois d'une confession de foi et d'une discipline commune. Voici à quelle occasion :

Sur la fin de l'année 1558, Antoine de Chandieu étant arrivé à Poitiers pour régler avec l'église de cette ville une affaire particulière, dont il avait été chargé par celle de Paris, et pour lui donner des renseignements exacts, concernant un certain personnage sur le compte duquel elle était dans le doute, il se trouva précisément qu'on célébrait la Sainte-Cène dans ce lieu. A l'issue de cette pieuse cérémonie, qui avait attiré un grand concours de fidèles, et à laquelle plusieurs ministres des environs étaient venus prendre part, les pasteurs et de Chandieu se réunirent en conférence. Là, chacun des assistants fut appelé à parler de l'enseignement qu'il donnait au troupeau qui lui était confié, de l'ordre et de la discipline qu'il y faisait régner. Après avoir écouté ces communications fraternelles, la petite assemblée fut unanime à reconnaître le grand avantage qu'il y aurait pour toutes les églises réformées du royaume à posséder un même symbole et une discipline uniforme pour prévenir et faire cesser les divisions qui ne manqueraient pas d'éclater, si les troupeaux continuaient à demeurer isolés et sans liens communs. Elle chargea de Chandieu de faire à l'église de Paris, le rapport de ce qui s'était passé, de l'inviter à chercher les moyens de procurer à toutes les églises du royaume des avantages aussi précieux.

L'église de la capitale s'occupa avec zèle de cette importante affaire. Pensant qu'un synode national pourrait seul amener le résultat désiré, elle résolut d'écrire à toutes les églises reformées de France, pour avoir leur avis. Cette grande entreprise ne put s'exécuter qu'à travers une multitude de difficultés et d'obstacles. Cependant elle réussit. Les réponses furent favorables et il fut décidé que ce premier synode se tiendrait à Paris, non qu'on voulût par là attribuer à l'église de la capitale une prééminence sur les autres églises ; mais parce que Paris était la ville du royaume qui paraissait le mieux placée pour recevoir secrètement un grand nombre de députés, tant ministres qu'anciens. L'assemblée fut fixée au 25 mai 1559.

Tandis que les réformés de France travaillaient à faire cesser leur isolement, leurs ennemis acharnés se préparaient à leur porter de nouveaux coups. La paix de Cateau-Cambrésis, conclue le 3 avril 1559, entre les rois de France et d'Espagne, et si fatale aux intérêts de la France et de la Navarre, qu'elle fut appelée par les historiens du temps, *la paix malheureuse*, leur permit de se livrer sans ménagement à la fureur dont ils étaient animés contre les réformés.

Le cardinal de Lorraine et son frère le duc d

Guise, qui s'étaient rendus à Péronne, avec l'agrément d'Henri II, sous le prétexte de s'y occuper des moyens de mettre fin à la guerre ; mais en réalité pour y travailler secrètement à l'agrandissement de leur maison, *qui dès-lors*, dit de Thou, *aspirait à tout ce qu'il y avait de plus grand*, montrèrent surtout beaucoup d'ardeur à exécuter l'article de l'alliance qu'ils avaient formée avec l'Espagne et par lequel ils s'étaient engagés à exterminer les hérétiques [1]. Le moyen le plus sûr d'accomplir leur dessein, était d'avoir des parlements dévoués ; mais déjà plusieurs des membres de ces corps étaient à demi-réformés, et les prisonniers qui professaient des opinions contraires à l'orthodoxie romaine étaient punis avec moins de rigueur.

Les ennemis de la réforme furent effrayés de cette indulgence des magistrats, et ils mirent tout en œuvre pour ramener les juges à leur sévérité première. La Tournelle de Paris (c'était le nom qu'on donnait à une des chambres des parlements) présidée par Séguier et du Harlay, ayant prononcé un arrêt qui rendait à la liberté trois réformés, qui avaient été condamnés à mort comme hérétiques, par les tribunaux d'un ordre inférieur [2], ils s'empressèrent de réclamer avec aigreur et vivacité contre une semblable décision. Les procureurs et les avocats du roi représentèrent, de leur côté, qu'il y avait conflit entre la Tournelle et la grande chambre du parlement, car celle-ci continuait à punir de mort ceux qui se trouvaient dans le cas des accusés qui venaient d'être absouts par l'arrêt de Séguier. Ils

[1] Fra Paolo, liv. v, chap. 10.
[2] Crespin, *Martyrs*, liv. vii, p. 468.

demandèrent, en conséquence, qu'on prît des mesures propres à faire cesser l'embarras dans lequel ces jugements contradictoires mettaient la cour. Il fut alors décidé qu'on convoquerait la Mercuriale [1], pour le 26 avril 1559, dernier mercredi du mois, et qu'on continuerait les mercredis suivants, aussi longtemps que cela serait jugé nécessaire.

Pendant que cette imposante assemblée, composée de tout ce qu'il avait alors de plus illustre dans la magistrature, était occupée à vider ce débat et ne craignait pas de toucher, comme nous le verrons bientôt, aux questions les plus délicates, les députés des églises réformées de France, sans se laisser effrayer par les périls semés sur leur route, et par les bûchers que la grande chambre du parlement continuait à tenir allumés dans la capitale, accouraient à Paris des diverses provinces du royaume pour s'occuper des grands intérêts de la réforme.

Le Synode, présidé par François de Morel [2], l'un des pasteurs de Paris, se tint au faubourg de Saint-Germain-des-Prés [3], où demeuraient un grand nombre

---

[1] On appelait *Mercuriale* une convocation solennelle de toute la cour du parlement. C'était une espèce de tribunal, institué par Louis VII pour reprendre les juges qui ne remplissaient pas fidèlement leurs charges, et décider en dernier ressort les questions sur lesquelles ils n'étaient pas d'accord. Les séances de ce corps se tenaient le mercredi d'où est venu le mot mercuriale.

[2] Il est plus connu sous le nom de Mons. de Coulonge. Il revint exercer le ministère à Genève. On voit par plusieurs lettres qui lui furent adressées de France, et qui se trouvent encore à la bibliothèque de Genève, qu'il habitait dans cette ville le quartier du *Bourg-de-Four*.

[3] *Synodes nationaux*, par Aymon, tom. I. D'Aubigné, *Hist.* l. II, liv. II, chap. XI, p. 84.

de réformés, ce qui le faisait appeler par les catholiques
une petite Genève [1]. Ce fut probablement dans la rue
des Marais, près du Pré-aux-Clercs, que ce premier
concile des églises réformées se réunit. C'était là, en
effet, que se trouvait l'habitation d'un nommé le
Vicomte, *qui retiroit coutumièrement*, dit Bèze [2], *les
allans et venans de la religion, et principalement
ceux qui venaient de Genève et d'Allemagne, en la
maison duquel aussi se faisoient souvent de grandes
assemblées.*

Quoi qu'il en soit, le synode des églises réformées
de France acheva l'œuvre pour laquelle il s'était réuni.
Dès le 28 du même mois, une confession de foi en
quarante articles, toute basée sur la Sainte Écriture,
et résumé fidèle de la croyance des premiers pères de
la réforme [3], ainsi qu'une discipline, qui pouvait être
modifiée par les assemblées synodales subséquentes,
formèrent de tous les troupeaux détachés de Rome,
une église forte, unie, homogène, en mesure de
résister à toutes les hérésies et les fausses doctrines qui

---

[1] Bèze, *Hist. Eccl.*, tom. I, liv. III, p. 145.

[2] *Id. ibid.*

[3] Une lettre curieuse de Théodore de Bèze, que nous avons trouvée dans le manuscrit de la Bibliothèque Royale (182, Saint-Germain. Manuscrits français. *Théologie*) que nous avons mentionnée dans le chapitre x, et qui est adressée à l'Eglise de Paris, nous donne lieu de penser que le synode a eu sous les yeux la confession de foi, en trente-quatre articles, que ce théologien avait d'abord composée en français, et qu'il fit paraître en latin, l'année suivante, 1560. Il y a en effet des rapports entre les deux confessions. Calvin, qui fut atteint, en 1559, d'une maladie cruelle, qui ne le quitta qu'au mois de mai, fut hors d'état d'écrire lui-même aux pasteurs de Paris, dans cette importante circonstance. Voyez *Appendice*, n° 38.

pouvaient en saper les fondements. A partir de ce moment, et à la faveur de l'excellente organisation des consistoires, des colloques, des synodes provinciaux et nationaux, les églises réformées de France prirent un grand développement.

CHAPITRE XIII.

Du 23 Avril 1559. — Janvier 1560.

Henri II se rend à l'assemblée de la Mercuriale. — Noble hardiesse de plusieurs membres du Parlement de Paris. — Emprisonnement de plusieurs conseillers. — Nouvelles persécutions. — Tentatives du roi de France pour ramener la duchesse de Ferrare au Catholicisme. — Mort de Henri II. — Catherine de Médicis s'empare du gouvernement. — La persécution continue.

Cependant la Mercuriale continuait ses séances. Chacun des assistants, usant de la liberté de délibération qui avait toujours été accordée aux membres des parlements, exprimait librement son opinion. La plupart étaient d'avis qu'on punît avec moins de sévérité les luthériens. Les autres, convaincus de la pureté de la foi de ces derniers, voulaient qu'on cessât tout-à-fait de les poursuivre. Quelques-uns seulement persistaient à maintenir la rigueur des anciennes lois. Ces derniers se sentant en minorité, et prévoyant, d'après la tournure que prenaient les débats, que l'issue en serait favorable aux réformés, se hâtèrent d'en donner avis aux ennemis de l'Évangile qui entouraient le Roi. On donna à entendre à Henri II que plusieurs conseillers de la cour se déclaraient ouvertement luthériens, qu'ils parlaient mal de la messe, et que c'en était fait de l'Église, s'il ne trouvait les moyens d'empêcher la Mercuriale de continuer.

Ce rapport irrita le Roi. Dissimulant toutefois [sa] colère, il résolut d'assister lui-même à une des séances de cette assemblée, qui se tenait dans le local des Augustins[1]. Le 10 juin, il parut tout-à-coup dans son sein, accompagné du cardinal de Lorraine, du duc de Guise, des princes de Montpensier et de la Roche-sur-Yon, du connétable de Montmorency, de Bertrand, cardinal de Sens et garde-des-sceaux. La présence inattendue de Henri II et de cette suite imposante fit une vive impression sur les conseillers. Le Roi, pour les rassurer, expliqua le but de sa venue. Espérant, disait-il, que la paix cimentée par un double mariage serait durable, il pensait faire une chose agréable à Dieu en cherchant à remédier aux divisions religieuses, et comme il avait appris que l'assemblée était sur le point de prendre une décision à cet égard, il était venu pour lui donner plus de poids. Le cardinal de Sens prit alors la parole et dit que Sa Majesté voulait que l'on continuât les débats qui avaient déjà commencé sur les affaires religieuses, et que les conseillers qui n'avaient pas encore fait connaître leurs avis le fissent en toute liberté.

Le tour de consultation continua donc. Quelques conseillers, s'exprimant avec franchise et une noble hardiesse, parlèrent de la corruption de l'Église, de la nécessité d'une réforme, et finirent par demander qu'on adoucit les rigueurs exercées contre les réformés.

---

[1] On préparait alors la grande salle et les chambres du palais de justice pour célébrer les fêtes qui devaient se donner à l'occasion du double mariage d'Élisabeth, fille de Henri II, avec Philippe II, roi d'Espagne, et de Marguerite, sœur du Roi de France, avec Philibert-Emmanuel, duc de Savoie.

[2] Crespin. *Martyrs*, liv. VII, p. 162. *Histoire de notre temps*, [...] *l'État et la Religion*, in-18, 1566.

attendant que, d'après les principes développés aux conciles de Constance et de Bâle, on convoquât un concile national, dans lequel on statuerait sur les moyens d'extirper l'erreur et de faire triompher la vérité. De ce nombre furent le président Ferrier, les sieurs de Foix, de Fumée, du Val, de la Porte, Claude Vielle et Louis du Faur. Un autre conseiller, nommé Anne du Bourg, alla plus loin. Membre de l'église secrète de Paris, il commença par rendre grâces à Dieu de ce qu'il avait amené le prince pour être témoin de cette grave délibération. Puis, il prononça avec une grande énergie un discours dans lequel il s'éleva contre les odieux supplices auxquels on livrait ceux dont l'unique tort était de vouloir vivre selon l'Évangile. *Ce n'est pas chose de petite importance,* dit-il en l'achevant, *que de condamner ceux qui invoquent au milieu des flammes le nom de Jésus-Christ.*

Les paroles du courageux magistrat parurent faire quelque impression sur le Roi, ce que le cardinal de Lorraine remarqua avec crainte et dépit. Mais le prélat fut bientôt rassuré. Les conseillers de Thou, de Harlay, de Séguier et de Baillet, qui parlèrent ensuite, furent loin de tenir un langage aussi ferme, et les deux présidents, Minard et Magistri, s'élevèrent avec force contre ce qu'ils appelaient la faiblesse et la lâcheté pernicieuses des juges. Ce dernier ne craignit même pas de vanter les divers massacres qu'on avait faits des Vaudois, et de louer honteusement le roi Philippe-Auguste qui avait fait brûler, disait-il, six cents Albigeois en un seul jour [1] :

[1] D'Aubigné, *Hist. Univers.*, vol. 1, liv. II, chap. x.

Les débats terminés, Henri II prit conseil de ceux qui l'entouraient. Un notaire du parlement vint d'après son ordre, lui donner lecture des diverses opinions de tous ceux qui avaient parlé. Le roi prit alors la parole et déclara que « par les rapports, qu'on lui avait
» faits, il avait beaucoup de suspicion, qu'il y en
» en la cour des gens dévoyés de la foi, méprisant
» l'autorité du pape ainsi que la sienne, ce qui lui
» déplairait grandement, qu'il en avait pressentiment
» ayant ouï parler les uns, et que sachant qu'il y en
» avait de bons, il entendait les maintenir et faire punir
» les autres, comme il le devait, pour servir d'exemple. »

En prononçant ces mots, Henri II se retira. Mais en sortant, il donna l'ordre au connétable de s'emparer sur-le-champ, de Louis du Faur et d'Anne du Bourg. Celui-ci obéit et remit ces deux personnages entre les mains du comte de Montgommery, capitaine des gardes. Les sieurs de Foix, de Fumée et de la Porte, saisis dans leurs demeures, furent conduits à la Bastille, ainsi que les deux premiers prisonniers. Plusieurs conseillers qui avaient opiné avec Anne du Bourg, parvinrent à se soustraire au danger par la fuite. Les autres rentrèrent en grâce au moyen d'amis et de rétractations. Cet attentat, exercé contre les membres d'un corps jusqu'alors respecté, frappa de stupeur et d'effroi les populations, et devint le signal d'une persécution générale.

Henri II, qui avait quitté Paris pour se rendre au château d'Ecouen, habité par le connétable de Montmorency, adressa de ce lieu aux magistrats des provinces des lettres patentes par lesquelles il leur commandait

[1] *Histoire de notre temps*, etc. *Histoire de François II*. tom. 1. p.

d'exterminer tous les luthériens. Délivré des soucis de la guerre, il était bien décidé, leur écrivit-il, d'en finir avec ces hérétiques dont il n'ignorait pas que le nombre avait considérablement augmenté à la faveur des derniers troubles. Il mettait, à cet effet, à leur disposition sa gendarmerie, leur recommandait de lui faire connaître souvent et avec exactitude le résultat de leurs poursuites, et les menaçait de faire un exemple sévère de leurs personnes, dans le cas où il apprendrait qu'ils auraient mis de la négligence à exécuter ses ordres [1]. Le Roi leur montra bien lui-même qu'il ne voulait rien épargner.

La duchesse de Ferrare, tante de ce prince, continuait à manifester un vif attachement pour la réforme, en dépit des efforts de son époux pour la ramener au catholicisme. Henri II, outré de cette résistance, envoya à la cour de Ferrare, Mathieu Oriz, que le Pape avait désigné pour exercer les fonctions d'inquisiteur, lorsqu'on avait essayé d'établir en France l'affreux tribunal de l'inquisition. Il le chargea de porter au duc de Ferrare des lettres écrites de sa main, et lui remit en main les instructions [2] qu'il croyait les plus propres

---

[1] Crespin, *Martyrs*, liv. VII, p. 162.

[2] Le Laboureur, dans ses *Additions aux Mémoires de Castelnau* (tom. I, p. 747), nous les a conservées. Nous n'en donnons ici qu'une partie : « Le docteur Oriz, l'un des pénitenciers de nostre sainct Père le P..., estant arrivé à Ferrare, où le roy l'envoye présentement, baillera à M. le duc de Ferrare, les lettres que le dist seigneur luy escrit de sa main. » Puis, il dira de sa part à la princesse qu'il avait appris avec douleur incroyable que « elle s'était laissé précipiter au labyrinthe des malheureuses et damnées opinions, contraires et répugnantes à la saincte foi..... Que quand il entendra sa réconciliation et réduction à la vraye obéissance de l'Église, l'aise et plaisir qu'il en recevra

à amener la conversion de Renée de France. On deva[it]
tout employer et même la violence pour vaincre l'obsti[n]-
nation de la duchesse.

Non content d'ordonner ces persécutions contre u[n]
membre de sa propre famille, le Roi de France proféra
d'épouvantables menaces contre Genève. Il jura qu['il]
raserait cette ville, qui était l'objet particulier de [sa]
haine, parce que cette cité, presque aux portes [de]
son royaume, ne cessait d'y envoyer avec un z[èle]
incroyable des prédicateurs de l'Évangile, des past[eurs]
et des colporteurs de livres hérétiques [1]. En attenda[nt]
l'occasion d'exercer sa vengeance, Henri II ordon[na]
d'instruire de suite le procès des prisonniers. En conséquence, dès le 19 juin, une commission fut nomm[ée]

pour procéder à leur jugement. Le même jour, les juges ayant à leur tête l'évêque de Paris, Eustache du Bellay et l'inquisiteur Antoine de Mouchi [1], se rendirent à la Bastille pour interroger du Bourg. Celui-ci refusa de leur répondre, en disant qu'il était d'usage quand un conseiller de la cour était accusé de quelque crime, de le faire juger par le corps réuni, et il demanda qu'on ne dérogeât pas à son égard à cette ancienne coutume. Mais il ne fut pas fait droit à sa réclamation. Le Roi était extrêmement animé contre les conseillers prisonniers et particulièrement contre du Bourg, et il avait déclaré avec serment qu'il les verrait brûler eux et tous les luthériens de Paris, dont on lui avait remis le rôle, aussitôt que les fêtes célébrées en l'honneur des deux mariages seraient achevées. Le procureur-général Bourdin, n'eut donc pas de peine à obtenir du monarque irrité des lettres patentes par lesquelles il était enjoint à du Bourg de répondre aux commissaires délégués, sous peine d'être condamné comme rebelle aux ordres du roi [2]. Le conseiller n'opposa plus de résistance, et l'interrogatoire commença le 22 juin.

Cependant la situation des malheureux réformés était affreuse. Toutes les églises semblaient menacées cette fois d'une ruine inévitable, car les bûchers s'allumaient dans une multitude de lieux et les fidèles, poursuivis avec acharnement par les parlements, qui

[1] Ce Mouchi, qu'on appelait aussi Démocharès, était recteur de l'Université de Paris. Il passait, à juste titre, pour l'espion du cardinal de Lorraine. C'est pour lui qu'on inventa le sobriquet de *mouchart* pour désigner les espions. *Bibliothèque du dix-neuvième siècle*, t. LXXXIV, p. 129.

[2] Crespin, *Martyrs*, liv. VII, p. 187.

désiraient s'attirer la faveur du roi en manifestant un
grand zèle pour l'exécution de ses ordres, n'opposaient
aucune résistance. Ils formaient cependant un peuple
déjà nombreux; mais à l'exemple des premiers chrétiens, ils demeuraient soumis à leur monarque égaré,
faisaient sans murmurer le sacrifice de leur vie.

Dans cette affliction, ils ne furent point abandonnés
par leurs frères de l'étranger. Les fidèles de l'église de
Genève entre autres, quoique alarmés par les menaces
du Roi de France et tout occupés à fortifier leur ville
qu'ils étaient décidés à défendre courageusement, en cas
d'attaque, leur envoyèrent une épître touchante pour
les engager à professer leur foi avec fermeté au milieu
des supplices, et adresser ainsi qu'ils le faisaient eux-
mêmes, chaque jour, dans les temples de leur cité, des
prières ferventes au Seigneur pour lui demander la
conservation de son église et la conversion de ses
persécuteurs [1].

Au moment où tout semblait perdu pour les malheureux réformés, un événement imprévu vint tout à
coup faire naître chez eux l'espoir de meilleurs jours.

En signe de réjouissance du mariage de sa fille Élisabeth avec Philippe II, et de celui de sa sœur avec le
duc de Savoie, Henri II avait ordonné des fêtes magnifiques. On avait, en particulier, préparé un tournoi
dans la capitale. La rue Saint-Jacques avait été con-
vertie en lice à cet effet, et l'on y avait élevé des arcs
de triomphe et des tribunes pour les personnages de la
cour, et de la noblesse. Ce fut le 29 juin 1559, en présence d'une foule immense que le roi, le prince de

[1] Crespin, Martyrs, liv. VII, p. 463.

Ferrare, le duc de Guise et le duc de Nemours descendirent dans l'arène. Henri II, fier des triomphes que ses courtisans lui avaient laissé remporter et voulant en obtenir de nouveaux, ordonna au comte de Montgommery de venir joûter avec lui. Le comte déclina plusieurs fois cet honneur. Enfin, ne pouvant résister plus longtemps aux désirs du roi, il se disposa à rompre une lance contre le monarque. Les deux champions se précipitèrent donc l'un sur l'autre. Le choc fut malheureux. Le comte donna en pleine visière et le coup fut si rude, qu'un éclat de lance pénétra dans un des yeux du roi. Le prince chancela sur son cheval et tomba. On l'emporta couvert de sang au palais des Tournelles, qui se trouvait près de là.

La nouvelle de la blessure cruelle que le Roi avait reçue et qui mettait ses jours en danger, se répandit bientôt dans tout Paris. François de Morel, l'un des pasteurs de la capitale, qui se trouvait en correspondance avec Calvin, se hâta, dès le lendemain, de lui expédier un messager, pour lui donner connaissance d'un événement qui paraissait de nature à dissiper les craintes des Génevois dont Henri II s'était déclaré l'ennemi personnel, et à amener à sa suite quelque changement favorable pour les réformés [1].

En effet, l'épouse de ce prince, Catherine de Médicis, dont on ne connaissait pas encore l'esprit ambitieux, intrigant et perfide, s'était montrée jusqu'à ce moment plutôt amie qu'ennemie des réformés [2]. En cas de mort de Henri II, c'était le Roi de Navarre, comme premier

---

[1] Voyez Appendice, n° 11.
[2] Id.   n° 14.

prince du sang, qui devait tenir les rênes du gouver[nement] nement pendant la minorité de François, appelé [à] succéder à son père, et les réformés n'ignoraient p[as] les efforts que ce prince avait déjà faits pour répan[dre] les doctrines évangéliques. On espérait alors que l[e] plus grand nombre de ceux qui avaient abusé de le[ur] crédit auprès de Henri II pour l'aigrir contre les réfor- més, perdraient beaucoup de leur pernicieuse influenc[e].

Mais ces illusions furent bientôt détruites. Henri I[I] avait à peine rendu le dernier soupir [1], que sa veu[ve] réussit à s'emparer du gouvernement de l'état, en s'ap[- puyant sur les Guise, qui déjà, comme oncles de la jeu[ne] reine, exerçaient une grande influence sur François I[I] alors âgé de seize ans. Le cardinal de Lorraine se [fit] adjuger le département des finances; le duc, son frère celui de la guerre. Cette alliance de Catherine de Médi[cis] avec les princes de la maison de Lorraine, se conclut pen- dant l'absence d'Antoine de Bourbon, auquel son ran[g] donnait des droits à la régence, et que des conseill[ers] perfides, vendus aux Guise et gagnés par Catheri[ne] de Médicis, avaient su retenir dans ses états. Quan[d] enfin, le roi de Navarre, vaincu par les courageus[es] remontrances de sa femme et les vives sollicitations d[u] prince de Condé et du connétable de Montmoren[cy] déjà disgracié, parut à la cour, après s'être concerté [à] Vendôme, avec ses partisans, il était trop tard. O[n] lui fit un accueil glacial: les Guise l'abreuvèrent [de] dégoûts et d'humiliations. Connaissant la faibles[se] d'Antoine de Bourbon, ils parvinrent à intimider l[e] monarque et surent l'éloigner avec adresse de la cou[r]

[1] 10 Juillet 1559.

On le chargea d'accompagner sur les frontières de France la reine Élisabeth; quant au prince de Condé, son frère, il fut envoyé en Espagne, pour y recevoir le serment de la paix. Maîtres alors du pouvoir, les Guise en usèrent en despotes. Les partisans des Bourbons furent écartés des emplois. Les premières places furent livrées aux créatures des princes lorrains, et les persécutions que ceux-ci considéraient comme un moyen infaillible de se concilier la faveur du clergé et l'appui de l'Espagne, continuèrent avec un redoublement de fureur.

La commission des juges délégués pour le procès des cinq conseillers du parlement fut confirmée par lettres patentes de François II, en date du 14 juillet. De nouveaux édits plus sanguinaires que tous ceux qui avaient déjà paru sous les deux règnes précédents, vinrent porter la terreur et la désolation dans la capitale. Défenses furent faites aux réformés de s'assembler, sous peine d'être envoyés au feu sans autre forme de procès et de voir leurs maisons rasées. La délation fut encouragée par la promesse de la moitié des biens confisqués et l'appât d'autres grandes récompenses. Les commissaires des quartiers reçurent non-seulement l'ordre de montrer de l'empressement à recevoir les dénonciations et à s'emparer de ceux qui étaient accusés, mais encore de visiter, chaque jour, les maisons qui se trouvaient placées sous leur inspection. Enfin, on donna pouvoir au lieutenant criminel du Châtelet de juger sans appel ceux qui seraient amenés devant lui.

Des ordres à peu près semblables et aussi barbares furent expédiés dans toutes les provinces.

Ce fut surtout à Paris, où le nombre des réformés s'accroissait d'une manière prodigieuse, que les ennemis de l'Évangile signalèrent leur ardeur persécutrice. Le procès du conseiller Anne du Bourg fut poursuivi avec vigueur. Les curés et les vicaires des paroisses ne demeurèrent pas inactifs de leur côté. Ils lancèrent du haut de la chaire l'excommunication contre tous ceux qui connaîtraient des luthériens, et ne viendraient pas les dénoncer. Ils n'épargnèrent rien pour exciter les gens du peuple à se joindre à eux pour découvrir les hérétiques, et ils leur garantirent l'impunité, dans le cas où leurs délations ne se trouveraient pas fondées sur la vérité.

Les réformés, se virent en butte aux plus odieuses persécutions. Des misérables, se glissant dans leurs assemblées secrètes et feignant d'être des leurs, vinrent livrer leurs noms à leurs ennemis acharnés. D'autres ne craignirent pas de calomnier de nouveau ces réunions religieuses qui continuaient à se tenir secrètement et d'assurer effrontément qu'il s'y commettait des actes honteux et infâmes. Ces accusations mensongères, soutenues par des individus gagés accrurent encore la haine que l'on portait aux luthériens. Poursuivis et traqués de toutes parts, ces derniers furent jetés en foule dans les prisons de Paris et de Vincennes. On abandonna au pillage les maisons de ceux qui parvinrent à s'échapper. *Depuis le mois d'Aoust* (1559) *jusques au mois de mars en suivant* (1560), dit Crespin [1], *il n'y eut que prises et emprisonnements, pilleries de maisons, proclamations à ban et meurtres des serviteurs de Dieu.*

---

[1] *Martyrs*, liv. VII, p. 464.

CHAPITRE XIV.

De Janvier 1560. — Mars 1560.

Procès et martyre d'Anne du Bourg. — Progrès de la réforme. — Les Guise se font les champions du catholicisme. — Continuation des persécutions à Paris et dans les provinces de France.

Nous ferions de notre livre un long martyrologue, si nous rapportions ici les noms et les jugements de tous ceux qui furent alors envoyés au supplice, par la commission du parlement chargée par le cardinal de Lorraine du soin de punir les réformés, et qui reçut, à cause de sa barbarie, le nom significatif de *chambre ardente* [1]. Cependant, malgré notre désir d'abréger, il nous est impossible de ne pas arrêter quelques instants les regards de nos lecteurs sur la plus célèbre de ces malheureuses victimes. Nous voulons parler du malheureux Anne du Bourg.

Ce membre courageux du parlement de Paris, alors âgé seulement de trente-sept ans, était natif de Riom, en Auvergne, et appartenait à une famille distinguée. Il avait professé avec distinction le droit à Orléans, et

---

[1] L'édit de Blois, plus connu sous le nom de la *loi des suspects*, avait établi en France et dans chaque cour de parlement, une chambre ardente, chargée uniquement de vaquer aux procès des réformés.

ses talents, joints aux ordres de diacre et de sous-diacre qu'il avait pris comme moyen de parvenir pl[us] facilement aux charges, mais sans avoir jamais l'inten[tion] d'exercer la prêtrise, l'avaient porté, en 1557, [au] parlement. Comme nous l'apprenons, par les div[ers] interrogatoires qu'il eut à subir, ce fut en lisant l[es] OEuvres de Calvin et des autres réformateurs frança[is] qu'il avait achetées de ces nombreux colporteurs q[ui] parcouraient les provinces de France, et surtout, [en] étudiant les livres de la Sainte Écriture, qu'il av[ait] reconnu les erreurs de l'Église de Rome [1]. Deve[nu] membre de l'Église secrète de Paris, il en fréquent[ait] avec assiduité les assemblées, et s'y rendait le pl[us] souvent accompagné d'un laquais qui gardait sa mu[le] au coin d'une rue, pendant qu'il vaquait à ses devoi[rs] religieux [2].

Le cardinal de Lorraine, qui lui portait une hain[e] particulière et qui redoutait sa rude franchise, m[it] tout en œuvre pour hâter son jugement et assurer s[a] condamnation. Les deux frères de du Bourg s'étai[ent] rendus à Paris, pour intercéder en sa faveur; ils reçure[nt] l'ordre d'en sortir dans trois jours, sous peine d'en[-]courir l'indignation du Roi, et d'être dépouillés de leur[s] charges. Du Bourg, habile légiste, avait adressé pl[u]sieurs appels comme d'abus, aux diverses autorité[s] ecclésiastiques et séculières, desquelles il relevai[t]. Résigné à faire à ses convictions le sacrifice de sa vi[e,] il voulait manifester au grand jour la passion de s[es]

---

[1] Second interrogatoire, à la Bastille (22 juin 1559). Cresp[in,] liv. VII, p. 470.

[2] Troisième interrogatoire, à la Bastille (23 juin 1559). Cresp[in,] liv. VII, p. 470.

juges, qui foulaient aux pieds pour le frapper les voies
ordinaires de la justice. Ses appels furent mis à néant
par l'influence de ses ennemis. Le 20 novembre, il fut
dégradé à la Bastille de ses ordres de diacre et de
sous-diacre, et fut livré comme hérétique au bras séculier. On ne prononça pas toutefois de suite la sentence
de condamnation. Mais dès ce moment on traita le
captif avec plus de sévérité. On ne lui fournit qu'une
nourriture grossière, et on lui interdit toute communication avec ses amis. On fit plus: sur de vagues
soupçons que l'on cherchait à le délivrer, en forçant
les portes de la prison, on le renferma pendant quelque
temps dans une cage de fer. On peut juger de ce qu'il
eut à endurer dans cette affreuse situation. Cependant
son âme ne fut point abattue. La pensée qu'il souffrait
pour sa fidélité à l'Évangile, lui fit supporter avec sérénité cette dure captivité, et souvent on l'entendit
chanter des Psaumes sur son luth [1] et invoquer le
secours du Tout-Puissant. Ce fut aussi à cette époque
qu'il formula sa profession de foi. Craignant de ne pas
avoir été assez explicite dans ses interrogatoires, il
voulut que cet écrit, composé à loisir et dans le silence
de la prison, fit connaître à ses juges, d'une manière
claire et précise, qu'il croyait sans restriction tout ce
qui était contenu dans l'Ancien et le Nouveau Testament, mais qu'il rejetait les fausses doctrines et les
superstitions que les hommes avaient laissé introduire
dans l'Église. « Connoissant les grans erreurs, super-
» stitions et abus ausquels j'ay esté plongé par ci
» devant » dit-il, en terminant cette confession de

[1] Crespin, liv. vii, p. 471.

foi. « maintenant je renonce à toutes idolatries [et]
» fausses doctrines qui sont contraires et contre[ve]-
» nantes à la doctrine de mon maistre Jésus-Chris[t],
» qui est la saincte et pure parole de Dieu, conten[ue]
» aux livres canoniques du Viel et Nouveau Testam[ent],
» révélée par le Sainct-Esprit, laquelle je prends p[our]
» ma guide et conduite en ceste vie mortelle..... E[t]
» semble je promets pour l'avenir et residu de ma [vie]
» cheminer et vivre selon sa doctrine, le mieux q[ue]
» sera à moy possible, moyennant l'esprit de Dieu [qui]
» m'assistera et dirigera en toutes mes voies, s[an]s
» lequel je ne puis rien, avec lequel je puis to[ut],
» tellement que tout sera à la louange d'icelui, à l'ava[nce]-
» cement du royaume de son Fils, à l'édification [de]
» toute son Église et au salut de mon âme. Auquel [aussi]
» je rends graces éternelles, lequel aussi je prie, [au]
» nom de son Fils, nostre Seigneur, me vouloir c[on]-
» firmer et entretenir par son Sainct-Esprit en ce[ste]
» foy jusqu'à la fin, et me donner grace, vertu et pu[is]-
» sance de la confesser de cœur et de bouche, ta[nt]
» devant fidèles qu'infidèles, tyrans et bourreaux [de]
» l'Antechrist; et icelle maintenir jusqu'à la derni[ère]
» goutte de mon sang. Je désire grandement vivre [et]
» mourir en ceste fin, sachant et estant bien asseu[ré]
» qu'elle a pour fondement la seule parole du Seigne[ur]
» et qu'en icelle ont vescu et sont morts tous les sainc[ts]
» pères patriarches, prophètes et apostres de Jésu[s]-
» Christ.....

» Voicy la foy en quoy je veux vivre et mourir [j'](?)
» ay signé cest écrit de mon seing, prest à le scell[er]
» de mon sang, pour maintenir la doctrine du Fils [de]
» Dieu, lequel je prie humblement et de bon cœ[ur]

« vous ouvrir l'entendement de la foy, afin que vous puissiez connoistre la vérité. »

Après une si franche manifestation de sa foi, il était impossible que le courageux magistrat échappât au sort que lui préparaient ses ennemis acharnés. Aussi, plusieurs de ses amis, conseillers et avocats de la cour du parlement, partisans secrets mais timides de la réforme, et connus sous le nom de *temporiseurs*, eurent à peine pris connaissance de cette pièce, qu'ils résolurent de faire une prompte démarche auprès du prisonnier, pour l'engager à se rétracter et à sauver ainsi sa vie d'une perte certaine. Ils se rendirent donc avec empressement à la Bastille, réussirent à s'en faire ouvrir les portes, et conjurèrent Anne du Bourg de ne point persister à maintenir les articles de foi qu'il venait d'envoyer à ses juges.

Le conseiller se montra longtemps inébranlable [1]. Enfin, à force de supplications et de prières, il consentit à faire une autre confession de foi, dans laquelle il s'expliqua d'une manière ambigüe sur les points controversés, sans toutefois s'élever contre la vérité évangélique. Dès ce moment, ceux qui étaient venus ébranler sa résolution, conçurent avec joie l'espoir de le sauver. Mais cette satisfaction ne fut pas partagée

---

[1] « Ceste femme m'a monstré ma leçon et enseigné comment je me doy porter en ceste vocation, leur répondit en particulier du Bourg. Là-dessus, il leur raconta le trait d'une prisonnière, nommée Marguerite Leriche, dont la fenêtre se trouvait vis-à-vis de la sienne. Dans le temps qu'il était enfermé à la Conciergerie, cette femme courageuse qui paya de sa vie sa fidélité à l'Évangile, l'exhortait par ses paroles ou par ses gestes, quand on l'empêchait de parler, à resister aux efforts que l'on faisait déjà alors pour le porter à se dedire. *Manuscrit des Martyrs de Paris déjà cité*, p. 68.

par les fidèles de l'Église secrète de Paris. Anne [du] Bourg occupait un poste si élevé dans l'État, tant [les] regards en France et à l'étranger étaient fixés depuis si longtemps sur cet homme éminent, que cet acte [de] faiblesse inattendu plongea les pasteurs et le troupeau dans la consternation. Augustin Marlorat, l'un des ministres, fut chargé de lui écrire, pour lui faire sentir la faute qu'il venait de commettre. Le langage sévère du pasteur de Paris fit une vive impression sur du Bourg. Déjà pressé dans sa conscience et honteux de sa chute, il reprit sur-le-champ sa première résolution, adressa à ses juges une requête par laquelle il rétractait la confession de foi que les instances de ses amis avaient obtenue de lui, et déclarait ne reconnaître que celle qu'il leur avait fait parvenir en premier lieu.

Toute espérance de le sauver fut alors perdue. Les ennemis du conseiller, et surtout le cardinal de Lorraine, pressèrent le jugement. Ils mirent d'autant plus d'activité à accélérer la condamnation de du Bourg, qu'ils craignaient que François II ne finît par céder aux pressantes sollicitations que plusieurs princes d'Allemagne ne cessaient de lui adresser en faveur de l'illustre prisonnier [1], et ne rendît à la liberté leur redoutable adversaire.

Leurs désirs ne tardèrent pas à être accomplis. Le

[1] Othon Henri, comte palatin et premier Electeur de l'Empire, avait en particulier demandé à François II de faire grâce au malheureux Bourg, et de lui céder ce savant personnage, auquel il réservait une place de professeur dans son université de Heidelberg. Il lui avait même écrit que cette faveur lui tiendrait lieu de toutes les autres promesses que les Rois de France lui avaient faites dans le temps passé. *Crespin*, liv. vii, p. 474.

21 décembre, Anne du Bourg fut amené devant ses juges. Après avoir déclaré de rechef qu'il adhérait pleinement à la confession de foi qu'il leur avait fait présenter, il fut condamné à périr sur un bûcher. Seulement, par une sorte de pitié, il fut ordonné qu'on l'étranglerait avant de livrer son corps aux flammes.

Le conseiller entendit prononcer son arrêt avec fermeté. Il rendit grâces à Dieu de ce qu'il l'appelait à souffrir le martyre pour son nom, et implora son pardon pour ses juges égarés. Puis, s'adressant à ces derniers : « Messieurs, dit-il, si vous avez le glaive de
» Dieu seulement pour prendre vengeance de ceux qui
» font mal, voyez, je vous prie, comment vous nous
» condamnez et considérez de près le malfait que nous
» avons commis; et décidez devant toutes choses, s'il
» est juste de vous ouir plustost que Dieu. Estes-vous
» si enivrez en la coupe de la grand' Beste (la papauté)
» qu'elle vous fasse boire si doucement le poison au
» lieu de médecine. N'estes-vous pas ceux qui faites
» pécher le poure peuple, puisque vous le destournez
» du vray service de Dieu? Et si vous avez esgard aux
» hommes plus qu'à Dieu, sondez en vos cœurs en
» quelle estime vous pouvez estre aux autres pays, et
» le rapport que l'on fait de vous à tant d'excellents
» princes, de tant de prinses de corps que vous décer-
» nez au mandement de ce rouge Phalaris (le cardinal
» de Lorraine) (que puisses-tu, cruel tyran, par ta
» misérable mort mettre fin à nos gémissemens).
» Lequel a, pour lui seul, bon gré malgré, remis sur
» une puissance d'Ephores, non pour la considération
» de la république, mais pour tout tourner à sa fan-
» taisie. A sa volonté vous nous allongez tellement les

» membres innocens, que vous-mesmes en avez pi[tié]
» et compassion. O quelle rigueur en vous-mesmes! [J]e
» voy pleurer aucuns de vous. Pourquoi pleurez-vous[?]
» Ores donc vous aprenez comment vos conscience[s]
» sont poursuyvies du jugement de Dieu, et voilà [les]
» condamnez s'esiouissent du feu, et leur semble qu[ils]
» ne vivent jamais mieux, sinon quand ils sont a[u]
» milieu des flammes. Les rigueurs ne les espouvante[nt]
» point, les injures ne les affoiblissent point..... N[on],
» non, Messieurs, nul ne pourra nous séparer de Chris[t],
» quelque laqs qu'on nous tende et quelque mal q[ue]
» nos corps endurent... Quoiqu'il y ait, je suis chresti[en],
» voire je suis chrestien : je crieray encores plus ha[ut]
» mourant pour la gloire de mon Seigneur Jésus-Chris[t].
» Et puisqu'ainsi est, que tardé-je, happe-moy, bo[ur]-
» reau, mène-moy au gibet. »

Du Bourg cessa un moment de parler. Mais bient[ôt]
reprenant la parole, il dit à ses juges, avec un acce[nt]
qui les émut jusqu'aux larmes, qu'ils l'envoyaient [au]
supplice pour n'avoir voulu placer qu'en Jésus-Ch[rist]
la justice, la grâce, la pacification, le mérite, l'int[er]-
cession, la satisfaction et le salut, et qu'il mourait p[our]
la doctrine de l'Évangile. Enfin, il termina son discou[rs]
par ces mots : « Cessez, cessez vos bruslemens et reto[ur]-
» nez au Seigneur en amendement de vie, afin que v[os]
» péchez soyent effacez : que le méchant délaisse [sa]
» voye et ses pensées perverses, et qu'il se retour[ne]
» au Seigneur, et il aura pitié de lui. Vivez donc,
» méditez en icelui, ô sénateurs, et moy je m'en v[ais]
» à la mort [1]. »

[1] Crespin, Martyrs, liv. VII, p. 475.

Des ordres furent aussitôt donnés pour rassembler deux cents cavaliers et quatre cents hommes de pied, afin d'accompagner le condamné au supplice. Afin de mieux déjouer encore les entreprises que ses amis pourraient tenter pour sa délivrance, on eut soin d'élever un bûcher et une potence sur toutes les places destinées aux exécutions. Deux jours après, c'était le jour de Noël, on fit monter du Bourg sur la fatale charrette, on lui lia les mains selon l'usage, puis on le conduisit sur la place de Saint-Jean-en-Grève, où devait se terminer sa vie. Arrivé au lieu de supplice, il conserva toute son assurance, et se dépouilla lui-même de ses vêtements. Alors seulement, quoiqu'il eût promis de s'abstenir de haranguer les assistants, il ne put s'empêcher de s'écrier en poussant de profonds soupirs : *O Dieu! mes amis, je ne suis point ici comme un larron ou un meurtrier : mais, c'est pour l'Évangile. Mon Dieu*, dit-il encore, au moment où on l'élevait au-dessus du bûcher pour le pendre, *ne m'abandonne point, afin que je ne t'abandonne.* Il ne resta bientôt de ce généreux martyr qu'un cadavre, qui devint à son tour la proie des flammes. Les autres conseillers échappèrent à la mort, par le moyen d'amis et de rétractations.

Le supplice de cet homme, victime de sa fidélité à l'Évangile, produisit une grande sensation à Paris et dans le reste de la France, et un écrivain contemporain, témoin oculaire de la fin courageuse de du Bourg nous rapporte que cette mort fut loin de nuire à la réforme.

« Il me souvient, dit-il, que quand Anne du Bourg,
» conseiller au parlement de Paris, fut bruslé, tout
» Paris s'estonna de la constance de cet homme. Nous
» fondions en larmes dans nos collèges, au retour de ce

» supplice et plaidions sa cause après son décez, ma[...]
» dissant ces juges injustes qui l'avoient injusteme[nt]
» condamné. Son presche en la potence et sur le bûch[er]
» fit plus de mal que cent ministres n'eussent s[ceu]
» faire [1]. »

En effet, les persécutions dirigées depuis près [de] quarante ans, avec une fureur toujours croissant[e] contre ceux qui abandonnaient l'église romaine po[ur] s'attacher aux doctrines de l'Évangile, n'avaient p[as] arrêté les triomphes de la réforme. La fin glorieuse [de] tant de confesseurs de Jésus-Christ ne fit qu'affermir [et] consolider le grand œuvre entrepris par Lefèvre d'É[s]taples, Farel et Calvin. On peut considérer avec raiso[n] l'année 1559 et le commencement de 1560 comme l['é]poque où la réformation pacifique atteignit son apogé[e] en France et dans le Béarn, car elle comptait dé[jà] près de deux millions de sectateurs [2], nombre cons[i]dérable, si on le compare au chiffre total des França[is] d'alors.

« Il n'y avait, dit Mézerai [3], ni ville, ni province,
» ni profession où les nouvelles doctrines n'eussent pr[is]
» pied : les gens de robe, les gens de lettres et l[es]
» ecclésiastiques même, contre leur propre intérêt s[e]
» laissaient charmer. Les supplices ne faisaient que l[es]
» répandre davantage. »

« Il est certain, dit ailleurs le même auteur [4], q[ue] sans eux (le duc de Guise et le cardinal de Lorraine[)]

---

[1] Florimond, liv. vii, p. 866.
[2] De Thou, *Hist.*, liv. xxii et xxiii, an 1559. Émile de Bonnecho[se] *Hist. de France*, tom. 1, p. 346.
[3] *Vie de Henri II*, à l'an 1559.
[4] *Vie de François II*, à l'an 1560.

» la religion ancienne eût fait place aux nouvelles sectes. »

Mais ce n'était pas tant l'amour de la religion que le désir de flatter le clergé et de s'en faire un appui qui portaient les Guise à se déclarer les champions du catholicisme. Remplis d'une ambition insatiable, ils s'attachaient comme au meilleur moyen d'accomplir leurs plans secrets à fanatiser les masses ignorantes et à perdre ou à discréditer ceux qui leur portaient ombrage. Leurs succès à cet égard répondirent à leur attente. Ils trouvèrent dans les moines et les prédicateurs de l'église de Rome des instruments dociles de leurs volontés, et bientôt, grâces à leurs efforts la fureur contre les réformés qui n'avait point été assouvie par le meurtre de du Bourg et d'autres victimes généreuses, fut portée à ses dernières limites. Le cardinal de Lorraine et surtout le duc de Guise qui s'était rendu si illustre par la belle défense de Metz et la prise de Calais, et qui était loin d'être privé de nobles qualités, furent représentés comme les défenseurs de la foi et devinrent les idoles des catholiques. Les réformés furent regardés comme des gens impies et ennemis du Roi. Ce fut alors à qui signalerait son zèle contre les hérétiques.

A Paris, la multitude furieuse de voir les condamnés endurer leurs affreux supplices avec fermeté, les arracha d'entre les mains des bourreaux, pour accroître leurs tourments. Pour mieux découvrir les réformés, on plaça à tous les coins de rues, ainsi que sur les portes de plusieurs maisons des images de la Vierge, et malheur alors à celui qui ne saluait pas. Il tombait aussitôt accablé sous les coups de personnes apostées dans les maisons voisines. On imagina de présenter au passants des boîtes, appelées épargne-maille, en leu disant que c'était pour acheter des cierges, des luminaires et autres objets. Faisaient-ils la moindre objection, ils couraient le risque de perdre la vie, ou se voyaient traînés en prison. Enfin la haine contre les réformés devint si générale, que certains individus trouvèrent le moyen de l'exploiter pour se débarrasser de leurs dettes. Il ne s'agissait pour cela que de rencontrer ou d'attirer leurs créanciers dans quelque rue écartée et de crier au luthérien, au christaudin (le terme d'Huguenot n'était pas encore usité). En un instant le débiteur se trouvait non-seulement délivré de sa dette, mais encore profitait des dépouilles de son créancier [1].

Les autres villes du royaume suivirent l'exemple de la capitale, et bientôt on n'entendit parler dans toute la France, que de concussions, d'exils, d'amendes, d'assassinats et d'exécutions.

---

[1] Bèze, *Hist. Ecclés.*, liv. III, p. 156. D'Aubigné, *Hist. Un* liv. III, chap. XIV, p. 91.

CHAPITRE XV.

Mars 1560. — Juillet 1560.

Plaintes contre le gouvernement des Guise.— Conspiration d'Amboise. — Ralentissement de la persécution. — Progrès de la réforme en Guienne. — Assemblées publiques des réformés. — Ils s'emparent dans quelques provinces des églises, et y célèbrent leur culte. — Traitements barbares exercés contre eux.

Cependant cet acharnement barbare des Guise contre les réformés, et la manière tyrannique avec laquelle ils exerçaient le pouvoir souverain avaient soulevé contre eux une redoutable opposition. Un grand nombre de français, et parmi eux plusieurs gentilshommes des deux religions n'avaient pu voir sans indignation des princes étrangers prendre auprès du faible monarque une place qui appartenait aux princes du sang, et gouverner le royaume à leur gré. Le refus de satisfaire à de justes réclamations, parce que ceux qui les adressaient n'étaient pas les créatures des usurpateurs du pouvoir; l'adresse avec laquelle on avait su écarter de la cour, sous divers prétextes, le Roi de Navarre; son frère, le prince de Condé, ainsi que leurs partisans; le mépris que l'on avait montré pour les états du royaume, auxquels seuls il appartenait de pourvoir au gouvernement de l'état pendant la minorité du Roi; la corruption que l'on avait exercée vis-à-vis des corps les plus élevés de la magistrature ; la distribution partiale des principales charges, toutes ces criantes injustices avaient irrité les esprits des bons citoyens.

Ce fut d'abord par des plaintes que le mécontentement se manifesta. Les réformés s'adressèrent à différentes reprises à la Reine-mère, qui avait paru assez bien disposée en leur faveur sous les deux règnes précédents [1], et qui continuait à avoir, en présence de sa favorite la duchesse de Montpensier, des conférences fréquentes avec le seigneur de Soubise, sur les doctrines controversées [2]. Ils la supplièrent d'interposer son autorité pour faire cesser la persécution. Les conducteurs de l'église de Paris allèrent plus loin. Ils lui firent entendre que c'était peut-être le seul moyen d'empêcher des troubles et des émeutes d'éclater, car s'ils répondaient de la soumission et de l'obéissance de ceux qui se trouvaient placés sous leur direction, ils savaient » qu'il y en avait d'autres en plus grand
» grand nombre cent fois, qui, connaissant simple-
» ment les abus du pape et ne s'étant pas encore rangés
» à la discipline ecclésiastique ne pourraient souffrir
» la persécution [3].... »

Le prince de Condé, Madelaine de Mailly, dame de Roye, sa belle-mère, et l'amiral de Coligny appuyèrent les réclamations des réformés. Mais Catherine de Médicis, princesse profondément dissimulée et qui n'était peut-être pas fâchée de voir s'accroître la haine qu'une partie de la nation portait aux Guise, dont elle con-

---

[1] Voyez *Appendice*, n° 44.
[2] Varillas, *Hist. de Charles IX*. tom. 1, p. 60.
[3] Bèze, *Hist. Eccles.*, liv. III, p. 143.

mençait à redouter la puissance, ne fit aucun effort pour arrêter la violence de ces derniers.

Ce que les chefs de l'église de Paris avaient prévu ne tarda pas à arriver. Le parti opprimé commença à se montrer las du joug qui pesait sur lui, et se tourna avec fureur contre ses ennemis acharnés. De petits écrits dont deux portaient les titres de *Défense contre les tyrans* [1] : *Epistre envoyée au tigre de la France* [2] furent répandus partout le royaume dans le dessein de manifester les vues ambitieuses des princes lorrains, et pour animer les populations contre eux. Enfin voyant par le supplice de du Bourg que le duc et le cardinal étaient résolus à ne pas épargner les têtes les plus illustres pour réussir dans leurs plans audacieux, leurs antagonistes formèrent contre eux l'entreprise connue sous le nom de conjuration d'Amboise, *où il n'entra* dit Brantôme, *pas moins de mécontentement que d'huguenoterie*. Elle avait pour unique objet de soustraire le Roi à l'influence pernicieuse des Guise, en s'emparant des usurpateurs du pouvoir souverain, et en les livrant à la justice des états assemblés.

Quoique le prince de Condé que son courage, son énergie et sa prudence avaient fait choisir de préférence à son frère, fût le véritable chef du complot, tout se fit cependant sous la direction d'un gentilhomme adroit et intrépide, né dans le Périgord, et nommé George de Barry, seigneur de la Renaudie, et qui prenait aussi le nom de la Forêt. Cet homme entreprenant profita des relations qu'il soutenait avec les réfugiés français qui

---

[1] D'Aubigné, *Hist. Univers.*, liv. ii, chap. xv, p. 91.
[2] Freitag, *Anulecta*, to n. 1, n° 161.

avaient cherché un asile contre la persécution en Allemagne et en Suisse et dont il avait pendant longtemps partagé l'exil, et il réussit à faire entrer dans son audacieuse entreprise un grand nombre de ces réfugiés. Plusieurs de ces derniers qui s'étaient fixés à Genève se laissèrent aussi entraîner,[1] en dépit des efforts de Calvin qui voyait avec peine les réformés entrer dans un parti politique et recourir à la violence pour se soustraire des persécutions qu'ils avaient supportées jusqu'à ce moment avec une si héroïque résignation.

Les principaux conjurés tinrent une conférence à Nantes. Après s'être engagés par un serment solennel à respecter les lois et à ne rien tenter contre le Roi et la Reine-mère, ils se séparèrent pour mettre à exécution leur audacieuse entreprise. A l'époque convenue, les chefs qui avaient été désignés dans chaque province se mirent en marche avec les bandes armées qu'ils avaient rassemblées sans leur communiquer leur secret.

Mais déjà les Guises avaient conçu de vagues soupçons. Des avertissements répétés, venus des pays étrangers, leur avaient appris qu'il se tramait en France un complot

---

[1] De Bouchard, vicomte d'Aubeterre, entre autres.

[2] On voit par plusieurs lettres de Calvin que ce réformateur désapprouvait ceux des réformés qui voulaient repousser la persécution par la force. On lit en particulier dans une lettre, du 19 avril 1556, dont l'adresse manque: « Au reste, pour ce que j'ay entendu, que plusieurs de vous se deliberent si on les vient outtrayer, de resister plus tost à violence, que de se laisser brigander, je vous prie, tres chers frères, vous departir de tels conseils, lesquels ne seront jamais beneits de Dieu pour venir à bonne issue, puisqu'il ne les approuve point. Je cognois quelle perplexité vous presse, mais ce n'est point à moi, ny à creature vivante de vous dispenser oultre ce qui vous est commandé de Dieu... » Voyez aussi Appendice, n° 0.

contre leurs personnes. Ils crurent devoir prendre quelques précautions. Faisant entendre au jeune Roi que les luthériens en voulaient à sa vie pour se venger des rigueurs qu'il avait exercées contre eux, ils persuadèrent à ce prince de quitter le château de Blois pour se retirer dans celui d'Amboise, qui était plus fort.

Ce changement de résidence de la cour, bien propre à déconcerter les conjurés, ne leur fit pas cependant perdre courage. Ils marchèrent résolument dans cette nouvelle direction. Mais au moment de voir le succès couronner leur habile entreprise, l'imprudence de leur jeune chef les perdit.

La Renaudie s'était logé à Paris, au faubourg Saint-Germain, chez un avocat réformé, nommé d'Avenelles. Le concours extraordinaire de personnes qui vinrent visiter le gentilhomme, les entrevues mystérieuses qu'il eut des jours entiers avec la Roche-Chandieu, l'un des ministres les plus distingués de la capitale, effrayèrent le propriétaire. Il déclara à son hôte qu'il ne voulait pas attirer sur sa maison la ruine qui avait atteinte tant de réformés, et qu'il était décidé à fermer sa porte à tous ces étrangers. Ce fut alors que la Renaudie pour relever son courage lui fit part la conjuration et lui en révéla toutes les particularités.

L'effroi s'empara d'Avenelles. Cédant plutôt à ce sentiment qu'à l'ambition ou l'avarice, l'avocat se rendit en poste auprès du duc de Guise, et lui dévoila tout. Les conjurés se voyant trahis n'en continuèrent pas moins à se diriger sur Amboise. Ils y arrivèrent le 16 mars 1560. Mais les Guises et la cour, un moment plongés dans la stupeur par l'audacieuse habileté des conspirateurs, avaient déjà rempli la ville de troupes mandées à la hâte. Les bandes furent assaillies et d[is]persées. La plupart de leurs chefs furent faits pris[on]niers et la Renaudie fut tué d'un coup d'arquebuse. L[es] Guise, ayant fait envisager ce complot comme u[ne] conspiration contre l'État et la personne du Roi, ex[er]cèrent sous ce prétexte d'impitoyables vengeances. L[e] cadavre de la Renaudie fut pendu sur le pont d'A[m]boise avec cette inscription : *C'est la Renaudie, d[it] la Forêt, capitaine des rebelles, chef et autheur d[e] sédition.* Le lendemain, il fut divisé en quatre parties [qui] furent envoyées en divers lieux. La tête demeura su[r le] pont, fixée au bout d'une pique. Alors commencère[nt] d'horribles exécutions. « On pardonna à bien peu [de] » ceux qu'on tenait[1], dit Mézerai. Il en fut pend[u,] » noyé et décapité près de douze cents. Les rues d'[Am]» boise ruisselaient de sang, la rivière était couve[rte] » de corps morts, et les places publiques toutes c[ou]» vertes de gibets. »

Le Roi, ainsi que ses frères et toutes les dames de [la] cour assistèrent à cet affreux spectacle du haut des b[al]cons et des fenêtres du château. Mais ce qui ajou[te] encore à l'odieux de cette scène, ce fut de voir l[es] princes lorrains, accompagner eux-mêmes au supplic[e] les plus distingués des condamnés, comme pour insult[er] encore aux derniers moments de leurs victimes. *V[ous] avez raison de pourchasser ma mort,* leur dit le bar[on] de Castelnau, l'un des malheureux condamnés, en [se] tournant vers eux, *c'est à vous pour vostre tyran[nie] que nous en voulions, non au Roy, il n'y a rien qu[e]*

---

[1] Le vicomte d'Aubeterre, condamné comme les autres, fut [sauvé] par le duc de Guise, à la prière du maréchal Saint-André. Brantô[me,] *Mém.*, tom. III, *Vie du duc de Guise.*

PROTESTANTE.   223

touche : *c'est sans mentir que nous sommes criminels de
lèze-majesté, si les Guisars sont desjà Rois: s'en donnent
garde ceux qui me survivront. Pour moy la mort et une
meilleure vie me tirent de ce danger* [1].

« *O grand Dieu !* s'écria un autre gentilhomme, nommé
Villemongis-Bricmaut, en élevant vers le ciel ses deux
mains qu'il venait de tremper dans le sang de ses frères,
voilà le sang innocent des tiens et tu le vengeras [2]. »

La barbarie avec laquelle les Guise, et particulièrement le cardinal de Lorraine agirent dans cette circonstance, ne firent qu'augmenter la haine que leur portait une partie de la nation. « On peut dire en vérité, dit l'abbé Laboureur [3], prieur de Juvigné, en parlant de ce dernier, qu'il se fit plus d'ennemis qu'il n'en put défaire, et si l'on fait réflexion sur la suite de la conjuration, on en tirera l'origine des guerres de religion, de la mort du Roi, de l'extinction de la maison de Valois, et même du massacre de son frère et de ses neveux. »

D'un autre côté, le mauvais succès de cette entreprise, dont les suites faillirent devenir fatales au prince de Condé et à un grand nombre de hauts personnages qui avaient embrassé la réforme, et avaient pris une part secrète au complot, fut loin d'arrêter les progrès de l'Évangile. Les Guise commencèrent à craindre qu'en persistant dans le système de rigueurs qu'ils avaient suivi jusqu'à ce moment, ils ne fissent naître de plus grands périls que celui auquel ils venaient d'échapper. Ils se virent contraints, pour conjurer le

---

[1] D'Aubigné, *Hist. Univers.*, tom. I, liv. II, p. 94.
[2] D'Aubigné, *Hist. Univers.*, tom. I, liv. II, p. 94.
[3] Addit. au mém. de Castelnau, tom. I, p. 392.

danger, d'entrer dans une voie de douceur inaccou[tu]mée. A leur instigation, le Roi, encore tout ému [de] l'audacieuse entreprise des huguenots[1], qu'on [lui] avait fait croire dirigée contre sa personne, s'empres[sa] d'adopter des mesures propres à calmer l'irritation [des] esprits. Il ordonna à tous les parlements de faire s[or]tir des prisons, sans autres formes de procès, t[ous] ceux qui étaient détenus pour cause de religion.

Le parlement de Paris, qui était entièrement soum[is] depuis le supplice de du Bourg, aux volontés des prin[ces] lorrains, et qui venait de décerner au duc de Guise [le] titre de conservateur du royaume, crut donner u[ne] nouvelle preuve de sa servilité en montrant peu d'e[m]

---

[1] L'origine de ce mot, qui commença alors à être employé [pour] désigner les adversaires des Guise, et qui remplace désormais ceux [de] Lutherien et de Christandin, est entourée d'obscurité. Crespin (liv. [v, p. 516) prétend que ce nom fut d'abord donné aux réformés de T[ours] qui avaient coutume de tenir leurs assemblées religieuses hors de [la] ville, près de la porte du roi Hugon ou Fourgon (du feu Hugon) dont quelques-uns avaient pris part à la conjuration d'Amboise.

Beze (liv. III, p. 163) assure de plus que cette épithète leur fut [don]née par dérision, parce qu'obligés de tenir encore leurs assem[blées] secrètes, ils s'y rendaient de nuit. On disait qu'ils rôdaient p[ar la] ville, comme faisait, d'après une superstition populaire, l'âme du Huguet ou Hugon.

L'opinion la plus vraisemblable est celle qui fait venir ce mo[t de] l'allemand eidgenossen, confédérés. C'est ainsi qu'on désig[nait à] Genève le parti patriote opposé au duc de Savoie et à l'évêque. [Il] est à présumer que les français réfugiés qui sortirent de cette vi[lle et] de Lausanne pour prendre part à l'expédition d'Amboise, prirent [ou] reçurent la même appellation. Peut-être aussi les réformés furent[-ils, à] dès ce moment, nommés Huguenots, par suite de l'attache[ment] qu'ils portaient aux Bourbons, issus de Hugues Capet. Ils venai[ent en] effet d'en donner une preuve éclatante en prenant une grande [part à] une entreprise qui avait pour but de défendre les intérêts de ce[s der]niers contre ceux des princes étrangers qui voulaient les exclu[re du] gouvernement.

pressement à exécuter des ordres qu'il savait provenir
de la nécessité et non d'un changement véritable dans
les dispositions d'esprit des deux frères. Il fallut de
nouvelles poursuites et un commandement exprès du
roi pour vaincre cette opposition courtisanesque.

Les réformés mirent à profit ce moment de calme
pour étendre les doctrines évangéliques. Le prince de
Condé, en butte aux embûches de ses ennemis acharnés,
s'était retiré à Nérac auprès de son frère, le roi de
Navarre, pour y mettre sa vie en sûreté. L'arrivée de
cet illustre personnage redonna du courage au faible
monarque, qui n'avait pas craint pour dissiper les soupçons et se justifier auprès du roi de France, de marcher contre ceux qui n'avaient pris les armes que pour
soutenir ses droits contre des princes étrangers, Nérac,
qui renfermait dans son sein une église réformée,
organisée par les soins de Boisnormand et de Vignaux,
devint alors le lieu de rendez-vous d'un grand nombre
de gentilshommes qui avaient embrassé la réforme [1],
à l'exemple du prince de Condé. Ces derniers, désireux de faire partager leurs convictions religieuses au
roi de Navarre déjà ébranlé par les lettres et les messages de Calvin, et de le rattacher définitivement à
un parti qui n'avait pas moins en vue la défense des
droits de la conscience que le maintien de la maison
de Bourbon, envoyèrent demander à Genève le célèbre
Théodore de Bèze. Ils pensaient que ce gentilhomme
de bonne maison et de bonne mine [2] dont on vantait
partout les talents et l'éloquence ferait une impression

---

[1] Olhagaray, *Hist. de Foix*, etc., p. 526.
[2] Beza fuit valdé praestanti formâ ut judicaretur aliquis princeps, *Scaligeriana*.

favorable sur l'esprit du roi de Navarre, et le portera
à soutenir d'une manière efficace la cause de ceux qui
étaient opprimés par les Guise et le clergé. Cette résolution remplit de joie les réformés de la Guienne.
Excités par la présence de tant de hauts personnages
amis de la réforme, ils s'enhardirent à célébrer publiquement leur culte. Les chants des Psaumes se firent
entendre de tous côtés. Les livres de controverse furent
partout vendus et achetés sans précautions mystérieuses, et l'on ne parla plus dans toute cette contrée
qu'avec une joie triomphante de la prochaine arrivée
du savant collègue de Calvin. De la Motte, ministre de
Mas d'Agenois [1], se hâta de communiquer ces bonnes
nouvelles au grand réformateur de Genève, qui ne
cessait de stimuler le zèle de ceux qui avaient adopté
les doctrines de la réforme, et qui pouvaient influer
sur ses destinées [2]. Quand cette lettre réjouissante fut
remise à Calvin, Théodore de Bèze était déjà parti
pour Nérac [3].

La Guienne ne fut pas la seule province de France
où la réforme prit cette extension. En dépit de l'édit
de Romorantin [4], lequel ôtait aux juges séculiers la
connaissance du crime d'hérésie pour l'attribuer à la
juridiction ecclésiastique, et défendait, sous les peines
les plus sévères, les assemblées clandestines des réfor-

[1] Voyez *Appendice*, n° 42.
[2] *Appendice*, n°ˢ 43 et 45.
[3] *Le vingtiesme de juillet, au mesme an, nostre frère Mons. de Bèze fut envoié en Gascoingne vers le Roy de Navarre pour les enseigner en la parole de Dieu.* Registre de la Vénérable Compagnie des Pasteurs à Genève.
[4] Mai 1560.

més, l'Évangile continua à trouver sur tous les points du royaume de nouveaux partisans.

Jusqu'à ce moment, les réunions religieuses s'étaient entourées de mystère et d'obscurité. Des forêts, des caves, des cavernes, les salles de quelques châteaux ou des demeures écartées, avaient servi de lieux de culte. En 1560, le nombre des fidèles ne permit plus d'observer ces mesures commandées par la prudence et la nécessité. Les réformés, d'ailleurs, avaient un vif désir de se manifester au grand jour, et de faire cesser les odieuses calomnies dont on avait tenté de flétrir leurs paisibles assemblées. On vit donc sortir de toutes parts de ses retraites secrètes cette multitude prodigieuse qui avait abandonné l'église de Rome, et qui, pendant l'espace de quarante ans, avait rendu à Dieu, au milieu des supplices et des bûchers, le service spirituel et véritable ordonné par sa parole. Dans la plupart des lieux où les réformés se trouvèrent en majorité, ils tinrent leurs assemblées religieuses, à défaut d'autres édifices plus convenables, dans des granges, sous des halles ou de vastes hangars. Dans quelques provinces du Midi, ils allèrent plus loin. Emportés par un zèle irréfléchi, et qui fut l'objet d'un blâme sévère de la part du réformateur de Genève [1], dont l'œil vigilant suivait le mouvement religieux en France, ceux des réformés qui avaient depuis peu renoncé aux erreurs du papisme, et sur lesquels l'Évangile et la discipline n'avaient pas encore exercé une influence salutaire et régénératrice, s'emparèrent, avec

---

Calv., opera., Ep. 230. Voyez aussi sa lettre du 6 septembre 1560, adressée à Bullinger, réformateur de Zurich, et dans laquelle il lui apprend qu'on prêche publiquement la parole de Dieu en France.

l'aide de quelques gentilshommes, les sieurs de Mirabel de Mombrun, de Changy, etc., de l'église des Cordeliers, à Valence et à Montélimar, et de la principale de Romans. Ils y firent célébrer le culte évangélique au son de la cloche, et se tinrent en armes, pour garantir ces nombreuses assemblées de toute surprise de la part de leurs adversaires.

Ces entreprises audacieuses qui se répétèrent à Nimes et à Montpellier, et qui menacèrent de s'étendre à d'autres localités alarmèrent les Guise et leur firent craindre un soulèvement général des réformés dans le Midi. Aussi s'empressèrent-ils de donner les ordres les plus sévères pour dissiper les assemblées des réformés et empêcher l'exercice de leur religion. Ils furent exécutés avec la plus grande barbarie. Plusieurs ministres qui avaient essayé inutilement de conjurer l'orage en recommandant à leurs nombreux troupeaux le calme et la résignation dont ils avaient fait preuve pendant tant d'années, se virent enveloppés malgré eux dans ces troubles qui ensanglantèrent le Dauphiné, la Provence et le Languedoc. Saisis comme rebelles, ils furent pendus avec des circonstances atroces.

CHAPITRE XVI.

Juillet 1560 — Avril 1561.

Assemblée des Notables à Fontainebleau. — Requête des réformés présentée au Roi par l'amiral Coligny. — Jean de Monluc, évêque de Valence et Charles de Marillac, archevêque de Vienne s'élèvent contre la corruption de l'Église. — Théodore de Bèze prêche dans l'église de Nérac. —Piége tendu au roi de Navarre et au prince de Condé. — Nouvelles persécutions contre les réformés. — Mort de François II. — Catherine de Médicis favorise la réforme. — Édit de tolérance.

Tandis que les Guise avaient recours à la force pour calmer l'agitation de ces provinces, ils convoquaient à Fontainebleau les notables du royaume, sous le prétexte de prendre leurs avis sur les mesures les plus propres à faire régner la paix qui paraissait gravement compromise par tout le royaume. En agissant ainsi, ils condescendaient aux désirs de la reine-mère et du nouveau chancelier, Michel de l'Hôpital. Mais ils espéraient que cette assemblée, dans laquelle ils comptaient faire entrer un grand nombre de personnages dévoués, consoliderait encore la haute puissance qu'ils tenaient en mains.

Tout ne se passa pas cependant, selon leur attente; et quoique le roi de Navarre et le prince de Condé n'eussent pas cru devoir assister à cette assemblée, qu'ils regardaient peut-être comme un piége tendu par leurs ennemis pour s'emparer de leurs personnes, il ne manqua pas de voix énergiques pour proclamer la nécessité d'apporter de promptes réformes dans l'église, afin de faire cesser dans toute la France les causes de troubles et d'agitation.

A la première séance, le 21 août, et avant qu'on n'entrât en matière, Coligny s'avança vers le Roi une requête à la main. Il lui déclara que, d'après son ordre, il avait parcouru la Normandie : qu'il s'était enquis avec soin des motifs qui avaient porté plusieurs de ses sujets à prendre les armes dans cette province ; qu'il avait appris d'une manière certaine que ces soulèvements ne provenaient point d'opposition contre sa personne et son gouvernement, mais qu'ils avaient été provoqués par l'extrême rigueur avec laquelle on avait sévi contre ceux qui prétendaient être jugés et condamnés à tort comme hérétiques. Que, comme ces derniers se faisaient fort de prouver que leur doctrine et leur culte étaient entièrement conformes à la Sainte Écriture et aux traditions de l'Église primitive, il avait cru faire une chose agréable à Sa Majesté, en se chargeant de lui présenter une requête qu'ils lui avaient remise [1], afin qu'elle considérât, avec sa

---

[1] On voit, par les actes du synode national de Poitiers (mars 1…) que les églises avaient déjà senti la nécessité d'avoir auprès de la … des députés chargés de présenter leurs requêtes et de défendre les intérêts généraux de la réforme. On y lit en effet ces paroles : *A esté advisé … les Églises seront admonestées d'envoyer aux frais communs de chaque province un homme qui soit à la suite de la cour pour solliciter … affaires d'icelles provinces, tous lesquels solliciteurs communiqueront par ensemble, afin d'estre trouvez conformes en leurs requestes et poursuites, et qu'ils porteront avec eux la confession de foy et adviseront de la présenter au Roy avec requeste de toutes les Églises. Ne pour toutesfois prétendre supériorité les uns sur les autres. Davantage ch… sera adressé par la province qui l'envoye, avec ses mémoires et inst… tions de ne les outrepasser, en chose d'importance sans premièrement …*

conseillers et les membres de cette imposante assemblée, s'il y avait possibilité d'acquiescer à leurs demandes et de rétablir ainsi la tranquillité dans l'état. Il ajouta qu'à la vérité, elle ne portait pas de signatures, mais qu'on lui avait assuré qu'en Normandie seulement, si l'on autorisait les assemblées, cinquante mille personnes y apposeraient les leurs [1].

Le roi reçut la requête et la remit à son secrétaire Aubespine, pour en donner lecture à l'assemblée. Elle exprimait, en substance, les sentiments de fidélité et de loyauté dont les réformés, épars dans le royaume, étaient animés envers le roi; leur résolution de servir Dieu selon les ordonnances de l'Évangile; leur vif désir d'avoir des temples où ils pussent entendre prêcher fidèlement la parole sainte et participer aux sacrements, afin de faire tomber les calomnies dont on continuait à flétrir leurs assemblées, qu'ils étaient encore obligés par défaut d'autorisation de tenir de nuit et en secret.

Les Guise et leurs partisans témoignèrent par leurs murmures le déplaisir que leur causait cette requête. Les débats commencèrent aussitôt. Le chancelier de l'Hôpital fit paraître dans sa harangue des sentiments pleins de modération. Jean de Monluc, évêque de

---

communiquer à la dite province, en cas de grande et urgente nécessité, prendre l'advis des ministres lors estans en la cour et de l'Église plus prochaine. Lesquels neaumoins tous ensemble n'auront commandement et puissance sur aucune Église, ainsi seulement manderont leurs advis aux provinces et où il appartiendra auxquels lesdites provinces auront les esgards qu'elles jugeront estre expedient et necessaire pour y pourvoir avec toute diligence. Coligny avait sans doute reçu la requête qu'il venait de présenter des mains de l'un de ces deputez des Églises.

[1] Beze, liv. III, p. 73. De Thou, liv. 26.

Valence, qui avait contribué à répandre dans s[on]
diocèse les doctrines évangéliques [1] en dénonçant l[es]
abus du papisme et en prêchant lui-même (ce qui [à]
cette époque était inusité parmi les membres de l'ép[is-]
copat), s'éleva contre la corruption de l'Église et plai[da]
la cause de la réforme [2]. Charles de Marillac, arch[e-]
vêque de Vienne, parla sur le même sujet, avec plus [de]
force encore, et demanda un concile national. Coligny
non seulement se joignit à l'avis de ce prélat, mai[s]
demanda de plus qu'en attendant qu'un concile œcumé[-]
nique ou national, librement assemblé, opérât da[ns]
le sein de l'Église des réformes devenues nécessaire[s;]
on cessât la persécution; que l'on fît droit à la reque[̂te]
qu'il avait présentée ; que l'on permît à ceux q[ui]
l'avaient adressée de s'assembler pour célébrer le[ur]
culte, selon leur conscience et qu'on leur accordâ[t]

[1] Bèze, liv. III., p. 216.
[2] Voici quelques passages de sa harangue :

«... Les evesques (j'entends pour la plupart) ont esté paresseux, n'a[yant]
» devant les yeux aucune craincte de rendre compte à Dieu du troupe[au]
» qu'ils avoient en charge, et leur plus grand soulci a esté de conser[ver]
» leur revenu, en abuser en folles despenses et scandalleuses; telle[ment]
» qu'on en a vu quarante résider à Paris pendant que le feu s'a[llu-]
» moit en leurs diocèses.

» Les curez avares et ignorants, occupez à toute autre chose q[ue]
» leur charge et pour la pluspart estans pourveus de leurs bénéfices [par]
» moyens illicites; autant de deux écus que les banquiers ont env[oyés]
» à Rome, autant de curez nous ont-ils envoyés. Les cardinaulx et
» evesques n'ont fait difficultés de bailler les benefices à leur maist[re]
» d'hostels, et qui plus est à leurs vallets de chambre, cuisiniers, barbi[ers,]
» lacquais. Les mesmes prestres par leur avarice, ignorance et vie d[is-]
» solue, se sont rendus odieux et contemptibles à tout le monde. F[in]
» les bons remedes dont on a usé pour procurer la paix et l'union [de]
» l'Eglise. Voilà l'occasion que le peuple a prins de se distraire de l['o-]
» béissance des magistrats temporels et spirituels. » Mémoires de Cond[é,]
tom. 1. Musée des Protestants célèbres, tom. IV., 1re partie, p. 29.

à cet effet, dans chaque lieu, des temples ou autres édifices que l'on pourrait faire surveiller, afin que rien ne s'y fît contre l'autorité du Roi et le repos public. Il assura que ces mesures, si elles étaient décrétées, assureraient le repos du royaume.

Les Guise s'opposèrent avec emportement à ces conseils de tolérance, et la majorité de l'assemblée qui leur était dévouée rejeta la requête des réformés. Seulement il fut décidé qu'on ne procéderait plus avec autant de rigueur contre eux, que l'on convoquerait les états généraux à Meaux, pour le mois de décembre, et que l'on réunirait les évêques le mois suivant, afin que ceux-ci prissent leurs mesures pour assembler un concile national, si le pape continuait à refuser le concile général.

En agissant ainsi, les Guise, fidèles à leurs vues ambitieuses, espéraient atteindre le but constant auquel tendaient leurs efforts. En effet, la réunion des états paraissait devoir leur offrir un triple avantage. C'était d'abord le moyen de faire tomber les armes des mains de ceux qui prenaient pour prétexte de leurs rassemblements le refus de convoquer cette haute assemblée. Ils se flattaient ensuite de pouvoir obtenir, à force d'intrigues et de faveurs, auprès des états particuliers, une forte majorité de députés dévoués qui viendraient sanctionner de leurs votes leur administration. Enfin, c'était une occasion favorable de faire venir à la cour le roi de Navarre et son frère, ou de les faire déclarer rebelles, s'ils refusaient, et dans les deux cas, d'en finir avec eux.

Ce qui se passait à la cour de Nérac était bien de nature à les inquiéter. Théodore de Bèze venait d'y arriver. Ses discours éloquents, prononcés dans l'égl[ise] de Nérac, avaient fait une vive impression sur l'esp[rit] du monarque, *qui ne vouloit plus de messe et ne parl[oit] que de Dieu* [1]. Une foule de gentilshommes étaie[nt] venus supplier les deux princes de délivrer le roi et [la] reine-mère du joug que leur imposaient les Guise; et le r[oi] de Navarre, cédant à leurs vives instances, avait pr[o-] mis en présence de Théodore de Bèze et de Henri [de] Barran, ses ministres, de se mettre courageusement [à] l'œuvre [2], et de marcher en armes pour s'emparer [de] leurs ennemis [3].

Les Guise, avertis par des émissaires dévoués de [ce] qui se tramait contre leurs personnes, virent le dang[er] de différer. Ils essayèrent d'abord d'intimider le Roi [de] Navarre, pour l'empêcher de suivre son dessein. L[e] cardinal d'Armagnac parut à Nérac apportant une bu[lle] du Pape, qui excommuniait le ministre Boisnorma[nd] et le sieur de la Gaucherie, précepteur du fils d'Antoi[ne] de Bourbon. Mais cette menace indirecte ne parut p[as] beaucoup affecter le monarque. Jeanne d'Albret, so[n] épouse, en éprouva seule quelque alarme. La craint[e] que Rome, d'intelligence avec l'Espagne, ne lançât u[n] interdit sur son royaume, considéré comme un foye[r] d'hérésie, lui fit repousser avec froideur les instance[s] des ministres qui l'invitaient à professer ouvertement[,] même au risque de perdre des avantages temporels, le[s] doctrines évangéliques qu'elle avait appris à connait[re] du vivant de sa mère.

Les princes de Bourbon reçurent alors de pressant[es]

[1] Bèze, *Hist. Eccl.* liv. III. p. 204.
[2] Olhagaray, *Hist. de Foix*, etc., p. 526.
[3] De Thou, liv. XXV. p. 536.

invitations de se rendre à la cour, et comme de toutes parts les avertissements sinistres d'amis et de serviteurs dévoués les faisaient hésiter, le Roi leur envoya l'ordre impératif de venir assister aux états-généraux. Antoine de Navarre n'osa plus résister. Oubliant ses promesses et sa première résolution, le faible monarque ne chercha plus qu'à écarter les soupçons qui planaient sur sa tête. Il renvoya les ministres de sa cour. Henri de Barran et Boisnormand se retirèrent en Béarn, où la réforme était dominante. Théodore de Bèze reprit la route de Genève. Le Roi de Navarre ne s'en tint pas là. Pour donner une preuve de son orthodoxie, il fit célébrer la messe au couvent des Cordeliers, en présence de son frère, le cardinal de Bourbon [1] et du comte de Crussol, qui avaient été envoyés adroitement auprès de lui, pour le décider à venir, et il força le jeune prince son fils à y assister. Enfin, après avoir congédié les gentilshommes qui s'étaient réunis auprès de lui pour l'aider à défendre ses droits, il se mit en route sur la fin de septembre, pour se rendre à la cour. Il était accompagné du prince de Condé qui, après avoir tenté inutilement de porter son frère à prendre une résolution plus énergique, avait voulu partager sa destinée.

La cour se trouvait alors à Orléans, et les Guise avaient choisi cette ville de préférence à Meaux, où les réformés se trouvaient en majorité, comme le lieu le plus convenable pour y tenir les états-généraux, et y exécuter les desseins perfides qu'ils avaient formés

---

[1] Le cardinal de Bourbon était lâchement soumis aux Guises. Cependant, avant de partir, il avait reçu le serment du roi et de la reine qu'on n'attenterait ni à la liberté, ni à la vie de ses frères.

contre les princes du sang. A peine ces derniers furent-ils arrivés, qu'ils purent s'apercevoir que leurs amis n'avaient point exagéré le péril qui les attendait. Condé fut aussitôt arrêté. On laissa au roi de Navarre, une apparence de liberté; mais il fut surveillé par des agents secrets et dévoués. Les Guise mirent alors tout ménagements de côté, et, après avoir nommé une commission présidée par Christophe de Thou, père de l'historien, pour juger le prince de Condé, comme le véritable auteur de l'entreprise d'Amboise, ils cherchèrent les moyens de se débarrasser du roi de Navarre et de tous ceux qui leur portaient ombrage. Ces nouvelles, qui remplirent de joie les catholiques fanatiques qui considéraient les deux princes du sang comme les soutiens des églises réformées, vinrent porter l'angoisse et la douleur dans l'âme de Jeanne d'Albret. Elle fut indignée de la trahison dont on avait usé envers son époux et l'adversité fit sur elle ce que n'avaient pu faire les pressantes exhortations de Théodore de Bèze. Elle se sentit dès-lors portée à professer publiquement les doctrines réformées dont elle n'avait pu s'empêcher de reconnaître depuis longtemps la vérité, et à mettre entièrement son royaume et sa personne, sous la sauvegarde du Dieu de l'Évangile. Boisnormand et Henri de Barran, qui se trouvaient avec elle en Béarn, l'affermirent dans cette pieuse résolution [1].

Tandis que cette reine faisait cette démarche courageuse, qu'elle travaillait avec zèle et fermeté à mettre son royaume, menacé par les Espagnols, alliés secrets des Guise, à l'abri d'un coup de main, la condition

[1] Bèze, liv. III, p. 205.

des réformés de France devenait plus critique que jamais. Le prince de Condé, déclaré coupable de haute trahison, venait d'être condamné à mort, malgré les vives supplications d'Éléonore de Roye, son épouse, de la duchesse de Montpensier, et de la duchesse de Ferrare [1], belle-mère du duc de Guise. Il devait être exécuté à l'entrée des états. Le roi de Navarre, que ses ennemis avaient déjà cherché à faire assassiner dans le cabinet même du roi, était exposé aux plus grands périls. Les prisons de Paris commençaient de nouveau à se remplir de fidèles accusés d'hérésie, et l'on préparait déjà les procès de quelques ministres de cette ville. Dans les provinces, c'était encore pis. Les Guises y avaient expédié des ordres barbares contre les réformés, qu'ils traitaient de rebelles, de séditieux et d'ennemis du roi. On devait faire signer à chaque individu, sous peine de mort, la confession de foi qui avait été dressée, l'an 1542, par les docteurs de Sorbonne [2], et les hommes de guerre avaient été requis de prêter main-forte à l'exécution de cette ordonnance.

Ces mesures, qui avaient pour but d'intimider les états particuliers du royaume, d'étouffer leurs murmures et de les empêcher de formuler des demandes contraires aux vues et au gouvernement des princes lorrains, ne réussirent pas toutefois auprès de toutes ces assemblées. Plusieurs états, ceux de Saintonge et

---

[1] *Si j'y eusse été*, dit cette princesse à son gendre, après avoir intercédé en faveur de Condé, *je l'aurais bien empêché : quiconque a conseillé le roi, l'a trompé, et cette plaie saignera longtemps après, d'autant que jamais homme ne s'est attaché au sang de France qu'il ne s'en soit trouvé mal.* Sainte-Marthe, *Musée des Protestants célèbres*, tom. II, deuxième partie, p. 189.

[2] Bèze, liv. III, p. 199 et 243.

de Berri entre autres, accueillirent les vœux et les requêtes des réformés, et chargèrent des députés pieux et dévoués de porter leurs cahiers [1]. Ces derniers, en acceptant une pareille mission, donnaient une preuve éclatante de courage, car la terreur régnait à Orléans, et tout était disposé pour faire de cette ville le théâtre d'affreuses exécutions. Ils ne furent pas toutefois les seuls à montrer dans cette occasion une sublime résolution. L'amiral de Coligny avait tout lieu de redouter de partager le sort du prince de Condé, qui avait épousé sa nièce. Cependant, il n'hésita pas à obéir aux ordres du roi et à se rendre aux états d'Orléans. En se séparant de son épouse, une des femmes les plus vertueuses de son siècle, et avec laquelle, comme nous l'avons vu plus haut, le réformateur de Genève était en correspondance, il lui adressa de touchantes recommandations. Il l'exhorta à demeurer attachée, ainsi que toute sa famille, à la doctrine de l'Évangile, à tout endurer avec joie pour le nom du Seigneur. Il la supplia de ne point se laisser décourager, soit qu'elle entendît parler de sa mort ou de son emprisonnement. Lui enjoignit de faire baptiser l'enfant qu'elle portait dans son sein par de fidèles ministres de la parole de Dieu, et à souffrir la mort, s'il le fallait, plutôt que de permettre qu'on lui administrât ce sacrement avec les superstitions de l'Église romaine [2]. Tout semblait réussir selon les désirs ambitieux des Guise, et les églises réformées, dans le jeûne et les prières, n'attendaient plus que les effets de leur violence et de leur rage, lorsque la mort

[1] Bèze, liv. III, p. 180, 188, 199.
[2] Id., id., p. 246.

attendue du jeune roi vint les délivrer de l'effroyable péril qui les menaçait. Charles IX, qui lui succéda, n'avait que dix ans et demi.

C'était pour le roi de Navarre une occasion favorable de faire valoir ses droits à la régence. Mais ce prince faible ne sut pas la mettre à profit, et Catherine de Médicis, suivant l'avis du chancelier de l'Hôpital, réussit à se la faire adjuger. Seulement, elle reconnut le roi de Navarre en qualité de lieutenant général du royaume. Condé fut délivré, et le connétable de Montmorency, oncle des Châtillons, fut rappelé à la cour, où les Guise se trouvaient encore puissants et redoutables.

La reine-mère, femme adroite et ambitieuse, cherchait à maintenir son autorité, tantôt s'appuyant sur les princes lorrains et les catholiques, tantôt se mettant du côté des Bourbons et des réformés. Toute sa politique consistait à tenir les deux partis en équilibre, sachant bien que si l'un venait à être accablé par l'autre, elle tomberait elle-même au pouvoir du vainqueur. Fidèle à cette conduite, et s'apercevant que les Guise cherchaient à ressaisir leur ancienne puissance en prenant l'Espagne pour soutien, elle crut devoir encourager les espérances des réformés. Elle permit, en conséquence, à Jean de Monluc, évêque de Valence, et à Pierre du Val, évêque de Sées, qui s'étaient prononcés pour la réforme, de venir prêcher à la cour. Le roi de Navarre, qui semblait reprendre un peu de zèle ; le prince de Condé : l'amiral de Coligny : ses deux frères, le cardinal de Châtillon et d'Andelot ; une grande partie de la noblesse et une foule d'autres personnes, assistèrent à leurs prédications. On vit l'hérésie entrer comme triomphante dans le

» palais des Rois très-chrétiens, dit le jésuite Mai[...]
» bourg [1], et l'on peut dire que ce fut alors qu'elle [...]
» exerça une pleine et entière domination..... Toute [...]
» cour semblait calviniste, et l'on servait de la via[nde ?]
» à toutes les tables pendant le carême. »

Les bons catholiques et surtout le connétable [de]
Montmorency, furent indignés de ce mépris p[our]
les ordonnances de l'Église. Les princes lorra[ins]
profitèrent habilement de l'irritation de ce vieill[ard]
pour l'attirer dans leur parti et se réconcilier av[ec]
lui. Le duc de Guise l'invita à se joindre à lui et [au]
maréchal de Saint-André, et à former une ligue p[our]
la défense du catholicisme et l'extermination de l'h[éré]sie. Cette alliance qui fut conclue à Fontainebleau [à]
la fin du carême, reçut le nom de triumvirat.

Comme on devait s'y attendre, l'association de c[es]
trois grands personnages ranima le fanatisme, et l[a]
populace excitée par de fougueux prédicateurs, s[e]
livra en plusieurs lieux à de graves excès. A Beauvais
surtout, où le cardinal de Châtillon, évêque de cett[e]
ville, avait favorisé la réforme, elle signala sa fureu[r]
de telle sorte, qu'il fallut, pour ramener le calme, que [le]
maréchal de Montmorency, gouverneur de l'Ile d[e]
France, se rendît sur les lieux.

Le gouvernement tout favorable alors aux réforme[s]
prit des mesures pour protéger ces derniers. D[es]
lettres-patentes du Roi furent envoyées au mois d'avri[l]
à tous les juges royaux. Elles portaient, en substance
la défense de se servir de termes d'huguenots et d[e]
papistes; celle d'attenter à la liberté dont chaqu[e]

---

[1] *Hist. du Calvinisme*, liv. III, p. 190.
[2] Bèze, *Hist. Eccl.*, liv. IV, p. 287.

individu devait jouir dans sa maison ou dans celle de son voisin et de ses amis. Elles interdisaient à tout individu, autre que le magistrat, de s'étayer des édits qui avaient été faits précédemment contre les assemblées illicites pour pénétrer dans les maisons et poursuivre ceux qui s'y trouveraient rassemblés en petit nombre. Enfin, elles ordonnaient de faire sortir de prison tous ceux qui y avaient été mis pour cause de religion et permettaient à ceux qui avaient été bannis pour le même sujet de revenir en France et de rentrer en possession de leurs biens [1].

Ces lettres furent accueillies avec humeur par le parlement de Paris, qui réussit, après avoir fait de fortes remontrances au Roi, à en empêcher la publication. Mais cet exemple ne fut pas suivi par les autres parlements, et l'ordonnance du roi fut exécutée dans plusieurs endroits du royaume.

[1] Bèze, *Hist. Eccl.*, liv. IV, p. 287. Mézerai, tom. I, p. 64. Voyez ... *ice*, n° 46.

CHAPITRE XVII.

—

Avril 1561. — 25 juillet 1561.

Joie des réformés. — Etablissement de nouvelles églises. — Plusieurs hauts person[nages] demandent des ministres. — Un grand nombre de pasteurs de Genève et de l[ausanne] se rendent en France. — Jeanne d'Albret, reine de Navarre, abjure le cath[olicisme]. — Efforts des ennemis de l'Evangile pour arrêter les progrès de la réforme. — [...] de juillet.

———

Il serait difficile de peindre la joie que la publicati[on] de ce premier édit de tolérance causa aux réform[és] de la France et de l'étranger. La plupart, peu a[u] courant des intrigues de la cour, crurent que le ter[me] de leurs longues souffrances était arrivé, et que l'Evan[-]gile allait continuer à remporter de glorieuses co[n]quêtes dans ce royaume, sans éprouver comme autref[ois] de violentes oppositions. Ceux que la crainte, [ou] d'autres motifs avaient empêchés jusqu'à ce mome[nt] de se déclarer ouvertement pour la réforme en fire[nt] une franche profession [1]. Des princes, plusieurs gran[ds]

[1] Ce fut à cette époque que la duchesse de Montpensier, qui parta[geait] depuis longtemps les sentiments des réformés, et qui avait élevé q[uel]ques-unes de ses filles dans les mêmes principes, se déclara ouvertem[ent] pour l'Evangile. Etant atteinte d'une grave maladie, au château [de] Fontainebleau, elle profita de l'absence du roi, qui était allé se [faire] sacrer à Reims, pour faire demander le ministre Malot, ci-d[evant] prêtre de l'église Saint-André-des-Arts, et conférer avec lui. E[lle] mourut quelque temps après, le 28 août 1561. De Thou, liv. xxv[III]. La Place, *De l'état de la Religion et République*, 215.

seigneurs, voulurent avoir des ministres dans leurs maisons. Les anciens troupeaux s'accrurent d'une manière prodigieuse. De nouvelles églises se formèrent dans une multitude de lieux et de nombreuses demandes de ministres furent adressées coup sur coup aux églises de Genève, de Berne et de Neuchâtel [1].

Ces nouvelles causèrent un enthousiasme général. En présence de si grands besoins, les réformateurs de Genève redoublèrent de zèle et d'activité. Une foule de jeunes gens, et même de personnes pieuses de tous rangs et d'âge mûr, qui n'avaient eu d'abord aucune idée de pratiquer le ministère, se mirent en état d'en remplir les saintes fonctions. Un grand nombre de français réfugiés reprirent le chemin de leur patrie pour travailler aussi, selon leur portée, à l'avancement du règne de l'Évangile. Il fut impossible, malgré tant d'efforts et tant de zèle de satisfaire pleinement aux demandes incessantes qui arrivaient de tous côtés. Tout ce qu'on put faire pour le moment fut d'envoyer des ministres là où l'intérêt général de l'Église l'exigeait d'une manière impérieuse, et où les besoins religieux se montraient le plus pressants. C'est ainsi que la duchesse de Ferrare et Gaspard de Coligny, auxquels Calvin ne cessait d'envoyer des lettres d'encouragement [2], reçurent pour ministres deux hommes aussi distingués par leurs talents que connus pour leur dévouement. François de Morel ou de Coulonges alla se fixer

---

[1] Les registres du clergé de ces trois états sont remplis de pareilles demandes. Voyez à l'*Appendice*, n°ˢ 50, 51, quelques lettres adressées aux réformateurs pour en obtenir des pasteurs.

[2] Voyez *Appendice*, n 47.

au château de Montargis, où résidait la princesse; Jean-Raimond Merlin se rendit à la cour auprès de l'amiral [2].

Pour empêcher que ce mouvement religieux, qui réjouissait tous les bons réformés, ne se ralentît, faute d'ouvriers, les seigneurs de Genève et de Berne consentirent à se priver, pour quelque temps, du ministère de plusieurs de leurs pasteurs. L'Église de Genève prêta à celle de Lyon le célèbre réformateur Pierre Viret. On choisit dans chaque classe du pays romand, un ministre pour aller rejoindre ceux qui étaient déjà partis pour la France. Antoine Bertaud, pasteur à Saint-Livre; Jacques Langlois, diacre, à Lausanne; Nicolas Pinoël, pasteur à Corcelles; Robert Prevôt, pasteur à Morges, se rendirent dans le Limousin. Servatis, pasteur à Thonon; Mathieu Olivier, pasteur à Mensongier, dans le Chablais, allèrent en Provence.

De leur côté, les pasteurs qui avaient prêché depuis longtemps la réforme en France, au milieu des plus dures privations et au péril de leur vie, sentirent redoubler leur zèle en voyant le fruit de leurs travaux, et

---

[1] 3 juillet 1561. — *On accorde un ministre à la duchesse de Ferrare à condition que ce ne soit ni M. Calvin ni M. de Bèze.* De Grenus, *Fragments biographiques et historiques, extraits des Registres du Conseil d'État de Genève.*

[2] *Maistre Jean-Raymond Merlin fust envoyé en la maison de monsieur l'admiral, en cour, qui avoit escrit pour avoir homme propre pour user en tel lieu.* Registre de la vénérable compagnie des Pasteurs de Genève. Année 1561.

[3] Wel. Miss., 266. Ruchat. *Hist. de la réformation de la Suisse*, tom. VI, p. 403.

[4] C'est probablement ce Prévost qui a écrit la lettre que nous avons insérée dans l'Appendice, au n° 49.

[5] Wel. Miss., 266, 282. Ruchat, vol. VI, p. 403.

plusieurs d'entre eux s'occupèrent avec persévérance à préparer au saint ministère les jeunes hommes de leurs églises, qui leur paraissaient propres à remplir cette charge [1].

Les réformés ne furent pas moins favorisés dans les états de la reine de Navarre. Non-seulement, cette princesse leur accorda une protection égale à celle dont jouissaient les catholiques; mais elle voulut encore que les églises servissent aux deux cultes, et que les ministres reçussent un traitement [2]. Elle-même, fermement convaincue désormais de la vérité des doctrines évangéliques, qu'elle avait si longtemps repoussées avec froideur, abjura solennellement à Pau, le jour de Pâques 1561 les erreurs de l'Église romaine, et prit part à la sainte Cène. Dès ce moment, elle s'occupa avec le plus grand zèle à consolider et à étendre la réforme dans ses états [3].

Ces progrès de la doctrine évangélique dans les deux royaumes, devaient nécessairement alarmer les bons catholiques. Le cardinal de Lorraine se fit l'organe de leurs craintes. Le prélat s'adressa au Roi, immédiatement après le sacre, et lui représenta, au nom du clergé, l'état de décadence dans lequel se trouvait la religion catholique, abandonnée par une foule immense qui formait de tous côtés des rassemblements religieux, sans que les magistrats, retenus par les derniers ordres du gouvernement, osassent s'y opposer. Il supplia le

---

[1] Voyez Appendice, n° 57.
[2] Le traitement du ministre de Pau était de 210 livres; celui de tous les autres de 150 livres. *Histoire de Jeanne d'Albret*, par Mme Vauvillers, t. 1, p. 177.
[3] Voyez Appendice, n° 54.

monarque de ne pas autoriser ces innovations, ava[...]
que la réunion des prélats, de laquelle il avait é[...]
question à l'assemblée de Fontainebleau, eût réglé l[...]
différends religieux, et il lui demanda de convoqu[er]
au parlement de Paris, les membres de son cons[eil]
privé, pour aviser aux moyens de mettre une fin a[ux]
troubles qui agitaient de plus en plus le royaume.

Le Roi se rendit à sa requête et, le 9 juillet 15[..]
une assemblée imposante, composée des membres [du]
parlement, de quatre princes du sang, de quatre car[di]-
naux, de quatre maréchaux, du connétable, du cha[n]-
celier, du grand-maître, de l'amiral et de plusieu[rs]
autres grands seigneurs et évêques du conseil privé [du]
monarque, se réunit pour s'occuper de la propositi[on]
du cardinal. Le résultat des délibérations ne fut p[as]
très-favorable aux réformés et, à la majorité de tr[ois]
voix seulement, il fut décidé qu'en attendant les déc[i]-
sions d'un concile général ou national, on défendrait [à]
ces derniers, sous peine d'emprisonnement ou de co[n]-
fiscation de biens, de faire des assemblées religieuses[;]
que, pour ce qui regardait le crime d'hérésie, on suivra[it]
l'édit de Romorantin, mais que le coupable ne devra[it]
plus recevoir d'autre punition que le bannissement[;]
enfin, qu'on ferait grâce à tous ceux qui se trouve[-]
raient présentement retenus en prison, par suite d[es]
derniers troubles ou pour cause de religion [1].

La même assemblée arrêta qu'au mois d'août suivan[t]
on convoquerait à Poissy les prélats du royaume, [ou]
du moins les plus distingués, pour régler les différen[ds]
religieux, et qu'en outre, on délivrerait des sauf-condui[ts]

---

[1] Voyez [...]

à plusieurs ministres et autres membres des églises réformées, afin que ceux-ci pussent venir y exposer, en présence du Roi, les motifs qui les tenaient éloignés de l'église romaine, et travailler, si la chose était possible, à un rapprochement, au moyen de concessions réciproques.

L'édit qui fut publié le 25, en conséquence des résolutions prises dans l'assemblée, et qui prit le nom d'édit de juillet, fut accueilli avec joie par les catholiques. Le duc de Guise en manifesta publiquement sa satisfaction, et déclara que *son épée ne tiendrait jamais au fourreau, quand il seroit en question de faire en sortir effect à cest arresté* [1].

Quant aux réformés, ils ne furent point abattus. L'appui secret qu'ils trouvaient à la cour [2], et la perspective d'une assemblée solennelle, où leurs ministres pourraient faire connaître d'une manière éclatante leurs principes et leur foi, contribuèrent puissamment à entretenir leurs espérances. Bientôt, on ne parla plus, dans toute la France et à l'étranger, que de la discussion publique, qui allait avoir lieu entre les docteurs des deux religions, et qui devait amener une fusion.

Le pape Pie IV fut effrayé. La crainte de voir la France suivre l'exemple de tant de peuples qui avaient secoué le joug de Rome, lui fit employer tous les moyens pour empêcher cette assemblée qui pouvait avoir des résultats si fâcheux pour son autorité. Afin de lui ôter tout prétexte plausible, il s'empressa de publier

---

[1] Pasquier, lettre IV, p. 186 du premier tome.
[2] Voyez *Appendice*, n° 12.

une bulle, pour réunir de nouveau le concile de Trent, dont les séances avaient été interrompues depuis long-temps, et il envoya en France son légat, le cardinal de Ferrare, accompagné de Jacques de Lainez, général des Jésuites [2], pour travailler de concert avec les prélats de ce royaume, à porter le gouvernement de François II à renoncer à cette assemblée des ministres des deux cultes.

[1] Ce concile avait été convoqué en 1545 par le pape Paul III, dans le dessein d'extirper les hérésies, rétablir la paix et l'union dans l'Église.

[2] Les jésuites, cette milice dévouée au pape, avaient déjà pénétré dans les états de la reine de Navarre pour y combattre l'influence de la réforme. Attirés par l'évêque Robert de Pélevé, ils s'étaient glissés à Pamiers en 1559, et avaient cherché à y fonder un collège pour faire tomber celui que Jeanne d'Albret y avait établi, et qui était très florissant. Mais, malgré les intrigues de l'Espagne et de la France, le conseil de ville s'y était opposé disant : *Que la cité avait prou de moines romains ; qu'elle était remplie de tels gens oiseux, qu'ils seraient usés pour se rendre maistres des habitants, si on permettait cette fourmi importune et fâcheuse.* Olhagaray, *Hist. de Foix*, etc., p. 521. Les jésuites réussirent à s'établir à Paris, à la fin de 1561.

CHAPITRE XVIII.

Du 25 Juillet 1561. — 9 Octobre 1561.

Colloque de Poissy.

Tandis que les ennemis des réformés mettaient tout en œuvre pour amoindrir l'importance de l'assemblée, qui allait avoir lieu, et l'empêcher de porter les fruits heureux qu'on en espérait; ceux-ci se préparaient à envoyer au colloque de Poissy leurs docteurs les plus distingués. Le roi de Navarre écrivit à Genève pour demander Calvin et Théodore de Bèze. Il pria aussi ce dernier d'inviter de sa part le savant théologien Pierre Martyr, qui enseignait l'hébreu à Zurich, à se rendre à Poissy [1].

Quoique le réformateur de Genève fût tout disposé à se rendre aux vœux de ses coreligionnaires, le conseil de cette cité ne voulut point consentir à son départ, à moins qu'on ne donnât en échange des otages du plus haut rang; mais il consentit à ce que Bèze fît le voyage

---

[1] Juillet 1561. — *Le même en ... M. de Bèze fust mandé de France ... assister au colloque de Poissy, comme aussi en fust prié M. Martyr ... lequel obtenir de l'Eglise de Zurich ...* Registre manuscrit de la vénérable compagnie des pasteurs de Genève.

de Zurich et de France [1]. En effet, peu de jours ap[rès] ce dernier partit pour Zurich. Le sénat de cette v[ille] se montra d'abord peu disposé à se séparer de s[on] illustre professeur [2]. Cependant il finit par prome[ttre] qu'on ne le refuserait pas, lorsque la demande en ser[ait] faite dans les formes. Le Roi de Navarre écrivit a[ussi] aux magistrats de Genève de faire partir incessamm[ent] Théodore de Bèze, et Charles IX donna aux sénate[urs] de Zurich, toutes les garanties qu'ils pouvaient dés[irer] pour la sûreté de Pierre Martyr [3].

Pendant que les deux monarques faisaient ces [dé]marches, les églises réformées de France réunissai[ent] leurs synodes provinciaux pour nommer les minist[res] et les députés laïques qui devaient assister au colloq[ue] et pourvoir aux frais que devaient nécessaireme[nt] entraîner leur déplacement et leur séjour à Poissy. Chaque troupeau fut imposé selon son importan[ce] Celui de La Rochelle entre autres fut imposé à tren[te] livres [4].

Les pasteurs et les adjoints laïques, qui avaient é[té] élus dans les diverses provinces, et auxquels on av[ait] délivré des sauf-conduits, se mirent en marche po[ur] se trouver à la conférence, à l'époque fixée. Le lieu d[e]

[1] Ruchat, tom. vi. p. 409.
[2] Pierre-Martyr Vermigli, né à Florence, le 8 septembre de l'an[née] 1500, d'une famille riche et noble, avait embrassé la réforme, en 1[...] après avoir rempli de hautes charges dans l'église catholique. Obli[gé de] quitter l'Italie, il s'était retiré à Strasbourg, où il avait vécu quelq[ues] années. Reçu docteur en théologie et nommé professeur à l'univer[sité] d'Oxford en 1548, il avait quitté l'Angleterre à l'avènement de la r[eine] Marie, et il était venu se fixer à Zurich, en 1556.
[3] Musée des protestants célèbres, tom. iii, 1re partie, p. 168.
[4] Nous tirons ce fait d'un manuscrit de la bibliothèque de [La] Rochelle.

rendez-vous était à Saint-Germain-en-Laye, où se trouvait la cour. Les premiers arrivés furent François de Saint-Pol ou de Saules [1], pasteur de Dieppe, et Jean Raimond Merlin, ministre de l'amiral Coligny. Ils envoyèrent aussitôt chercher leur frère, François de Morel ou de Coulonges [2], qui pouvait, quoiqu'il n'eût pas été désigné pour faire partie du synode, leur être utile dans la lutte qui allait commencer. Deux jours après, ils furent rejoints par Augustin Marlorat, pasteur de Rouen [3]. Bientôt on vit arriver également, Jean Malot. Jean Le Maçon ou La Rivière; Nicolas Folion, plus connu sous le nom de La Vallée; Claude de la Boissière, Jean Bouquin, ministres de la Saintonge et de l'Aunis [4]; Jean Virel [5]; Nicolas des Gallars [6]; Arnaud,

---

[1] François de Saint-Pol, après avoir exercé le saint ministère dans le pays de Vaud, était venu se fixer à Genève. Il était allé en 1557 remplir les fonctions pastorales à Paris, comme nous l'avons dit plus haut. De retour à Genève, il avait été envoyé en 1560, à Montélimar, pour y organiser l'Eglise de cette ville. Obligé de quitter le Dauphiné, lors des derniers troubles, il était allé se placer à la tête de l'Eglise de Dieppe.

[2] Voyez Appendice, n° 53.

[3] Id. ibid. n° 53.

[4] Voyez la notice qui précède notre histoire des Eglises réformées de Pons, etc., p. 35.

[5] Nous n'avons trouvé aucun renseignement sur ce pasteur. D'Aubigné dit : Jean Virel, mais c'est une erreur.

[6] Nicolas des Gallars, en latin Gallasius, était déjà ministre de l'Eglise genevoise en 1545. Le registre de la vénérable compagnie des pasteurs de Genève nous apprend qu'il exerçait le saint ministère à Jussy, près de cette ville, en 1555. En 1557, il fut envoyé à Paris, mais il n'y resta que peu de temps et revint à Genève. La persécution avait forcé un grand nombre de français à se réfugier en Angleterre. Ils avaient établi à Londres une église française, mais celle-ci avait été dissipée sous le règne cruel de la reine Marie. A l'avènement d'Elizabeth, les fidèles eurent le désir de se réunir de nouveau, et ils s'adressèrent aux pasteurs de Genève, pour obtenir un ministre qui vînt réorganiser

Guilhem Barbaste[1] et François Perucel[2]. Jean [de] l'Épine[3], théologien distingué, qui jusqu'à ce mome[nt] ne s'était pas déclaré ouvertement pour la réform[e], vint aussi, sur l'invitation qui lui en fut faite, se rang[er] du côté des défenseurs des doctrines évangéliques.

Afin de mettre les députés des églises à l'abri [de] tout danger, ils furent tous logés ensemble à Saint-Germain, d'abord, près du palais, dans une maiso[n] qui appartenait au cardinal de Châtillon, frère de l'am[i]ral de Coligny : puis ensuite dans l'hôtel de la duches[se]

leur Eglise. Nicolas des Gallars leur fut envoyé au mois de mai 1[?]. On peut voir par la lettre que Calvin écrivit à cette occasion à Edm[ond] Grindal, évêque de Londres (Calv., Ep. 232); l'estime que le ré[for]mateur avait pour ce ministre. Des Gallars, après avoir rempli [sa] mission, revint prendre son poste; mais il fut bientôt obligé de [le] quitter de nouveau pour se rendre à Poissy, où il précéda Théodore [de] Bèze et Pierre Martyr.

[1] Il avait été Carme, et avait administré la cène avec le froc, le j[our] de Pâques 1560, dans l'église de Pau. Olhagaray, *Hist. de Foix*, [c.] p. 520.

[2] C'était un ancien Cordelier, instructeur des novices au couv[ent] de Paris. Il avait été ministre, en 1556, des réformés français que l[es] persécutions sanglantes avaient forcés de quitter l'Angleterre, où i[ls] étaient allés chercher un refuge, et qui étaient venus s'établir d'ab[ord] à Wesel, sur les bords du Rhin, puis à Francfort. Ruchat, v, p. 1[?]

[3] Il est aussi connu sous les noms de *Jean de l'Épine, Jean de Spi*[na], *Spinaeus, Acanthus*. Il avait été moine, mais les rapports qu'il a[vait] eus avec Jean Rabec, qu'il avait vu martyriser à Angers, le 24 a[vril] 1556, avaient fortement ébranlé sa foi aux croyances de Rome. [Il] prêcha d'abord l'Evangile à Angers, sans trop se découvrir, et [en] conservant ses habits de moine. Mais, à la fin, il devint suspect et d[ut] songer à se retirer. Il se tint pendant quelque temps à l'écart du m[ou]vement religieux, et se livra avec ardeur à l'étude. *Studia dans ste[?] colo*, écrivait-il à Calvin, avec lequel il se trouvait en corresponda[nce] peu de temps avant l'époque du colloque de Poissy. Il est probable q[ue] ce fut le réformateur qui le décida à se prononcer ouvertement pour [la] réforme, et à prendre part au combat que les docteurs des deux re[li]gions allaient se livrer.

de Ferrare, qui était décidée plus que jamais à faire profession ouverte de la réforme [1].

Les ministres, se trouvant déjà en nombre, adressèrent au Roi, le 17 août 1561, une requête par laquelle ils le suppliaient d'ordonner aux prélats qui s'étaient remis de leur côté, pour se préparer à la conférence, d'examiner leur confession de foi qu'ils avaient l'honneur de lui remettre, et qu'ils se proposaient de défendre. Ils demandèrent en même temps au monarque qu'il lui plût de leur accorder les points suivants, qu'ils considéraient comme justes et équitables :

1° Que les évêques, abbés et autres ecclésiastiques ne fussent point leurs juges, attendu qu'ils étaient leur partie adverse ;

2° Que Sa Majesté voulût bien présider le colloque, assisté de la Reine-mère, du roi de Navarre, des princes du sang et d'autres personnages désintéressés dans la cause qui allait se débattre, afin de maintenir le bon ordre ;

3° Qu'on prît pour unique juge des différends, la parole de Dieu, sur laquelle seule leur foi était fondée, et que dans le cas où l'on ne s'entendît pas sur les mots, on recourût aux textes grecs et hébreux ;

4° Enfin, que des secrétaires, choisis de part et d'autre, confrontassent chaque jour les procès-verbaux des séances, et que ces derniers ne fussent approuvés que lorsqu'ils auraient été vus et signés des deux côtés.

Le Roi, assis sur son trône, et ayant à ses côtés la Reine-mère, le roi de Navarre et les autres seigneurs de son conseil, reçut la requête et la confession de foi

[1] Appendice, n° 53.

qui y était attachée des mains d'Augustin Marlorat et de François de Saint-Paul, qui étaient venus la lui présenter, accompagnés des autres députés, et il leur dit avec bienveillance : Je communiquerai votre requête à mon conseil, et vous en ferai donner réponse par mon chancelier.

Six jours après, le 23 août, Théodore de Bèze arriva à Saint-Germain. La présence de ce théologien distingué produisit une grande sensation et causa une grande joie à tous les députés réformés. Dès le lendemain, il prêcha publiquement au château de Saint-Germain, dans le salon du prince de Condé, en présence d'une assemblée nombreuse et distinguée. Il fut écouté avec le plus grand recueillement, et tout se passa sans le moindre désordre. Le soir de la même journée, il eut l'honneur d'être mandé dans la chambre du roi de Navarre, où se trouvaient ce prince, la Reine-mère, le prince de Condé, les cardinaux de Bourbon et de Lorraine, le duc d'Etampes et madame de Crussol. Les paroles qu'il adressa à la Reine, à cette occasion, les réponses de celle-ci et l'entretien qu'il eut avec le cardinal de Lorraine, semblèrent annoncer que la conférence projetée aurait une issue favorable. Aussi, dès le 25 août au soir, François de Morel s'empressa d'annoncer ces bonnes nouvelles à Calvin, en lui envoyant le double de la requête qui avait été adressée au Roi, et en lui promettant de lui faire parvenir la réponse, aussitôt qu'elle aurait été reçue [1]. Il lui apprit en même temps que le conseil ayant mis en délibération si l'on devait entendre ou non les députés réformés, la Reine-mère

[1] Appendice, n° 53.

avait tranché la question en disant qu'elle ne voulait pas que l'on discutât sur ce point qu'elle avait résolu d'une manière affirmative ; mais qu'on eût à s'occuper des conditions d'après lesquelles les ministres demandaient que la conférence eût lieu [1].

En attendant le résultat de leur demande, les ministres continuèrent à prêcher dans plusieurs endroits du château de Saint-Germain à des auditoires nombreux et composés de gens de toute qualité. Ils le firent encore avec plus de liberté, lorsque la reine de Navarre, Jeanne d'Albret, fut arrivée à la cour, accompagnée de son ministre Jean de la Tour [2].

C'est ainsi que le temps s'écoula jusqu'au 8 septembre. Ce jour là, les députés, ne recevant pas de réponse à la requête qu'ils avaient remise au roi, en préparèrent une seconde dans laquelle ils déclarèrent d'une manière formelle qu'ils ne pouvaient entrer en conférence qu'autant qu'on leur garantirait que les conditions qu'ils avaient proposées seraient observées pendant tout le temps de la discussion. La députation chargée de la présenter se trouva composée de Théodore de Bèze, de Nicolas des Gallars, de François de Morel et du sieur de Moyneville, député laïque de la province de Normandie. La Reine, entourée du roi de Navarre, du prince de Condé, de l'amiral de Coligny, du chancelier et d'un secrétaire de ses commandements, répondit à Théodore de Bèze, qui avait porté la

[1] *Appendice*, n° 53.
[2] Jean de Tournay, dit de la Tour, âgé alors de soixante-dix ans, avait prêché, trente-cinq ans auparavant, l'évangile à Alençon, sous l'habit de moine Augustin. Il avait depuis exercé le ministère avec beaucoup de réputation dans la Suisse Romande, et il avait été nommé en 1559 pasteur de l'église de Chinon. Crespin, *Martyrs*, liv. 8, p. 592.

parole, que les prélats ne seraient point juges d[es]
débats qui allaient s'ouvrir ; mais elle se refusa à donne[r]
immédiatement aux ministres un acte écrit de cette
promesse comme ceux-ci le demandaient dans leur[s]
requêtes, ajoutant qu'il leur serait délivré quand cel[a]
serait nécessaire et que, pour le moment, ils pouvaie[nt]
se contenter de sa parole. Aussitôt que la députatio[n]
se fût retirée, douze docteurs de la Sorbonne se pré[-]
sentèrent devant la Reine pour la supplier de ne p[as]
permettre que les ministres hérétiques, qui ne recon[-]
naissaient pas l'autorité des évêques et des prélats fussen[t]
entendus, ou du moins de consentir à ce que les déba[ts]
n'eussent lieu qu'entre eux, et non devant la cour, q[ui]
n'en retirerait, disaient-ils, aucune édification. Mais, [à]
leur grand mécontentement, ils reçurent pour toute ré[-]
ponse : que la conférence publique avec les ministres étai[t]
chose décidée, et qu'il n'y avait plus à revenir là-dessus[.]

Ce fut le lendemain mardi, 9 septembre, ver[s]
midi, que commença, à Poissy, à peu de distance
de Saint-Germain, la première séance de ce fameu[x]
colloque. Le grand réfectoire du couvent des reli[-]
gieuses de cette petite ville avait été choisi pour l[e]
lieu de la conférence. Le Roi, ayant à sa droite le du[c]
d'Orléans, son frère, et le roi de Navarre, et, à s[a]
gauche, la Reine-mère et la reine de Navarre, s'assi[rent]
au centre de l'un des grands côtés de la salle qui forma[it]
un carré long. Une suite nombreuse de princes, d[e]
chevaliers, de seigneurs et de dames de toutes qualités
vinrent se placer derrière le monarque et les person[-]
nages qui occupaient le premier rang. Six cardinaux[,]
trente-six évêques et archevêques assis plus bas [et]
ayant également derrière eux une foule d'ecclésias[-]

ques, de docteurs et de députés du clergé, achevèrent de garnir ce côté de la salle. La garde du Roi, ainsi qu'une très-grande réunion de gens de tous états, se placèrent vis-à-vis, à l'autre extrémité.

Le Roi prit alors la parole, et prononça quelques mots au milieu du silence général, pour faire connaître à l'assemblée le but qu'il s'était proposé en la convoquant: puis, il ordonna à son chancelier d'expliquer plus au long ses intentions. Après le discours de celui-ci et une réponse du cardinal de Tournon, les douze ministres élus pour la dispute, accompagnés de vingt-deux députés chargés de représenter au colloque les deux mille cent cinquante églises alors existantes, furent introduits dans la salle par le duc de Guise et le sieur de la Ferté, capitaine des gardes, qui les conduisirent jusqu'aux barrières. Alors Théodore de Bèze qui avait été choisi par ses collègues pour porter la parole s'exprima ainsi :

« Sire, puisque l'issue de toutes entreprises et grandes et petites dépend de l'assistance et faveur de notre Dieu, et principalement quand il est question de ce qui appartient à son service, et qui surpasse la capacité de nos entendements, nous espérons que Votre Majesté ne trouvera mauvais ni étrange si nous commençons par l'invocation d'icelui. » Dès qu'il eut achevé ces mots, les ministres et les députés des églises inclinèrent leurs têtes nues sur les barrières et Bèze, s'étant mis à genoux, prononça la belle prière qui se trouve en tête de la liturgie de Genève : Seigneur Dieu, Père Éternel et Tout-Puissant, nous confessons, etc. [1].

---

[1] Bèze, liv. IV, p. 116. D'Aubigné. *Hist. Univ.*, chap. XXIII, p. 109.

Nous ne pouvons pas insérer ici le long discours que Théodore de Bèze adressa au Roi, lorsqu'il se fut relevé. Nous dirons seulement que cette belle harangue fut écoutée avec la plus grande attention jusqu'au moment où, près d'achever, il dit que le corps de Jésus-Christ quoique véritablement offert et communiqué dans la Sainte-Cène, « était toutefois aussi loin du pain que le haut des cieux est éloigné de la terre. » A ces mots, les prélats firent entendre de violents murmures. Plusieurs même se levèrent comme pour se retirer et le cardinal de Bourbon pria le Roi et la Reine d'imposer silence à l'orateur, ou de lui permettre de quitter l'assemblée avec les autres membres du clergé. Mais le monarque se refusa à cette demande et de Bèze put continuer son discours, à la fin duquel il fléchit le genou, ainsi que tous les députés, pour rendre hommage au Sauveur, qu'il avait invoqué en commençant. Alors de Bèze s'étant relevé, présenta de rechef la confession de foi des églises réformées de France au Roi, qui la reçut des mains du sieur de la Ferté, capitaine des gardes et la fit remettre ensuite aux prélats.

Le cardinal de Tournon se leva à son tour et prit la parole pour conjurer le monarque de ne rien croire de ce qui avait été dit, et de continuer à professer la religion de ses ancêtres. Au reste, il demanda qu'on fixât un jour pour répondre au discours de Bèze, disant qu'on y répondrait bien.

Le lendemain, 10 septembre, Théodore de Bèze crut devoir écrire à la Reine pour lui fournir les éclaircissements que le tumulte l'avait empêché de donner sur le passage de sa harangue qui avait excité les murmures des prélats. Ces derniers, de leur côté, se réunirent pour délibérer entr'eux sur la marche qu'ils devaient suivre dans les débats. Le cardinal de Lorraine, qui avait été un des premiers à proposer la conférence, dans laquelle il espérait faire admirer son éloquence, ne put s'empêcher de rendre un éclatant hommage à celle du théologien réformé. « *A la mienne volonté*, s'écria-t-il, en ouvrant la séance, *que cellui-là eust été muet, ou que nous eussions été sourds.* Tous reconnurent la vérité de cet éloge, et pour opposer éloquence à éloquence, il fut décidé que le cardinal de Lorraine, assisté des docteurs et particulièrement de Claude d'Espense, répondrait au discours de Théodore de Bèze, mais seulement sur deux points; savoir : sur ceux de l'Église et de la Cène et cela, non pas pour engager la dispute, mais seulement pour empêcher qu'on ne crût que les arguments de l'orateur fussent sans réplique. Au reste, il fut conclu, à une immense majorité, qu'on opposerait une confession de foi à celle des ministres, qu'on la soumettrait à leur approbation, et que dans le cas où ces derniers la rejèteraient, on prononcerait solennellement sentence de condamnation contre eux, ce qui mettrait fin au colloque.

Aussitôt que les ministres eurent avis de cette résolution, ils écrivirent au Roi pour protester contre ces prétentions de leurs adversaires. Mais le chancelier de l'Hôpital prit des mesures propres à empêcher l'exécution du projet des prélats. Alors le cardinal de Lorraine, prévoyant qu'il serait impossible d'éviter la dispute, ne chercha plus qu'à en faire tourner les chances en sa faveur, et le moyen le plus ingénieux qu'il imagina pour atteindre ce but, fut de faire venir des ministres de la confession d'Augsbourg, et de les mettre aux prises avec les ministres réformés, sur la question de la cène. Il espérait profiter de leur manque d'accord sur ce point, et échapper ainsi, lui et son parti, à la faveur de cette division, *à la façon de saint Paul, disait-il, qui, par semblable moyen, échappa d'entre les mains des Pharisiens et des Sadducéens.*

En effet, il écrivit sur-le-champ au sieur de Vieille-ville, à Metz, pour l'inviter à faire de suite les plus grands efforts, pour découvrir quatre docteurs luthériens fermement attachés à leur manière d'envisager le sacrement de la Cène, et les envoyer secrètement et sans bruit auprès de lui. Il fut obéi selon ses désirs, et peu de temps après, quatre théologiens allemands et un français qui résidait dans ce pays, prirent la route de Paris, sans se douter du rôle qu'on se proposait de leur faire jouer.

Le 16 septembre eut lieu la seconde séance du colloque. Tout avait été disposé dans la salle de la même manière qu'à la séance précédente. Seulement, le cardinal de Lorraine, qui prit cette fois la parole, s'était placé pour se faire mieux entendre sur un siége au milieu des évêques, à la droite du Roi. Le prélat fit preuve de talent, mais exposa d'une manière diffuse la doctrine de l'Église catholique, et il insista plus particulièrement sur deux points particuliers, ceux de l'Église et de l'Eucharistie. Quand il eut achevé, les cardinaux et les évêques se levèrent, entourèrent le Roi et le supplièrent de demeurer fermement attaché à l'Église romaine. Ils ajoutèrent que si les ministres voulaient souscrire à la doctrine qu'avait exposée le cardinal sur les deux points principaux, ils consentiraient à les entendre sur d'autres de moindre importance; qu'autrement, ils priaient le Roi de ne plus insister sur de nouvelles conférences, et de débarrasser le royaume des ministres hérétiques [1].

Alors Théodore de Bèze prit la parole au nom des autres ministres. Il dit au Roi que lui et ses collègues étaient tout prêts à répondre de suite au discours du cardinal, si Sa Majesté voulait le leur permettre, sinon, qu'ils le suppliaient de leur désigner un jour où ils pussent examiner avec les évêques sur la Sainte Écriture, comme ils l'avaient demandé, les sujets que le cardinal avait traités dans sa harangue.

Les prélats qui avaient repris leurs places, au moment où de Bèze avait commencé à parler, se levèrent de rechef et s'approchèrent du Roi. Après un court entretien avec le monarque, ce dernier fit répondre aux ministres qu'il leur marquerait un jour pour faire entendre leur réplique. Les ministres contrariés de ce délai se réunirent le lendemain 17, et insistèrent auprès du Roi pour être entendus sur-le-champ. Mais, malgré leurs efforts, il s'écoula une semaine avant qu'on fît droit à leur requête, et leurs adversaires ne manquèrent pas, comme ils l'avaient prévu, de répandre faussement le bruit qu'ils leur avaient fermé la bouche.

Mais ces fausses rumeurs ne trompèrent personne. On connaissait les démarches que les ministres avaient faites pour être ouïs de suite, et les tentatives que les prélats ne cessaient de faire pour rompre la conférence trahissaient assez leurs secrètes inquiétudes.

Sur ces entrefaites, le cardinal de Ferrare, que le

---

[1] D'Aubigné, *Hist. Univ.*, liv. II, p. 110.

pape Pie IV avait envoyé en France, arriva à la cour accompagné de Jacques Lainez, général des Jésuites. Les prélats, de concert avec ces deux personnages, firent alors de nouveaux efforts pour empêcher que les ministres fussent entendus, à moins que ceux-ci ne voulussent rentrer dans le sein de l'Église catholique. Il est probable qu'ils auraient fini par faire agréer à la demande, s'ils se fussent montrés plus disposés à voter, à l'Assemblée des états, les décimes que la Reine réclamait. Mais, comme ils furent assez peu conciliants sur cet article, et que, d'un autre côté, les ministres ne négligèrent rien pour obtenir une audience, il fut décidé qu'il y aurait une troisième conférence le 24 septembre. Seulement on fit cette concession aux prélats, que les débats ne seraient plus entourés de l'appareil pompeux qui les avait accompagnés au commencement; qu'ils auraient lieu dans une autre salle; qu'ils ne seraient plus accessibles au public; que le Roi n'y assisterait pas et que le nombre des docteurs des deux parties serait réduit. La chambre priorale du couvent fut choisie pour cette nouvelle conférence. Il n'y eut pour auditeurs que la Reine-Mère, la reine de Navarre, deux autres dames, les princes du sang et les membres du conseil privé. Cinq cardinaux, quinze ou seize docteurs, du côté des catholiques; douze ministres seulement, du côté des réformés, car l'on n'avait pas permis à ces derniers de dépasser ce nombre, furent chargés de continuer la dispute. Théodore de Bèze, Pierre Martyr, qui n'était arrivé à Poissy que le 2, défendirent les doctrines de la réforme. Le docteur d'Espence, un moine blanc, nommé de Saintes et cardinal de Lorraine maintinrent les croyances

Église romaine. Nous n'entrerons pas dans le détail des débats qui eurent lieu dans cette séance, non plus que dans celle qui se tint le 26 du même mois et dans laquelle Pierre Martyr se fit entendre dans sa langue maternelle de manière à ravir d'admiration ceux qui connaissaient l'italien, tandis que le général des Jésuites se couvrit de ridicule par ses puérilités. Nous dirons seulement que les deux points de doctrine sur lesquels la discussion s'engagea principalement furent l'âme de l'Église et la cène. Les débats n'eurent pas une meilleure issue qu'auparavant, et la conférence prit fin sans avoir amené les heureux résultats que le chancelier de l'Hôpital en avait espérés. La Reine-mère qui n'avait d'autre but dans cette affaire que d'inquiéter le clergé et d'en obtenir le subside qu'elle réclamait, ne voulut pas cependant que les combattants des deux partis se séparassent si tôt. Par son ordre, Jean de Monluc, l'évêque de Valence, le docteur d'Espense, Théodore de Bèze et des Gallards se réunirent en particulier dans une maison de Saint Germain pour tenter d'amener un accommodement sur l'article de la cène qui faisait le sujet principal de la division entre les docteurs catholiques et réformés. Les ministres ne furent pas satisfaits du formulaire qui fut arrêté par les quatre théologiens et le rejetèrent comme n'étant pas assez explicite.

Catherine de Médicis provoqua alors une nouvelle réunion. Celle-ci fut plus nombreuse que la précédente. Les évêques de Valence et de Séez, trois docteurs, d'Espense, Salignac et Boutelier, figurèrent pour les catholiques; Pierre Martyr, Théodore de Bèze, Nicolas des Gallards, Augustin Marlorat et Jean de l'Épine pour les réformés. Après une conférence qui dura trois jours, le 29 et le 30 septembre, et le 1er octobre, ces six personnages tombèrent d'accord et rédigèrent un formulaire, qu'ils se proposèrent de soumettre à l'approbation des prélats et des théologiens de Poissy, sans le communiquer à qui que ce fût auparavant. Mais le secret ne fut pas gardé, et bientôt toute la cour eut connaissance de cet écrit.

La joie fut grande en apprenant cette bonne entente des docteurs les plus distingués sur un point si important. La Reine-mère manda Théodore de Bèze dans sa chambre, où se trouvait déjà l'évêque de Valence et lui témoigna la satisfaction qu'elle éprouvait de ce qui venait d'être arrêté. Le cardinal de Lorraine étant arrivé quelques moments après, et la Reine lui ayant communiqué l'écrit, le prélat déclara franchement qu'il n'avait jamais cru autrement et dit qu'il espérait que l'assemblée des prélats de Poissy s'en contenterait. Mais tout se passa autrement qu'on l'avait attendu. Le formulaire des dix théologiens ayant été proposé à Poissy, le 4 octobre, devint l'objet de violents débats, qui durèrent six jours. Une grande partie des prélats l'approuvèrent et le défendirent même avec force. Mais la majorité, entraînée par les docteurs de la faculté de théologie de Paris, qui ne pensaient qu'à la honte et à la perte de leur crédit s'ils paraissaient convenir d'avoir erré jusqu'à ce moment, le rejetèrent le 9, comme captieux et plein d'hérésies, et fit des reproches au cardinal de Lorraine, de ne s'y être pas d'abord opposé. Les docteurs publièrent un long écrit pour réfuter ce que le formulaire contenait, suivant eux, d'opinions fausses et hérétiques, et pour en montrer l'insuffisance. Ilposèrent ensuite la doctrine précise de l'Église catholique sur la cène. A la suite de cette profession de foi des docteurs, les prélats firent une espèce de résumé ou procès-verbal de ce qui s'était passé au colloque; ils terminèrent en déclarant que si Bèze et les autres ministres ne voulaient pas signer sur-le-champ la confession qui renfermait la croyance catholique sur le sacrement de la cène, ils ne voulaient plus les écouter, ni avoir aucunement affaire avec eux « comme demeurant obstinés et séparés de l'union et obéissance de ladite Église, et à telles peines que Sa Majesté avisera, pour le bien et repos de ses bons et fidèles sujets, leur sera défendue la demeure en son royaume très-chrétien, comme est le sien, auquel, depuis que la foy y est plantée, n'y a eu qu'un Dieu, un roi, une foi et une loi. »

Cette déclaration mit fin au fameux colloque de Poissy [1]. La plupart des ministres de France se retirèrent dans leurs églises respectives. Pierre Martyr reprit le chemin de Zurich, et Théodore de Bèze se disposa aussi à partir pour Genève, où sa présence était réclamée. Mais la reine-mère, dans des vues politiques, et la reine de Navarre, dans l'intérêt de la réforme [2], le retinrent à la cour.

---

[1] Le cardinal de Lorraine fut obligé de renoncer à son projet de mettre les théologiens allemands en opposition avec les ministres réformés de France. L'un des trois docteurs venus de Tubingue, mourut de la peste à Paris, ce qui empêcha de faire venir les deux autres de suite à la cour. Quant aux deux que le comte palatin avait envoyés de Heidelberg, ils partageaient entièrement les sentiments des réformés.

[2] Voyez *Appendice*, n° 58.

CHAPITRE XIX.

Du 9 octobre 1561. — 17 Janvier 1562.

Accroissement prodigieux des églises. — Activité et zèle des réformateurs. — Plu... villes se déclarent pour la réforme à la suite de délibérations solennelles. — Théo... de Bèze célèbre le mariage de Mademoiselle de Barbançon avec le prince de R... — Assemblées de réformés dans les environs de Paris. — Prédication du m... Malot au Patriarche troublée par les prêtres de l'église Saint-Médard. — Éd... janvier 1562.

Quoique le colloque de Poissy n'eût opéré aucu... rapprochement entre les deux religions, cette assem... blée, dont le principal honneur revint aux ministre... et surtout à Théodore de Bèze, contribua puissam... ment à encourager les espérances des réformés. Le... églises déjà considérables s'accrurent d'une manière... prodigieuse, et les demandes de ministres arrivèrent... Genève, à Lausanne et à Neuchâtel, plus nombreuse... que jamais [1].

La plupart des pasteurs de France, succombant à l... charge, supplièrent les réformateurs de venir promp... tement à leur aide. Il s'agissait, en effet, de placer d... suite sous le joug de l'Évangile, cette foule immens... qui abandonnait les erreurs du catholicisme et qui... n'ayant pas passé, comme les troupeaux auxquels ell...

---

[1] Voyez *Appendice*. n°ˢ 55, 56, 57.

se joignait, par les épreuves de la persécution, n'avait pas encore ressenti l'influence salutaire de la réforme [1]. Différer, c'était compromettre l'œuvre évangélique et l'empêcher de produire les heureux fruits qu'elle avait déjà portés dans tant de lieux [2].

Les réformateurs virent le danger, et redoublèrent d'ardeur. Un de ces derniers, Pierre Viret, était tombé dangereusement malade à Lyon, et se proposait d'aller respirer l'air de la patrie [3], pour raffermir sa santé restée toujours languissante depuis la tentative d'empoisonnement dont il avait failli être la victime à Genève, en 1535. La vue de ce grand mouvement religieux l'engagea à demeurer en France, et il alla exercer à Nîmes, sous un climat plus doux, les fonctions du saint ministère qu'on le suppliait de venir remplir aussi dans une autre province du royaume de laquelle on vantait la salubrité [4].

Guillaume Farel voulut aussi se mettre en campagne. Quoique âgé alors de soixante-treize ans, il quitta pour quelque temps son église de Neuchâtel, et se rendit en Dauphiné, pour revoir sa ville natale et surtout pour hâter dans cette province les progrès de la réforme qui lui était redevable de ses premiers commencements. Ce fut lui qui décida les réformés de la ville de Grenoble, qu'il traversa pour se rendre à Gap, à se réunir en

---

[1] Voyez *Appendice*, n° 54.

[2] Voyez, en particulier, dans la notice qui précède notre histoire de l'église de Pons ce que Palissy dit du changement opéré par la prédication de l'Évangile, dans les mœurs et les habitudes des habitants de la ville de Saintes et d'autres lieux de la Saintonge et de l'Aunis.

[3] Ruchat vi, p. 403.

[4] *Appendice*, n° 57.

corps d'église. « Guillaume Farel, dit de Bèze [1], pass[...]
» par Grenoble, y fit une vive et ardente exhortati[...]
» comme il était personnage plein de zèle de Di[...]
» s'il y en a eu de notre temps, et les ayant dispo[...]
» à bien faire, y laissa pour ministre Aynard Picho[...]
» pour leur donner courage. »

Calvin, de son côté, déploya une activité admira[...]
pour former des ministres capables, augmenter le[...]
nombre et satisfaire aux besoins pressants qui lui étai[...]
exposés de toutes parts. On pourra juger par le fra[...]
ment d'une lettre d'un ministre nommé de Beaulie[...]
citée dans Ruchat, et que nous rapportons ici de la v[...]
qui régnait alors dans l'Église de Genève, et du zèle qu[...]
fallait au grand réformateur pour soutenir la charg[...]
immense qui reposait sur lui. « Il n'est besoin, écrivai[...]
» il à Farel [2], que je vous écrive des grâces inestima[...]
» bles que Dieu fait de jour en jour à cette Église[...]
» d'autant qu'en cela j'entreprendrais chose plus grand[...]
» que mon entendement pourrait porter. Je veu[...]
» bien seulement vous raconter que, de plusieur[...]
» endroits, nommément de Lyon, Nîmes, Gap, Grasse[...]
» du pays d'Orléans, de Poitiers et plusieurs autre[...]
» endroits, il y a gens ici qui demandent ouvriers pou[...]
» cette moisson nouvelle, surtout ceux de Tournon[...]
» en Agennois font grande instance pour en avoir[...]
» ayant même charge de leur évêque; car en ces pay[...]
» là, il y a encore plus de trois cents paroisses qui on[...]
» mis bas la messe et n'ont point encore de pasteur[...]
» Le pauvre peuple crie de tous côtés à la faim, et n[...]

[1] *Hist. Eccles.*, liv. v, p. 560.
[2] 3 octobre 1561. Ruchat vi. p. 535.

se trouve point qui leur coupe le pain céleste. C'est merveille des auditeurs de M. Calvin. J'estime qu'ils sont journellement plus de mille. M. Viret tient la compagnie du côté de Nîmes; Belot est envoyé à Mâcon-sur-Saône. J'ai entendu des gens dignes de foi, que si pour le jourd'hui se trouvaient quatre, voire même six mille ministres du Seigneur, ils seraient employés. »

En effet, les progrès de la réforme en France, en Béarn et dans la principauté de Sédan [1] étaient immenses. Des villes entières, comme Sainte-Foy, Milhau, Lacaune, etc., se déclaraient pour les doctrines évangéliques, à la suite de délibérations solennelles. Dans plusieurs localités, les habitants des campagnes, témoins de la conduite édifiante des pasteurs, qui forçait au silence leurs ennemis les plus acharnés, demandaient des ministres aux curés ou à ceux qui tenaient en ferme les biens du clergé, les menaçant, s'ils leur refusaient, de ne pas leur payer les dîmes. *Cela faschoit plus les*

[1] La réforme avait pénétré depuis longtemps dans cette principauté qui devait plus tard faire partie de la France et les fidèles de Sédan possédaient déjà un ministre en 1555. (Voyez *Appendice*, n° 23). Henri Robert de la Marck, duc de Bouillon, auquel appartenait alors cet état, se montra de bonne heure favorable aux réformés, et ouvrit un asile dans ses domaines aux Français que la persécution chassait de leur patrie. Peu à peu, il partagea leurs croyances et cessa d'observer les rites du catholicisme. Ce ne fut toutefois qu'en 1559, un an après son mariage avec la fille de la duchesse de Montpensier, princesse sincèrement dévouée à la réforme, comme sa mère, qu'il fit abjuration publique des erreurs de Rome, au moment où Henri II venait de publier l'édit qui établissait en France le tribunal de l'inquisition. La liberté de conscience fut alors proclamée à Sédan, et cette ville qui reçut dans son sein une foule de Français persécutés, entra dans une voie extraordinaire de prospérité. Voyez, au sujet de cette révolution religieuse, l'histoire de l'ancienne principauté de Sédan, par Peyran, tom. II.

prestres, dit un écrivain contemporain, *que nulle autre chose et leur estoit fort étrange* [1].

Mais c'était surtout à Paris et dans ses environs que le mouvement religieux rencontrait le plus de faveur. Le mariage de Mlle de Barbançon, nièce de la duchesse d'Étampes, avec le jeune de Rohan, avait été célébré le 29 septembre, par Théodore de Bèze, selon le rite de Genève, au bourg d'Argenteuil, en présence de la reine de Navarre, du prince de Condé et de l'amiral de Coligny [2]. Cet acte qui se passa sans la moindre opposition, presque aux portes de la capitale et du château de Saint-Germain, où se trouvait la cour, inspira une telle confiance aux réformés, que ceux-ci, ne pouvant plus, à cause de la multitude prodigieuse des fidèles, tenir leurs assemblées secrètes, se décidèrent, au mois d'octobre suivant, à sortir de la ville, et à se réunir dans un lieu retiré, où ils pouvaient se rendre de divers côtés. Ils choisirent, à cet effet, un jardin appelé la Cerisaye, près du monastère de Saint-Antoine-des-Champs [3]. Huit à neuf mille personnes assistèrent à cette première assemblée. Au retour, on fit quelques tentatives pour les empêcher de rentrer. Mais cette petite sédition populaire fut facilement comprimée, grâce à l'intervention de quelques hauts personnages.

Les réformés de Paris ne cessèrent pas pour cela de se réunir. Au contraire, ils tinrent ouvertement une assemblée dans le logis de la comtesse de Senigan,

---

[1] Voyez *Appendice*, n° 60.
[2] Pasquier, *Lettres*, liv. IV, tom. I, p. 200.
[3] Pasquier, id. Bèze dit simplement hors la porte du temple.

cette fois, on envoya, pour prévenir une émeute, les prévôts des maréchaux et leurs archers [1].

Il était impossible qu'une révolution religieuse aussi importante et aussi générale restât pure de tout excès et de tout désordre. Dans plusieurs localités où les réformés se trouvèrent en majorité, ceux-ci s'emparèrent des églises et y exercèrent leur culte, après en avoir fait disparaître les images, les statues et les autres objets qu'ils croyaient propres à entretenir la superstition. Ces violences, que les ministres ne purent prévenir et qui furent aussi blâmées par les réformateurs [2], donnèrent lieu à diverses ordonnances du roi. On défendit d'abord aux particuliers de porter sur eux des pistolets ou des arquebuses. On ordonna ensuite de faire déposer toutes les armes de ces derniers dans les hôtels-de-ville. Enfin, le 3 novembre, on enjoignit aux réformés de rendre les temples dont ils s'étaient emparés. Les fidèles, exhortés par leurs pasteurs, obéirent sur-le-champ, et cette prompte soumission aux ordres du gouvernement déjoua les plans de ceux qui cherchaient déjà à faire naître des troubles dans le royaume.

Mais ces mesures prudentes ne suffisaient pas pour établir le calme en France. L'édit de juillet interdisait les assemblées des réformés, et ceux-ci le bravaient ouvertement. On conseilla alors à la reine-mère d'assembler de rechef les notables du royaume pour faire un nouvel édit qui, en satisfaisant, du moins provi-

---

[1] Pasquier, id. p. 201.
[2] On lit, dans une lettre de Calvin à Farel, les paroles suivantes : *tam plo occupari ut odiosum est Regis consilio, ita mihi nunquam pla-* *: donec publice aliquid staturetur, quod brevi fore confido*, Voyez aussi, dans l'*Appendice*, au n° 59, un fragment d'une lettre de Théodore Bèze sur ce sujet.

soirement, aux vœux des réformés et à la requ[ête] des états qui avaient demandé avec instance qu[e l'on] leur donnât des temples, prévînt les troubles q[ui] menaçaient d'éclater.

Les seigneurs catholiques, et particulièrement l[es] Guise et leur faction s'élevèrent avec force contre [ce] dessein. Ils soutinrent que l'édit de juillet avait pour[vu] sufisamment à tout, pourvu qu'on le fit bien exécute[r] en chassant tous les ministres, en ne permettant plus l[es] assemblées et en punissant avec sévérité ceux qui s'éca[r]taient de l'ancienne religion qu'il fallait maintenir da[ns] son entier. Là-dessus, ils blâmèrent en termes mesurés [ce] qu'ils appelaient la douceur de la reine, et s'en prire[nt] ouvertement au roi de Navarre, au prince de Condé, [à] l'amiral de Coligny et à ses frères de la situation présen[te] des affaires. La reine ne goûta point cet avis. Alo[rs] le connétable et les princes lorrains irrités se retir[è]rent de la cour, vers la fin de novembre, sans qu[e] Catherine de Médicis mît beaucoup d'empresseme[nt] à les retenir. Cette reine ambitieuse, imbue des prin[ci]pes de la politique de Machiavel, n'était pas fâché[e] de voir la division éclater entre les grands seigneu[rs] de France, et elle espérait bien mettre à profit c[es] discordes qu'elle fomentait avec adresse, pour affermi[r] son autorité. Cependant, avant de se décider à accorde[r] de nouvelles faveurs aux réformés, elle voulut savoi[r] par l'intermédiaire de l'amiral, quels secours elle pour[r]ait en espérer dans le cas où l'Espagne, qui ava[it] de grandes intelligences en France, voudrait inter[ve]nir, de concert avec les Guise, dans les affaires de c[e] royaume, sous le prétexte d'y maintenir le catholicism[e.] En conséquence, sur l'invitation de Coligny, l[e]

ministres et les députés des églises qui étaient encore
à Poissy, écrivirent de suite aux synodes des diverses
provinces et les invitèrent à leur envoyer chacun
un écrit signé, où seraient inscrits les noms de toutes
les églises qui se trouvaient dans leurs ressorts. Cette
enquête fut exécutée avec la plus grande diligence et,
au bout de quelque temps, les députés, ayant en leurs
mains les rôles signés de plus de deux mille cent cinquante églises, adressèrent au roi, au nom de celles-ci,
une requête pressante pour avoir des temples, en
mettant à la disposition du monarque leurs personnes
et leurs biens [1].

Pendant que ces députés s'occupaient avec zèle des
intérêts de leurs coréligionnaires, les réformés continuaient à tenir leurs assemblés religieuses, en dépit
de l'édit de juillet. A Paris, les prédications avaient
eu publiquement et du consentement de la reine.
Une foule immense venait y assister. *Ils ont entrepris
aux presches alternatifs*, dit un écrivain contemporain [2], *l'un aux faubourgs de Saint-Marcel, au lieu
dit le Partriarche, l'autre hors la porte Saint-Antoine, au lieu apellé Popincourt. Il seroit incroyable
à dire quelle affluence de peuple se trouve à ces nouvelles dévotions. Aqua Gabaston, chevalier du guet,
et ses archers fait escorte. A Popincourt preschent
d'Aulnay et l'Estang* [3] *: au Patriarche, Malo et
Viret* [4]. *Voyans les seigneurs catholics qui leur est*

[1] Bèze, liv. IV, p. 420.
[2] Pasquier, *Lettres*, liv. IV, tom. I, p. 200, 201.
[3] Gaudion, dit l'Estang. Il avait été ministre de Poitiers. Flor. VII, 9.
[4] Viret ne fit qu'un court séjour à Paris, cela est certain. Cependant les passages que nous allons citer ne nous permettent pas de nier la

18

de necessité caller la voile à la tempeste, Monsieur [de] Guise tout courroucé s'est retiré en sa maison de N[an]teuil, le cardinal de Lorraine en son archevesché [de] Reims, Monsieur de Nemoux en Savoye, le conne[stable] à Chantilly, etc.

D'après le témoignage d'un autre auteur, ces asse[m]blées s'élevaient quelquefois jusqu'au nombre prodig[ieux] de quinze mille et même de quarante mille âmes, et [il] fallait que deux ou trois ministres prêchassent au m[ême] lieu et en même temps. Les femmes se plaçaie[nt] au centre de ces immenses réunions. Elles étaie[nt] entourées des hommes à pied. Venaient ensuite l[es] cavaliers qui occupaient de toutes parts les derni[ers] rangs. Pendant l'exercice religieux, les soldats du go[u]verneur de Paris, placés aux avenues, empêchai[ent] qu'il ne fût troublé.

Malgré toutes ces précautions, la malice des adve[r]saires trouva le moyen de troubler une de ces grand[es] assemblées. Le 26 décembre, jour de la fête Sain[t-]Étienne, le ministre Malot, ci-devant prêtre habitu[é] dans l'église Saint-André-des-Arts, prêchait une apr[ès-]dîner, au Patriarche, et il était au milieu de son s[er]mon, lorsque, tout-à-coup, toutes les cloches de l'égli[se]

présence du réformateur à Paris, comme Bayle l'a fait dans son dict[ion]naire critique, à l'article Viret. On lit d'abord dans les registres [de] la république de Genève les lignes suivantes, qui semblent être [la] réponse du conseil de cette ville à une demande qui lui avait été f[aite] par l'église de Paris, qui désirait conserver dans son sein un prédicat[eur] dont elle avait déjà pu apprécier l'éloquence : 30 Décembre 1516. [On] prête Pierre Viret à l'église de Paris, où l'on espère qu'il fera beau[coup] de fruits et contribuera à convertir le parlement. De Grenus, Fragm[ents] Biographiques et Historiques, année 1561. Enfin, Florimond, liv. [...] p. 878, dit en propres termes : « Je l'ay (Viret) autrefois ouy presch[er à] Paris, lorsque le Calvinisme entra en vogue..... à la vérité cestuy-cy e[st] un grand pipeur des âmes foibles. »

de Saint-Médard, qui n'était qu'à quelques pas de là, furent mises en branle et empêchèrent sa voix de parvenir jusqu'à ses auditeurs

Un nommé Pasquot quitta alors l'assemblée et entra sans armes dans l'Église, invitant, en termes polis, les sonneurs à cesser pour un moment leur carillon. Il fut suivi par d'autres réformés qui s'exprimèrent avec plus de vivacité. Les prêtres et leurs affidés leur répondirent sur le même ton, fermèrent les portes et massacrèrent Pasquot qui était resté dans l'intérieur. L'alarme fut aussitôt donnée et le prévôt Rouge-Oreille, ainsi que le lieutenant criminel Desjardins, qui avaient été chargés par le gouverneur de Paris de veiller à la sûreté de l'assemblée, s'efforcèrent, mais en vain, de pénétrer dans l'église pour faire cesser le tocsin qui commençait déjà à être répété par les clochers des églises de Saint-Marcel et de Sainte-Geneviève. Ils envoyèrent aussitôt chercher quelques-uns de l'assemblée pour leur prêter main forte. Les portes de l'église furent enfoncées. Les prêtres et leurs affidés se retirèrent alors au clocher, où ils avaient fait des amas d'armes offensives et défensives. Tous virent alors que cette affaire était un complot monté, et cette certitude contribua beaucoup à échauffer les esprits.

Pendant ce tumulte, le ministre Malot, toujours en chaire, s'efforçait de retenir les assistants par le chant des psaumes [1], et les membres les plus considérés de l'as-

---

[1] C'est peut-être cette assemblée que Florimond veut désigner dans les lignes que nous insérons ici : *J'ai veu au temps que la France estoit folle après ces nouveautez, que parmy l'infinie multitude de ceux qui se trouvoit au presche le desordre en ce chant de pseaume, estoit si grand, qu'à ce bout, on chantoit un verset, et cestuy-cy un autre, si que le pauvre ministre Malo, quoyqu'il importast en choeur, et cria en vain, ne les pouvoit remettre à la cadence*. Liv. vııı, p. 1010.

semblée cherchaient à calmer ceux qui paraissaient les plus animés. Enfin, l'arrivée de Gabaston, chevalier du guet, suivi de sa troupe, mit fin à l'émeute. L'officier averti de la résistance qui avait été faite à l'autorité, se saisit de trente mutins, tant prêtres que autres, et les fit conduire au Châtelet, sans que la populace, que la fête avait attirée dans les rues du faubourg, fît aucune tentative pour enlever les prisonniers. Cependant, le lendemain, qui était un dimanche, elle changea d'allure. Ayant appris que les gens du roi, mal informés de ce qui avait eu lieu, s'étaient rendus à Saint-Germain-en-Laye, pour parler contre les assemblées des réformés, les plus turbulents du faubourg Saint-Marceau allèrent, sur le soir, au Patriarche, en brisèrent la chaire et y mirent le feu. Puis il se mirent à démolir le mur d'un grand jardin et à commettre d'autres désordres. Quelques gentilshommes réformés, entre autres, le sieur de Bussy, frère du prince Portian; le capitaine Sourcelles d'Anjou et deux Écossais, le sieur Stuart et le capitaine Ausbot, ayant été avertis de ce qui se passait, accoururent sur les lieux et mirent les mutins en fuite, après en avoir saisi sept, qu'ils livrèrent entre les mains du procureur du roi du Châtelet. Toute cette affaire se termina par quelques condamnations et quelques châtiments.

Les réformés, de leur côté, ne furent pas exempts de reproches, et dans plusieurs provinces du midi, ils se livrèrent en représailles de leurs longues souffrances, à de déplorables excès qui remplirent de douleur les pasteurs et leur firent craindre que les bonnes dispositions du gouvernement ne changeassent subitement à leur égard [1].

[1] Voyez Appendice, n° 59.

Il n'en fut rien, cependant, et la Reine-mère, cédant aux sollicitations de l'amiral de Coligny et du chancelier de l'Hôpital, convoqua à Saint-Germain, au commencement de janvier 1562, une assemblée solennelle pour faire un nouvel édit qui assurât mieux que ne l'avait fait l'édit de juillet la tranquillité du royaume. Le duc de Guise et son frère le cardinal de Lorraine ne voulurent point assister à cette réunion, et le connétable de Montmorency et le maréchal de Saint-André ne s'y rendirent que pour combattre les propositions qui seraient faites en faveur des réformés. Ce fut le chancelier de l'Hôpital qui présida cette imposante assemblée, qui comptait dans son sein, outre les princes du sang et les grands du royaume, des cardinaux, des évêques et des députés de tous les parlements du royaume. Le discours qu'il prononça à cette occasion est un modèle de sagesse. Après avoir exposé l'objet principal sur lequel les assistants devaient délibérer, c'est-à-dire, si l'intérêt de l'État demandait qu'on permît ou qu'on défendît les assemblées des réformés, il fit entendre ces paroles remarquables. « N'est-il pas possible d'être bon sujet sans être catholique ou même chrétien? Des concitoyens qui diffèrent d'opinions religieuses ne peuvent-ils pas vivre en bonne harmonie? Ne vous fatiguez donc pas ici à chercher laquelle des deux religions est la meilleure. Nous sommes ici non pour établir un dogme de foi, mais pour régler l'état [1]. »

La harangue du chancelier eut un plein succès. L'assemblée révoqua l'édit de juillet, et adopta, le 17

---

[1] *Hist. du concile de Trente*, p. 152. De Thou, liv. XXIX.

du même mois, le fameux édit, connu sous le n[om]
d'édit de janvier, que ce grand homme avait sans dou[te]
rédigé lui-même. En voici les principales dispositio[ns.]

Les réformés devaient rendre les églises dont [ils]
s'étaient emparés, ainsi que les ornements, les re[li]ques, etc. Défense leur était faite de bâtir des temp[les]
et d'abattre les images, les croix, etc. On leur perme[t]tait de s'assembler publiquement pour l'exercice [de]
leur culte, hors des villes et sans armes. Il était enjo[int]
aux magistrats qui devaient être admis en tout tem[ps]
dans leurs assemblées de veiller à ce qu'ils ne fusse[nt]
ni troublés, ni molestés à cause de leur religion. D[e]
leur côté, les réformés devaient respecter les fêtes d[e]
l'Église catholique, jurer entre les mains des officie[rs]
du roi l'observation de l'édit, ne rien prêcher [de]
contraire aux doctrines contenues dans le symbole d[e]
Nicée et dans les livres canoniques de l'ancien et d[u]
nouveau Testament, et s'abstenir de critiquer dan[s]
leurs prêches les cérémonies du catholicisme.

CHAPITRE XX.

17 Janvier 1562. — 1ᵉʳ Mars 1562.

Les ministres et les députés des églises invitent les réformés à se soumettre à l'édit. — Difficultés opposées par les Parlements. — Le roi de Navarre abandonne la cause des réformés. — Fermeté de Jeanne d'Albret. — Les princes de Châtillon et Condé quittent la cour. — Les Guise se rendent à Paris. — Massacre de Vassy.

L'édit de janvier ne satisfit pas pleinement les réformés, qui avaient espéré davantage. Ils se plaignirent, en effet, qu'on rendît leur condition pire qu'elle était, puisque, dans une multitude de lieux, ils célébraient sans opposition leur culte dans les villes, tandis qu'ils se voyaient non-seulement expulsés des églises, mais encore obligés d'établir leurs prêches dans les faubourgs. Les ministres et les députés qui se trouvaient encore à Saint-Germain, s'étaient attendus à ces murmures, et c'est ce qui fit qu'ils ne négligèrent rien pour les faire cesser. Après avoir demandé au chancelier de l'Hôpital l'explication de quelques articles de l'édit, dont le sens leur paraissait ambigu, ils adressèrent au mois de février suivant, une circulaire à toutes les églises, dans laquelle ils leur donnaient les conseils les plus sages pour les engager à se soumettre à un édit qui, à côté de quelques restrictions, leur accordait des avantages précieux.

Ces exhortations eurent un plein succès, et [...] réformés cédant également aux remontrances de le[urs] propres pasteurs [1], se soumirent au nouvel édit. Il n[e] fut pas de même des catholiques. Ils le reçurent d[ans] un morne silence. Le parlement de Dijon, influen[cé] par le duc d'Aumale, frère du duc de Guise, et g[ou]verneur du duché de Bourgogne, et soutenu par [...] Tavannes, lieutenant de cette province, ne le voul[ut] jamais publier. Il fallut deux lettres de jussion à ce[lui] de Paris, pour en obtenir l'enregistrement. Encore [ne] le fit-il qu'en déclarant qu'il cédait à la nécessité [du] temps [2]. Ceux de Languedoc et de Dauphiné opp[o]sèrent aussi une longue résistance. Les parlements [de] Rouen, de Toulouse et de Bordeaux furent ceux q[ui] firent le moins de difficultés.

Tandis que ces corps, plus ou moins soumis a[ux] volontés des Guise qui étaient considérés par les cath[o]liques comme de véritables soutiens de leur foi[,] manifestaient leur mauvais vouloir, les émissaires [de] l'Espagne et du Pape travaillaient dans l'ombre à aff[ai]blir le parti des réformés. Tous leurs efforts se dirigère[nt] sur le roi de Navarre qui partageait l'autorité av[ec] Catherine de Médicis. Ils s'attachèrent à flatter l[es] passions et l'ambition secrète de ce prince faible e[t] peu éclairé. Deux de ses plus intimes conseillers [...]

---

[1] Le célèbre Pierre Viret, doué d'un esprit doux et modéré, a[vait] déjà adressé de Nismes, le 15 janvier 1562, une lettre aux é[glises] de Languedoc, réunies en synode à Montpellier, pour les enga[ger à] rendre les édifices religieux qu'ils avaient pris.

[2] Urgenti necessitati temporis et obtemperando voluntati [...] Domini Regis; absque tamen approbatione novæ religionis et id t[em]per modum provisionis. Soulier, *Hist. des progrès du Calvin[isme]* liv. I. p. 37.

Nicolas d'Angu, évêque de Mende et François d'Escar, qu'ils avaient corrompus, furent les instruments dont ils se servirent pour parvenir à leurs fins. Ceux-ci firent entendre au monarque que s'il consentait à cesser de favoriser les réformés et à laisser aller une seule fois son fils à la messe, le roi d'Espagne lui accorderait la paisible possession de la Sardaigne en échange de la haute Navarre.

Le roi de Navarre donna si bien dans le piége qu'il décida à envoyer des ambassadeurs en Espagne et à Rome pour assurer Philippe II et le Pape de son dévouement. Théodore de Bèze, averti de ce qui se tramait, vint trouver le prince auprès duquel il avait un facile accès, et essaya de le ramener à ses premiers sentiments. Mais le roi de Navarre, séduit par les vaines espérances que l'on faisait briller à ses yeux, ne lui fit que de vagues réponses. Une lettre sévère [1] que lui adressa le réformateur de Genève dans le même but n'eut pas plus de succès. Ce fut bien pis encore quand il eut reçu des nouvelles des cours de Rome et de Madrid. Ce prince se laissa tellement aveugler par les promesses qui lui furent faites, que sa conduite vis-à-vis des réformés changea du tout au tout. Dès ce moment, il cessa d'entretenir des rapports avec eux : il s'abandonna plus que jamais aux séductions de la cour voluptueuse de Médicis, et pour marquer son retour au catholicisme, il prit part à une procession générale [2]. Ce fut en vain que sa vertueuse épouse lui rappela ce qu'il devait à Dieu et à sa maison. Elle-même se vit repoussée et dédaignée par

---

[1] Voyez Appendice, n° 64.
[2] D'Aubigné, *Hist. Univ.*, liv. III, chap. I, p. 130.

son époux égaré. Catherine de Médicis, effrayée de ce
changement subit du roi de Navarre, qui dérangeait
calculs politiques, voulut engager cette princesse
reconquérir sur son mari, en se conformant à ses nouvelles opinions, une influence dont elle espérait elle-
même se servir. Mais la Reine, toujours plus affermie
dans sa foi et encouragée par les lettres de Calvin [1],
répondit avec fermeté « que plutost que d'aller jamais
» à la messe, si elle avoit son royaume et son fils
» la main, elle les jetteroit tous deux au fond de la
» mer, pour ne lui estre empeschement. » Et, en effet
elle résista avec énergie aux menaces et aux mauvais
traitements de son époux, qui, non content de la retenir
comme prisonnière dans ses appartements, de lui
interdire les prêches qu'elle faisait faire chez elle, au
château de Saint-Germain, et de l'empêcher de se rendre
aux prédications qui avaient lieu à l'hôtel du prince
de Condé [2], voulait encore employer la force pour
l'amener à faire une action qu'elle regardait comme
contraire à sa conscience [3]. Enfin, voyant que ses
larmes et ses plaintes ne pouvaient toucher le cœur du
roi de Navarre et le ramener à une conduite plus digne
de lui, elle prit le parti de se retirer secrètement à sa
cour de Nérac. Mais, ayant appris en route que le
sieur de Monluc, envoyé à sa poursuite, devait l'arrêter
dans cette ville, elle se rendit en Béarn, au milieu de
ses fidèles sujets. Le jeune prince Henri, son fils, qu'elle

[1] *Appendice*, n° 62.
[2] Aujourd'hui, l'ancien Hôtel des Fermes, rue de Grenelle-Saint-Honoré.
[3] *Hist. de Jeanne d'Albret*, reine de Navarre, par Mme Vauvilliers, tom. 1. p. 242.

avait laissé en France, ne voulut jamais, à l'exemple de sa mère, aller à la messe, et les châtiments que son père lui fit infliger ne purent lui faire changer de résolution [1].

Cette façon étrange d'agir du roi de Navarre, irrita profondément les réformés. Les princes de Châtillon, que le monarque, depuis son changement, traitait avec la dernière froideur, se retirèrent de la cour, autant pour ôter aux ennemis des réformés, qui les accusaient de disposer du gouvernement à leur gré, le prétexte de s'y rendre en forces, que pour se concerter sur les moyens de soutenir les intérêts de leur maison et ceux des églises réformées, dans le cas où ils viendraient à être menacés.

Le prince de Condé, dont l'esprit grand et généreux était loin d'approuver la lâche conduite de son frère, ne tarda pas à suivre leur exemple. Il se rendit à Paris, pour y être mieux à portée de servir la cause des réformés, qu'il avait épousée. Peu de temps après son départ, Catherine de Médicis et le jeune Roi partirent avec une suite peu nombreuse pour le château de Monceaux, près de Meaux.

Les Guise, avertis de tout ce qui se passait et certains de l'appui du roi de Navarre devenu chef du triumvirat, crurent que le moment de reprendre leur ancienne influence à la cour était arrivé. Le parlement de Paris, forcé par la Reine-mère, qui ne voulait pas, dans l'intérêt de sa politique, l'anéantissement des deux partis, mais au contraire les tenir en équilibre, allait être contraint de publier l'édit de Janvier qu'il avait déjà enre-

[1] Olhagaray. *Hist. de Foix*, etc., p. 530.

gistré. Ils résolurent, en conséquence, de quitter su[r-]
le-champ Saverne, petite ville de l'évêché de Strasbour[g]
qui leur appartenait, et de se rendre à Paris bien acco[m-]
pagnés. Catherine de Médicis essaya en vain de conjur[er]
le danger, en écrivant aux princes lorrains de ven[ir]
directement à la cour sans armes, puisque tout était e[n]
paix. Mais les Guise n'eurent garde de se rendre à se[s]
désirs. Ils continuèrent à poursuivre leur route vers l[a]
capitale, suivis de leurs gens. Cependant ils s'arrêtère[nt]
quelque temps à leur château de Joinville, situé à tro[is]
lieues de Vassy. Cette petite ville possédait, depuis l[e]
mois d'Octobre 1561, une église que l'un des pasteu[rs]
de Troyes était venu organiser. Dès sa fondation, el[le]
avait été en butte au mauvais vouloir des princes lo[r-]
rains. Un mois après son établissement, le duc de Gui[se]
avait cherché inutilement à la dissiper par la forc[e.]
Cette tentative n'ayant pas réussi, il s'était décid[é,]
d'après les conseils de son frère, le cardinal, à envoye[r]
à Vassy l'évêque de Châlons, accompagné d'un moin[e]
habile controversiste, pour ramener le troupeau éga[ré]
dans le sein du catholicisme. Mais cette nouvelle déma[r-]
che n'avait pas eu plus de succès que la précédent[e.]
L'évêque et le moine s'étaient retirés confus, et les réfo[r-]
més de Vassy et des environs, visités d'abord de temp[s]
à autre, par les ministres de Troyes et de Bar-sur-Seine[,]
avaient fini par recevoir de l'église de Genève, u[n]
pasteur nommé Léonard Morel.

Telle était la situation de l'église de Vassy, lorsqu[e]
le duc de Guise vint y répandre la désolation. Il est pr[o-]
bable que la mère des princes lorrains, Antoinette d[e]
Bourbon, qui avait déjà fait les plus grands efforts pou[r]
empêcher le culte réformé dans ce lieu, et qui avai[t]

menacé les habitants de la vengeance de ses enfants, ils continuaient à se rassembler, adressa ses plaintes à ce sujet au duc et au cardinal. Quoiqu'il en soit, le duc, à son arrivée à Joinville, ne manqua pas de s'informer si le prêche continuait à Vassy, et s'il y avait un ministre. Sur l'affirmative, le prince, dissimulant sa colère, se décida à châtier d'une manière terrible les malheureux réformés. Pour mieux atteindre son but, il partit de Joinville un samedi (c'était le dernier jour de février 1562), accompagné du cardinal, son frère et de sa suite, et il alla coucher au village de Dammartin-le-Franc, distant de deux lieues et demie de son château. Le lendemain dimanche, premier jour de Mars, il se dirigea sur Vassy, après avoir assisté de bonne heure à la messe. Son escorte se composait d'environ deux cents hommes tous armés d'arquebuses, de pistolets et de coutelas. Tandis qu'il traversait le village de Bronzeval, situé à un petit quart de lieue de Vassy, la cloche de l'église abandonnée de Vassy se fit entendre pour appeler, selon l'habitude, les réformés à venir entendre prêcher leur ministre dans la grange qui leur servait de lieu de culte, depuis l'édit de janvier. Le prince feignit d'être étonné, et demanda à des passants *ce que c'estoit qu'on sonnoit à Vassy si hautement*. Ceux-ci lui en ayant fait connaître le motif, un de ceux qui marchaient à ses côtés, le sieur La Montagne, lui dit qu'il y avait bon nombre d'huguenots dans le village où ils se trouvaient lesquels fréquentaient les prêches de Vassy et qu'il ferait bien de commencer son attaque par cet endroit. Mais le duc ne fut pas de cet avis, et répondit : *Marchons, marchons, il les faut voir pendant qu'ils sont assemblez.*

En arrivant à Vassy, la troupe du duc se trouva renforcée par des archers qu'on venait de passer en revue à Montierender, et qui, au lieu de se retirer chez eux selon l'habitude, étaient restés dans la ville et s'étaient logés dans les maisons habitées par les catholiques. On les avait vus la veille préparer leurs armes. Mais les habitants, se fiant sur leur qualité de sujets du Roi, n'en avaient éprouvé aucune inquiétude. D'ailleurs, le duc et ses frères qui avaient passé près d'eux, deux mois auparavant, ne leur avaient fait aucun mal, et s'étaient contentés de leur envoyer l'évêque de Châlons, ainsi que nous l'avons dit plus haut.

Le duc s'avança dans la ville et fit mine de prendre le chemin d'Éclaron, où il devait dîner, à ce qu'on disait. Mais, lorsqu'il eut atteint la halle de Vassy, située en face du moutier; il se ravisa, descendit de cheval et entra dans l'église. Là, après avoir eu une courte conférence avec le prévôt et les deux prieurs de Vassy, il sortit précipitamment du moutier. On commanda aussitôt aux catholiques de se retirer dans ce lieu, de peur de se trouver compris dans le massacre qu'on allait faire des réformés. Le duc de Guise ordonna alors à ses gens de marcher vers le prêche.

La grange où les réformés célébraient leur culte, depuis l'édit de janvier, était à environ deux cents pas du moutier, à l'opposé de la rue et du chemin que le duc devait prendre pour aller à Éclaron. Douze cents personnes, hommes, femmes et enfants écoutaient leur pasteur. Le ministre avait achevé les premières prières et avait commencé son sermon. Tout-à-coup des coups de feu, dirigés contre ceux qui se trouvaient assis sur des estrades, près des fenêtres, retentirent aux oreilles des auditeurs. Les plus rapprochés de ces derniers voulurent fermer la porte de la grange ; mais ils en furent empêchés par les gens du duc de Guise qui se précipitèrent dans l'intérieur, l'épée nue à la main, en vociférant des cris de mort. Nous n'entrerons pas dans le détail [1] de l'horrible scène qui eut lieu alors. Le duc contempla presque constamment, d'un œil impassible, ce spectacle barbare. Un trait que nous allons rapporter nous fait connaître, combien ce fameux champion du catholicisme connaissait peu ce qui constituait la foi des réformés. On apporta, pendant le massacre, un gros livre qu'on avait trouvé dans la chaire du prédicateur. Il le prit dans ses mains et appelant le cardinal qui était resté appuyé contre

[1] Pour plus amples détails, voyez : le troisième volume des Mémoires de Condé, où l'on a inséré quatre relations, publiées dans le temps, sur cette déplorable affaire : 1° *Relation de l'occision du duc de Guise exécutée à Vassy en Champagne*. 2° *Discours au vray et en abbregé de ce qui est dernièrement advenu à Vassi, y passant monseigneur le duc de Guise : par Guillaume Morel, imprimeur du Roy, par privilège exprès dudit Seigneur*. 3° *Mémoire dressé par un huguenot, au sujet du tumulte de Vassy*. Ce dernier écrit, imprimé en latin, était destiné à circuler parmi les protestants d'Allemagne. 4° *Discours entier de la persécution et cruauté exercée en la ville de Vassy*. On trouvera aussi dans le livre VIII° des *Martyrs de Crespin*, pages 557, 558, 559, 560 et 561, une histoire complète de *La persécution des fidèles de l'Église de Vassy, en Champagne*. Le manuscrit que M. Horace Gourjon, ministre de l'Évangile, a publié dernièrement, et qui a été trouvé en 1835 dans un vieux coffre venu d'un couvent de Capucins irlandais de Vassy, imprimé en 1789, est entièrement conforme au récit de Crespin, et il en est probablement que la reproduction. On voit dans la brochure de M. Gourjon, une vue de la grange où eut lieu le massacre et sur les murs de laquelle se lisent encore aujourd'hui ces mots : *Passage du Prêche... Grange où eut lieu le massacre, le 1er mars 1562*. Une lithographie faite sur une ancienne gravure de 1562 représente aussi le massacre.

la muraille du cimetière attenant à l'église de Vassy, il lui dit : *Tenez, mon frère, voyez le titre des livres de ces huguenots.* Le prélat, après l'avoir examiné, lui répondit : *Il n'y a point de mal en ceci : car c'est la Bible et la saincte Escriture. — Comment, sang dieu, la saincte Escriture!* s'écria le duc outré de colère. *Il y a mille cinq cents ans que Jésus-Christ a souffert mort et passion et il n'y a qu'un an que ces livres sont imprimez : comment dites-vous que c'est l'Evangile? Par la mort-dieu, tout n'en vaut rien.*

Après ce sinistre exploit, le duc manda le juge du lieu, et le censura fortement d'accorder aux Huguenots une licence aussi pernicieuse que celle de s'assembler. Le juge s'étant excusé sur l'édit du roi, qui leur permettait les assemblées publiques, le duc de Guise, aussi indigné de cette réponse que de la chose même, mit la main sur son épée et dit : *le tranchant de celle-ci coupera bientôt cet édit si étroitement lié* [1].

[1] D'Avila, liv. II, p. 379.

CHAPITRE XXI.

1ᵉʳ Mars 1562. — 2 Avril 1562.

Indignation des réformés à la nouvelle du massacre de Vassy. — Francour et Théodore de Bèze sont envoyés à la cour pour se plaindre de l'infraction de l'édit. — Nouveaux massacres. — Entrée du duc de Guise à Paris. — Le prince de Condé se retire de la capitale. — L'amiral de Coligny hésite à prendre les armes. — Il cède aux prières de son épouse et va rejoindre le prince de Condé à Meaux. — Les Guise enlèvent le Roi. — Fanatisme du Connétable. — Les réformés s'emparent d'Orléans. — Belle discipline de l'armée protestante.

La nouvelle du massacre de Vassy parvint à Paris avant l'arrivée du duc de Guise. L'église de la capitale et les églises voisines furent remplies de douleur et d'indignation en apprenant cet horrible attentat. La duchesse de Ferrare, si dévouée aux réformés, ne ressentit pas une peine moins vive de cette conduite barbare de l'époux de sa fille [1]. Un gentilhomme nommé Francour et Théodore de Bèze furent aussitôt envoyés à Monceaux pour se plaindre de cette odieuse infraction de l'édit de Janvier. La Reine-mère promit de leur faire rendre justice ; il n'en fut pas de même du roi de Navarre. Celui-ci accueillit mal les députés, et chercha même à excuser le massacre, en soutenant, d'après une relation toute favorable au duc de Guise, qui

[1] Voyez *Appendice*, n° 65.

avait été envoyée à la cour, que les réformés avaie[nt] été les premiers à jeter des pierres au duc de Gui[se,] ce qui avait tellement irrité ses serviteurs, qu'il a[vait] été impossible de réprimer leur furie. *Sire*, répli[qua] Théodore de Bèze, avec une assurance qui aurait [pu] lui devenir fatale. *c'est à la vérité à l'Église de D[ieu] au nom de laquelle je parle, d'endurer les coups e[t] pas d'en donner. Mais aussi, vous plaira-t-il [de vous] souvenir que c'est une enclume qui a usé beaucou[p de] marteaux.*

Le massacre de Vassy était un coup prémédité p[ar] les princes lorrains, pour soulever la France cath[o]lique, et autoriser leur parti à prendre les armes; en effet, l'exemple donné par le duc de Guise [fut] immédiatement imité dans une multitude de villes, [à] Cahors, à Carcassonne, à Toulouse, à Sens, à Amie[ns,] à Tours, surtout, la populace fanatisée par des prêt[res] séditieux, commit d'horribles massacres.

Les chefs de l'agitation virent que le moment d'a[gir] était arrivé. Le duc de Guise quitta alors son château [de] Nanteuil, où il avait reçu la visite du connétable e[t de] ses trois fils et poursuivit sa route vers Paris, sans av[oir] égard aux ordres de la reine qui, pleine d'inquiétud[e,] s'était retirée avec son fils, d'abord à Melun, pu[is à] Fontainebleau. Son entrée dans la capitale, où il arri[va] accompagné de Montmorenci, du duc d'Aumale, [du] maréchal Saint-André fut un vrai triomphe et il fut re[çu] aux cris de vive Guise!

Les réformés virent le danger qui les menaçait. [Ils] supplièrent le prince de Condé, qui était encore à l'ar[mée,] de les défendre contre les persécutions de leurs enn[e]mis, et de maintenir l'édit de janvier. Mais les forces [de]

…nce, comparées à celles de ses adversaires, étaient …considérables, et il avait contre lui le parlement, la …ison de ville et même l'université. Il se décida donc …uitter la capitale et à se retirer à Meaux, pour y réu… ses forces. Avant de partir, il écrivit aux Châtil… *César n'a pas seulement passé le Rubicon, mais il … rendu maître de Rome, et ses étendards commencent … déployer dans la plaine* [1].

Cependant l'amiral, quoique pressé par le cardinal …d'Andelot, ses frères, qui s'étaient réunis auprès de … dans son château de Châtillon-sur-Loing, et par …fréquents messages du prince de Condé, se refusait …prendre les armes. Le brave guerrier ne prévoyait …s cette audacieuse entreprise que des dangers …s succès. Il était réservé à la noble épouse de cet …me vertueux de l'amener à d'autres sentiments. …us laisserons raconter à d'Aubigné lui-même la scène …uchante qui le porta à changer sa première résolution. … N'y avait, dit-il, comme plus d'espérance de l'es-…mouvoir, quant il arriva ce que je veux donner à la …postérité, non comme un intermède de fables, bien-…séantes aux poëtes seulement : mais comme une …histoire que j'ai apprise de ceux qui estoient de la …partie. Ce notable seigneur, deux heures après avoir …donné le bonsoir à sa femme, fut resveillé par les …chauds soupirs et sanglots qu'elle jetoit ; il se tourne …vers elle, et après quelques propos, il lui donna …occasion de parler ainsi :

— C'est à grand regret (Monsieur) que je trouble …vostre repos par mes inquiétudes ; mais estans les

---

[1] Aube, *Discours politiques et militaires*, p. 456. Date 1587.

» membres de Christ deschirez comme ils sont, et n[...]
» de ce corps, quelle partie peut demeurer insensib[...]
» Vous (Monsieur) n'avez pas moins de sentime[...]
» mais plus de force à le cacher. Trouverez-vous mauv[...]
» de vostre fidèle moitié si, avec plus de franchise [...]
» de respect elle coule ses pleurs et ses pensées d[...]
» vostre sein : Nous sommes ici couchez en délices et[...]
» corps de nos frères, chair de nostre chair et o[...]
» nos os, sont les uns dans les cachots, les au[...]
» par les champs à la merci des chiens et des c[...]
» beaux ; ce lict m'est un tombeau, puisqu'ils n[...]
» point de tombeaux : ces linceux me reprochent qu[...]
» ne sont pas ensevelis : pourrions-nous ronfler [...]
» dormant et qu'on n'oye pas nos frères aux soup[...]
» de la mort. Je remémorais ici les prudens disc[...]
» desquels vous fermez la bouche à Messieurs [...]
» frères : leur voulez aussi arracher le cœur et les f[...]
» demeurer sans courage, comme sans respon[...]
» Je tremble de peur que telle prudence soit des enf[...]
» du siècle, et qu'estre tant sages pour les hommes[...]
» soit pas estre sage à Dieu, qui vous a donné la scie[...]
» de capitaine ; pouvez-vous en conscience en ref[...]
» l'usage à ses enfants. Vous m'avez advoué qu[...]
» vous resveilloit quelques fois : elle est le truchem[...]
» de Dieu. Craignez-vous que Dieu vous face coup[...]
» en le suivant : l'espée de chevalier que vous po[...]
» est-elle pour opprimer les affligez ou pour les a[...]
» cher des ongles des tyrans. Vous avez confess[...]
» justice des armes contr'eux : pourroit bien v[...]
» cœur quitter l'amour du droict pour la craint[...]
» succès? C'est Dieu qui osta le sens à ceux qu[...]
» résistèrent sous couleur d'espargner le sang : il[...]

PROTESTANTE.

sauver l'ame qui se veut perdre, et perdre l'ame qui se veut garder. Monsieur, j'ai sur le cœur tant de sang versé des nostres : ce sang et vostre femme crient au ciel vers Dieu et ce enflict contre vous, que vous serez meurtrier de ceux que vous n'empeschez point d'estre meurtris.

» L'admiral respond : Puisque je n'ai rien profité par mes raisonnemens de ce soir sur la vanité des esmeutes populaires, la douteuse entrée dans un parti non formé, les difficiles commencemens, non contre la monarchie, mais contre les possesseurs d'un estat qui a ses racines envieillies, tant de gens intéressez à sa manutention, nulles attaques par dehors, mais générale paix, nouvelle et en sa première fleur ; et qui pis est, faicte entre les voisins conjurez et faicte exprès à nostre ruine, puisque les deffections nouvelles du roi de Navarre et du connestable, tant de forces du costé des ennemis, tant de foiblesse du nostre, ne vous peuvent arrester, mettez la main sur vostre sein, sondez à bon escient vostre constance, si elle pourra digérer les desroutes générales, les opprobres de vos ennemis et ceux de vos partisans; les reproches que font ordinairement les peuples, quand ils jugent les causes par les mauvais succez ; les trahisons des vostres, la fuite, l'exil en pays estranger : là les chocquemens des Anglois, les querelles des Allemans, vostre honte, vostre nudité, vostre faim, et, qui est plus dur, celle de vos enfans : tastez encore si vous pouvez supporter vostre mort par un bourreau, après avoir veu vostre mari traîné et exposé à l'ignominie du vulgaire ; et pour fin, vos enfans infames vallets de vos enne-

« mis accreus par la guerre et triomphans de […]
» labeurs : Je vous donne trois semaines pour v[…]
» esprouver, et, quand vous serez à bon escient f[…]
» tifiée contre tels accidents, je m'en irai périr a[…]
» vous et avec nos amis.

» L'admirale repliqua : Ces trois semaines s[…]
» achevées ; vous ne serez jamais vaincu par la v[…]
» de vos ennemis, usez de la vostre et ne mettez p[…]
» sur vostre teste les morts de trois semaines. Je v[…]
» somme au nom de Dieu de ne nous frauder plus[…]
» je serai tesmoin contre vous en son jugement[1]. »

Coligny ne résista plus. Entraîné par les paroles […]
son héroïque épouse, il se décida à aller rejoindre […]
prince de Condé à Meaux.

Cependant Catherine de Médicis, effrayée et jalou[se]
de l'ascendant que le duc de Guise prenait dans l[es]
affaires de l'état, écrivit à Condé de prendre sa ca[use]
en main. *Je vous recommande*, dit-elle, *la mère* […]
nfants[2] Malheureusement l'hésitation se mit parmi l[es]
chefs réformés, et au lieu de se rendre de suit[e à]
Fontainebleau où la reine et son fils s'étaient retir[és,]
ils se laissèrent devancer par les triumvirs. Ceu[x-ci]
enlevèrent le roi, le conduisirent d'abord à Mel[un]
puis à Paris où Catherine elle-même l'accompagn[a].

Les catholiques de Paris encouragés par le suc[cès]
de cette entreprise recommencèrent à persécuter […]
réformés, et le connétable se laissant emporter par […]
fanatisme s'avança à la tête de ses troupes dans […]

[1] D'aubigné, *Hist. Univ.*, liv. III, chap. II, p. 132.
[2] Ces lettres de la reine, qui subsistent encore, se trouvent aussi t[rans]crites dans le III[e] vol. des *Mémoires de Condé* ; de Thou, *Hist. U[niv.]* tom. III, liv. XXIX, p. 339.

...bourgs pour attaquer leurs prêches. Il tourna d'abord
...fureur contre celui qu'ils avaient établi, depuis la
...tion du faubourg Saint-Marceau, sur les fossés
...la porte Saint-Jacques, dans une maison appelée
...rusalem. Il en fit abattre la chaire et enlever les
...nes et livrer le tout aux flammes. Il se rendit ensuite
...celui de Popincourt. Là, il ne se contenta pas seu-
...ment de brûler les bancs et la chaire ; il fit mettre le
...à la vaste maison qui servait de temple. Cet exploit
...s'accomplit aux acclamations de la populace et
...valut au vieux gentilhomme le surnom de capitaine
...*sle-Ban* [1] fut le commencent de la guerre. Condé,
...miral de Coligny et d'Andelot se saisirent aussitôt
...Orléans, et en firent leur place d'armes. C'est là que
...chefs réformés [2] amenèrent les troupes qu'ils avaient
...vées au sein des églises. « L'armée des huguenots ou
...protestants, dit un écrivain moderne [3], se faisait re-
...marquer par sa belle et sévère discipline: on n'y voyait
...ni jeux de hasard, ni femmes de mauvaise vie, ni ma-
...raudeurs : les jurements étaient sévèrement défendus;
...les ministres [4] parcouraient les compagnies et y entre-

[1] Pasquier, vol. II, p. 96.
[2] On distinguait parmi eux Antoine de Croï, plus connu sous le nom
...prince Porcian; la Rochefoucaud, beau-frère du prince de Condé ;
...de Rohan, Montgommery, Grammont, la Noue, etc.
[3] *Histoire de France*, par Émile de Bonnechose, tom. I, p. 354.
...voy. aussi de Thou, *Hist. Univ.*, tom. II, liv. XXX, p. 368.
[4] Un des plus distingués fut le célèbre Théodore de Bèze, lequel,
...à Genève quelques mois après la première prise d'armes, étant
...en France avec d'Andelot, qui y conduisait un corps de cavaliers
...connus sous le nom de Reîtres. Voici ce qu'on lit à ce sujet dans
...istres manuscrits de la vénérable compagnie des pasteurs de Genève.
...*redi 11 de septembre. Mons. de Bèze* ...
...déjà demeuré l'an passé comme dit a esté.
...*Trois jours après, M. d'Andelot* ...

» tenaient l'enthousiasme regligieux. » Mais la présence
des ministres de l'Evangile n'empêcha pas que les
troupes et les chefs réformés ne commissent aussi de
graves excès. Ils n'imitèrent que trop, dans bien de
cas, la rage effrénée et la barbarie de leurs ennemis.
Si, du côté des catholiques, Monluc ne pardonnait
personne, si le duc de Montpensier se signalait par les
actes les plus inhumains, le baron des Adrets, du côté
des réformés, était renommé par ses cruautés. Exaspérés par le souvenir de quarante années de supplices,
de souffrances et de malheurs; traités eux-mêmes sans
miséricorde par leurs ennemis; le plus souvent victimes
de leur bonne foi, les jeunes soldats réformés, sur
lesquels l'Évangile et la discipline écclésiastique n'a-
vaient pas pu exercer encore une influence salutaire,
se livrèrent, en dépit des efforts de leurs pasteurs,
de terribles représailles et s'acharnèrent contre les
images, les reliques et les monuments qui leur rappelaient sans cesse l'église persécutrice qui avait fait
monter sur les bûchers un si grand nombre de leurs
malheureux pères. Ces longues guerres qui arrêtèrent

France pour y mener Reistres, manda le dit M. de Besze pour
avec luy en France. Ce que celuy pour plusieurs motifs eust volont..
refusé. Mais M. Calvin pour plusieurs raisons fut d'advis qu'il y all..
combien qu'il y eut du danger et qu'on craignist que le fruict n'en..
pas grand. Et tous les dits l'exhortèrent de se mettre entre les main..
Dieu ce qu'aussi il protesta qu'il faisoit.

On voit par un passage de Florimond de Rémond (liv. VIII, p. 10..
que les diacres à défaut de ministres faisaient aux soldats réformés
prières d'usage. « *C'estoit beaucoup,* dit-il, *d'aller deux fois la sem..*
ouyr le ministre sous la hale..... Lorsque les armes régnoient, cha..
estoit maistres, quand leurs soldats entroient en garde, distribuant
batotant leurs quartiers, un diacre faisoit la prière, mais tout deb..
les assistans aussi debout, rien à genoux.

le mouvement pacifique de la réforme ne furent pas seulement funestes aux églises, qui se virent en butte aux plus horribles persécutions [1], elles exercèrent aussi une influence pernicieuse sur la piété d'un grand nombre de fidèles. *Les guerres pour la religion*, dit le vertueux la Noue, *ont fait oublier la religion*. Nous n'entrerons pas ici dans le détail d'événements qui appartiennent au domaine de l'histoire générale. Nous nous contenterons de traverser rapidement cette longue période, en citant les principaux faits : puis, nous finirons la tâche que nous nous sommes proposée en racontant, en peu de mots, comment les églises dont nous avons retracé, avec autant de fidélité qu'il nous a été donné de le faire, l'origine et les progrès, furent détruites par la grande persécution du dix-septième siècle. Si les limites, dans lesquelles nous devons nécessairement nous renfermer le permettent, nous consacrerons encore quelques pages à faire le récit de leur rétablissement au dix-huitième.

[1] Voyez *Appendice*, n° 64.

CHAPITRE XXII.

Du 3 avril 1562. — 15 août 1570.

Les réformés s'emparent de plusieurs villes. — Conférence de Toury. — Mort du [roi] de Navarre. — Bataille de Dreux. — Le duc de Guise est assassiné. — Couve[nt] d'Amboise. — Le pape excommunie plusieurs prélats français, et déclare Jeanne d'A[l-] bret déchue de la dignité royale. — Deuxième guerre civile. — Tentative des réfo[rmés] pour enlever la cour à Monceaux. — Bataille de Saint-Denis. — Paix de Longju[meau.] — Troisième guerre civile. — Bataille de Jarnac. — Mort de Condé. — Henri, p[rince] de Béarn, est proclamé général en chef des réformés. — Combat de la Roche-A[belle.] — Bataille de Montcontour. — Paix de Saint-Germain.

La guerre était déclarée, et chacun des deux part[is] s'efforçait d'en faire tourner les chances en sa faveu[r.] Les réformés se trouvèrent bientôt maîtres de Lyon[,] de Bourges, de Vienne, de Valence, de Nismes, [de] Montauban, de Rouen et d'autres villes où ils éta[ient] en majorité. La reine fit encore une tentative po[ur] prévenir la lutte qui allait s'engager. Mais la conférenc[e] de Toury n'amena aucun résultat favorable, et l[a]

---

¹ D'Aubigné nous apprend que Lyon fut pris, *plus par la lang[ue de] Viret que par les épées de ses concitoyens. Hist. Univ.*, tom I, liv. [..,] chap. VII, p. 145. Melchior Adam (Vitae Theologor. Exteor., p. 1[..]) cite des faits étonnants produits par l'éloquence de ce réformat[eur.] « A Lyon, dit-il, prêchant en pleine rue, il convertit plusieurs m[il-] » liers d'âmes à la foi en Jésus-Christ, seul Sauveur du monde, et [par] » la force de son éloquence divine, il arrêtait ceux qui passaient par l[à] » sans dessein de l'entendre et les engageait à l'écouter jusqu'à ce qu['il] » eût fini. » Voyez Ruchat, p. 383.

hostilités commencèrent à la fin de juin. Antoine de Bourbon mourut dans cette première guerre civile des suites d'une blessure qu'il avait reçue au siége de Rouen [1].

Peu de temps après, les deux armées, commandées, l'une par le prince de Condé, l'autre par le connétable, se rencontrèrent près de Dreux. De part et d'autre le massacre fut horrible. Les deux chefs furent faits prisonniers, et le maréchal de St-André fut tué. La victoire se décida en faveur des catholiques, et le duc de Guise, débarrassé par le sort de la guerre de ses concurrents, se trouva plus puissant que jamais. Mais son triomphe ne dura pas longtemps. Au moment où il faisait le siége d'Orléans, il fut assassiné d'un coup de pistolet par un jeune réformé fanatique, nommé Jean Poltrot de Méré [2].

Cet événement engagea Catherine de Médicis à proposer la paix. Le prince de Condé, las de la guerre ainsi que la plupart des gentilshommes réformés, ne

---

[1] 17 Nov. 1562. Il paraît qu'à l'approche de la mort, il se repentit d'avoir abandonné la cause de la réforme. Voici ce que dit à ce sujet Brantôme : (*Vie des capitaines Français*, tom. III, p. 244) : *Il mourut disant (ce disaient aucuns) d'avoir ainsi changé de religion et resolu mettre la reforme mieux que jamais, ainsi qu'il le manda à monsieur le prince son frère, par un sien maistre d'hostel qu'on disoit Osquerque, qu'il avoit envoyé vers luy le visiter. Cela se dit parmy aucuns de nous autres.* » Voyez aussi *Appendice*, n° 66.

[2] 18 février 1563. « L'assassin désigna, au milieu des tortures, Coligny pour son complice, mais il varia dans ses aveux, et le grand caractère de Coligny suffirait pour le mettre à l'abri d'un soupçon d'assassinat. Henri, fils de François de Guise, accueillit cependant comme une preuve ce témoignage accusateur, et voilà une haine implacable à l'amiral. » De Bonnechose *Hist. de France*, tom. I, p. 354. Voyez est à ce sujet, *Appendice*, n° 67.

sut pas profiter de la belle position que la mort du duc de Guise avait faite à son parti. Pour sortir au plus vite de captivité, et pour jouir des plaisirs de la cour, il se hâta de signer, à l'insu de Coligny, et malgré les observations de soixante-douze ministres réunis à Orléans, un traité nommé *Convention d'Amboise* [1], qui accordait aux réformés l'exercice de leur culte dans les campagnes et dans les villes dont ils étaient actuellement en possession. Coligny, qui voulait ainsi que les ministres, l'exécution pure et simple de l'édit de janvier, le reçut avec indignation : « Voilà, dit l'amiral, un
» trait de plume, qui renverse plus d'églises que les
» forces ennemies n'en auraient pu détruire en dix
» ans. »

La paix ne dura pas longtemps. Le connétable, ennemi acharné des réformés, chercha de toutes manières à exciter de nouveaux troubles. Bientôt de nombreuses infractions à l'édit furent signalées. Le pape Pie IV, de son côté, ne négligea rien pour entretenir le fanatisme des catholiques. Non content de lancer l'anathème contre tous ceux qui refuseraient de se soumettre aux décisions du concile de Trente, il cita devant lui plusieurs prélats français [2] soupçonnés d'avoir embrassé

---

[1] 19 mars 1563.

[2] Les plus distingués étaient Odet de Coligny, cardinal de Châtillon et évêque de Beauvais (monsieur de Beauvais) ; Saint-Romain, archevêque d'Aix ; Jean de Monluc, évêque de Valence ; Jean Caracciolo, évêque de Troyes, fils du prince de Melphe ; Jean de Barbançon, évêque de Pamiers, et Charles Guillart, évêque de Chartres. — Le cardinal de Châtillon, depuis sa conversion à la réforme, avait quitté le nom et l'habit de sa dignité ecclésiastique et n'avait gardé que le titre de comte de Beauvais. Pour montrer le peu de cas qu'il faisait de la censure papale, il reprit aussitôt son habit de cardinal et le porta dans toutes les cérémonies où il se trouva. Pour aller même plus loin, il se

la réforme, déclara Jeanne d'Albret, reine de Navarre, déchue de la dignité royale, et livra ses états au premier occupant. Enfin, le bruit se répandit que la cour de France et celle d'Espagne avaient formé à Bayonne, où la Reine-mère s'était rendue, sous le prétexte d'y visiter sa fille, le dessein d'exterminer les réformés [1], et que les troupes que l'on augmentait sans cesse étaient destinées à le mettre à exécution.

Les réformés, informés de ces sinistres projets, se mirent en mesure de les déjouer. Ils reprirent les armes, et le prince de Condé entreprit d'enlever la cour à Monceaux. Il s'en fallut peu qu'il n'y réussît. Mais le roi, protégé par six mille Suisses, réussit à gagner Meaux et put se retirer à Paris.

La bataille de Saint-Denis suivit de près ces premières hostilités. L'avantage resta aux catholiques. Mais il leur

---

..... , et porta son habit de cardinal le jour de ses noces. Comme Spifame, évêque de Nevers et plus connu sous le nom de monsieur de Passy, il fut envoyé à l'étranger pour solliciter des secours en faveur de la cause qu'il avait embrassée. Voici ce que Florimond dit à ce sujet : *Cestuy-ci fut receu de la Royne Élisabeth avec beaucoup de magnificence, servy et honoré comme un prince, avec madame la cardinale sa femme. C'estoit un beau vieillard, d'une belle taille, la barbe longue et blanche, vestu tousiours de noir, d'un grand saye de velours ou de satin, avec un long manteau, sans porter aucune marque de cardinal, ... reste d'un bon naturel, si on ne l'eust gasté. La Reine ne le voyait jamais, que le saluant, elle ne le baisast. Ils furent logés en une maison de la Reine nommée Sion, sur la Thamise, près de Hamptoncourt. Le peuple de Londres qui s'amusoit à cet apparat, disoit que l'ambassadeur prince de Condé estoit bien plus grand que celuy du Roi de France*. liv. VI, p. 757. Il mourut empoisonné par son valet, à Southampton.

[1] *Hist. Univ.* De Thou, tom. II, liv. XXXVII, p. 773, Mézeray, an 1565 et 1567, p. 166. Ce fut dans cette entrevue que le farouche duc d'Albe dit à la Reine-mère ce mot qui depuis devint fameux : dix mille grenouilles ne valent pas la tête d'un saumon.

coûta cher, le vieux connétable y perdit la vie. Dans cette guerre, les réformés se rendirent maîtres de plusieurs places, et entre autres de la Rochelle. Au moment où ils assiégeaient Chartres, la paix se conclut à Lonjumeau.

Cette paix, qui reçut le nom de paix mal assise, ne dura que six mois, et la guerre recommença avec plus de fureur que jamais. Les deux armées se rencontrèrent près de la petite ville de Jarnac. Attaqué par des forces supérieures, le prince de Condé, quoique blessé, résista au choc de l'ennemi pendant sept heures. Mais enfin, se trouvant environné et ne pouvant plus soutenir la douleur qu'il ressentait de sa blessure, il se fit porter à terre au pied d'un arbre, et se rendit, avec promesse de la vie, à deux gentilshommes de sa connaissance. En ce moment accourut Montesquiou, capitaine des gardes du duc d'Anjou, qui assassina lâchement le prince d'un coup de pistolet. L'amiral et d'Andelot ne pouvant espérer de rétablir le combat, après un tel désastre, firent passer la Charente à leur infanterie, et se retirèrent à Cognac.

Pour relever le courage des troupes, abattu par un si grand échec, l'amiral de Coligny écrivit à Jeanne d'Albret de venir dans son camp de Tonnay-Charente, et d'amener avec elle le prince son fils et le jeune de Condé. La reine de Navarre quitta aussitôt la Rochelle. Tenant les deux princes par la main, elle parcourut le front de l'armée et les recommanda aux soldats. La bonne cause, dit-elle, n'a point péri avec Condé, et son malheur ne doit pas faire naître le désespoir au milieu d'hommes at-

---

[1] Il avait pris depuis longtemps ces mots latins pour devise: *In Christo et patria debet spes esse.*

... à leur religion. Dieu veille sur son peuple. Pendant sa vie, il a donné au prince des compagnons capables de l'assister, et il vous a laissé de braves capitaines capables de réparer la perte causée par sa mort. Je vous offre mon fils, et je vous confie le fils du prince qui excite nos regrets. Fasse le ciel qu'ils se montrent l'un et l'autre dignes de leurs ancêtres, et que la vue de ces tendres gages vous excite constamment à demeurer unis pour le maintien de la cause que vous défendez.

Henri de Béarn fut aussitôt proclamé général en chef aux applaudissements de l'armée. Le jeune prince s'avança alors d'un pas ferme : Je jure dit-il, de défendre la religion et de persévérer dans la cause commune jusqu'à ce que la mort ou la victoire nous ait rendu à tous la liberté, pour laquelle nous combattons. Le prince de Condé fit connaître par son geste plutôt que par ses paroles qu'une même résolution l'animait.

Coligny était sous le poids d'une affection bien sensible par la mort du brave d'Andelot [1] : il se vit cependant obligé de vaincre sa tristesse pour aller au devant des troupes que Wolfgang, duc de Deux-Ponts, lui amenait d'Allemagne. L'armée des réformés se trouvant ainsi renforcée, attaqua les catholiques à la Roche-Abeille. Le combat qui fut le premier où se distingua le prince de Béarn, fut à l'avantage des réformés. Mais, peu de temps après, les deux armées se retrou-

[1] Il mourut à Saintes le 27 mai 1569, et fut enseveli à la Rochelle. Jeanne d'Albret voulut accompagner les cendres de ce brave et pieux général jusqu'à la tour de la chaîne, où elles furent déposées et d'où elles furent tirées en 1579 par Guy-Paul de Coligny, comte de Laval, son fils aîné, qui les fit transporter à la Roche-Bernard.

vèrent en présence près de Montcontour, dans [le] Poitou. Cette fois, la victoire se déclara en faveur d[es] catholiques, et les réformés essuyèrent une sanglan[te] défaite. Cependant Coligny, quoique grièvement bless[é] réussit à sauver les débris de son armée. Il les ramen[a] ainsi que les jeunes princes, en Languedoc, où Montg[o]mery les rejoignit avec ses troupes. Les réformés se mon[-]trèrent encore une fois dans une attitude imposante, et Coligny les conduisit sur Paris, à marches forcées. Des deux côtés, le besoin de repos était extrême, et l[a] paix fut signée à Saint-Germain, le 15 août 1570. Le[s] réformés, outre les avantages accordés par les trait[és] précédents, obtinrent à leur choix quatre places d[e] sûreté. Ils choisirent La Rochelle, Montauban, Cogna[c] et la Charité, qu'ils s'engagèrent à rendre au bout d[e] deux ans [1].

[1] Davila, liv. iv, p. 489. De Bonnechose, *Hist. de France*, tom. [i,] p. 360.

CHAPITRE XXIII.

Du 15 août 1570. — 10 juin 1572.

Synode national de la Rochelle. — La confession de foi y est signée d'une manière solennelle. — Jeanne d'Albret fait paraître la traduction du Nouveau Testament en langue basque. — Ordonnances ecclésiastiques publiées à Pau le 26 novembre 1571. — Artifices pour attirer les chefs du parti réformé à la cour. — Mort de Jeanne d'Albret.

La paix fut accueillie avec enthousiasme par les réformés, et leur permit de s'occuper avec zèle des intérêts spirituels des églises, qui avaient été nécessairement négligés pendant les agitations de la guerre. Deux synodes nationaux furent réunis dans ce but à la Rochelle [1] et à Nîmes [2]. Le premier, présidé par Théodore de Bèze, que le prince de Béarn avait fait demander aux magistrats de Genève [3], se tint en présence de la reine de Navarre, de Henri, son fils,

---

[1] 2 avril 1571.
[2] 8 mai 1572.
[3] Voyez Appendice, n° 72. L'Eglise de Genève, malgré les vives instances du jeune prince et de l'amiral de Coligny, qui jugeaient nécessaire la présence de ce savant théologien au synode, ne se décida qu'avec la plus grande peine à se séparer encore une fois de cet homme éminent qui était devenu le digne successeur du grand réformateur qu'elle avait eu la douleur de perdre le 27 mai 1564. On peut voir par un extrait que nous avons fait des registres de la vénérable compagnie des pasteurs de Genève et que nous avons inséré dans l'Appendice, au n° 73, les difficultés qu'elle opposa avant de céder aux vœux des réformés français.

du prince de Condé, de Louis, comte de Nassau, de Gaspard de Coligny. La confession de foi des églises réformées de France y fut signée d'une manière solennelle par ces personnages illustres, ainsi que par les ministres et anciens, députés par les synodes provinciaux, et l'on en fit trois copies également signées, dont l'une fut déposée dans les archives de La Rochelle, les deux autres furent envoyées à Genève [1] et dans

[1] Nous avons vu cette confession dans les archives de l'hôtel-de-ville de cette cité; elle est écrite sur un parchemin très-bien conservé, d'environ un mètre de hauteur, et porte les signatures suivantes :

JEHANNE.
HENRY.
HENRY DE BOURBON.
LOUIS DE NASSAU, CHASTILLON

THÉODORE DE BÈZE, eleu pour conduire l'action du synode,
DES GALLARS

CHANDIEU, pour le Lyonnois et Bourgogne.
JEAN LYEVIN, pour l'Isle-de-France et Picardie.
LE MAÇON, pour Touraine, Vendomoys.
DE LESCURE, pour Normandie.
PAYAN, pour le Languedoc.
A. DU MOULIN, pour Poictou.
GUILLEMOT, pour bas Poictou.
D'OYSEAU, pour Bretagne.
DE BERGEMONT, pour Perigord et Lymousin.
ARNAUD BANC DE LA SOURCE, pour le Quercy, Rouergue, etc.
ODET DE NORT, député pour les Eglises de Xaintonge.
DE SOUCHES, député pour (*illisible*).
DES MORANGES, pour l'Armagnac.
DU MONT, pour l'Angoumois.

	REYMOND, ancien ;
	MONTAIGNE, ancien ;
DE L'ESTANG, *secrétaire eleu*,	ROUFFEAU.
	LABARE, diacre ;
	QUENTIN, diacre ;
	VENEUR, ancien de Guivry en Rouergue
DE LA ROSAY, *secrétaire eleu*.	PONTEY, ancien et député d'Angoulme
	PEROCHON, ancien ;

Béarn. Sur l'invitation de Théodore de Bèze, qui avait été chargé d'en faire la proposition au synode, cette assemblée décida aussi qu'on choisirait parmi les pasteurs du royaume les ministres les plus capables, pour répondre aux livres que les ennemis de la réforme ne cessaient de publier contre la doctrine des églises. D'après un manuscrit très-ancien que nous possédons, les pasteurs qui furent choisis à cet effet, furent les suivants : de Saules, de Chandieu, de Lestre, des Bordes, Holbrac, Despina, Daneau, Daniel Tusanus, ou Toussaint, de Changy, de Villiers, Merlin.

La reine de Navarre, de son côté, s'occupa avec zèle à étendre l'influence de la réforme, qui avait triomphé dans la plus grande partie de ses états, et qui lui était déjà redevable de tant de bienfaits [1]. Cette princesse

[1] Un des plus signalés avait été la fondation du collége d'Orthès, sur la principale porte duquel on lisait ces mots : *Sic Joanna Orthesii veras Athenas principes instituit, decusque avorum auget*. Olhagaray (*Hist. de Foix*, etc.), nous apprend que cette princesse, pour en assurer la prospérité, avait enjoint au sénat ecclésiastique *de rechercher un bon nombre d'enfants propres aux lettres et les entretenir au collége aux dépens du public, afin de servir à la république*. La reine de Navarre ne se contenta pas de lui procurer des élèves, elle lui donna des professeurs de mérite. Un des plus célèbres fut le réformateur Pierre Viret. Ce ministre, obligé de quitter la France, à la fin de 1563, par suite d'un décret de Charles IX qui défendait à ces sujets réformés d'avoir des ministres nés hors du royaume, s'était retiré à Orange. Il céda aux désirs de Jeanne d'Albret, et vint se fixer à Orthès, où il mourut en 1571. Les dernières années de ce théologien distingué sont peu connues. On trouvera cependant dans les lignes suivantes, que nous extrayons de l'histoire d'Olhagaray, quelques faits qui ont échappé à la plupart des écrivains qui ont parlé de ce grand homme. — Siége de Pau, par le sieur de Terride, p. 606. *Le parlement fut d'advis de céder à la grâce, ayant juré et proteste publiquement ledit de Terride de ne rece- voir ains entretenir toute la ville en paix. Il y avait seize ministres qui furent, attendant la volonté du roy, une chambre du château en pou-*

fit paraître, peu de temps après la clôture du syn[ode] [ap]la traduction du Nouveau Testament et de l'Oraiso[n] dominicale en langue basque, dont elle avait confié l[e] travail au savant Jean de Léçarague [1], l'un des minist[res] qu'elle avait envoyés depuis plusieurs années dans l[a] Biscaye, dépendante du royaume de Navarre, pour [y] apprendre la langue et pour instruire ces peuples da[ns] la doctrine évangélique.

Enfin, la reine de Navarre, cédant aux vœux et a[ux] prières de ses sujets, assura le triomphe complet de l[a] réformation dans ses états de Béarn, en faisant publi[er] à Pau, le 26 novembre 1571, ses célèbres ordonnanc[es] fondées, dit-elle, sur les écrits des prophètes et d[es]

prison. Mesmes, M. Pierre Viret, duquel mille fois l'ennemi avoit [juré] la mort et l'opprobre de sa famille, fut tellement respecté, qu'il n'y [eut] homme d'autorité en l'armée jusqu'au sieur de Terride qui ne le vis[itât] et ne se sentît fort honoré de l'entretenir; il ne perdit jamais de [rien] sa famille, qui ne reçut aucun echec.....

Page 616..... *Le sieur de Peyre commença à faire pendre les minis[tres] à Pau, avec quelques-uns de la religion. Il n'espargna ni les p[ru]dents..... Le sieur de Monluc avoit escrit à M. de Terride de g[arder] deux des plus chéris des Ministres comme Viret et quelques autres, [pour] recouvrer son guidon qui etoit prisonnier à Montauban, ce qu'[il fit] par force, car on ne luy donna pas loisir de continuer ses cruautés.*

Page 619..... *Le comte (Montgommery), estant venu à Pau, vo[yant] tout le païs vendangé des rebelles et ennemis de la Reyne fit r[endre] graces à Dieu publiquement par Pierre Viret qui print le sujet [du] Psaulme 124. Or voulant le sieur comte Montgommery finir ces [trom]phes par une nouvelle victoire sur les scandales et les impiétés, il [con]voqua un synode à Lescar, le 10 d'octobre 1569, où la discipline q[u'on] voit dans la souveraineté fut renouvelée.*

[1] Il devint plus tard ministre de la Bastide de Clarence, en Béarn. [Il] parlait également bien le béarnais, le français, le basque. Il prech[ait] dans ces trois langues et dans la même église où les catholiques c[élé]braient l'office divin, sans que la différence de religion causât au[cun] trouble. Le président de Thou fut témoin de ce fait en 1582, lorsq[u'il] visita le Béarn.

apôtres. Elles devinrent dès ce moment, et après avoir été auparavant soumises à la sanction des états légitimement assemblés, le code régulier du Béarn. Nous en rapporterons ici les principales clauses. La pure loi de Jésus-Christ, y est-il dit, ne peut être établie, si la doctrine n'est annoncée aux peuples par de fidèles ministres. Un ministère évangélique sera établi dans toutes les villes, dans tous les bourgs et villages, dans les moindres hameaux même, et les ministres seront scrupuleusement examinés dans leurs mœurs et doctrine, *afin que paissant leurs troupeaux en piété et sainteté, ils attirent par leur exemple les ignorans et les infirmes en la cognoissance de Dieu :*

Le dimanche étant consacré à Dieu, il est défendu de se livrer au travail, à la gourmandise, aux voluptés, à toute action vicieuse.....

Celui qui négligera de faire la cène, sera banni pour six mois. S'il s'obstine dans sa faute et que sa vie devienne un sujet de scandale, il sera chassé et excommunié jusqu'au jour du repentir et de la pénitence.....

Les magistrats comme les ministres doivent veiller scrupuleusement à ce qu'il ne s'introduise aucune hérésie, aucun schisme dans l'Église.....

L'esprit de Dieu, qui est un esprit de prudence, doit seul présider dans l'Église : ceux qui en peuvent avoir le gouvernement seront choisis parmi les hommes les plus vertueux et les plus capables, afin *d'ôter toute corruption de la doctrine et des mœurs :* ils visiteront les églises confiées à leurs soins, et veilleront sur les ministres qui y sont attachés, sans toutefois exercer aucune juridiction sur eux.....

Pour prévenir toutes hérésies, il y aura un synode

national en Béarn, au moins une fois l'an : le prince y assistera : les points de doctrine qui offriraient quelques doutes y seront éclaircis.....

Le synode procèdera à l'élection d'un conseil ecclésiastique, composé de onze ministres, d'un zèle et d'une piété reconnue ; ce conseil régira les biens de l'Église, il les dispensera selon qu'il lui sera prescrit par les lois de l'État. Au conseil sera attaché un procureur, seul dépositaire, durant trois ans, des titres et documents qui concernent les biens ecclésiastiques : l'état exact de tous ces biens sera fait par lui, et envoyé au diacre général, également élu par le synode, sous l'autorité du prince [1]. Excepté les aumônes et les collectes, le diacre-général ne pourra disposer d'aucun denier sans l'avis du conseil.

Enfin, pour prévenir les abus qui peuvent naître de l'intérêt ou de la cupidité, le synode élira également deux gentilshommes, deux ministres et deux membres des conseils de la chambre des comptes, deux diacres, deux surveillants et deux jurats des principales villes du Béarn, pour examiner et arrêter les comptes du diacre, en présence d'un président nommé par le prince.....

Des diacres tiendront un registre ouvert des pauvres de leurs églises. Ils le soumettront au conseil ecclésiastique, qui distribuera à chacun des secours pour les faire vivre *sans nécessité, et d'autant que la charité qui est de soi prompte à bien faire, part et découle de la foi*, les ministres s'appliqueront surtout à user de charité envers le pauvre ; le vêtir, le nourrir et le rece-

---

[1] *Histoire de Jeanne d'Albret*, par Mademoiselle Vauvilliers, tom. III, p. 104.

..oir, c'est vêtir, nourrir et recevoir Jésus-Christ lui-
même.....

La juridiction civile appartient exclusivement aux
magistrats.....

Les biens de l'Église serviront aussi à entretenir les
ministres, les écoles publiques et les *vrais pauvres;*
appelant de ce nom que les veuves, les orphelins,
les étrangers, les prisonniers, les jeunes enfants, les filles
à marier, qui ne peuvent par leur travail suffire à leurs
besoins et qui *sont soigneux de cacher leur misère*.....

Les enfants pauvres seront élevés aux frais de l'État;
parvenus à l'âge de raison, on leur fera apprendre un
métier, ou on les initiera à l'étude des belles lettres et
des sciences, selon le naturel et l'esprit de l'élève, afin
que chacun puisse un jour *servir la république,* fournir
à ses besoins et à ceux de ses enfants, sans recourir à
l'assistance d'autrui.....

Les jeunes filles seront également élevées aux frais
de l'État, dans des maisons séparées, où des femmes
âgées et *pudiques* leur donneront les moyens de vivre
un jour de leur industrie et de *servir la république.*

L'oisiveté est sévèrement interdite. Il est ordonné
expressément à chacun de travailler six jours de la
semaine, dans l'état qu'il a embrassé, et chaque pauvre
pouvant recevoir des secours dans son quartier, il est
défendu de mendier. La mendicité est même interdite
aux étrangers; s'ils ont besoin d'être aidés, ils s'adres-
seront aux diacres eux-mêmes.....

Pour empêcher qu'ils ne se précipitent dans un abîme
de péché, d'ordure et de scandale, il est ordonné à tous
les Béarnais, *s'ils n'ont reçu du ciel le don de continence,*
de se marier.....

Enfin, le libertinage, les blasphèmes, les hommes qui, sous le nom de sorciers et d'enchanteurs, abusent de la simplicité du peuple, l'ivrognerie, le luxe, les danses accompagnées de *chansons impudiques, de contenances et de gestes lascifs, appâts et hameçons de voluptés et dissolutions,* les jeux de hasard, l'abus des jeux permis, l'usure, etc., devaient être sévèrement punis [1].

Cependant la cour, qui n'avait conclu la paix avec les réformés que dans des vues perfides, affectait la plus grande bienveillance envers ces derniers, et paraissait décidée à leur faire rendre justice en toutes occasions. Les réformés ayant été maltraités à Rouen, le maréchal de Montmorency y fut envoyé avec le président pour punir les coupables. On promit de venger un nouveau massacre, qui avait été commis à Orange. On souffrit que douze cents familles du comtat d'Avignon, qu'on avait persécutées, se réfugiassent en Dauphiné. On ne négligea rien pour tromper les réformés et leur inspirer de la confiance. On signa avec le prince d'Orange un traité pour la défense des Pays-Bas. On manda l'amiral à la cour, pour y prendre les instructions nécessaires pour cette guerre, et on proposa le mariage de Marguerite, sœur du Roi, avec le prince de Béarn.

Coligny se laissa prendre à ces apparences trompeuses. Il mit de côté ses scrupules, et se décida à se rendre auprès du Roi. Son épouse [2] mit tout en œuvre

---

[1] *Hist. de Jeanne d'Albret,* tom. III, p 105 et suivantes.

[2] Coligny avait perdu à Orléans, en 1568, sa première femme Charlotte de Laval. Il venait d'épouser à la Rochelle Jacqueline de Montbel, fille du comte d'Entremont, et veuve de Claude de Batarnay, comte

pour le retenir; mais ce fut en vain. Coligny lui demanda
si, pour des craintes frivoles, il devait renoncer aux
avantages qui pourraient résulter en faveur de la réforme
d'une alliance du prince de Béarn avec la sœur du Roi,
et malgré ses larmes et ses supplications, il partit de
La Rochelle, en septembre 1571, et prit la route de
Blois où se trouvait alors la cour.

Charles IX lui fit un accueil des plus flatteurs. Il
l'embrassa en l'appelant son père : Je vous tiens maintenant, lui dit le Roi, oui, je vous tiens et vous ne me
quitterez plus. Ce jour est le plus heureux de ma vie.
Le monarque ne s'en tint pas à ces caresses. Il lui fit
rendre toutes les pensions qu'on lui avait ôtées [1]. Il lui
accorda une gratification de cent mille livres, pour
l'indemniser du pillage de sa maison de Châtillon-sur-Loing, l'admit à ses conseils, et s'enferma souvent
avec lui pour parler du mariage de sa sœur et de la
guerre de Flandre. Cette cumulation de faveurs excitait
de plus en plus les soupçons de plusieurs chefs réformés. Les amis de l'amiral lui écrivirent de La Rochelle,

Bouchage. Cette personne, héritière d'une des plus riches et des plus
nobles familles de la Savoie, et protestante par goût et par conviction,
était éprise d'admiration pour l'amiral et avait voulu être, disait-elle,
la *Marcia de ce nouveau Caton*. Le duc de Savoie, Philibert Emmanuel,
voulant empêcher ce mariage, défendit par une ordonnance, qu'aucune
personne de ses états épousât un étranger, sous peine de la confiscation
de ses biens. Jaqueline d'Entremont, sans se mettre en peine de la
défense ni de la colère du duc, ni même de la perte de ses biens, bravant tous les dangers, partit furtivement et traversa la France pour
venir à celui qu'elle avait choisi. Le mariage de l'amiral eut lieu à la
Rochelle, le même jour que celui de sa fille avec Charles de Teligny.
Louise de Châtillon, après la mort de ce dernier, épousa le célèbre
Guillaume de Nassau, prince d'Orange.

[1] De Thou, *Hist. Univ.*, liv. IV. p. 50, 51, 52. *Abrégé de la Vie de Charles IX*, par Mézeray.

pour lui confier leurs craintes et l'engager à reveni[r] auprès d'eux. Mais Coligny, tout-à-fait aveuglé, leu[r] répondit : *qu'il croyait à la non feinte parole et sermen[t] de sa Majesté. L'hasard, et manquement de laquelle i[l] aimait mieux encourir que de retomber en labeur d[e] guerres civiles, travail, dangers incommoditez d'ami[s] et d'ennemis, et de nécessitez : qu'il aimait mieux péri[r] que d'y retomber.*

C'était beaucoup d'avoir fait tomber l'amiral dans l[e] piége, il fallait encore y attirer la reine de Navarre[.] Mais c'était là l'obstacle le plus difficile à surmonter[.] On se servit de l'influence que Coligny exerçait su[r] cette princesse pour arriver au but désiré. Le ro[i] témoigna à l'amiral combien il avait à cœur de conclu[re] le mariage projeté, qui était comme le lien qui devai[t] unir désormais les deux partis. Il le pria en conséquence de ne rien épargner pour y déterminer l[a] *reine de Navarre et avancer ainsi le repos du royaum[e] puisque la reine se fiait beaucoup en lui.*

Tout fut mis alors en œuvre pour vaincre la répugnance que Jeanne d'Albret éprouvait pour le mariag[e] proposé. L'amiral de Coligny, Charles IX, Catherine d[e] Médicis, le duc d'Anjou et même un grand nombre d[e] gentilshommes réformés réunirent leurs efforts pour l[a] faire consentir à cette alliance. Enfin, pour aplanir tou[s] les obstacles, même celui de la religion, Charles I[X] envoya à la reine de Navarre une ambassade solennell[e] à la tête de laquelle se trouvait le maréchal de Biro[n.] Celui-ci déclara à la princesse que le roi de France l[ui] rendait tous ses droits sur le pays souverain de Béar[n,] sur le pays de Foix, de Comminges, d'Armagnac [et] de Bigorre ; remettait entre ses mains ses châteaux fort[s]

[...]ui étaient encore détenus par les catholiques, malgré [l'é]dit, ainsi que la ville de Lectoure, que Lavallette, sous [le] commandement de Villars, s'obstinait à garder; [il] laissait libre de marier son fils suivant sa croyance [e]t lui accordait ce qu'elle avait vainement demandé [ju]squ'à ce moment, l'éloignement du cardinal de [Lo]rraine et de tous les Guise, ses ennemis.

La reine de Navarre ne fit plus d'objections. Elle crut [qu]'il était prudent de céder aux circonstances, et elle [p]artit pour Blois, accompagnée du jeune Rohan de [P]ontivy, son cousin : de Louis de Nassau, de La Noue, de [La] Rochefoucault, et du baron de Rosny, père de Maxi[m]ilien de Béthune, si connu sous le nom de Sully. Le car[di]nal Alexandrin, qui se rendait à la cour, selon l'ordre [qu]'il en avait reçu du pape, la rencontra sur sa route. Le [p]rélat traversa le train de la reine excommuniée sans [s]'arrêter, sans même la saluer, tant il était pressé [d']arriver avant elle pour rompre le mariage projeté, [c]e qui était le principal but de son voyage. En effet, [à] peine arrivé, il proposa à Charles IX de marier sa [s]œur au roi de Portugal. Le monarque s'excusa de ne [p]as pouvoir condescendre aux désirs du pape, et comme [le] légat insistait vivement, Charles IX fut obligé, pour [n]e pas encourir le mécontement du souverain pontife, [q]ui se montrait irrité des faveurs qu'on avait accordées [a]ux hérétiques, de soulever en partie le voile qui cachait [s]es secrets desseins. Il pria le légat d'assurer le Saint-[P]ère, de son obéissance filiale, et lui dit en lui prenant [la] main : *Ah! Monsieur le cardinal, s'il m'était permis [d]e m'expliquer davantage sur tout ce que je sais! Vous [v]erriez bientôt, le pape et vous, que ce mariage de ma [sœ]ur avec le prince de Navarre est la chose du monde* la plus avantageuse pour établir solidement les affaires de la religion et pour exterminer ses ennemis. Mais j'espère que dans peu, le succès obligera le pape à louer mes desseins, ma piété et mon zèle ardent pour la religion. Alors le prince lui présenta un grand diamant en disant : *Recevez ce gage de la parole que je vous donne de ma soumission inviolable pour le Saint-Siège et de l'exécution du projet que j'ai formé contre les hérétiques et les impies.*

Après une réponse conçue en termes si clairs, dit de Thou, le cardinal refusa la bague, protestant qu'il n'en voulait croire qu'à la parole du Roi. Il partit bientôt après, pour aller porter ces bonnes nouvelles à Rome. Le pape Pie V, qui faisait des difficultés pour accorder les dispenses nécessaires pour la conclusion du mariage, mourut peu de temps après son retour. Une nouvelle élection, à laquelle le cardinal de Lorraine, confident de Médicis, alla prendre part, donna la tiare à Hugues Buon Compagnon, qui prit le titre de Grégoire XIII. Instruit des intentions secrètes du Roi et de la Reine-mère, le nouveau pape accorda les dispenses, et les noces furent fixées au 1er juin.

La reine de Navarre arriva à Blois, à la fin de mai, peu de jours après le départ du légat. L'accueil que lui fit Charles IX renchérit encore sur celui que l'amiral en avait reçu. Il prodigua à Jeanne d'Albret les épithètes les plus propres à toucher le cœur de cette princesse, l'appelant *sa bonne, sa chère tante, sa mère aimée, son tout*. Il feignit, dans le conseil, d'être d'un avis opposé à celui de sa mère. Cette conduite perfide du Roi eut un plein succès. La reine de Navarre ne put s'empêcher de répondre par la confiance à des témoignages si vifs d'affection. Charles IX, tout fier de la victoire qu'il avait remportée, grâce à cette profonde dissimulation, que lui avait enseignée Catherine de Médicis, vint s'en glorifier auprès d'elle. *Et puis, Madame,* dit-il un soir, qu'il se trouva seul avec elle et ses conseillers, *que vous en semble? Joué-je pas bien mon rôlet? — Oui, fort bien, mon fils,* répondit-elle, *mais ce n'est rien qui ne continue. — Par la mort Dieu,* reprit le Roi, *laissez-moi faire seulement, vous verrez que je les vous mettrai tous au filet.*

L'époque du mariage étant fixée, la reine de Navarre partit de Blois le 15 de mai, et arriva huit ou neuf jours après à Paris avec une suite nombreuse. Elle descendit rue de Grenelle [1], chez Jean Guillart, évêque de Chartres, un des prélats excommuniés en 1563 par le pape Pie IV. Elle s'occupa aussitôt des préparatifs du mariage ; mais le 4 de juin, un mercredi au soir, la reine fut saisie d'une fièvre violente qui la força de rentrer chez elle et de se mettre au lit. Dès le second jour elle sentit qu'elle était frappée à mort et *qu'il fallait*, comme elle le disait, *entrer du tout en l'autre vie*. Elle fit aussitôt appeler auprès d'elle les personnages et les ministres qu'elle estimait le plus, leur recommandant de prier sans cesse pour elle : *La prière du juste,* dit-elle, *est efficace devant Dieu : je prends toutes choses comme venant de lui, je le reconnais pour père : je n'ai jamais eu la crainte de mourir, et bien moins encore l'idée de murmurer contre les décrets de sa providence, encore que les douleurs dont elle m'afflige soient violentes : je sais qu'elle ne fait rien qui ne soit bon et droit, et que le tout me tournera à salut. Mais*

---

[1] Saint-Honoré. La rue de Grenelle-Saint-Germain n'existait pas alors.

quoique cette vie m'est à bon droit fort ennuyeuse p[ar]
les misères que j'y ai senties dès ma jeunesse, si ne laiss[e]
je pas de la quitter, avec grand regret, quand je regard[e]
à la jeunesse des enfans que Dieu m'a donnés pour l[es]
voir privés de ma présence en ce bas âge..... Toutefo[is]
je m'assure que Dieu leur sera pour père et protecteu[r]
comme m'a été en mes plus grandes afflictions : je l[es]
remets du tout à sa providence, affin qu'il y pourvo[ie.]

La piété de Jeanne ne se démentit point. On la vi[t]
suivre attentivement les pieuses lectures (Elle les appe[l]-
lait *la vraie nourriture de l'âme*) ou les prières de[s]
ministres [1] qui l'approchaient. Au milieu des plus violents accès de la douleur, elle ne donna pas le moindr[e]
signe d'impatience. On l'entendit seulement répéte[r]
plusieurs fois ces mots : *O mon Dieu! mon vrai pèr[e]
délivre-moi de ce corps de mort et des misères de cett[e]
vie, affin que je ne t'offense plus, et que je jouisse enfi[n]
de la félicité que tu m'as promise.*

Dans la nuit du samedi, elle fit approcher la baronn[e]
de Thignonville à qui elle avait confié l'éducation d[e]
sa fille ; elle l'entretint durant deux heures à voix basse[,]
après quoi elle ajouta assez haut : *dites lui que sa mèr[e]
mourante lui commande de se montrer dans son bas âg[e]
ferme et constante au service de Dieu : qu'elle le pri[e,]
qu'elle le serve : qu'elle soit soumise à son frère, au[x]
femmes vertueuses qui vont diriger ses pas au milieu d[e]
tant d'écueils : qu'elle se dise sans cesse à elle-mêm[e]
qu'en écoutant leurs sages avis, c'est moi-même qu'ell[e]
écoute ; rappelez-lui le passé, nos entretiens, les exem-*

---

[1] François de saint Paul, plus connu sous le nom de M. de Saule[s]
venait de lui être confirmé pour ministre par le synode national [de]
Nîmes. Voyez Aymon. *Syn. Nationaux.*

…s de vertu et de constance dont elle a été témoin. Enfin, …tes-lui que je la remets en la garde et protection de …ieu, qui la gardera et protégera, si elle le sert [1].

Le dimanche matin, après dix heures, se sentant de …lus en plus affaiblir et voyant sa dernière heure appro…her, elle fit son testament et en dicta elle-même les …rticles avec une présence d'esprit et une fermeté …dmirables. Elle y déclare qu'elle veut être portée à …escar, et inhumée auprès de Henri II d'Albret et de …arguerite de Valois, mais sans aucune pompe et dans …oute la simplicité du rit réformé, recommande à son …ls de vivre et de mourir dans la religion dans laquelle …lle l'a élevé, d'y conformer ses mœurs, de faire soi…neusement observer dans ses états ses ordonnances …cclésiastiques, et de prendre sous sa protection sa …œur Catherine.

Sur le soir, les accès de la maladie se succédèrent …vec une force nouvelle, et lui ôtèrent la faculté de …arler. Elle passa la nuit sans dire une parole, les …ains jointes et les regards élevés vers le ciel. Enfin, …huit heures trois quarts, la violence du mal l'em…orta, après cinq jours de maladie, et dans la qua…ante-quatrième année de son âge [2].

Ainsi mourut Jeanne d'Albret, princesse, dit d'Au…igné [3], *n'ayant de femme que le sexe; l'âme entière …ux choses viriles; l'esprit puissant aux grandes affaires, …e cœur invincible aux adversités.* « La princesse, de son …emps, dit l'abbé Le Laboureur [4], *la plus sage, la plus*

---

[1] *Hist. de Jeanne d'Albret*, par Mme Vauvilliers, tom. III, p. 183.
[2] *Hist. de Jeanne d'Albret*, par Mme Vauvilliers, tom. III, p. 188.
[3] *Hist. Univ.*, tom. II, liv. 1, chap. 1, p. 8.
[4] Tom. I.

généreuse, la plus docte, la plus affectionnée aux b[...] de ses sujets, qui les a gouvernez avec plus de dou[...] et de prudence, et qui avait dans son cœur la source d[...] toutes les vertus et de toutes les grandes qualités.

Le corps de la Reine défunte fut déposé à Vendôme en attendant qu'il pût être transporté en Béarn. Le fi[ls] de cette pieuse princesse, qui prit le titre de roi d[e] Navarre, le prince de Condé, ainsi qu'un grand nomb[re] de gentilshommes vinrent dans cette ville lui rend[re] les honneurs funèbres.

[1] Diacre du ministre Merlin, pasteur de la Rochelle. *Manuscrits [de la] Bibliothèque de la Rochelle.* Voyez *Appendice*, n° 74.

CHAPITRE XXIV.

Du 10 Juin 1572. — 3 Septembre 1572.

Massacre de la Saint-Barthélemi, a Paris et dans les Provinces.

La mort de Jeanne d'Albret, après une si courte maladie, frappa de stupeur les réformés, et augmenta les inquiétudes de ceux qui ne se laissaient point éblouir par les faveurs de la cour. Le bruit courut aussitôt que la reine de Navarre avait été empoisonnée. On se rappela qu'elle avait acheté des gants et des collets parfumés, chez le Florentin René [1], *homme scélérat*, dit de Thou, qui se vantait de faire des parfums qui n'étaient pas propres à la santé. On ajouta qu'elle les avait à peine maniés qu'elle avait été saisie de la fièvre, tant le poison était subtil.

Malgré les efforts de la cour pour étouffer ces rumeurs éclatantes, plusieurs réformés d'un rang distingué se retirèrent de Paris. Quelques autres gentilshommes, après avoir assisté, le 18 août, au mariage du roi de Navarre avec la sœur de Charles IX, s'empressèrent de suivre leur exemple. L'amiral de plus en plus abusé,

---

[1] Ce parfumeur de la reine-mère demeurait sur le pont Saint-Michel et le peuple l'avait surnommé l'empoisonneur de la reine.

s'efforçait de calmer la fermentation des esprits. Il s'irritait des avis secrets qu'il recevait de plusieurs côtés, et manifestait un grand mécontentement des défiances des réformés. Pourquoi vous en allez-vous, dit-il, le 21, à Langoiran, appelé depuis Montferrand. *Je m'en vais*, lui répondit celui-ci, *pour la bonne chère qu'on vous fait et pour n'estre du rang des sots* [1]. La Trochea alla jusqu'à lui dire, ou vous êtes le plus méchant des hommes, ou vous serez pendu avec nous.

Les soupçons qu'avaient conçus quelques gentilshommes réformés ne tardèrent pas à se réaliser. Le vendredi 22 août, Coligny revenait à pied du conseil, après avoir accompagné le roi au jeu de paume ; il passait devant une maison du cloître de Saint-Germain l'Auxerrois et était occupé à lire une lettre, lorsque, au moment où il se détournait pour entrer dans la grande rue, un assassin, nommé Maurevel, lui tira un coup d'arquebuse de derrière une fenêtre couverte d'un méchant linge.

L'une des deux balles dont elle était chargée lui brisa le grand doigt de la main droite, l'autre pénétra profondément dans le bras gauche, Coligny désigna aux assistants étonnés le lieu d'où le coup était parti, mais l'assassin avait pris ses mesures, on ne put l'atteindre. Quant à l'amiral, après avoir envoyé Piles et Monnins avertir le roi de ce qui venait d'arriver, il gagna son logis à pied, appuyé sur ses gens et le bras lié. Le premier chirurgien qui accourut auprès de Coligny, fut le célèbre Ambroise Paré [2]. Celui-ci

---

[1] D'Aubigné, *Hist. Univ.*, tom. II, liv. I, p. 13.

[2] Ambroise Paré que la postérité a surnommé le père de la chirurgie française naquit à Laval, vers le commencement du seizième siècle.

avant un commencement de gangrène acheva de
couper le doigt. L'opération fut douloureuse ; cependant le vieux guerrier endura ces violentes douleurs
avec une pieuse résignation. *Ces plaies me sont douces,
comme pour le nom de Dieu*, dit-il à Jean Raimond
Merlin, son pasteur, et à un autre ministre qui se
trouvaient auprès de lui, *priez-le avec moi qu'il me
fortifie*. Il se mit alors à faire ses prières, et quand il
les eut achevées, il se pencha à l'oreille d'un de ses
serviteurs et lui donna l'ordre de remettre cent écus
entre les mains de Merlin, pour qu'il les distribuât aux
pauvres [1].

Lorsque Charles IX apprit au jeu de paume la blessure de l'amiral, il jeta sa raquette avec fureur, en
s'écriant : Verrai-je donc toujours des troubles nouveaux ?
Il mit tout en œuvre pour calmer les inquiétudes du
roi de Navarre et du prince de Condé qui étaient venus
se plaindre d'un tel attentat, et lui demander la permission de se retirer, puisque leurs vies n'étaient plus
en sûreté dans la capitale. Il s'écria que c'était lui

---

devint successivement premier chirurgien de Henri II, et de François II. Son attachement à la réforme ne l'empêcha pas de conserver le même titre auprès de Charles IX, qui, guéri par lui des violentes douleurs que lui causait une piqûure au nerf du bras, lui voua une amitié que rien ne put diminuer, et dont il donna une grande preuve en le sauvant de l'horrible massacre de la Saint-Barthélemy. Voici ce que l'on lit à ce sujet dans les *Mémoires* de Brantôme, tom. IV, discours de Charles IX...., *et n'en voulut jamais sauver aucun, sinon maistre Ambroise Paré, son premier chirurgien, et le premier de la chrétienté. L'envoya quérir dans sa chambre et garderobbe, lui commandant de ne bouger, et disoit qu'il n'estoit raisonnable qu'un qui pourroit servir tout un petit monde, fust ainsi massacré*. Après la mort de Charles IX, il conserva son titre et ces honneurs auprès de Henri III, auquel il succéda. Il mourut le 22 décembre 1590.

[1] D'Aubigné, *Hist. Univ.*, tom. II, liv. 1, p. 14.

qui était blessé. La Reine-mère renchérit encore. E[lle]
dit que c'était toute la France et que le roi lui-mê[me]
ne tarderait pas à être attaqué. Les princes se laissè[rent]
prendre à ce langage hypocrite et renoncèrent à part[ir.]
Pour mieux tromper les réformés, le roi se rendit aupr[ès]
de l'amiral, accompagné de Catherine de Médicis, [de]
ses deux frères, du cardinal de Bourbon, des ducs [de]
Montpensier et de Nevers, des maréchaux de Cos[sé]
et de Tavannes et de plusieurs autres seigneurs. [Il]
se montra prodigue de caresses et de témoignages [de]
regret et d'indignation. *Sire*, répondit Coligny. *Di[eu]
devant le siége duquel je dois être en peu de temp[s]
me sera juge et tesmoin que j'ai esté toute ma vie tr[ès]
fidèle et passionné serviteur de Vostre Majesté, vérit[é]
qu'il fera paroistre contre ceux qui m'ont appelé trai[stre]
et perturbateur de vostre royaume* [1]......

Dès que le Roi se fut retiré, les principa[ux]
seigneurs réformés tinrent conseil. Chacun dit s[on]
opinion sur les bruits étranges qui commençaient [à]
circuler dans le public. Jean de Ferrières, Vidame [de]
Chartres, s'écria que c'était la voix de Dieu, et [fut]
d'avis que les princes et les principaux chefs protestan[ts]
quittassent la capitale. Téligni, gendre de l'amira[l,]
abusé comme ce dernier par les protestations du mona[r-]
que, combattit avec force ce dessein, et termina e[n]
donnant de grandes louanges au roi. Dans une second[e]
réunion, ce jeune seigneur, se sentant appuyé par [le]
roi de Navarre et le prince de Condé, dit « qu'il falla[it]
donner des coups de poignards à ces donneurs d'ala[r-]
mes. » Ces diverses propos furent aussitôt rapport[és]

[1] D'Aubigné. *Hist. Univ.*, tom. ii, liv. i, p. 14.

Roi qui pensa que le moment était venu de prendre
 prompte décision.

Le massacre des réformés avait été depuis longtemps résolu. Pour sauver les apparences et sur la
proposition du comte de Retz, on avait choisi un
assassin et on l'avait aposté dans une maison ou dépen-
dance du cloître de Saint-Germain l'Auxerrois devant
laquelle il fallait que l'amiral passât en revenant du
Louvre. On était persuadé qu'aussitôt le meurtre de
Coligny accompli, la brave noblesse qui l'avait accompagné à Paris, ne se doutant pas de la perfidie du Roi,
se précipiterait vers l'hôtel de Guise pour en tirer
vengeance, et qu'alors il serait facile de venir à bout
des huguenots. Ce plan ayant échoué, et les réformés
étant demeurés paisibles, le roi et ses complices se
décidèrent à exécuter leur abominable projet avant que
de nouveaux indices alarmants vinssent engager les
réformés à fuir de la capitale. Les rôles furent distribués
dans un conseil qui se tint aux Tuileries et auquel
assistèrent la Reine-mère, le duc d'Anjou, le duc de
Nevers, Henri d'Angoulême, grand prieur de France,
le maréchal de Tavannes, René de Birague et Albert
de Gondi. Les conspirateurs se séparèrent bientôt pour
s'occuper de l'horrible massacre qui devait commencer
le lendemain dimanche 24 août, au point du jour.

Dès le samedi soir, veille de la fête de la Saint-Barthélemi, le duc de Guise et le maréchal de Tavannes donnèrent ordre aux capitaines de la garde du roi et au
prévôt des marchands, Jean Charron, de faire armer les
soldats qui étaient sous leur commandement. Les premiers devaient occuper les abords du Louvre, où étaient
logés la plupart des seigneurs et des gentilshommes

réformés; le second réunir ses compagnies à l'hôtel-de-ville et les lancer sur les protestants au premier coup de tocsin. Les meurtriers, pour se reconnaître, devaient porter une écharpe au bras gauche et une croix blanche au chapeau.

A l'heure convenue, les troupes viennent occuper les postes qui leur sont assignés. Le duc de Guise, le duc d'Aumale, le chevalier d'Angoulême et plusieurs capitaines s'acheminent vers le logis de l'amiral, afin d'être prêts, lorsque le signal sera donné. Cependant ce cliquetis d'armes, ces flambeaux allumés, l'allée et la venue de tant de gens réveillent quelques gentilshommes logés dans le voisinage de l'amiral. Inquiets, ils se lèvent, sortent de leurs logis et demandent ce que signifient ces rassemblements extraordinaires d'hommes armés. On leur répond que ce sont les préparatifs d'un tournois. Peu rassurés par ces paroles, ils poursuivent leur route et s'approchent du Louvre. Là, ils aperçoivent une multitude de soldats, portant des torches allumées. Ils veulent alors se retirer et avertir leurs frères du danger qui les menacent. Mais il n'est plus temps, ils sont découverts. Impatients de se livrer au carnage, les gardes les insultent; l'un des gentilshommes veut répondre; il tombe aussitôt frappé d'un coup de pertuisanne et ses compagnons se voient aussi attaqués.

Le massacre avait commencé une heure plus tôt qu'il n'avait été arrêté. Catherine de Médicis, attentive au moindre bruit et craignant de nouvelles hésitations de la part de son fils, fait avancer l'horloge de Saint-Germain-l'Auxerrois et donne le signal. C'était à deux heures du matin [1]. Aux sons lugubres de la cloche, le duc de

[1] De Thou, liv. LII.

...uise et ceux qui l'accompagnent s'avancent alors précipitamment vers la demeure de Coligny [1].

Dès que le capitaine Cosseins, qui avait été placé près de l'hôtel de l'amiral, sous le prétexte de veiller avec sa troupe à la sûreté de ce dernier, aperçoit ces personnages qui l'ont initié au complot, il s'empresse de poster sur la place et vis-à-vis de chacune des fenêtres de la maison cinq ou six arquebusiers avec ordre de tirer sur ceux qui tenteraient de s'échaper. Cela fait, il vient frapper à la porte et demande à parler à l'amiral au nom du roi.

Labonne, gentilhomme qui avait les clefs, se hâte de descendre, et ouvre la porte extérieure. Aussitôt Cosseins se précipite sur lui et le poignarde ; les gardes massacrent ceux qu'ils rencontrent.

La seconde porte était ouverte. Les suisses placés là par le roi de Navarre pour la défense du guerrier blessé, ne pouvant résister à l'impétuosité des assaillants, se hâtent de la fermer. Cosseins les suit de près, et fait tirer des coups de feu à travers. Un des suisses est tué. Réveillé par le tumulte, Cornaton, gentilhomme de

---

[1] Un procès entre un locataire et le propriétaire de la maison, n° 14, de la rue des Fossés-Saint-Germain-l'Auxerrois, a révélé les détails suivants sur l'histoire de cette maison. C'était autrefois l'hôtel Coligny, de si funeste mémoire. La rue des Fossés-Saint-Germain-l'Auxerrois était alors le nom de rue Béthisy, et précédemment encore celui de rue au Comte-de-Ponthieu... L'hôtel, au temps de la Saint-Barthélemy, s'appelait lui-même l'hôtel de Ponthieu, et il était la propriété de Messire Antoine du Bourg, chancelier de France. Il fut ensuite acheté par le duc de Montbazon, et il devint la demeure de la belle duchesse de Montbazon, si tendrement aimée de l'abbé de Rancé. *Feuilleton du Journal des Villes et des Campagnes*, n° 6, 30ᵐᵉ année, 1844. Jeudi 11 janvier.

confiance de l'amiral, accourt et fait apporter par les suisses et les autres officiers de la maison divers meubles pour fortifier la porte que l'on cherchait à enfoncer.

Cependant l'amiral, lui aussi, avait été tiré de son sommeil par le bruit confus qui commençait à agiter Paris. Mais, plein de confiance dans les promesses du roi, il ne doutait pas qu'une émeute contre sa personne, si c'en était une, ne fût bientôt réprimée par Cosseins dont il était loin de soupçonner la trahison.

Les coups de pistolet et d'arquebuse tirés dans la cour de son hôtel et jusques sous ses fenêtres viennent dissiper ses illusions, et il commence à apercevoir enfin, mais trop tard, le piége que lui ont tendu ses lâches et perfides ennemis. S'étant fait lever de son lit, et couvert de sa robe de chambre, il invite son ministre Merlin à faire la prière et lui-même, invoquant avec ardeur Jésus-Christ, son Sauveur et son Dieu, remet son âme entre ses mains.

Dans ce moment un de ses serviteurs se précipite dans sa chambre; Coligny l'interroge et lui demande ce que signifie ce tumulte. Monseigneur, s'écrie-t-il, c'est Dieu qui nous appelle à lui: le logis est forcé et il n'y a aucun moyen de résister. — « Il y a longtemps que je me suis disposé à mourir, dit alors l'amiral avec calme. Vous autres, sauvez-vous, s'il est possible, car vous ne sauriez garantir ma vie. Je recommande mon âme à la miséricorde de Dieu[1]. » A ces mots, tous ceux qui se trouvent dans la chambre à l'exception d'un allemand, nommé Muss, qui servait d'interprète à Coligny, montent au sommet de la

[1] Continuation de l'*Histoire des Martyrs* de Crespin, liv. x, p. 7

maison et se sauvent sur les toits en passant par une lucarne [1].

Au même instant, Cosseins, après avoir renversé tous les obstacles, arrive avec sa troupe au bout des degrés du grand escalier. La porte de la chambre de l'amiral est enfoncée et les meurtriers, la plupart au service du duc de Guise et du duc d'Aumale, y pénètrent avec le capitaine. N'es-tu pas l'amiral, lui demande un Lorrain, nommé Besme, en le menaçant de son glaive? « C'est moi » répond Coligny, avec un visage tranquille et assuré. « Jeune homme, » dit-il en regardant l'arme dégaînée, « tu devrais avoir égard à ma vieillesse et à mon infirmité, mais tu ne feras pourtant ma vie plus brève. »

A peine a-t-il achevé ces mots que Besme lui plonge en jurant son épée dans la poitrine. Ses compagnons l'achèvent en le frappant à coups redoublés.

Le duc de Guise était demeuré dans la cour avec les autres Seigneurs catholiques. En entendant d'en-bas porter les coups, il ne peut contenir son impatience et s'écrie à haute voix : Besme, as-tu achevé? — C'est fait répond celui-ci. — Monsieur le chevalier ne le peut

---

[1] La plupart furent massacrés dans la maison voisine de celle de l'amiral. Quelques-uns, cependant, échappèrent miraculeusement. Au nombre de ces derniers se trouvèrent Cornaton et le ministre Merlin. Celui-ci, monté sur les toits avec Téligni, et ne pouvant le suivre, à cause de sa faiblesse et de sa mauvaise vue, se laissa choir dans un grenier à foin entre le tas et la muraille. En tombant, sa tête se trouva couverte de foin, ce qui le déroba aux regards des massacreurs. Il resta dans cette situation pendant trois jours et demi, et il serait mort de faim, sans une poule qui vint lui pondre trois œufs dans la main. D'Aubigné, *Hist. Univ.*, tom. II, liv. 1, p. 22. On peut voir dans l'Appendice, au n° 74, la manière dont le fils du ministre de l'amiral échappa aussi au massacre.

croire, s'il ne le voit de ses yeux, réplique le duc, jète-le par la fenêtre. Le meurtrier aidé de Sarlabous, un de ses compagnons, fait alors tomber le cadavre à leurs pieds. Le visage était tout couvert de sang, ce qui empêchait de le reconnaître. Le duc se baisse aussitôt, essuie le sang avec un mouchoir. Je le reconnais, dit-il, c'est lui-même ; puis, frappant du pied le visage de l'amiral, il s'écrie : Courage, soldats, nous avons heureusement commencé, allons aux autres [1].

Les assassins avaient à peine abandonné l'hôtel du guerrier massacré, que l'horloge du palais et toutes les cloches des églises de Paris firent entendre leurs sinistres accents. Au bruit du tocsin, les meurtriers se précipitent avec fureur sur leur proie sans défense. On excite le fanatisme et la rage du peuple en s'écriant que les réformés sont en armes, et qu'ils en veulent à la vie du roi : saignez, saignez, s'écrie le maréchal de Tavanne, en parcourant les rues de Paris, à cheval, les médecins disent que la saignée est aussi bonne au mois d'août qu'au mois de mai [2].

Excités par ces ordres sanguinaires, les soldats commandés par Jean Charron, et une multitude de bourgeois changés en bourreaux se livrent à d'horribles massacres. Les courtisans et les gardes partagent leur fureur. Ils parcourent les salles du palais et les maisons

[1] Un Italien de la garde du duc de Nevers, coupa la tête de l'amiral. Elle fut présentée à Catherine de Médicis, puis embaumée et envoyée au pape et au cardinal de Lorraine. La populace se livra à d'horribles mutilations sur le cadavre de Coligny, qui fut pendu par les pieds au gibet de Montfaucon, après avoir été traîné dans les rues de Paris, pendant l'espace de trois jours. *Mem. de Tavannes*, p. 419. D'AUBIGNÉ.

[2] Brantôme, vol. ix, p. 113.

des rues voisines, pénètrent jusque dans les appartements du roi de Navarre et du prince de Condé, et font tomber sous leurs poignards les personnages les plus illustres [1]. D'autres sont traînés à la porte du Louvre et sont immolés sous les yeux du roi. Charles IX lui-même qui, un moment auparavant, avait tressailli au premier coup de feu, et avait envoyé, mais trop tard, l'ordre d'empêcher le massacre, s'associe bientôt à leur rage. Apercevant de la fenêtre, du haut de laquelle il contemple ce spectacle barbare, quelques malheureux qui cherchent à se sauver en traversant la Seine, il tire sur eux en criant, à ceux qui les poursuivent : tuez-les, tuez-les !

---

[1] Ce fut au Louvre et dans son voisinage, que périrent le marquis de Pardaillan : le brave de Piles, illustre par sa belle défense de Saint-Jean-d'Angély ; le comte de la Rochefoucault, qui avait ri et plaisanté avec le Roi jusqu'à onze heures, dans la nuit du samedi ; Téligni, gendre de l'amiral, lequel épargné deux fois par les courtisans qui n'osèrent l'immoler, *tant il estoit de douce nature*, fut trouvé dans le grenier du sieur de Châteauneuf, et poignardé par des assassins moins scrupuleux ; Caumont de la Force, dont un des fils, devenu plus tard maréchal, échappa à la mort en se cachant sous les corps sanglants de son père et de son frère ; le baron de Soubise, sur le cadavre duquel les Dames de la cour licencieuse de Catherine de Médicis et les filles d'honneur de la Reine vinrent porter leurs regards éhontés ; le marquis de Renel, frère du prince Porcian ; le valeureux de Guerchy ; Macrin, précepteur de Catherine de Bourbon, Beauvoir, Pluviaut, Francour, Mortemart, Lavardin, etc., etc. Le sieur de Briou, gouverneur du petit marquis de Conty, fils du prince de Condé, mort à Jarnac, personnage d'un âge avancé, entendant les cris que poussaient les meurtriers, avait saisi avec empressement son jeune maître tout en chemise, et l'emportait pour chercher une retraite plus secrète, lorsque, rencontré par les assassins qui lui arrachèrent ce petit prince, il fut immolé, malgré les pleurs et les supplications de son élève qui eut la douleur de voir le cadavre de son malheureux gouverneur, dont la blanche chevelure était souillée de sang, jeté à la rue et traîné dans la fange.

En dehors du palais et dans le reste de Paris, les réformés réveillés en sursaut par le tocsin sortent demi-nus de leurs maisons aux cris de leurs frères égorgés et périssent par milliers. Des scènes affreuses se présentent à chaque pas. Ici, ce sont les commissaires, les capitaines, et les dizeniers qui vont, suivis de leurs gens, de maisons en maisons, à la recherche des huguenots. Ils enfoncent les portes, massacrent cruellement ceux qu'ils rencontrent, sans avoir égard au sexe, à l'âge ou au rang. Là, ce sont des charrettes chargées de corps morts que l'on va décharger à la rivière déjà remplie de cadavres, et rougie du sang qui ruissèle de toutes parts. Plus loin, ce sont des maisons que l'on pille, des malheureux que l'on égorge et que l'on précipite du haut des fenêtres dans la rue et sur les cadavres desquels on exerce de hideuses profanations. Ailleurs, et pour ajouter encore à l'odieux de ce barbare spectacle, des courtisans rient à gorges déployées, s'écriant que la guerre est finie et que c'est là la manière de faire des édits de pacification. « *L*e
» *papier pleureroit,* dit le continuateur de l'histoire des
» Martyrs de Crespin, *si je récitois les blasphèmes hor-*
» *ribles qui furent prononcés par ces monstres et diables*
» *encharnez, pendant la fureur de tant de massacres.*
» *La tempéte, le son continuel des harquebouzes et pis-*
» *toles; les cris lamentables et effroyables de ceux qu'on*
» *bourreloit; les hurlements de ces meurtriers; les corps*
» *jettez par les fenêtres, trainez par les fanges avec*
» *les huées et sifflements estranges; les brisemens des*
» *portes et des fenêtres; les cailloux que l'on fesoit*
» *voler contre et les pillages de plus de six cens mai-*
» *sons, continuans longuement, ne peuvent présente*

au lecteur qu'une perpétuelle image de malheur extrême en toutes sortes [1]. »

Dans l'impossibilité où nous sommes de retracer ici tous les traits touchants qui accompagnèrent la mort de quelques-uns des infortunés dont les noms ont été conservés, nous nous contenterons de raconter les dernières heures d'un homme déjà connu de nos lecteurs [2]. C'est de Pierre de la Place, que nous avons laissé étudiant à Poitiers, en 1535, que nous voulons parler.— Les discours du réformateur Calvin qu'il avait vu dans cette ville avaient fait une vive impression sur lui et avaient ébranlé sa foi aux dogmes du catholicisme. Depuis cette époque, il était demeuré en proie à des doutes qui ne firent que s'accroître, après un entretien providentiel qu'il eut un jour avec un de ces prédicateurs de la réforme, qui parcourait alors la France dans tous les sens et qui fut brûlé peu de temps après à Paris [3]. A partir de ce moment et pour sortir de cet état d'angoisse qui le tourmentait, il s'était mis à consulter les livres saints, à étudier les ouvrages des anciens auteurs et même ceux des scholastiques. *Par ce moyen, en peu de temps*, dit Pierre de Farnace, son biographe, *Dieu lui toucha le cœur et lui ouvrit les yeux pour pouvoir contempler la lumière de l'Évangile.* La crainte du bûcher l'empêcha toutefois d'en faire de suite profession, et ce ne fut qu'après la mort de François II, qu'il se rangea ouvertement au nombre des réformés et qu'il devint l'intendant du prince de Condé. Pendant les

---

[1] Liv. x, p. 708.

[2] Voyez, chapitre vııı.

[3] P. de Farnace, *Brief, recueil des principaux points de la Vie de Messire Pierre de la Place.* p. 11.

guerres civiles il se retira dans une maison qu'il possédait en Picardie, et il reprit à la paix sa charge de premier président à la cour des Aides, poste auquel ses grands talents l'avaient fait nommer [1].

Le jour de la Saint-Barthélemi, de la Place, habitant un quartier éloigné, ne se doutait pas du danger qui le menaçait, lorsque, vers six heures du matin, le capitaine Michel, arquebusier de Charles IX, se présenta à sa porte, l'arquebuse sur l'épaule, le pistolet à la ceinture et le bras gauche entouré de l'écharpe blanche, signe de ralliement des massacreurs. Il eut d'autant moins de peine à se faire admettre dans l'hôtel qu'on le prit pour un des gardes écossais du roi, qui témoignaient au président beaucoup d'attachement et lui avaient offert leurs services. Ces premières paroles en entrant furent pour apprendre aux assistants que le duc de Guise avait tué, par l'ordre du roi, l'amiral et plusieurs autres seigneurs huguenots; que le même sort était réservé à tous les réformés, et qu'il était venu pour les préserver de la mort. Là-dessus, il demanda qu'on lui montrât l'or et l'argent qui se trouvaient dans leur demeure.

Le président étonné de l'audace de cet homme qui, seul dans un logis et au milieu de dix ou douze personnes, osait tenir un pareil langage, lui demanda s'il savait où il était, et s'il n'y avait plus de roi en France. Venez donc lui parler, lui répondit le capitaine en jurant. De la Place commençant alors à penser qu'il y avait quelque grande émeute dans Paris, sortit par une

---

[1] Il a publié divers ouvrages: le plus remarquable est celui qui porte le titre de : *Commentaires de l'estat de la religion et republique sous les roys Henry et François secondz et Charles neufiesme.*

porte de derrière pour aller chercher un asile dans la maison de quelque voisin.

Pendant ce temps, la plupart de ses nombreux domestiques se dispersèrent et le capitaine, ayant reçu près de mille écus se chargea d'accompagner la demoiselle des Marets, fille du président, ainsi que son époux chez quelque ami catholique, ce qu'il fit en effet. Quant à Pierre de la Place, après avoir été refusé dans trois demeures, il rentra chez lui, et il trouva son épouse dans une grande désolation. Il l'exhorta à la patience et commanda ensuite de faire venir dans sa chambre les serviteurs et les servantes qui se trouvaient encore dans la maison pour rendre au Seigneur le culte de famille qu'il avait l'habitude de lui offrir chaque dimanche. Après avoir prié Dieu, il lut un chapitre de Job, avec exposition ou sermon de Calvin sur cette portion de la Sainte Écriture. Puis, après leur avoir parlé pendant quelques instants de la justice et de la miséricorde de Dieu, *le quel*, disait-il, *comme bon père, exerce ses éleus par divers chastiments, afin qu'ils ne s'arrestent aux choses de ce monde*, il se remit de rechef à prier, se préparant lui et toute sa famille, à endurer toutes sortes de tourments et la mort même plutôt que de rien faire qui fût contraire à l'honneur de Dieu [1].

Au moment où il finissait sa prière, on vint l'avertir que Monsieur de Senesçay, prévôt de l'hôtel, accompagné de ses archers, était à la porte du logis, demandant qu'on lui ouvrît au nom du roi, et disant qu'il venait pour veiller à sa sûreté et pour empêcher que sa demeure ne fût pillée par la populace.

---

[1] P. de Farnace, *Brief*, etc., p. 21.

Pierre de la Place fit aussitôt ouvrir au prévôt, qui l[ui] apprit que le massacre qu'on exécutait alors par tout[e] la ville se faisait par les ordres du roi, mais que Charle[s] IX lui avait donné le commandement exprès d'empê[-] cher qu'il ne lui fût fait aucun mal, et lui avait seulement enjoint de le conduire au Louvre, où sa majesté sou[-] haitait d'obtenir de sa bouche plusieurs éclaircissement[s] touchant les affaires des réformés dont il avait eu l[e] maniement, et qu'ainsi il se préparât à le suivre. De l[a] Place répondit qu'il était prêt à rendre compte au ro[i] de ses actions et de sa conduite ; mais qu'il lui sera[it] impossible de parvenir au Louvre, au milieu des hor[-] ribles massacres qui ensanglantaient la ville, sans expo[-] ser sa vie; qu'il dépendait de lui, toutefois, de s'assure[r] de sa personne, en laissant dans sa demeure autan[t] d'archers qu'il le jugerait convenable. Senesçay con[-] sentit à sa demande, et ordonna à Fourtevoye, l'u[n] de ses lieutenants et à quatre archers de rester dan[s] la maison du président. Quelques instants après so[n] départ, Jean Charron, prévôt des marchands se pré[-] senta également à l'hôtel. Il eut un secret entretie[n] avec le lieutenant, et lui laissa encore en se retiran[t] quatre de ses gens.

Le lendemain, à deux heures de l'après-midi, M. Senesçay se rendit de rechef auprès de Pierre de l[a] Place ; lui déclara qu'il avait reçu l'ordre formel de l'emmener, et qu'il ne pouvait plus différer. Toutes les remontrances du président qui venait de voir piller une maison auprès de la sienne ayant été inutiles, celui-ci le pria de lui servir lui-même d'escorte jusqu'à la cour. Mais le prévôt de l'hôtel répondit que ses affaires ne lui permettaient pas de l'accompagner plus

de cinquante pas. Alors l'épouse de Pierre de la Place
en proie à la plus vive anxiété, se jeta aux pieds de
l'officier du roi pour le conjurer d'accorder cette grâce à
son mari; mais le président, dont le courage n'était point
abattu, s'empressa de la relever en lui disant que ce
n'était point au bras des hommes qu'il fallait avoir
recours, mais à Dieu seul. En se tournant, il aperçut au
chapeau de son fils aîné une croix de papier que
celui-ci y avait placée, dans l'espoir de se sauver par ce
moyen. Le président le reprit sévèrement de cet acte
de faiblesse, lui commanda d'enlever ce signe séditieux, et lui remontra que les tribulations et les afflictions que Dieu envoie à ses enfants sont la vraie croix
qu'ils doivent porter et sont comme les arrhes de la
félicité et de la vie éternelle qui leur sont pré-
parées.

Le prévôt de l'hôtel impatienté, l'interrompit pour
le presser de partir. Alors Pierre de la Place, soumis
au sort qu'il voyait bien qu'on lui préparait, prit un
manteau, embrassa sa femme et, après lui avoir
recommandé avec instance d'avoir avant tout l'honneur
et la crainte de Dieu devant les yeux, il quitta d'un
pas ferme sa demeure pour se rendre au Louvre.
Mais les bourreaux ne le laissèrent pas arriver jusqu'au
palais. Il venait d'atteindre la rue de la Verrerie et se
trouvait vis-à-vis de la rue du Coq, lorsque des assassins qui l'attendaient là, depuis près de trois heures,
l'épée nue à la main, se précipitèrent sur lui et le
massacrèrent au milieu des dix ou douze archers qui
le conduisaient, sans qu'il opposât la moindre résistance. Sa demeure fut exposée au pillage pendant
cinq ou six jours consécutifs. Quant à son cadavre,

il fut transporté à l'hôtel-de-ville et placé dans une étable la tête couverte de fiente ; le lendemain il fut jeté dans la Seine [1].

Pendant qu'on immolait à Paris, dans ses faubourgs et ses environs, tant d'innocentes victimes, le Roi excité par Catherine de Médicis, sa mère, continuait à se montrer impitoyable envers les malheureux réformés. Des ordres furent expédiés dans les provinces pour y organiser le massacre. Charles IX fit appeler en sa présence le roi de Navarre et le prince de Condé. Il leur déclara que ce qu'ils voyaient, se faisait par son commandement; qu'il n'avait pas trouvé d'autre moyen de couper court aux guerres et aux séditions ; qu'il ne perdrait jamais la mémoire des maux qu'on lui avait faits : qu'il avait juste sujet de les haïr pour s'être mis à la tête de ses ennemis, mais qu'en considération du sang qui les unissait à lui, il consentait à leur faire grâce, à condition

[1] P. de Farnace, p. 21 et suivantes.

[2] Le nombre en est porté, pour Paris seulement, à dix mille. La plupart des cadavres furent jetés dans la Seine pour épargner le soin de les enterrer, mais il y en eut beaucoup qui restèrent aux environs de la ville, et le prévôt des marchands fut obligé de pourvoir à leur enterrement pour éviter la contagion. Voici ce qu'on lit à ce sujet dans le livre des comptes de la ville : *Aux fossoyeurs du cimetière des Saints-Innocents, 15 livres tournois à eux ordonnés par mesdits sieurs, par leurs lettres de mandement du 9 septembre 1572, pour avoir leurs compagnons fossoyeurs, au nombre de huit, suivant l'ordonnance et commandements de mesdits sieurs, avoir enterré les corps morts qui étaient ès-environs du couvent de Nigeon (les Bonshommes), pour éviter toutes infections et mauvais air en ladite ville et ès-environs.*

Aux fossoyeurs des Saints-Innocents, 20 livres à eux ordonnés par les prevosts des marchands et échevins, par leur mandement du septembre 1572, pour avoir enterré depuis huit jours onze cents corps ès-environs de Saint-Cloud, Auteuil et Chaillot.

toutefois, qu'ils changeassent de religion, son intention étant de ne plus souffrir dans son royaume que la religion catholique romaine.

Le roi de Navarre se contenta de prier le monarque de leur accorder à tous deux la liberté de conscience avec la vie, ajoutant qu'ils étaient prêts à lui obéir pour tout le reste. Le prince de Condé montra plus de hardiesse. « *Sire*, lui dit il......, *quant à ma religion, Dieu seul, qui m'en a donné la connaissance, est celui à qui j'en dois rendre compte : faites de ma vie et de mes biens ce qu'il vous plaira. Je suis resolu de ne renoncer la vérité que je congnois bien par aucune menaces, ni par le péril de mort où je me vois* [1]. »
Le Roi outré de cette réponse, le traita d'enragé, de séditieux, de rebelle, de fils de rebelle, et il lui déclara avec serment que si dans trois jours, il ne changeait de langage il le ferait étrangler [2]. Après

---

[1] D'Aubigné, *Hist. Univ.*, tom. II, liv. I, p. 19.
[2] Quelques jours après le massacre, Charles IX fit encore venir le prince de Condé devant lui, et lui dit avec l'accent de la fureur : *La messe, la mort ou la Bastille. Dieu ne permette point, Sire*, répondit ce seigneur, *que je choisisse le premier ; des deux autres, soit à votre élection, que Dieu veuille modérer par sa Providence*. Le roi, ému de cette réponse, le renvoya en prison. Cependant ce prince, après beaucoup de résistance, finit par céder à la violence, ainsi que le roi de Navarre, Catherine de Bourbon, sœur de ce dernier, et la princesse de Condé. On se servit pour leur en donner un prétexte honnête d'un ministre d'Orléans, nommé Hugues Sureau du Rosier, qui avait renié sa foi pour sauver sa vie. Les raisons qui l'avaient fait changer firent le même effet sur l'esprit des princes, parce qu'ils avaient peur comme lui. Ce succès apparent, remporté par le ministre apostat, engagea le duc de Montpensier à employer ce dernier à la conversion de sa fille et de son gendre le duc de Bouillon. Il l'envoya en conséquence à Sédan avec le jésuite Maldonat. Mais les conférences qui eurent lieu à cette occasion entre ces deux personnages et les ministres de cette ville, n'eurent pas plus de succès que celles que le duc avait déjà provoquées

avoir proféré ces menaces, Charles IX se retira ; mais
pour montrer qu'il était bien capable de les mettre à
exécution, ce roi barbare alla avec un brillant
cortége aux fourches patibulaires de Montfaucon
contempler les restes de celui que peu de jours auparavant il avait appelé son père. Il parut jouir de ce
spectacle, et s'adressant à quelques courtisans que
l'odeur du cadavre incommodait, il leur dit : Le corps
d'un ennemi tué sent toujours bon [1]. Le 26, Charles IX,
non content d'avoir insulté au cadavre de sa victime,
se rendit au parlement. Il eut l'audace de justifier
sa conduite, et le président Christophe de Thou eut
l'indigne faiblesse d'approuver ce qu'il condamnait
dans son cœur [2]. On fit plus encore : pour flatter le
monarque et perpétuer le souvenir du massacre,

dans le même but, en 1566, entre les ministres de l'Epine et Barba...
et les docteurs Simon Vigor, et Claude de Sainctes, le premier de...
depuis archevêque de Narbonne, et le second, évêque d'Evreux.
princesse demeura inébranlable, et du Rosier ayant réussi à se sauve...
Heidelberg, montra bien, en revenant à ses premiers sentiments,
avait agi plus par crainte que par conviction.

[1] Brantôme. — Quelques instants après, les enfants de Coligny et...
son frère d'Andelot, que Nançay avait eu l'ordre d'aller chercher,...
sèrent devant Montfaucon. Les gardes qui les accompagnaient eurent...
cruauté de leur montrer le cadavre informe de l'amiral. Tous baissè...
leurs têtes à cette triste vue et répandirent des larmes. Un seul,...
qui prit dans la suite le nom de d'Andelot, parut contempler cet a...
spectacle sans manifester d'émotion. Les aînés de ces deux familles...
tinguées, savoir : François de Coligny et Gui de Laval, parvinre...
s'échapper, et se réfugièrent à Berne. *Diaire du ministre Merlin*,...
nuscrits de La Rochelle.

[2] C'est ce même Christophe de Thou, père de l'historien, cité...
vertueux, qui appliquait au massacre ces vers du Stace :

> Excidat illa dies aevo, nec postera credant
> Saecula ; nos certe tacuamus, et obruta multa
> Nocte tegi propria patiamur cri... sua gentis.

appa des médailles d'or et d'argent ornées d'inscriptions qui contenaient les louanges du Roi [1].

Le massacre qui dura huit jours à Paris s'étendit bientôt aux provinces. Rouen, Meaux, Troyes, Orléans, Bourges, Angers, La Charité, Bordeaux, Toulouse, Lyon, Valence, et une foule d'autres lieux devinrent le théâtre de scènes horribles. Cent mille réformés, selon Péréfixe, archevêque de Paris, furent égorgés, et le nombre des victimes se serait élevé à un chiffre bien plus considérable, si plusieurs commandants ne se fussent refusés à exécuter les ordres qui leur avaient été expédiés de la cour. Le vicomte d'Orte, gouverneur de Bayonne, envoya au Roi cette belle réponse : « Sire, j'ai communiqué le commandement de Votre Majesté à ses fidèles habitans et gens de guerre de la garnison. Je n'y ai trouvé que citoyens et braves soldats, mais pas un bourreau. C'est pourquoi eux et moi supplions très-humblement vostre dite Majesté vouloir employer nos bras en choses possibles..... » Le comte de Tende sauva les protestants de la Provence, en déclarant, quand il reçut la lettre de Charles IX, que ce ne pouvaient être les ordres du Roi. De Sigagnes, à Dieppe ; de Gordes en Dauphiné ; Philibert de la Guiche à Mâcon ; de Chabot-Charny en Bourgogne ; Montmorin de Saint-Herem en Auvergne ; Villars, consul à Nîmes ; l'évêque de Lisieux, Jean Hennuyer, agirent de même en faveur des malheu-

---

[1] Sur l'une des faces, le roi était représenté, assis sur son trône, avec cette inscription : *Vertu contre les rebelles*. Sur l'autre on lisait ces mots : *Piété à exciter justice*. Sur d'autres médailles on voyait un Hercule luttant contre une Hydre, et ces mots : *Charles IX, dompteur des rebelles*. D'Aubigné, tom. II, liv. II, p. 29.

reux réformés. A ces personnages courageux dont les noms doivent être religieusement conservés, il faut encore ajouter Renée de France, duchesse de Ferrare qui ouvrit son château hospitalier de Montargis à ceux qui fuyaient la rage des persécuteurs.

La nouvelle du massacre des protestants en France fut reçue avec enthousiasme dans les états catholiques. Philippe II, roi d'Espagne, hautement satisfait d'un événement qui éloignait de lui les craintes que lui causait la guerre de Flandre, n'éprouva qu'un regret, celui que le roi de Navarre et le prince de Condé eussent été épargnés. Après avoir lu la lettre qui contenait les détails de l'horrible scène qui venait de se jouer dans un pays qu'il cherchait constamment à affaiblir, en fomentant des divisions, il l'envoya à l'amiral de Castille qui la reçut étant à souper et en prit aussitôt connaissance. Il est certain, dit-il, en s'adressant aux convives que les principaux sont morts excepté trois, savoir : Vendôme, auquel le Roi a pardonné à cause de sa femme; le prince de Condé, parce qu'il n'est qu'un enfant, et le comte de Montgomery qui s'est sauvé sur une jument et a fait soixante lieues d'une traite par un miracle, non pas de Dieu, mais du diable. L'amiral mort, dit le duc d'Albe, de son côté, c'est un grand capitaine de perdu pour la France, et un grand ennemi de moins pour l'Espagne. On ne s'en tint pas là. On fit le panégyrique de cette action détestable devant Philippe II, sous le nom de triomphe de l'Eglise militante [1].

A Rome, la joie tint du vertige. Le cardinal de Lorraine compta mille écus d'or au gentilhomme

---

[1] Mezeray, *Abr. Chron.*, T. vi, an 1572, p. 285.

du duc d'Aumale, son frère, qui lui apporta cet agréable message. Il entonna le Te Deum dans l'église de Saint-Louis, et afficha au-dessus de la porte de cet édifice une inscription en l'honneur du massacre [1]. Le cardinal Alexandrin, qui n'avait nullement caché son espoir de recevoir les nouvelles d'une grande victoire remportée sur les hérétiques, s'écria en apprenant le sinistre exploit de Charles IX; « le roi de France a tenu sa parole [2]. » Le canon du château Saint-Ange se fit entendre comme aux jours de grandes solennités, et des feux de joie furent allumés le soir dans les rues de Rome. Le lendemain, le pape Grégoire XIII alla, en grande pompe, rendre grâces à Dieu dans les principales églises de sa capitale, et fit chanter un Te Deum. Une médaille fut frappée pour perpétuer le souvenir de ce grand événement. Sur l'une des faces, l'on grava la tête du pape; sur l'autre on représenta un ange frappant les protestants, et l'on y mit cette inscription: Massacre des Huguenots, 1572 [3].

De malheureux réformés, fuyant en foule et dans toutes les directions le poignard des assassins, vinrent apprendre aux protestants de Sédan, du Béarn, de l'Angleterre, de l'Allemagne, de la Suisse et de Genève la sanglante exécution qui venait de souiller le sol de la France. Rien ne saurait exprimer la douleur de ces peuples en apprenant cet horrible forfait. On commanda des prières publiques à Pau et un jeûne austère.

[1] Voyez *Appendice*, n° 75.
[2] Lacretelle, *Histoire des Guerres de Religion*, vol. II.
[3] Id. ibid.
Voyez également De Thou, *Hist. Univ.*, in-folio, tom. III, liv. LIII, p. 694. Brantôme, *Vie de l'Amiral*. Strada, *Bel. Belg.* dec. I, liv. VII. Maimbourg, *Hist. du Calvinisme*, p. 284.

Un édit de Charles IX qui anéantissait la religion protestante en Béarn ajouta encore au deuil universel.

En Angleterre, où le comte de Montgomery, le Vidame de Chartres, Languillier, Ségur, de Pardaillan et plusieurs autres gentilshommes venaient d'arriver, la reine Elisabeth indignée refusa de recevoir Lamotte-Fénelon, l'Ambassadeur de Charles IX à Londres. Celui-ci s'étant présenté de nouveau à son palais de Woodstock, un jour qu'il pleuvait, la reine et la cour le reçurent en habits de deuil et Elisabeth se contenta de lui dire : « Voici, Monsieur l'ambassadeur, le ciel
» qui pleure les misères de votre France. Il faut que le
» roi soit un maître bien cruel ou qu'il ait bien des
» traîtres pour sujets. Il semble qu'on ait voulu ôter
» du décalogue ce commandement : Tu ne tueras
» point [1]. »

Mais nulle part l'affliction ne fut plus profonde qu'à Genève, cette ville hospitalière qui déjà depuis trente-sept ans avait ouvert ses portes à cette foule de persécutés français que tant de liens rattachaient encore à leur ancienne patrie. A peine la nouvelle du massacre fut-elle répandue dans cette cité, qu'une morne tristesse s'empara des habitants. Dès le 2 septembre, des prières extraordinaires furent ordonnées dans toutes les églises, et un jeûne solennel fut célébré le lendemain [2]; Genève

---

[1] Florimond, liv. vi, p. 760.

[2] *Le mardi suivant, qui fut 2º jour de septembre, commença le jeûne en prières extraordinaires pour le lendemain.* Registres manuscrits de la vénérable compagnie des pasteurs de Genève.

Chaque année, à pareille époque, les cloches de toutes les églises de Genève attirent une foule immense dans les temples. Les orgues accompagnent des milliers de voix, qui entonnent les psaumes de la pénitence, et des prédications se font entendre sans interruption, depuis le lever

ne s'en tint pas là. Comme une foule de malheureux français ne cessaient d'arriver dans son sein dans l'état le plus pitoyable, le clergé de cette ville s'occupa avec zèle de faire des collectes en leur faveur [1]. Cet exemple ne tarda pas à être imité par les cantons protestants de la Suisse, et bientôt d'abondants secours mirent les pauvres réfugiés à l'abri des premiers besoins [2].

un jour jusqu'à son déclin. Nous pensons que cette fête solennelle, qui porte encore le nom de Jeûne ou journée d'humiliation, doit son origine à l'événement de la Saint-Barthélemi.

[1] *Lundi 3ᵉ novembre, a esté advisé en la compagnie que mons. de ... iroit devant Messieurs pour leur parler de la cuillette, qu'il nous ... qu'il faudroit faire pour les pauvres qui se sont retirés icy depuis le massacre.* Registre de la vénérable compagnie.

[2] Nous avons vu dans un recueil des manuscrits de Bullinger une lettre écrite de Genève le 4 décembre 1572, par des pasteurs réfugiés implorant la charité des habitants de Zurich. Elle porte la suscription suivante : *Reverendis viris a nobis in Domino plurimum observandis patribus et fratribus fidis ministris et doctoribus Ecclesiæ Tigurinæ.* Elle se termine par ces mots : *Vestri in Domino fratres obsequentissimi ministri Galliæ ex ipsis leonum faucibus erepti.*

Perillatus, *Theopsaltes* (de Chandieu),

Vuinsonius.

Manuscrits de la bibliothèque de Zurich, Nº 13, 1787.

CHAPITRE XXV.

Du 3 Septembre 1572. — Décembre 1576.

Quatrième guerre civile. — Siége de la Rochelle et de Sancerre. — Quatrième p[aix]
— Parti des Politiques. — Entreprise des jours gras. — Mort de Charles I[X]
— Exécution du comte de Montgomery. — Avénement de Henri III — Cara[ctère]
du nouveau roi. — Reprise des hostilités. — Belle défense de Livron. — Éva[sion]
du duc d'Alençon et du roi de Navarre. — Cinquième paix. — Commencem[ent de]
la Ligue. — Premiers états de Blois. — Révocation de l'édit de paix.

Quoique l'horrible massacre qui venait de porter le trouble et la désolation au milieu des réformés de France fût bien propre à les abattre, ceux-ci ne s'abandonnèrent point à un lâche découragement.

Exaspérés, au contraire, par la trahison et la perfidie de leurs ennemis, ils reprirent partout les armes, et la guerre civile recommença plus terrible que jamais. La Rochelle et la ville de Sancerre, qui avaient ouvert leurs portes aux nombreuses familles qui fuyaient la persécution, se mirent en état de résister aux assauts qu'on se préparait à leur livrer. Le Dauphiné, le Languedoc et la Guienne imitèrent le noble dévouement de ces deux villes, et se résolurent à faire tête à trois armées que l'on envoyait pour achever de les écraser.

Sans entrer dans les détails de cette quatrième guerre nous dirons seulement que La Rochelle soutint un siége de huit mois, avec une patience incroyable.

tira contre ses murailles 35,000 coups de canon; on y donna neuf assauts, et il y eut plus de vingt attaques. On y fit jouer 70 mines ; on fomenta diverses conspirations ; mais tout fut inutile, et le duc d'Anjou y perdit le duc d'Aumale, Cosseins et plus de 22,000 hommes.

La ville de Sancerre résista aussi avec un courage héroïque aux efforts de l'ennemi. Ce ne fut qu'après avoir passé par tous les tourments d'une horrible famine et avoir perdu deux mille de ses habitants qu'elle se décida à capituler et à se rendre.

Partout les réformés se battirent en désespérés, et préférèrent supporter toutes sortes de misères plutôt que de s'exposer à la rage de leurs adversaires.

Catherine de Médicis et Charles IX ne s'étaient pas attendus à une lutte aussi opiniâtre de la part des protestants qu'ils avaient cru anéantir en frappant leurs chefs les plus distingués. Leur étonnement fit bientôt place à la crainte, surtout lorsqu'ils apprirent qu'il s'élevait à côté d'eux un parti menaçant pour leur autorité.

Une association de catholiques et de réformés connus sous le nom de *Politiques* ou de *Mal-contents,* et ayant pour but de combattre l'influence étrangère qui dominait à la cour, et d'opérer des réformes dans l'état, sans s'occuper autrement des points religieux, venait de se former par les soins de Montmorency, de Biron et de Cossé. Le duc d'Alençon s'était décidé à en faire partie, soit qu'il fût entraîné par une sorte d'inclination pour la réforme, qu'il avait appris à connaître dans son intimité avec l'amiral, soit plutôt qu'il ressentît un peu de jalousie de la réputation et de la puissance de son frère, le duc d'Anjou. Le roi de Navarre et le prince de Condé, moins observés au camp de La Rochelle où ils avaient été obligés de se rendre qu'à la cour, avaient aussi envoyé leur adhésion par l'entremise de Turenne [1], alors âgé de dix-sept ans, mais qui laissait déjà paraître les brillantes qualités qui devaient le distinguer un jour. Il ne manquait plus aux confédérés qu'un homme fidèle et expérimenté pour se livrer à quelque audacieuse entreprise. Ils le trouvèrent dans la personne du brave et prudent de la Noue [2].

Charles IX averti de ces secrètes menées et désireux d'un autre côté de mettre fin à une guerre qui avait

---

[1] Henri de la Tour d'Auvergne, vicomte de Turenne, prit le titre de duc de Bouillon et de prince de Sédan, en épousant, le 11 octobre 1591, Charlotte de La Marck, fille de François de Bourbon-Montpensier, sœur de Guillaume-Robert, mort à Genève, le 1er janvier 1588.

Il manifesta longtemps de la répugnance pour la réforme, mais, dit l'historien d'Aubigné (tom. II, p. 163). « La probité qu'il connut à plusieurs des chefs réformés, et notamment en la Noue, le fit condescendre (1575) à ouïr une dispute entre Constans, ministre de Montauban, et un docte cordelier qu'on lui envoia de Toulouse. Cette dispute fut formelle sur la plupart des controverses : mais principalement sur le point de la transsubstantiation. Le vicomte ne changea point de religion pour cela ; mais promit seulement de fréquenter les presches, ce qu'aiant fait quelque temps, il fit profession de la religion réformée. »

[2] François de la Noue, surnommé le Bras-de-Fer, né en 1531, dans une famille illustre de la Bretagne, fit ses premières armes en Lombardie, et embrassa la réforme à l'époque où elle fut prêchée dans la province qu'il habitait, par les soins de d'Andelot. Il devint un des chefs les plus distingués parmi les réformés, et ne se fit pas moins remarquer par sa piété que par sa bravoure. Ce vaillant capitaine, sur le compte duquel nous aurons occasion de revenir, avait épousé la sœur de Téligni. Ses *Discours politiques et militaires*, publiés à Bâle en 1587, l'ont mis au rang des meilleurs écrivains de son siècle.

vidé son trésor sans lui procurer aucun avantage sur les réformés, envoya l'ordre de faire la paix.

Les députés de Nimes et de Montauban se rendirent à La Rochelle, pour se concerter avec les valeureux défenseurs de cette ville et les commissaires du Roi. Un traité qui assurait à tous les réformés la liberté de conscience, mais qui limitait l'exercice public du culte aux trois villes de La Rochelle, de Nimes et de Montauban fut conclu à la fin de juin 1573 et ratifié le 6 juillet suivant.

Cet édit de paix fut loin de satisfaire la plupart des réformés. Ceux du Languedoc, du Quercy, de la Provence et du Dauphiné ne voulurent point le recevoir. Les églises des autres provinces, sans oser le rejeter ouvertement, manifestèrent leur mécontentement, et il faut avouer que les diverses infractions qu'on y apportait en plusieurs lieux, les violences et les mauvais traitements dont les fidèles étaient partout les objets, étaient peu propres à ramener la paix et la tranquillité.

Telle était la situation des réformés, lorsqu'un événement vint de nouveau raviver leurs espérances.

Le duc d'Alençon, outré d'être privé par la Reine-mère du poste de lieutenant-général du royaume devenu vacant par le départ du duc d'Anjou, nommé depuis peu roi de Pologne, et de se voir préférer le duc de Lorraine, commença à rechercher l'appui des protestants. Ceux-ci, calculant les grands avantages que pouvait leur procurer l'alliance du frère du roi, s'empressèrent d'accepter, malgré l'opposition du célèbre Philippe de Mornay [1], la proposition qu'on leur fit

---

[1] Philippe de Mornay, seigneur du Plessis-Marly, baron de la Forêt-sur-Sèvre, né le 5 novembre 1549, au château de Buhy, dans le Vexin

d'unir leurs intérêts avec ceux des politiques. Ils élurent pour leur général le brave La Noue qui s'était fixé à La Rochelle et celui-ci, s'étant mis en rapport avec les réformés du Dauphiné, du Languedoc, de la Guienne et d'autres provinces, fixa la prise d'armes à la nuit du mardi-gras.

Au moment convenu, un corps considérable de cavalerie s'avança vers le château de Saint-Germain, pour délivrer les deux princes et fournir au duc d'Alençon l'occasion de se joindre aux réformés. Mais les hésitations du duc firent échouer l'entreprise, et Catherine de Médicis, avertie à temps, se retira en toute hâte à Paris. Le roi de Navarre et le duc d'Alençon furent confinés au château de Vincennes; les maréchaux de Montmorency et Cossé furent envoyés à la Bastille; la Môle et Coconas furent décapités: le prince de Condé, Thoré, Turenne, réussirent seuls à s'échapper et allèrent chercher un refuge en Allemagne.

Les réformés furent plus heureux ailleurs. Le comte de Montgomery, qui était venu s'établir dans l'île de Guernesey, en attendant une occasion favorable de se signaler, s'empara de plusieurs villes de la Normandie. Une multitude de places plus ou moins fortes du Poitou, de la Saintonge, de la Guienne, du Languedoc et du Dauphiné tombèrent au pouvoir des protestants.

français, appartenait à une famille distinguée. Sa mère, Françoise du Bec, *avoit cognoissance de la vraye religion dès le vivant de son mari, et taschoit soubs main de l'instiller et installer en sa famille, nonobstant les feux allumez en ce royaume.* Ce ne fut toutefois que plus tard et après des études savantes et consciencieuses qu'il embrassa la réforme et qu'il consacra à sa défense son épée et sa plume avec un dévouement qui lui valut le surnom de *pape des protestants*. Il avait épousé à Sédan, en 1575, Mademoiselle de la Borde, fille de Charlotte Arbaleste, elle-même veuve du maréchal-de-camp, Jean de Pas, seigneur de Feuguères.

Trois armées furent aussitôt levées par la cour pour réprimer ce mouvement qui menaçait de devenir plus sérieux encore. L'une, sous les ordres du duc de Montpensier, se dirigea sur le Poitou. La seconde, commandée par le Dauphin, fut envoyée dans le Dauphiné. La troisième, à la tête de laquelle se trouvait le maréchal de Matignon, s'avança en Normandie pour combattre Montgomery. Le duc de Montpensier et son fils le prince Dauphin, n'obtinrent que peu de succès. Il n'en fut pas de même de Matignon. Ce général, ayant appris que Montgomery s'était réfugié à Domfront, vint mettre le siége devant cette ville, et s'en empara, à l'exception du château qui était très-fort. Quelques jours après, le comte fut obligé de se rendre à discrétion.

Cette nouvelle fut reçue avec des transports de joie par la Reine-mère. Catherine de Médicis s'empressa d'en faire part à Charles IX qui l'accueillit sans émotion. « Comment, mon fils, lui dit la Reine surprise, ne vous réjouissez-vous pas de la prise de celui qui a tué votre père ? » Le malheureux monarque qui, depuis la Saint-Barthélemi, avait toujours été malade, répondit alors qu'il ne prenait pas plus d'intérêt à cet événement qu'à autre chose. Cette indifférence fut considérée comme un signe certain de sa mort prochaine, et en effet, trois jours après, le 30 Mai 1574, Charles IX, déchiré par le remords et poursuivi par des songes fâcheux qui remplissaient son âme de terreur, mourut à la suite d'une violente hémorrhagie.

Catherine de Médicis s'empara aussitôt de la régence, et après avoir expédié en Pologne un courrier au duc d'Anjou, qui succéda à son frère sous le nom de

Henri III, elle se hâta d'user de son autorité pour se venger de Montgomery, meurtrier involontaire de Henri II.

Cet illustre personnage fut condamné à être décapité sur la place de Grève, son corps à être mis en quartiers et sa famille à être dégradée de sa noblesse. Après avoir été cruellement torturé, il fut conduit dans la chapelle du palais. L'archevêque de Narbonne vint alors auprès de lui pour le confesser, mais le comte refusa. Il ne voulut pas non plus baiser le crucifix qui lui fut présenté, et il ne prêta aucune attention au discours du prêtre qu'on avait placé à côté de lui dans la charrette. Un cordelier pensant l'arracher à l'erreur, se mit alors à lui adresser la parole, et lui dit qu'il avait été abusé « Comment abusé! » répondit le comte en le regardant fixement : « Si je l'ai été, c'est
» par ceux de votre ordre ; car la première personne
» qui jamais me mit une Bible française entre les
» mains et me la fit lire, a été un cordelier comme vous.
» C'est là que j'ai appris la religion que je professe,
» laquelle seule est la vraie religion et celle dans
» laquelle j'ai vécu et désire mourir maintenant avec
» la grâce de Dieu. » Sa fermeté ne se démentit point ; il monta sur l'échafaud avec un calme inaltérable et prononça une prière touchante [1].

Averti de la mort de son frère, Henri III revint de Pologne. En dépit du traité de La Rochelle, les troubles continuaient à agiter plusieurs provinces de France. Le nouveau roi, formé à l'école de Médicis, s'obstina à poursuivre la guerre. En vain l'empereur Maximilien II, le

---

[1] Journal de Henri III. D'Aubigné, *Hist. Univ.*, tom. II. liv. II. p. 12?

sénat de Venise et la duchesse Marguerite sa tante avaient-ils mis tout en œuvre pour le détourner du dessein fatal de perpétuer les divisions qui causaient la désolation de son royaume. En vain lui avaient-ils fait envisager que le seul moyen de remédier à tant de maux était d'accorder aux protestants la liberté de conscience. Il préféra suivre les conseils de Catherine, des Guises et des courtisans dévoués aux cours de Madrid et de Rome. Sa mère, si nous en croyons Le Laboureur [1], *avait empoisonné ses mœurs par sa politique florentine*, le nourrissant dans la dissimulation, et lui formant une religion subordonnée à ses intérêts, et qui ne consistait qu'en un extérieur dévot jusqu'à la superstition.

Ses défauts ne tardèrent pas à éclater, une fois qu'il fut monté sur le trône. Dès son arrivée en France, il prit part, à Avignon, à la procession dite des *Battus*, avec Catherine de Médicis et le cardinal de Lorraine [2], tous trois pieds nus, le crucifix à la main, vêtus d'un sac de pénitent et marchant en se flagellant eux-mêmes. A partir de ce moment, sa vie toute entière offrit un mélange extraordinaire des vices les plus honteux et des plus bizarres superstitions.

« Il partageait son temps » dit un historien mo-

---

[1] *Addit. aux Mém. de Castelnau*, tom. II, p. 670.

[2] A la suite de cette cérémonie ridicule, le cardinal de Lorraine mourut presque aussitôt. Nul n'avait soufflé plus que lui le feu des guerres civiles et ne s'était montré plus cruel. Médicis parut respirer en apprenant sa mort, mais la nuit suivante, on l'entendit pousser des cris de terreur. Ses femmes accoururent et la trouvèrent dans le délire : « Délivrez-moi de cette vue, dit-elle, voilà le cardinal qui me poursuit, il m'entraîne en enfer. » De Bonnechose, *Histoire de France*, tom. I, p. 368. D'Aubigné, *Hist. Univ.*, tom. II, liv. II, p. 143.

derne [1], « entre les débauches effrénées et les prati-
» ques minutieuses d'une dévotion puérile : entouré
» de jeunes favoris qu'il nommait ses mignons, et de
» femmes dissolues, tantôt il faisait porter devant lui
» les châsses des saints, qu'il suivait habillé en péni-
» tent, mêlant d'obscènes bouffonneries aux litanies
» de l'Église; tantôt il courait les lieux de débauche,
» récitant, aux lueurs de l'orgie, son chapelet de têtes
» de morts..... Des historiens ont dit que Henri III
» poursuivait un plan profondément combiné au milieu
» de ces honteux désordres ; le livre de Machiavel était
» son Évangile, et, suivant eux, il voulait dompter et
» abattre les grands par toutes les séductions du vice.
» Quoi qu'il en soit, sa mère à cet égard lui donnait
» le précepte et l'exemple en s'entourant de filles
» d'honneur habiles à séduire ceux dont elle voulait
» endormir l'ambition ou les ressentiments..... Les
» pratiques d'une dévotion absurde se mêlaient aux
» empoisonnements et aux dissolutions dans cette
» cour infâme : les voluptés étaient le prix du crime, et
» Marguerite de Valois, digne de son frère et de sa mère,
» acheta au prix de ses faveurs, la mort de Dugast,
» son ennemi et l'un des favoris du roi, qui le vit
» poignarder à ses pieds, et oublia de punir l'assassin.

Cependant les réformés qui s'attendaient à tout de
la part d'un roi qui avait pris une part si affreuse au
massacre de la Saint-Barthélemi, se préparaient de
leur côté à la guerre. Ils profitèrent d'une trêve de
deux mois que leur avait accordée la reine-mère, pour
tenir une assemblée à Milhau. Il y fut décidé que l-

---

[1] Émile de Bonnechose. *Hist. de France* 4ᵉ édition. tom. I. p. 3..

prince de Condé, qui avait abjuré de nouveau le papisme à Strasbourg, et qui faisait des levées de troupes en Allemagne, serait proclamé chef, en attendant la délivrance du roi de Navarre.

Les hostilités recommencèrent bientôt. Partout les réformés défendirent avec une bravoure remarquable contre les armées royales les places dont ils s'étaient rendus maîtres. La petite ville de Livron, entre autres, qui ne contenait qu'une faible garnison, résista à tous les efforts que le maréchal de Bellegarde, qui avait été nommé à la place du dauphin général dans le Dauphiné, fit pour s'en emparer. Henri III crut que sa présence encouragerait les troupes assiégeantes et les ferait triompher. Il se rendit donc à leur camp, accompagné de la reine-mère et suivi de toute sa cour. Mais l'arrivée du Roi ne fut pas plus tôt connue dans Livron, que les murs crénelés de cette ville se couvrirent d'hommes, de femmes et d'enfants, qui n'épargnèrent pas, en parlant du monarque et de sa mère, les épithètes les plus outrageantes. « Lâches, s'écrièrent-ils, en s'adressant aux courtisans, assassins, pourquoi êtes-vous venus ici? Pensez-vous nous surprendre dans nos lits, et nous massacrer comme vous avez fait de l'amiral? Montrez-vous, jeunes mignons, venez éprouver à vos dépens que vous êtes incapables de tenir tête même à nos femmes [1]. »

Après de nouvelles tentatives infructueuses, le Roi, outré de l'insolence des assiégés et prétextant le besoin qu'il avait de ses troupes pour assister à son couron-

---

[1] de Thou, liv. LX.

nement, se vit obligé de retirer de devant cette place ses soldats démoralisés.

Les réformés, déjà encouragés par l'entrée dans leurs rangs de plusieurs chefs du parti des politiques, reçurent bientôt de nouveaux renforts. Le duc d'Alençon, qui avait été délivré de prison ainsi que le roi de Navarre à la rentrée de Henri III, mais qui était toujours, de même que son compagnon de captivité, l'objet de la défiance du monarque, réussit à tromper la vigilance de ceux qui le surveillaient, et s'enfuit de la cour. Il fut bientôt entouré de personnages du plus haut rang.

Condé se prépara alors à aller joindre le duc avec les troupes que l'Électeur palatin avait levées pour son compte. Connaissant l'ambition du frère du Roi et sachant, d'un autre côté, que c'était lui et non Alençon qui possédait la confiance des protestants de France et de l'étranger, il n'hésita pas à se défaire en sa faveur de son titre de commandant en chef. Le duc se vit bientôt à la tête d'une armée considérable. Il ne fit néanmoins rien de mémorable, et, après quelques escarmouches dans l'une desquelles périt Besme, l'assassin de Coligny, une trêve de six mois fut conclue à Champigny, le 22 novembre, par les soins de Catherine.

Quelque temps après, le roi de Navarre qui était gardé à vue depuis l'évasion du duc d'Alençon parvint aussi à s'échapper. Il se retira d'abord à Alençon, où il assista au prêche [1]; puis il se rendit à Tours, où il

---

[1] Le psaume que le ministre fit chanter ce jour, avant le sermon, était le 21e, qui commence par ces mots : Seigneur, le roi te bénira d'avoir eu délivrance, par ta grande puissance, etc. Le roi de Navarre demanda après le service si c'était à cause de lui qu'on avait choisi ce cantique. Ayant appris qu'on n'avait fait que suivre l'ordre ordinaire, il considéra cette circonstance comme un bon présage pour ses entreprises.

renonça au papisme et protesta contre l'abjuration qu'on l'avait contraint de faire en 1572 [1]. Cette démarche du fils de Jeanne d'Albret augmenta l'audace des réformés, et leurs troupes dans les diverses provinces s'élevèrent à cinquante mille hommes.

Catherine de Médicis, poursuivant sa politique ordinaire et trouvant ce parti trop puissant, songea sérieusement à la paix. Elle usa pour y arriver des moyens qui lui avaient si souvent réussi. Elle se rendit au camp des confédérés, accompagnée de ses femmes, qu'elle appelait son escadron volant. Elle n'eut pas de peine à séduire le duc d'Alençon, dont l'influence était complètement effacée depuis l'arrivée du prince de Condé et du roi de Navarre. Elle tripla son apanage, et ce prince, qui prit le titre de duc d'Anjou, sépara dès-lors ses intérêts de ceux des réformés. La paix qui fut conclue à cette occasion, au mois de mai 1576, et qui est connue sous le nom de paix de Monsieur procura aux réformés des avantages bien plus considérables que ceux qui avaient été concédés précédemment. Un édit donné à Paris, à la même époque, leur accorda le droit d'exercer librement leur culte, ainsi que celui de tenir leurs écoles, leurs consistoires et leurs synodes par toute la France, à la réserve toutefois de Paris, de la cour et à deux lieues à la ronde, limitées à Saint-Denis, Saint-Maur-des-fossés, Charenton et le Bourg-la-Reine ; reconnut la légalité des mariages des prêtres qui avaient embrassé la réforme ; établit dans tous les parlements des chambres mi-partie ; flétrit la mémoire de la journée de la Saint-Barthélemi ; cassa toutes les

---

[1] Sully, *Mémoires*, liv. 1.

condamnations infamantes relatives à l'amiral et à diverses autres personnes de qualité; déclara les veuves et les enfants de ceux qui avaient été tués à la Saint-Barthélemi, s'ils étaient nobles, exempts pour quatre ans du service militaire, et les autres, de taille et autres impositions pendant six ans. Enfin, pour calmer les inquiétudes des réformés, que la perfidie de leurs ennemis avait rendus méfiants, on leur donna, par des articles secrets et signés à part, huit villes d'otage [1].

Les chefs confédérés, ayant obtenu ce qu'ils désiraient, se séparèrent. Le roi de Navarre partit pour se rendre dans son gouvernement de Guienne. Il s'arrêta quelque temps à Parthenai, et attendit Catherine de Bourbon sa sœur, qu'il avait envoyé chercher à la cour. Cette princesse, qu'on avait aussi contrainte à changer de religion, en dépit des efforts de sa gouvernante la baronne de Tignonville, revint, une fois en liberté, à ses premiers sentiments. Elle assista au prêche à Châteaudun, et manifesta publiquement à la Rochelle avec son frère, le repentir qu'elle éprouvait de la faute qu'on lui avait fait commettre [2]. Condé se retira aux environs de la Rochelle; Damville en Languedoc, à la tête des politiques, et le prince Casimir sur la frontière de Champagne.

Mais les réformés eurent bientôt occasion de s'apercevoir qu'ils étaient encore une fois les jouets de la cour perfide de Médicis, et que les promesses qu'elle leur avait faites, n'avaient eu pour but que d'affaiblir

---

[1] Beaucaire, Nyons, Issoire, Périgueux, le Mas-de-Verdun, et faisaient partie.

[2] D'Aubigné, tom. II, liv. III, p. 219.

parti et de détacher le frère du roi des confédérés. Leurs plaintes sur l'inexécution de l'édit s'élevèrent de tous les points du royaume, et ils demandèrent avec instance qu'on leur accordât ce qu'ils n'avaient obtenu qu'au prix des plus pénibles sacrifices.

Les catholiques, de leur côté, du moins ceux qui étaient partisans de la maison de Guise, irrités des concessions qu'on avait faites aux réformés, cherchèrent les moyens de leur enlever ces nouvelles faveurs. Il existait déjà depuis longtemps, dans la plupart des provinces, des associations particulières pour la défense des intérêts de la religion romaine. Elles se fondirent bientôt en une vaste et puissante confédération qui prit le nom de Sainte-Ligue. Le sanguinaire duc d'Albe en avait donné la première idée, dès 1565, dans les conférences de Bayonne, d'après les vues du triumvirat de 1561, et les cardinaux de Biragues, de Strozzi et d'Armagnac, Monluc et la maison de Foix, trois ans après, avaient entrepris de la réaliser : enfin en 1575, elle avait pris un certain degré de consistance en Picardie. Son but apparent, comme nous l'apprenons par Le Laboureur [1] et Mézerai [2], était le maintien du catholicisme, le salut du roi et la ruine de l'hérésie. Mais la religion ne lui servait que de masque, et son dessein secret était de priver les Bourbons de la couronne et de la faire tomber aux princes lorrains.

A peine eut-elle publié son manifeste que les chaires retentirent de la nécessité de la proscription et de la condamnation des hérétiques. Une foule de catholiques

---

[1] *Addit.*, liv. IV, p. 75 et 220, liv. III, p. 835, liv. II, p. 538.
[2] *Abrégé Chron.*, tom. VI, an 1576, p. 374 et 376.

fanatisés s'empressèrent d'entrer dans l'association [1]. Les Jésuites, cette milice dévouée au pape, ne demeurèrent point oisifs de leur côté. Ils répandirent leurs émissaires dans la plupart des principales villes de France, semèrent sur leur passage l'agitation et le trouble, s'élevèrent avec force contre l'édit de paix qu'ils prétendaient avoir été extorqué, et soulevèrent partout les esprits contre les réformés.

Ceux-ci ne tardèrent pas à éprouver les fâcheux effets de cette ligue que Grégoire XIII encourageait, et que Philippe II promettait de soutenir par des secours d'hommes et d'argent. Ils furent bientôt en butte à mille insultes et à des vexations de tous genres, et se virent dans la nécessité d'adresser d'énergiques plaintes au Roi.

Henri III crut dissiper cette ligue et apaiser ces murmures en convoquant les états-généraux dans la ville de Blois, comme il l'avait promis lors de la conclusion de la paix. Mais la plupart des députés, gagnés par les Guise, se firent remarquer par la violence de leur langage et leur haine pour les réformés. Ils furent d'avis de ne souffrir qu'une seule religion en France, et le député de Picardie alla jusqu'à proposer « que le » Roy seroit prié d'ordonner aux Ministres, Diacres et

---

[1] La formule du serment était conçue en ces mots : « Je jure Dieu
» Créateur, touchant cet Evangile et sur peine d'anathématisation
» de damnation éternelles, que j'ai entré en cette sainte association
» catholique, selon la forme du traité qui m'y a esté lu présentement,
» justement, loyalement et sincèrement, soit pour y commander et y
» obéir et servir : et promets sur ma vie et mon honneur de m'y
» conserver jusques à la dernière goutte de mon sang, sans y contre-
» venir ou m'en retirer pour quelque mandement, prétexte, ni occa-
» sion que ce soit. » D'Aubigné. *Hist. Univ.*, tom. II, liv. III, p. 2..

Surveillans, Maîtres d'école, et autres dogmatisans de la nouvelle religion, de vuider le Royaume, et qu'à faute de ce faire, il seroit procédé contr'eux comme atteints de crime capital et que chaque habitant du royaume de l'âge de quinze ans et au dessous, feroit profession de la religion catholique [1]. »

Le parti fanatique l'emporta et les états décidèrent qu'on bannirait les ministres, et qu'il n'y aurait plus qu'une seule religion.

Henri III incapable de résister aux ligueurs, se vit contraint de révoquer l'édit de paix. Il mit sur pied deux armées et lui-même, pour rompre les mesures des Guise dont la puissance l'inquiétait, se déclara chef de la Sainte-Union.

[1] Soulier, *Hist. du Calvinisme*, liv. v, p. 160.

CHAPITRE XXVI.

Décembre 1576 — 5 Janvier 1589

Manifestes du roi de Navarre et du prince de Condé. — Sixième guerre civile. — E... des réformés. — Édit de Poitiers. — Synode national de Sainte-Foy. — Tra... Nérac. — Guerre dite des Amoureux. — Paix de Fleix. — Mort du duc d'A... — Continuation de la Ligue. — Révocation de l'édit de Poitiers. — Huitième g... civile — Claude de la Trimouille embrasse la réforme. — Le roi de Navarre f... amende honorable à Pons. — Bataille de Coutras. — Mort du prince de C... — Audace des ligueurs. — Édit d'Union. — Henri de Guise et le cardinal son f... meurent assassinés. — Mort de Catherine de Médicis.

Une violation aussi éclatante d'un édit solennel obtenue par la faction des princes lorrains, ne pouvait manquer de faire éclater de nouveau la guerre.

Le roi de Navarre, protecteur des églises réformées et le prince de Condé publièrent un manifeste où ils rappelèrent les violences exercées contre eux lors du massacre de la Saint-Barthélemi, et le mépris qu'on avait toujours fait de leurs personnes, et ils le terminèrent par une exhortation pressante à tous les bons français de se joindre à eux pour résister aux ennemis de l'état et de la couronne, qui avaient obsédé l'esprit du Roi.

Les réformés reprirent aussitôt les armes; mais les événements de cette guerre ne leur furent pas favorables. Ils perdirent plusieurs places importantes nombre desquelles se trouvaient la Charité, Issoire et la Rochelle, et se virent privés par l'intrigue du concours de Damville et de ses partisans, les politiques.

Cependant Henri III, soit par un effet de son inconstance naturelle et de son amour pour le plaisir; soit par crainte d'abattre entièrement un parti qui tenait en échec l'ambition des Guises, conclut la paix avec les protestants. Elle fut signée à Bergerac, le 17 septembre 1577, et fut immédiatement suivie, au mois d'octobre, de l'édit de Poitiers qui moins libéral que le précédent, accordait toutefois aux réformés des conditions assez favorables.

On reconnaissait aux seigneurs hauts justiciers la faculté de faire célébrer le culte dans leurs maisons pour eux et leurs vassaux. Les exercices religieux pouvaient être continués dans toutes les villes et bourgs où ils se trouveraient avoir été publiquement célébrés le 17 septembre 1577. Les réformés rétablis dans leurs priviléges de citoyens, avec droit aux charges et aux dignités, pouvaient en avoir en outre dans chaque baillage et dans chaque juridiction royale, hormis à Paris. On leur accordait aussi deux chambres miparties une à l'Isle, en Albigeois, et l'autre dans la ville d'Agen, et huit places de sûreté qu'ils pouvaient garder l'espace de six ans, avec de bonnes garnisons, entretenues aux dépens du Roi; savoir: Montpellier et Aigues-Mortes; Senez-la-Grand-Tour, en Provence; Nyons et Serres, en Dauphiné; Périgueux, la Réolle et le Mas-de-Verdun, en Guienne. Le Roi permettait en outre, à certaines conditions, le mariage des prêtres devenus réformés, flétrissait la Saint-Barthélemi et proscrivait la Ligue.

La perte de quelques-unes de leurs libertés n'empêcha pas les réformés de se réjouir de la cessation de la guerre. Les ministres bannis pendant la tenue des états de Blois avaient émigré dans les pays étrangers ou s'étaient cachés. La plupart s'étaient réfugiés dans les villes de la Rochelle, de Saint-Jean-d'Angély, de Pons, de Montauban, de Bergerac et de Sainte-Foy. Aussitôt que la paix eut été proclamée, ils revinrent occuper leurs postes et travaillèrent avec zèle à remettre en vigueur la dicipline ecclésiastique, que les derniers troubles avaient considérablement relâchée.

Ce fut dans ce but qu'un synode national se réunit à Sainte-Foy, le 2 février 1578. On y décida en particulier que les églises établiraient des écoles; que les pasteurs remettraient en usage le catéchisme, et l'expliqueraient dans un langage simple et familier; qu'ils choisiraient pour diacres des hommes pieux et instruits; que les fidèles seraient exhortés, non seulement à assister aux services religieux du dimanche et de la semaine, mais à adresser matin et soir dans leurs demeures des prières à Dieu, et que les pères et mères seraient invités à s'occuper avec soin de l'éducation de leurs enfants qui sont, pour nous servir des expressions des actes du synode *la semence et pépinière de l'Eglise* [1].

---

[1] En tête du manuscrit très-ancien que nous possédons des actes de ce neuvième synode national, se trouvent ces mots : « *Ce sont les articles* » *concluz et arrestés au synode national des églises réformées de France* » *assemblé en la ville de Sainte-Foy-la-Grande, le deuxiesme jour de* » *febvrier 1578, où a esté eleu pour moderateur de l'action, maistre* » *Pierre Merlin, ministre de la parole de Dieu en l'Église, recueillie* » *la maison et suyte de Monsieur le comte de la Val. Et pour rapport* » *les actes dudit synode, ont esté eleus Me François Oiseau, min...*

L'édit de Poitiers n'avait point fait cesser entièrement les inquiétudes des réformés si souvent victimes de leur bonne foi, et, dans quelques provinces, ils avaient encore les armes à la main.

Pour calmer leurs défiances et faire cesser cet état de choses, il se tint à Nérac [1] une célèbre conférence entre Catherine de Médicis et le roi de Navarre, à laquelle les députés du prince de Condé et des Églises assistèrent aussi. L'édit de Poitiers y fut confirmé d'une manière solennelle. Quatorze nouvelles villes de sûreté et quelques autres faveurs furent aussi accordées aux réformés.

Par un troisième traité fait à Bergerac, Henri III s'obligea d'en jurer l'observation avec la Reine, le duc d'Anjou et toute la maison de Bourbon. Il le signa lui-même, le ratifia, le fit sceller de ses armes, et en fit échanger les ratifications. Enfin, l'édit fut de nouveau confirmé et les serments pour l'exécution réitérés dans une conférence tenue en novembre 1580 à Fleix, qui mit fin à la guerre des amoureux, suscitée par les jeunes seigneurs de la cour du roi de Navarre, et à laquelle la plupart des réformés demeurèrent étrangers. On y ajouta des promesses de le garder textuellement de la part des princes, des gouverneurs, des parlements et des principaux magistrats des villes, avec un ordre exprès aux derniers de le renouveler tous les ans. Le Roi

---

Église de Nantes, et G. de la Jaille, min. de Saujon. Auquel synode très illustre Seigneur Monsieur Henry de la Tour, vicomte de Turaine, comte de Montfort, etc., a assisté pour et au nom du Roy de Navarre, gouverneur et lieutenant de Sa Majesté au pays et duché de Guienne. Et pareillement les juges, magistrats et consuls de la dite ville de Sainte-Foy, etc. »

[1] Février 1579.

et les princes s'y obligèrent en outre à renoncer à la Ligue, et jurèrent de n'en plus faire à l'avenir.

Depuis 1580 jusqu'en 1585 il n'y eut point de guerre ouverte entre les deux partis, et les réformés consacrèrent ce temps de repos au rétablissement de l'ordre intérieur dans leurs églises. Un synode national avait déjà été convoqué à Figeac dans cette intention, le août 1579. Il s'en tint encore deux autres à la Rochelle et à Vitré, le 28 juin 1581 et le 26 mai 1583.

Mais, à l'expiration de ces cinq années de paix, la guerre vint de rechef interrompre ces paisibles travaux.

La mort du duc d'Anjou[1] qui rendait le roi de Navarre d'après les principes de la loi salique, le seul héritier immédiat de la couronne, renouvela les fureurs de la ligue que Henri III avait en vain cherché à abattre. Tous ceux qui favorisaient la faction lorraine s'agitèrent de nouveau et soulevèrent, avec l'aide des Jésuites et de prédicateurs furibonds, les populations contre le prince hérétique, qu'ils redoutaient de voir monter un jour sur le trône qu'occupait un monarque qu'ils méprisaient et qui était réputé incapable d'avoir des enfants.

N'osant pas toutefois lever de suite le masque et se déclarer ouvertement en faveur du duc de Guise, ils affectèrent d'agir en faveur du cardinal de Bourbon, oncle du roi de Navarre, auquel ils firent publier en 1585 un manifeste où il prenait, au préjudice de son neveu, le titre de premier prince du sang et qualifiait les ducs de Lorraine et de Guise de lieutenants généraux de la ligue. Cet attentat à l'autorité royale était relatif à un traité conclu avec le roi d'Espagne, dont la politique

[1] 10 Juin 1584.

appuyée de la ligue, mit le royaume à deux doigts de sa perte.

Cette alliance ayant encouragé les ligueurs, ils se saisirent de Toul et de Verdun, et, excités par la bulle d'excommunication lancée par Sixte-Quint contre le roi de Navarre et le prince de Condé qui les déclarait indignes de succéder à la couronne, ils se préparèrent à d'autres entreprises plus hardies.

Henri III, effrayé de l'audace des ligueurs, et voyant s'accroître de jour en jour l'effervescence populaire, crut devoir se rapprocher des Guise. Mais ceux-ci devenus plus fiers et moins traitables conclurent à Nemours un traité tout à leur avantage. Ils exigèrent que le Roi leur livrât quelques places de sûreté et soldât leurs troupes étrangères, et ils présentèrent, le 9 juin, une requête à la Reine-mère tendant à obtenir la révocation de tous les édits qui avaient été donnés en faveur des réformés.

Le faible monarque admit toutes leurs prétentions. Il défendit, sous peine de mort, par un édit enregistré au parlement le 18 juillet 1585, tout exercice de la religion évangelique; ordonna aux ministres de sortir de son royaume dans l'espace d'un mois; cassa les chambres mi-parties, déclara les réformés indignes des charges ou des emplois publics, et leur accorda six mois pour rentrer dans le sein de l'Église catholique. En cas de refus, ils devaient quitter la France.

Cette nouvelle infraction des traités fit reprendre les armes aux réformés. Ce fut au plus fort de cette guerre, qui fut appelée *la guerre des trois Henris*, que Claude de la Trimouille [1], dont le prince de Condé avait épousé

---

[1] Il était duc de Thouars, et possédait le château de Taillebourg.

la sœur, embrassa la réforme. L'entrée d'un personnage aussi illustre dans l'armée du roi de Navarre qui comptait déjà dans son sein les princes de Condé et de Conti, le brave la Noue, la Rochefoucault, les quatre frères Laval [1], Roquelaure, Biron, Duplessis-Mornay, Rohan [2], Rosny [3] et d'autres personnages distingués, fortifia extrêmement le parti des réformés, et ces derniers dirigés par leur vaillant chef, soumirent en peu de temps le Languedoc, la Guienne, et plusieurs autres provinces du sud.

Enfin, le moment d'une action générale se présenta. Une armée royale commandée par le duc de Joyeuse, favori de Henri III, se mit en marche pour arrêter les progrès des réformés. Le roi de Navarre qui se trouvait à La Rochelle, s'avança aussitôt à sa rencontre. Ses troupes ayant atteint Pons, le prince alla loger à Saint-

[1] C'étaient François de Coligny, sire de Rieux, blessé à mort dans un combat près de Saintes, en 1586 ; Benjamin de Coligny, sieur de Sailly, tué au même combat ; François de Coligny, sieur de Tanlay, mort à Saint-Jean-d'Angély, peu de jours avant ses frères, et Gui-Paul de Coligny, comte de Laval, mort quelques jours après. Ils étaient fils de François de Coligny, seigneur d'Andelot, colonel général de l'infanterie française. On lit dans le second recueil des Mémoires de la Ligue, que ces quatre frères furent inhumés dans le temple du château de Taillebourg.

[2] René II du nom, vicomte de Rohan. Il avait épousé Catherine de Parthenay, de l'ancienne maison de l'Archevêque en Poitou, femme célèbre, qui sut allier la piété à l'éclat de la naissance, et honorer son sexe par le mérite de l'érudition. Il mourut en 1586, et laissa entre autres enfants Henri, pair de France, un des plus grands capitaines de son siècle, habile politique, dont il reste des Mémoires curieux ; et Benjamin, extrêmement connu par les derniers troubles de La Rochelle.

[3] Maximilien de Béthune, baron de Rosny, depuis duc, pair et maréchal de France, ami autant qu'intime confident de Henri IV, et principal ministre de ce roi, homme de guerre et grand homme d'état, mort en 1641, âgé de quatre-vingt-deux ans.

Léger [1], petit bourg distant d'une lieue de cette ville. Une bataille était inévitable, et l'issue quelle qu'elle fût, devait nécessairement exercer une influence majeure sur les destinées de la réforme. Aussi le pieux [2] Duplessis-Mornay crut-il de son devoir de représenter au monarque, dans un entretien particulier, la gravité des circonstances où il se trouvait, et de lui faire sentir le besoin qu'il avait d'attirer sur lui la bénédiction du Très-Haut, qui distribue la victoire selon son bon vouloir. Le Roi parut ému. Alors Duplessis saisissant l'occasion lui demanda « s'il ne pensoit point estre de sa conscience de donner gloire à Dieu, sur une telle

---

[1] *Histoire de la Vie de Messire Philippes de Mornay, seigneur du Plessis-Marly*, etc., p. 108.

[2] Une anecdote assez comique, qui se rapporte à l'année 1576, et que nous extrayons de la *Vie de François de la Noue*, par Moyse Amirault, nous montre que les généraux réformés ne rougissaient point de conserver sous les armes des habitudes de piété : « Je ne sais, » dit-il, p. 188, « si je dois icy reciter un conte pour rire, que le Plessis-Mornay faisoit d'une chose qui arriva à la Noue, au vicomte de Turenne et à luy en cette conjonction. Il fallut régaler Casimir et ses officiers à l'allemande, et ce prince mettoit entre ses louanges qu'il savoit aussi bien terrasser ses contre-tenans à la table qu'au combat. Après souper, ces trois qui couchoient en la même chambre, se retirèrent en leur logis, et avant que de se mettre au liet, ils voulurent faire la prière, à leur ordinaire. Parce que c'estoit le tour du Vicomte, il se voulut mettre en devoir de la réciter. Mais n'ayant pas l'esprit si libre qu'il avoit accoutumé, il se brouilla incontinent, et ne s'en pouvant pas demesler, il pria la Noue de prendre sa place. La Noue le fit, et commença à parler ; mais il n'eut pas prononcé deux paroles, que le même désordre luy arriva. Ne se pouvant donc débarrasser de la confusion de sa mémoire et de ses pensées, il se tourna vers le Plessis, et le pria d'achever. A quoy le Plessis, qui ne se sentoit pas en meilleur estat, répondit : Messieurs, couchons-nous, et que chacun prie pour soy au liet; une autre fois nous reprendrons notre ordre. Et le lendemain, au matin, eux deux qui étoient plus jeunes que la Noue, le railloient de ce que les brindes allemandes avoient un peu dérangé sa sagesse et sa gravité. »

» occasion et quel remords ce luy seroit qu'à faute d[e]
» cela, Dieu maudist son armée, à la ruine de tan[t]
» de gens de bien. » Mornay faisait allusion à un commerce de galanterie que le roi de Navarre avait eu [à]
La Rochelle, ce qui avait fait beaucoup d'éclat. L'égli[se]
de cette ville avait en vain supplié le prince de donn[er]
des marques publiques de son repentir.

Le fidèle conseiller fut plus heureux. Ses parol[es]
solennelles touchèrent le cœur du monarque, et l[e roi]
de Navarre lui ordonna de concerter avec Antoine [de]
Chandieu, l'un des ministres attachés à sa personn[e,]
l'espèce de réparation que le scandale exigeait. Il f[ut]
réglé que le Roi ferait l'aveu de sa faiblesse dans l[e]
temple de la ville de Pons, en présence des officie[rs]
de l'armée.

Dès le lendemain, en effet, ce prince reconnut s[a]
faute. Cette condescendance du roi de Navarre a[ux]
désirs de ceux qui étaient chargés de faire respect[er]
la discipline des églises réformées déplut à quelqu[es]
seigneurs catholiques, qui faisaient partie de so[n]
armée. « On ne peut trop s'humilier devant Dieu, n[i]
» trop braver les hommes; » telle fut la noble répon[se]
que le prince fit à leurs observations [1].

L'armée protestante se remit bientôt en route et atte[i]gnit l'ennemi à Coutras. Avant d'engager le combat[,]
les soldats réformés fléchirent le genou et se mirent [à]
prier. Quelques compagnies entonnèrent le douzièm[e]
verset du Psaume CXVIII [2] : « La voici l'heureuse journée, etc. » Surpris par ce spectacle, quelques courtisans, qui entouraient le duc de Joyeuse, et dont l[es]

[1] *Hist. de la Vie de Messire Philippes de Mornay*, etc., p. 108.
[2] D'Aubigné, *Hist. Univ.*, tom. III, liv. I, p. 53.

armes resplendissaient d'or et de pierres précieuses. Ils s'écrièrent à haute voix : « Par la mort, ils tremblent. Les poltrons, ils se confessent : » Monsieur, dit un officier plus expérimenté, en s'adressant au duc, quand les huguenots font cette mine, ils sont prêts à se bien battre. »

L'événement justifia ces paroles. L'armée catholique fut détruite et son chef périt lui-même en combattant.

Mais la joie que cette victoire causa aux réformés fut bientôt troublée. Le prince de Condé, quelques mois après [1], termina tristement sa carrière. Il mourut de poison, à Saint-Jean-d'Angély, âgé de trente-cinq ans. Son épouse, nouvellement accouchée d'un prince connu sous le nom de Henri de Bourbon, prince de Condé, fut soupçonnée de ce crime, mais l'absence de preuves et sa haute position la tirèrent de prison.

La défaite de Coutras empêcha la ruine du parti réformé, mais redoubla la fureur des ligueurs. Le conseil des seize, espèce de faction formée par les représentants des seize quartiers de la capitale, se distingua surtout par son audace. Il appela à Paris et reçut avec enthousiasme le duc de Guise, qui venait de battre une armée allemande accourue au secours du roi de Navarre. Le faible Henri III, devenu un objet de haine et de mépris pour les ligueurs, se vit hors d'état de résister ouvertement aux prétentions de celui qu'on venait d'accueillir comme un vainqueur. Après de vains efforts pour ressaisir l'autorité souveraine, le monarque, dissimulant son ressentiment, consentit à traiter avec le duc de Guise. Alors parut le fameux édit d'union [2], par lequel

---

[1] 5 Mars 1588.
[2] 15 Juillet 1588.

le roi se déclarait chef de la ligue, s'engageait à détruire les hérétiques, deshéritait le roi de Navarre, nommait Henri de Guise général de toutes ses armées et lui livrait des places de sûreté. Mais le duc ne jouit pas longtemps de cette haute position. Henri III, se voyant à la veille de perdre sa couronne, le fit massacrer aux états de Blois, avec le cardinal son frère, encore plus violent et plus ambitieux que lui. Le cardinal de Bourbon fut en même temps arrêté, et peu après, le 5 janvier 1589, Catherine de Médicis termina sa carrière, après avoir recommandé à son fils en mourant de se réconcilier avec le roi de Navarre.

CHAPITRE XXVII.

5 Janvier 1589 — 2 Mai 1598.

Cours de la Ligue. — Henri III s'unit à Henri de Navarre. — Mort de Henri III. Avénement de Henri IV. — Combat d'Arques. — Bataille d'Ivry. — Blocus de Paris. — Mort de François de la Noue. — Abjuration de Henri IV. — Douleur des Réformés. — Assemblée de Mantes. — Serment d'Union. — Synode national de Montauban. — Assemblée de Sainte-Foy. — Formation d'un conseil général des Églises. Sessions du conseil général des Églises à Saumur, à Loudun, à Vendôme et à Châtellerault. — Édit de Nantes.

La mort de ces deux fameux personnages jeta les ligueurs dans des emportements inimaginables. Dès le 7 janvier, la Sorbonne déclara les français déliés du serment de fidélité. Des prédicateurs fanatiques soulevèrent partout les populations catholiques contre le Roi. On cessa d'employer le nom de Henri III dans les prières publiques. Le monarque eut la douleur de voir en peu de temps les meilleures villes de son royaume se ranger sous l'autorité des ducs de Mayenne et d'Aumale, frères des Guise assassinés. Excommunié par le pape Sixte-Quint, abandonné de ses sujets, sur le point d'être investi dans la ville de Tours, il ne lui resta d'autre alternative que d'avoir recours au roi de Navarre et à ces réformés, qu'il n'avait cessé de persécuter. Bientôt on vit les protestants devenir son plus ferme appui. Les deux Rois, forts de 20,000 hommes marchèrent sur Paris, et ayant été renforcés par 10,000 Suisses, ils en formèrent le siége et prirent leur quartier général à Saint-Cloud. Ce fut là qu'à l'instigation de la duchesse de Montpensier, sœur du duc de Guise, Henri III fut assassiné [1] par Jacques Clément, jeune dominicain, qui s'était laissé fanatiser par les prédications des moines, des jésuites et des curés qui prêchaient hautement le régicide dans Paris. Ce funeste événement fit monter le roi de Navarre sur le trône de France, et il prit dès lors le titre de Henri IV.

Le nouveau règne commença au milieu des plus grandes difficultés. Un grand nombre de gentilshommes catholiques et plusieurs régiments ne voulant pas servir sous un monarque hérétique, se retirèrent de l'armée, et Henri se vit obligé de lever le siége de Paris et de se retirer en Normandie. Cette retraite augmenta l'audace des ligueurs, qui avaient appris avec des transports de joie, l'assassinat de Henri III. Le duc de Mayenne, qu'ils regardaient comme leur chef, prit le titre de lieutenant-général du royaume, et fit proclamer roi sous le nom de Charles X le cardinal de Bourbon, archevêque de Rouen, âgé de soixante-six ans, et qui était alors détenu par son neveu Henri IV. Comme il ne voulait qu'un fantôme de roi pour en imposer aux populations, sa captivité ne l'intéressait guère, et il ne fit aucun effort pour la faire cesser.

Cette chimère opéra infiniment néanmoins sur l'esprit des Français, et le duc de Mayenne, trois fois plus fort que Henri IV, vint l'assiéger auprès de Dieppe avec une si grande certitude de vaincre, qu'en partant de Paris

[1] 2 Août 1589.

il y avait tout disposé pour placer à la Bastille son futur prisonnier. Mais son attente fut trompée. Henri, soutenu par les gentilshommes protestants de Normandie qui étaient venus se ranger autour de lui, remporta sur son ennemi un avantage signalé près du village d'Arques.

Le duc de Mayenne fuyant contre son attente devant celui qu'il appelait par dérision *le Béarnais*, trouva dans Paris une sûre retraite. Henri IV, secouru par cinq mille Anglais, ne tarda pas à l'y suivre, et s'empara de cinq faubourgs; mais les ducs de Mayenne et de Nemours qui avaient reçu divers renforts, lui firent borner là le fruit de sa victoire. L'année suivante, il vint mettre le siége devant Dreux, et malgré l'infériorité de ses troupes, il triompha une seconde fois de la ligue dans la plaine d'Ivry [1].

Cette victoire et la mort du cardinal de Bourbon qui enleva jusqu'au nom de roi à la ligue, mirent les affaires de Henri IV sur un bon pied. Après s'être emparé de plusieurs villes, il vint mettre le siége devant Paris. Mais les habitants de la capitale, fanatisés par les prédicateurs de la ligue, aimèrent mieux endurer toutes les horreurs de la plus épouvantable famine que de se rendre, et le duc de Parme étant venu avec une armée espagnole au secours de la place, le roi fut contraint de se retirer à Saint-Denis, où il avait déjà auparavant établi ses quartiers.

En 1591, la guerre continua avec une nouvelle fureur. Grégoire XIV fit publier des lettres monitoriales contre le roi. Henri IV, de son côté, voulant reconnaître les bons services que lui avaient rendus les réformés, donna

[1] 14 Mai 1590.

à Mantes en leur faveur, le 24 juillet, un nouvel édit qui, en révoquant ceux du 18 juillet 1585 et du 16 juillet 1588, replaçait toutes choses dans l'état où les édits de Bergerac et de Poitiers les avaient mises.

Les deux partis, au milieu de ces cruelles luttes, éprouvèrent des pertes douloureuses. Le chevalier d'Aumale fut tué à Saint-Denis, et le brave La Noue, grièvement blessé devant Lamballe, succomba à Montcontour. Ce guerrier si cher aux réformés conserva dans ses derniers moments les sentiments de piété dont il avait fait preuve toute sa vie. « Le quinzième jour d'après sa blessure, dit son biographe [1] « voyant que ses douleurs conti-
» nuaient et que le défaut de sommeil lui apportoit
» une grande diminution de ses forces, il commença à
» désespérer de sa convalescence, et se fit lire quelques
» psaumes par Montmartin, qui l'assistoit continuel-
» lement..... Enfin, sentant que sa langue commençoit
» à bégayer, il crut que sa fin approchoit et pria
» Montmartin de luy lire quelques passages choisis de
» l'Escriture qu'il luy indiqua, et particulièrement ceux
» où il est parlé de l'espérance de la resurection par
» notre Seigneur Jesus-Christ. Après quoy, Montmartin
» luy ayant demandé s'il ne croyait pas ces choses-là
» véritables, il leva les yeux en haut, déclara que c'estoit
» là sa foy et son espérance: qu'il y avoit vécu et qu'il
» y vouloit mourir, pria Dieu avec larmes et avec une
» merveilleuse démonstration de foy et de zèle, et
» quand la parole luy eut tout-à-fait manqué, il continua
» à montrer par gestes qu'il s'attendait d'aller au ciel;
» et son jugement s'estant maintenu jusques à la fin

[1] *La Vie de François seigneur de la Noue, dit Bras-de-Fer*, par Mose Amirault, p. 365.

il témoigna dans la dernière agonie la vive et profonde persuation qu'il avoit de son salut en notre commun redempteur..... Sa patience, au reste, sa douceur, sa constance et sa modération, vertus qui luy avoient esté comme propres et particulières en sa vie, parurent toujours de même dans tout le cours de son mal..... Ainsi mourut François, seigneur de la Noue, dit Bras-de-Fer, dont l'histoire de monsieur de Thou a fait l'éloge en cette sorte : *C'estoit véritablement un grand personnage, et qui, en vaillance, en prudence, en expérience au fait de la guerre a esté à comparer aux plus grands capitaines de son siècle ; mais qui a surpassé la plus part d'entr'eux en innocence de vie, en modération et en équité. De quoy l'on peut produire pour témoins les grandes debtes qu'il a faites, non pour fournir à son luxe ny à ses profusions, vice dont il a toujours esté extrêmement esloigné quoyque de son naturel il fust libéral, mais pour les nécessitez de la guerre où il a passé toute sa vie pour la défense de sa religion et de l'Estat.* »

Cette même année, il se forma un tiers parti en faveur du jeune cardinal de Bourbon poussé par les abbés du Perron et de Belosane. Cet événement détermina Henri à prendre Chartres et à mettre le siége devant Rouen, dont ce nouveau compétiteur était archevêque. Mais l'amiral Villars-Blancas s'y défendit si vaillamment qu'il donna le temps aux Espagnols et au duc de Parme de le venir dégager l'année suivante. Il y eut dans cet intervalle de violentes émeutes à Paris où Jeannin et Villeroy se rendirent suspects aux ligueurs par le sincère attachement qu'ils marquaient pour le véritable intérêt de leur patrie. Sur ces entrefaites, le maréchal de Biron périt à la réduction d'Épernay en 1592, ce qui fut en quelque sorte compensé par la perte que fit la ligue du duc de Joyeuse au combat du Tarn. L'année suivante le duc de Mayenne convoqua les fameux états de Paris pour l'élection d'un roi, et les Espagnols et le légat du pape y proposèrent l'abrogation de la loi salique ; mais leur projet ne réussit pas.

Henri IV sensiblement pénétré de tous ces troubles résolut enfin de les faire cesser. Le 15 juillet 1593, après une instruction d'une demi-journée, où il n'assista que ceux qui ne la voulaient point empêcher, le roi fit profession publique, à Saint-Denis, de la foi romaine.

Ce changement fut un coup de foudre pour la ligue, qui ne put jamais depuis se relever. Ce fut en vain qu'elle suscita Jean Barrière et Jean Châtel pour attenter à la vie du monarque. Ce fut en vain que les cours de Rome et de Madrid redoublèrent d'efforts pour lui créer de nouveaux ennemis. Vitry, d'Alincourt, le maréchal de la Châtre, Villars et d'Ornano lui rendirent Meaux, Pontoise, Orléans, Rouen et Bourges. Paris même fut réduit le 22 Mars 1594 sous sa puissance par l'habileté du comte de Brissac, des présidents Le Maître et Molé, du prévôt des marchands L'Huilier, et des sieurs de Belin et de Vic. Le duc de Guise, par jalousie contre son oncle, rentra paisiblement dans le devoir, et fut fait grand maître de la maison du roi et gouverneur de Provence. Boisdauphin et la Sorbonne se soumirent aussi : le parlement fut rétabli et revit Achille de Harlay à sa tête : le roi fut sacré à Chartres : les Jésuites furent bannis, et le duc de Feria emmena avec lui les plus déterminés ligueurs en Espagne.

L'abjuration de Henri IV, quoique pressentie depuis

longtemps par plusieurs chefs des deux partis, fit l'impression la plus douloureuse sur les réformés, qui se disposaient à députer leurs docteurs les plus distingués à Mantes pour entrer en conférence avec les évêques qui poussaient le roi à un changement auquel des raisons de haute politique l'avaient déjà décidé. Le célèbre ministre de Chandieu en mourut de déplaisir [1]. La reine Élisabeth et les seigneurs de Genève ne purent s'empêcher d'adresser au monarque d'amers reproches, et les vaillants soldats qui avaient combattu avec tant de zèle en faveur du prince ingrat qui les abandonnait sans avoir rien fait pour eux se laissèrent aller pendant quelque temps au découragement et au désespoir. Du Plessis-Mornay, non moins affligé, ne perdit cependant point courage. Sur l'invitation de Henri IV lui-même, qui désirait de calmer le mécontentement des réformés, il invita les députés des églises à se rendre à Mantes, non seulement pour y prendre part à la conférence annoncée et qui devait être maintenant sans résultat, mais surtout pour y aviser à leurs affaires. Son appel fut entendu, et tous ces personnages, au nombre desquels se trouvaient les deux savants ministres Rotan et Beraud, l'un pasteur à la Rochelle et l'autre à Montauban, se réunirent au mois de novembre 1593 dans la ville désignée [2].

Le roi arriva à Mantes le 12. Après avoir donné aux députés l'assurance que sa conversion n'avait en rien altéré l'affection qu'il leur avait toujours portée, il leur dit qu'il les avait appelés auprès de lui, afin que, dans la paix qui allait se conclure, il ne se fît rien à leur

---

[1] D'Aubigné, *Hist. Univ.*, tom. III, p. 363.
[2] Benoît, *Hist. de l'Édit de Nantes*, tom. I, liv. III, p. 108.

préjudice. Là-dessus, il prit des mains du président Feydeau le cahier qui renfermait l'exposé de leurs demandes, et chargea une commission du soin de l'examiner.

Les Églises demandaient en somme que l'exercice public de leur religion fût permis dans toutes les villes et autres lieux du royaume sans restrictions, même à la cour. Après plusieurs conférences auxquelles ne purent assister que quelques députés protestants, il fut arrêté, le 27 décembre, par manière de provision seulement : premièrement, que Sa Majesté enverrait des lettres de jussion à toutes les cours souveraines pour vérifier de nouveau l'édit de Poitiers avec les conférences de Nérac et de Fleix ; secondement, que l'exercice du culte évangélique continuerait d'être exercé dans les villes et les lieux que les réformés avaient conquis depuis le commencement des troubles de la ligue jusqu'à la trêve faite par le feu roi dans la ville de Tours ; troisièmement, que l'exercice de la religion catholique serait rétabli dans toutes les localités où il avait cessé [1].

Ces articles parurent insuffisants aux députés. Ils adressèrent leurs réclamations au roi. Mais tout fut inutile. Le conseil persista à ne pas faire de plus amples concessions, et les députés, après avoir assisté chez l'illustre de Rosny, alors gouverneur de Mantes, à une dispute théologique qui se passa presque exclusivement entre Rotan et Beraud d'une part et du Perron [2], et que le clergé trouva le moyen de rompre sans paraître la fuir, se disposèrent à reprendre la route de leurs provinces, emportant avec eux les articles accordés, sans

[1] Soulier, *Hist. du Calvinisme*, p. 241.
[2] Devenu évêque d'Évreux, et plus tard cardinal.

cependant les accepter ou les refuser. Henri IV leur donna la permission de faire des assemblées pour y faire le rapport de ce qui s'était passé et s'y préparer à une assemblée générale. Ils obtinrent aussi la liberté de convoquer leur synode national pour régler leurs affaires ecclésiastiques qui avaient dû nécessairement souffrir du long intervalle qui s'était écoulé depuis le dernier tenu en 1583. Enfin ils purent encore, avant de se séparer, renouveler le 9 décembre 1593, sous l'approbation du roi, le serment d'union des églises, et s'engager solennellement comme ils l'avaient fait à Nisme, à Milhau, à Montauban et à La Rochelle, lorsqu'il reconnaissaient un protecteur, à vivre et à mourir pour la défense de leur confession de foi [1].

Les réformés s'empressèrent d'user de l'autorisation qui leur avait été accordée de se réunir. Ils tinrent un synode national à Montauban le 15 juin 1594, où il fut décidé, entre autres résolutions, que tous les ministres seraient exhortés à prier Dieu publiquement pour la conservation, la prospérité et la conversion du roi, et que l'union faite dans l'assemblée de Mantes serait jurée par toutes les églises, en corps de ville, ou au temple selon qu'il serait trouvé plus convenable. La même assemblée vota des remercîments aux ministres Béraud et Rotan et aux autres pasteurs qui avaient maintenu la vérité dans la controverse qu'ils avaient soutenue à Mantes avec du Perron et les autres théologiens de l'Église romaine. Elle ratifia les offres qu'ils avaient faites de continuer la conférence sous le bon plaisir et commandement de Sa Majesté, et elle désigna pour cet

---

[1] Tous les synodes nationaux, etc., par Aymon, tom. 1, p. 181.

effet vingt pasteurs parmi lesquels douze devaient être choisis par les provinces et devraient se préparer à une lutte éventuelle avec les docteurs catholiques. On sera bien aise de trouver ici les noms de ces théologiens, l'élite du clergé des églises réformées d'alors. Ce sont Rotan et Paccard pour la Saintonge; Couet pour la Bourgogne; Chamier pour le Dauphiné; Gigord pour le bas Languedoc; Cazenove pour le Béarn; Molans et Ricottier le fils pour la Gascogne; de Beaulieu pour l'Isle-de-France; de Saigues pour la Touraine; Daneau pour le haut Languedoc; Constans pour le Lyonnais; de l'Estang-Gaudion pour le Poitou; de Chambresse pour la Bretagne; de la Noue pour l'Anjou; Béraud et Gardési pour la Haute-Guienne; de la Brosserie pour la Normandie; de la Faye de Genève; Junius ou du Jon de Leyde [1].

Quelques jours après, trente députés ayant mission de s'occuper des intérêts généraux de la réforme s'assemblèrent à Sainte-Foy. « Chacun, dit l'historien
» Benoît [2], y apporta les préjugés de sa province et des
» mémoires conformes à l'espérance ou à la crainte qui
» y dominaient. Il y eut quelqu'un qui proposa de faire
» une pension à l'un des secrétaires d'état pour avoir sa
» faveur auprès du roi et d'en faire autant à la maîtresse
» de ce prince, qui paraissait avoir de l'inclination et
» de la confiance pour les réformés. Il ajoutait à cela
» qu'il fallait tenir ordinairement un certain nombre de
» députés à Paris, qui prendraient conseil, en cas de

---

[1] La plupart de ces noms sont défigurés dans l'ouvrage d'Aymon. Nous avons rétabli leur orthographe d'après un manuscrit très-volumineux et très-lisible sur la discipline, qui est en notre possession.
[2] *Hist. de l'Édit de Nantes*, tom. 1, p. 126.

nécessité, des ministres du lieu, des seigneurs qui se trouveraient alors à la cour et de quelques officiers de la maison du roi, pour apporter quelque ordre aux affaires qui pouvaient naître. Cet expédient n'eut pas déplu aux catholiques, parce qu'il aurait rompu l'union des réformés, et les aurait mis à la discrétion de leurs ennemis qui n'auraient eu à ménager que trois ou quatre personnes, faciles à intimider ou à corrompre par les artifices ordinaires. D'autres portèrent d'amples instructions pour faire considérer combien il était important de ne pas perdre le fruit qu'on pouvait tirer d'une assemblée dont la permission avait été si heureusement obtenue. On y rapportait au long ce qui pouvait donner des défiances pour l'avenir, et on y joignait des avis sur ce qu'il était à propos de faire pour prévenir les mauvaises intentions. »

Il s'agissait avant tout, le roi ne pouvant plus depuis son changement conserver la qualité de protecteur des Églises, de donner à l'union de ces dernières une base solide. C'est ce que du Plessis-Mornay avait vivement senti. Aussi, dans son vif attachement pour la réforme, il s'était empressé de mettre par écrit et de communiquer à ses amis de la Saintonge, de la Rochelle et du Poitou qu'il avait eu occasion de visiter dans une mission que le roi lui avait confiée dans ces provinces, les règles qui devaient, à son avis, présider à une bonne direction des affaires des Églises. Encouragé par leur approbation, il avait chargé les députés de l'Anjou d'en faire part à l'assemblée de Sainte-Foy. Celle-ci les trouva excellentes et les adopta à quelque modification près [1].

[1] *Hist. de la Vie de Messire Philippes de Mornay*, p. 196.

On créa un conseil général qui devait avoir toute autorité dans les affaires de religion et par les ordres duquel toutes les provinces devaient être gouvernées. On dressa à cet effet un règlement en vingt-huit articles [1] qui fixait le mode d'après lequel les assemblées de ce conseil devaient se former à l'avenir, et on suivit ce plan dans toutes celles qui se firent depuis, presque sans y rien changer, si ce n'est qu'on augmenta le nombre des conseils provinciaux et des députés.

Ce fut sous la direction de ce conseil général, dit Benoît, que les affaires des réformés se rétablirent, et qu'il parut à leurs ennemis qu'il n'était pas facile de les ruiner. Ce fut alors qu'ils commencèrent à dire *nous*, au lieu que sous la conduite de leurs protecteurs, la cause commune était souvent le prétexte des intérêts du chef de parti dont il ne paraissait dans les traités et les édits que le nom et l'autorité.

Cette première assemblée s'était tenue avec l'autorisation de Henri IV. Mais le monarque, auquel de semblables réunions inspiraient quelques craintes, décida que dorénavant elles n'auraient lieu qu'en vertu d'un brevet, et qu'elles auraient pour principal but d'élire quelques députés pour les envoyer à la cour.

Le conseil général des Eglises ne se contenta pas de ce rôle insignifiant. Il s'occupa au contraire, avec une louable activité de procurer aux réformés une position supérieure à celle que les édits précédents leur avaient faite. Ses courageux efforts, ses instances et même ses importunités furent couronnés d'un plein succès, et, après quatre années d'incessantes pour-

---

[1] Ils se trouvent exposés au long dans le troisième volume de l'*Hist. Univ.* de D'Aubigné, p. 367.

suites, après s'être successivement transporté à Saumur, à Loudun, à Vendôme et à Châtellerault, il obtint enfin l'édit connu sous le nom d'édit de Nantes, parce qu'il fut signé dans cette ville, le dernier d'Avril 1598.

Voici les principales dispositions de la nouvelle charte sous la protection de laquelle les réformés devaient dorénavant vivre en paix. Les protestants pouvaient s'établir dans toute l'étendue du royaume sans être molestés pour le fait de leur croyance. La religion catholique devait être rétablie dans tous les lieux d'où elle avait été bannie. Les seigneurs, les gentilshommes et autres personnages en possession du droit de haute justice et de fiefs de haubert pouvaient avoir dans leurs demeures l'exercice public de leur culte pour eux, leurs familles et les vassaux. Les autres devaient se contenter du culte de famille, sans cependant qu'on pût les vexer si d'autres personnes, jusqu'au nombre de trente, venaient se joindre à eux. On permettait aux réformés de faire et de continuer l'exercice de leur religion dans les villes et les lieux où il était établi et pratiqué publiquement dans les années 1596 et 1597, ainsi que dans les localités où il avait été ou avait dû être célébré, en vertu de l'édit de 1577. On les autorisait également à se réunir publiquement dans les faubourgs d'une ville, ou, à défaut de ville, dans un bourg ou village de chaque ancien baillage, sénéchaussée ou gouvernement tenant lieu de baillage qui ressortissaient directement aux cours de parlement.

Dans les villes qui étaient siége d'un archevêché ou d'un évêché, ils devaient se rassembler à une certaine distance, et il leur était interdit d'avoir des assemblées publiques à Paris, et à cinq lieues à l'entour [1]. On leur faisait une obligation d'observer les fêtes catholiques et de n'imprimer et de ne vendre leurs livres que dans les lieux où leur culte était permis. Ils avaient droit d'entrée aux universités, aux colléges et aux écoles, et leurs malades et leurs pauvres pouvaient être reçus dans tous les établissements de bienfaisance. On leur assurait l'admission à tous les emplois. On devait leur donner des cimetières placés dans des lieux convenables, et défense était faite de les troubler quand ils rendaient les derniers devoirs à leurs coréligionnaires. On créait à Paris, à Nérac, à Castres et à Grenoble des chambres mi-parties, ou de l'édit, qui avaient mission de terminer, sans appel, tous les différends qui pouvaient s'élever entre les membres des deux religions. Tous les jugements, arrêts, etc., prononcés depuis Henri II contre les réformés pour cause de religion, devaient être annulés, rayés et ôtés des registres des greffes des cours. Les enfants de ceux qui étaient sortis du royaume étaient déclarés français, s'ils revenaient se fixer en France avant dix ans, et les réformés étaient soumis aux mêmes charges que les catholiques. Enfin, par des articles particuliers accordés le 2 mai et qui devaient être exécutés comme les précédents, les réformés, quoique astreints à payer les dîmes, ne pouvaient être contraints à contribuer aux réparations et aux constructions des édifices du

---

[1] Ceci avait été arrêté lors de la réduction de Paris. On toléra cependant l'exercice réformé à Ablon, qui était plus rapproché que l'article de la capitulation ne le portait. Plus tard Henri IV, par lettres patentes du 6 août 1606, accorda aux protestants de Paris de célébrer leur culte au village de Charenton, près de l'abbaye de Saint-Maur.

clergé ni à tendre le devant de leurs maisons. On leur donnait l'autorisation de se rassembler au son de la cloche, de tenir leurs consistoires, leurs colloques, leurs synodes provinciaux et nationaux : cependant il leur était interdit d'avoir des écoles publiques ailleurs que dans les lieux où le culte évangélique était établi. On déclarait valables les legs faits et à faire pour l'entretien des ministres, des docteurs, des écoles, des pauvres ou pour d'autres œuvres de piété. Le Roi exemptait les ministres des tailles, s'engageait à empêcher par ses ambassadeurs que ses sujets fussent inquiétés à l'étranger pour leur religion, et nommait des commissaires pour faire exécuter son édit [1].

[1] Recueil des édits et déclarations des roys Henri IV, Louys XIII et Louys XIV, sur la pacification des troubles de ce royaume. A Paris, M.DC.LIX.

FIN DE LA CHRONIQUE PROTESTANTE DU XVIe SIÈCLE.

APPENDICE.

PIÈCES JUSTIFICATIVES

ET

DOCUMENTS RARES OU INÉDITS.

APPENDICE.

PIÈCES JUSTIFICATIVES

ET

DOCUMENTS RARES OU INÉDITS.

N° 1.

LETTRE DE PIERRE TOUSSAIN A FAREL.

J'écris à notre frère, M. le chevalier d'Esch. Je vous prie pour l'honneur de Dieu que teniez main à ce qu'il trouve quelque appointement avec son adverse partie, afin qu'il s'en retourne à Metz, où les ennemis de Dieu s'élèvent journellement contre l'Évangile. Ainsi, écrivez à François Lambert qu'il se désiste d'écrire je ne sais quelles sottes lettres et livres qu'il écrit à ceux de Metz et autres, au grand détriment de la Parole de Dieu. Parturit ut audio, libellum de vocatione sua per sortem et nescio quæ alia ridicula. Item faciunt se vocari Apostolos, Evangelistas et Episcopos, et je ne sais quels autres titres plus pleins d'arrogance que de science. Notre frère le chevalier Coctus m'a promis qu'il lui écrirait bien aigrement. Jean Vaugris m'a dit que Madame d'Alençon lui avait fait savoir qu'elle n'écrira plus ni au roi ni à d'autres. Dieu lui donne grâce de dire et écrire seulement ce qui est nécessaire aux pauvres âmes, et à vous sa paix. A Bâle, hâtivement. XVIII de décembre 1524.

Manuscrit de Choupard. Manuscrit des Pasteurs de Neuchâtel. Ruchat, Hist. de la Réf., tom. 1. Appendice, p. 59.

N° 2.

LETTRE D'ANÉMOND DE COCT A FAREL.

G. Farel o Annemundus Coctus.

Gratia et pax et augmentum fidei in Christo Jesu

Quand Galingus passa icy, il ne me trouva point. Pour ce n'ai eu depuis qu'il vint aucunes lettres de vous. Je ne sais si Pierre Verrier est venu. Toutefois, Valgri est venu, lequel dit que Maigret est pris à Lyon; mais madame d'Alençon y est, loué soit Dieu. Sebville est délivré, et preschira ce caresme à Saint-Paul, à Lyon, ainsi qu'il avait été pieça prié. Si Pierre est venu et raporte argent, prenés lé et contés avec lui et le payez. Néanmoins ne vendés pas le cheval, mais le retenez, car par avanture en aurai à faire; et si le dit Pierre me a porté des lettres, ouvrez-les et en retenez le double et puis les me envoyez par le présent porteur. Conrad me baillé 20 ecus des vostres, ainsi vous dois en somme 36 écus. Escrivez moi de toutes vos nouvelles, car je désire fort d'en sçavoir. Je salue en J.-C. monsieur le chevalier d'Esch. A cé que je puis entendre, il ne sçavait mieux faire le profit de l'Évangile que d'appointer avec sa partie amicalement par bonnes gens qui soient neutres. Il est venu un libraire de Metz icy qui est bien son ami. Je salue en nostre Seigneur mes hostes et hostesses et tous mes frères en J.-C. Je vous envoie des lettres d'OEcolampade lesquelles pièces avoit escriptes. Les Typographes desquels il parle sont deslivrés. S'il y aura amende ou mulcte, ne se sçait. Je loue Dieu de ce que basis et radix abominationis revelata est. Escrives moi en françois avec lettre lisable. Je serois par avanture d'opinion d'aller secrettement en France par devers Jacobus Faber. Arandius

Escrives m'en vostre advis.

Summa rei Christianæ, Johannes baptizavit in aquâ, vos autem baptizamini Spiritu Sancto. Hæc est nova creatura. Je estudié le Donat et Aquinatis Thomæ concivem; (Juvenal) cujus mihi hæc risum nuper moverunt carmina, satyr 5 :

« Porrum et cæpe nefas violare et frangere mensis
» O sanctas gentes quibus hæc nascuntur in hortis
» Numina. »
Hæc Juvenalis in agris.

A Basle, ce samedy des Quatre-Temps.

Evangelium Bernæ proficit. Il y a aujourd'hui trois semaines que in Tiguro reliquiæ monachorum in aram unam rejectæ fuerunt. Pour vrai, Maigret a prêché à Lyon malgré les prestres et moines. Arandus presche à Mâcon. Vale in Christo. Escrivés-moi bien au long. Quotquot sunt pientissimi in hoc negotio Carlostadio favent. Doce ut Argentini.

Nunquam in externis quievit spiritus meus et in sensibilibus nulla unquam mihi diuturna tranquillitas. Summa quicquid est externum caro est. »

Manuscrit de Choupard, Bibliothèque des Pasteurs de Neuchâtel.

N° 3.

LETTRE DE PIERRE DE SEBVILLE A ANÉMOND DE COCT.

Equiti illi aurato, Anemundo Cocto, fratri suo in Domino Jesu dilectissimo, Tigurini apud Feliciss.

Mon frère et amy, salut et paix en notre Sire J.-C.

Je ay receu tes lettres et celles de Zinglius auquel je repons. Tu dois sçavoir que Satan a éteint le fruit de l'Évangile en France pullulant, et mesmes à Grenoble ceux desquels plus tu esperois sont vacillans et remansi solus, et a moy a été imposé silence de prescher sus peine de mort. Pour confabuler ensemble secrètement de l'Évangile, nul ne dit rien, mais de parler publiquement il n'y pend que le feu. Les Thomistes ont voulu procéder contre moi par inquisition et caption de personne; et si ne fut certains amis secrets, je estois mis entre les mains des Pharisiens. Je ne dis pas qu'il ne aye merveilleusement grands zélateurs de l'Évangile, mais ils sont en petit nombre. Il y en a eu deux grands personnages à Grenoble, le temps du Roi estant à Lyon. L'un se appelle Anthonius Papilio, le premier de France bien sachant l'Évangile, et en langue latine très-élégant; il a translaté le traité *de votis monasticis*, à Madame d'Alençon, sœur du Roi, de quoy, il a eu beaucoup d'affaires avec cette vermine parrhisienne. Toutefois, ladite dame l'a bien recompensé, car elle l'a fait maistre premier des requestes du Dauphin et si est du grand conseil. Il n'y a point aujourd'hui en France plus évangélique que la dame d'Alençon. Elle a ung docteur de Paris appelé maistre Michel Eleymosinarius (aumônier), lequel ne prêche devant elle que purement l'Évangile, et toutes autres gens, elle a debouté arrière.

L'autre (sçavoir grand personnage qui avoit esté à Grenoble pendant que le Roi estoit encore à Lyon) est de Lyon, et se nomme Messire Anthoine Du Blet. Je crois que tu as eu nouvelles de lui scripto, car à lui je mande mes lettres et il te les a fait tenir. Je te notifie que l'évêque de Meaux, en Brie, près Paris, cum Jacobo Fabro stapulensi, depuis trois mois, en visitant l'évêché, ont brûlé actu tous les images, réservé le crucifix et sont personnellement ajournés à Paris, à ce mois de mars, venant pour repondre coram suprema curia et universitate Erucarum Parrhissientium quare id factum est. L'advocat du Roi, de Grenoble, et multi alli (tuo cognato Amedeo Galberto exceptis) non solum tepidi sed frigidi, et se il te semble que je passe de la, mihi consule et vale diu, et se tu n'entens de retourner au Dauphiné, devant que l'Évangile se prêche liberè, tu n'y seras jamais, nisi Dominus..... A Grenoble, ce jour des

Innocens, 28 de décembre 1524. Tuus in xo (Christo) Cathecumenus Petrus de Sebville, Minorita de septima secta.

Manuscrit de Choupard; Bibliothèque des Pasteurs de Neuchâtel.

N° 4.

LETTRE DE PIERRE TOUSSAIN AU RÉFORMATEUR FAREL.

Tossanus Farello.

Charissime Farelle, scripseram Capitoni nostro litteras satis prolixas, nihil minus suspicans quam alias ad te scribere. Cæterum quoniam nuntiatum est mihi te nunc esse Basileæ facere non potui quin ad te scriberem, rogaremque etiam atque etiam ut amicos qui isthic sunt et fratres in Christo, nomine meo salutares, sed inprimis charissimum Patrem nostrum et Præceptorem OEcolampadium cujus non opus sumus in Domino. Audio te vocari ad propagandum Christi regnum; quæ res sic animum meum exhilaravit ut nulla magis, nec dubito, quæ tua est synceritas quin provinciam hanc sis suscepturus, quod ut facias te etiam atque etiam hortor. Nunc, gratia Christo, bene habent omnia, et bene valeo, tametsi hic post liberationem meam multa sim passus et prope modum majora quam in ipsis vinculis, quod vix haberem ubi tuto reclinarem caput ob metum adversarium, nisi fortasse in Aula a qua sic abhorreo, ut nemo magis. Cæterum Dux et Abbas polliciti sunt se non exhibituros mihi post hoc negotium, quod tamen vix impetrare potuit illustrissima Princeps Alenconiæ et magis profecto argumentis declaraverunt illi cujus erant in me animi si non posuisset nobis terminum Dominus qui præteriri non poterit. Regnante hic tyrannide Commissariorum et Theologorum qui me declaraverant hæreticum tutus esse non potuissem, sed quoniam horum malignitas innotescit orbi beneficio Illustrissimæ Ducis Alanconiæ restitutus sum litteris simul et sacrarum litterarum meditationi.

De Desiderio[1] nihil habeo quod scribam. Fuit in patria diu, nec quemquam ex fratribus est allocutus. Huc reversus nunquam me invisit. In summa hunc pudet mearum afflictionum, et sic pudet ut mecum ire in via non auderet. Nec est operæ pretium ut quicquam de his ad illum scribas, satis est hic admonitus a multis. Rogamus Dominum ne spiritum suum a nobis auferat; alioqui nihil aliud sumus quam caro, et sentina peccati. Faber impar est oneri Evangelio ferendo. Per Rufum, magna operabitur Dominus quem spero etiam non defuturum tuis conatibus. Proinde advola. Scriberem ad vos multa sed scio Rufum nihil omississe, quod ad hoc pertineat. Salutabis iterum charissimum fratrem nostrum in Christo Œcolampadium, D. Marcum hospitem meum et Bentinum mihi charissimos quos ego scio sæpe multumque sollicitos fuisse mea causa. Et audio Johannem Vaugris fidelissimi fratris officio functum, postquam intellexisset me periclitari de vita, cui ego sane multis nominibus plurimum debeo; huic gratias habeto meis verbis et salutem dicito simul et Conrado Reel. Et Roga Marcum et Bentinum creditores meos ne ægre ferant quod pecunias non miserim hac tenus. Satis sciunt quid in causa fuerit. Si indigent, vendant quæ isthic habeo. Ego minus abundo in præsentia, gratia Christo, quam qui eis creditum ex solvere possim. Offerebantur hic mihi conditiones amplissimæ, quas ego sprevi, certe sciens quod me tentabat Dominus. Sed malo esurire et abjectus esse in domo domini quam cum divitiis multis habitare in tabernaculis impiorum. Cardinalem Lotharingiæ sum sæpe in Aula alloquutus, et certe non est iniquus Evangelio. Hic videns quo redactus essem, ultro pollicebatur se studiis meis suppeditaturum. Cæterum scio quorum causa factum est, ut nihil sit hactenus præstitum. Scio me non minus amari a Cardinale quam me prosequuntur odio illius domestici et familiares. Putabam me solum duo verba in præsentia ad te scribere, quod sit hic qui meas litteras ad te expectat, sed non sum mei juris et libenter

[1] Erasmo.

scriberem OEcolampadio nostro et aliis omnibus. Cæterum quum tibi scribo, fratribus omnibus qui isthic sunt scribo, quorum ego sane facies videre cupio. Si scripseris Tigurinis vel OEcolampadius salutate fratres meis verbis. Biblia latina ad veritatem hebraicam versa, a multis desiderantur in Francia. Namque superioribus diebus Cratandri formulis excusæ sunt, minus satisfaciunt, quod nimium illic græcetur interpres.

Commendo me vestris precibus, ne succumbam in hac militia.

Vale, gratia et pax Domini nostri Jesu Christi sit cum omnibus vobis. Fratres qui in hoc collegio sunt, hoc est Cardinalis Monachi in quo ago in præsentia te salutant. Parisiis, IX decembris (1526).

Salutem dicito Conrado OEcolampadii famulo meis verbis, quem velim esse mei memorem in suis precibus, et iterum vale. Cum scribis ad me, scribis Symoni Panagio, et vix sunt redditæ litteræ tuæ. Scribite Petro Tossano audacissime, quandoquidem me non pudet vestrarum litterarum, et qui nihil habet, nihil potest perdere. Hæc gloria mea quod habeor hæreticus ab his, quorum vitam et doctrinam video pugnare cum Christo, etc. Petrus Tossanus indignus qui vocetur Christinus, OEcolampadi Pater et Præceptor charissime, te saluto in Domino, simul et te Marce et Bentine meque vestris precibus commendo. Valete.

Manuscrit de Choupard, Lettre 25. Bibliothèque des Pasteurs de Neuchâtel.

N° 5.

LETTRE DE MARGUERITE AU GRAND MAITRE ANNE DE MONTMORENCY.

« Mon cousin, il y a quelque récluse fort dévote, qui, trois ans il y a, n'a fait que inviter un homme que je connais à prier Dieu pour le Roi et lui faire service, ce qu'il a fait; et m'a assuré que s'il plaît au Roi, par manière d'oraison, tous les jours, quand il sera retiré, lire les Épîtres de saint Paul, il est assuré qu'il sera délivré, à la gloire de Dieu et l'honneur de lui: car il promet en son Évangile que qui aime la vérité, la vérité le délivrera. Et pour ce que je pense qu'il n'en a point, vous envoie les miennes, vous priant le supplier de ma part qu'il les veuille lire, et je crois fermement que le Saint-Esprit, qui est demeuré en la lettre, fera par lui choses aussi grandes comme il a fait par ceux qui les ont écrites ; car Dieu n'est pas moins puissant ni bon qu'il a été, et ses promesses sont toujours véritables. Il nous a humiliés par prison, mais il ne nous a pas abandonnés ; nous donnant patience et espérance en sa bonté, qui est toujours accompagnée de consolation et plus parfaite connaissance de lui, ce que je suis sûre, mieux que jamais le Roi connaît, n'ayant pour la prison de son corps l'esprit moins en liberté, et plein et rempli de la grâce de celui que je supplie parfaire en lui son commandement..... »

Extrait du journal le Semeur, n° 18, tom. XI, p. 138. *Voyez* Genin. *Lettres de Marguerite d'Angoulême*, etc.

N° 6.

LETTRE DE FAREL A CAPITON.

Farellus Capitoni Fabritio.

Audivimus Petrum Tossanum evocatum esse a Metentibus. Gauderemus, si fructus aliquid proferret illic Christum prædicans. Nam apud Francos quid promoveri possit non satis video, sub tam insano capite, qui passus est interdici plebi novo Testamento ut nulla supersit via veritatis agnoscendæ neque libris neque aliis commonstrantibus. Pater novit quæ in sua habet potestate momenta. Huic nemo resistere poterit, quin sua perficiatur voluntas..., etc.

Manuscrit de Choupard, n° 34. *Bibliothèque des Pasteurs de Neuchâtel.*

N° 7.

LETTRE D'OECOLAMPADE A FAREL.

Johannes OEcolampadius Guil.elmo Farello Christum annuncianti Aquileiæ Bernensium suo charissimo fratri, salutem in Christo (1528).

Quantum mihi doluit, Farello charissime, quod Petrum (Toussain) nostrum ex Gallis evocare non potuimus, tantum nunc lætor. Simonem hunc..... qui nihil vel uxoris morbum, vel sumptus, vel itinerum difficultates moratus, ad te contendere voluit..... Fortasse Petrum Dominus alibi ad majora destinabit prælia.....

Voy. Ruchat, tom. II, *nouvelle édit. Append.*, p. 500.

N° 8.

LETTRE DE RECOMMANDATION ADRESSÉE A BUCER, PAR LE RÉFORMATEUR CALVIN.

Gratia et pax Domini tecum per misericordiam
 Dei et victoriam Christi.

Scribendi nec enim erat nec argumentum neque etiam consilium, nisi visum esset paucis apud te deplorare miseram sortem optimi hujus fratris quam mihi per litteras nuntiarunt amici quidam fidei et probitatis non dubiæ.

Sive tamen dolori meo et sympathiæ indulgeo; sive ejus negocium procuro: non potui mihi temperare: quin scriberem. Noveram hominis ingenium et mores cum adhuc ageret in nostra Gallia. Ita se gessit ut gratiosus esset apud ordinis nostri homines, si quis alius. Eo numero habitus inter homines aliqua authoritate præditos ut nec illis pudori esset nec contemptui.

Tamen cum non posset submittere diutius cervices isti volun-
tariæ servituti quam adhuc servimus, demigravit ad vos i[n]
nullam spem reditus. Nunc præter opinionem ejus accidit u[t]
agat fabulam notariam nec statam sedem ubi figat, reperia[t]
Huc etiam, ut audio, ob angustias et inopiam rei domesticæ
accurrerat, ut opibus amicorum quos olim mutua opera juverat.
paupertatem suam tantisper sustentaret, donec sors paulo
benignior offerretur. Nunc accipe quanto potentior sit calumnia
quam veritas. Importunus nescio quis ex vestris quem certe
non audeo malevolum suspicari, ita omnium aures suis delatio-
nibus præoccupaverat, ut omni purgationi clausæ fuerint. Itaque
nullus fuit a quo assem extunderet. Forte non erat illi proposi-
tum, quisquis (is) fuit qui hujus modi tragœdiam concitavit.
immerentis (nomen) apud credulos fratres proscindere. Utcun-
que tamen imprudentiam excusare nec deprecari potest quin
magno hujus malo ac periculo erraverit. Hæc autem (ut agunt)
contumelia illi impingebatur quod incidisset in suspicionem
anabaptismi. Mirum nisi ille supra modum fuerit suspicax qui
hanc conjecturam ex tam, ex tam leviculis indiciis traxit. Ex
professo adduxi eum inter colloquia in sermonem hujus sacra-
menti, Ita disertis verbis mecum illi conveniebat ut nondum
viderim qui magis ingenue veritatem hac in parte profiteatur.
Interim tamen patitur. Nec spes est primo quoque tempore
aboleri posse sinistros istos rumores qui jam obtinuerunt certam
fidem. Oro te, D. Bucere, si quid præces meæ, si quid lachrymæ
valent hujus miseriæ ut succurras. Tibi derelictus est pauper.
orphano tu eris adjutor. Ne patiaris eo necessitatis redigi ut
extrema experiatur, potes, si vis, aliqua illi succurrere. Verum
tu melius pro tua prudentia. Non potui tamen manum ultro
lascivientem continere quin aliquid in hujus caussa scriberem
pro tempore. Vale eruditissime vir. Noviod. pridie nonas sep-
tembres

      Tuus ex animo Calvinus
 D. Bucero Episcopo Argentoratensi.

Cette lettre se trouve dans un manuscrit de la Bibliothèque de Strasbourg. Nous
la devons à l'obligeance de M. le professeur Baum.

N° 9.

FRAGMENT D'UN ANCIEN TRAITÉ, IMPRIMÉ A NEUCHATEL, CONTRE LA MESSE.

..... Parquoy comme ennemis de Dieu et de sa sainte parole, à bon droict on les doit rejetter et merveilleusement detester. Car n'ayant eu nulle honte de vouloir enclorre le corps de Jésus en leur oublie; aussi (comme effrontez hérétiques qu'ils sont) ils n'ont eu aucune honte et vergongne de dire qu'il se laisse manger aux rats, araignes et vermine, comme il est escrit de lettre rouge en leurs Messels, en la XXII Cautelle, qui se commence ainsi, si le corps du Seigneur estant consumé par les souris et les araignes, est devenu à rien, ou soit rongé; si le ver est trouvé tout entier dedans, qu'il soit bruslé et mis au Reliquaire. O terre, comment ne t'ouvres-tu pour engloutir ces horribles blasphémateurs! O vilains et detestables! ce corps est-il du Seigneur Jésus, vray Fils de Dieu? se laisse-t-il manger aux souris et aux araignes? lui qui est le pain des Anges et de tous les enfants de Dieu, nous est-il donné pour en faire viande aux bestes?..... O misérables, quand il n'y auroit autre mal en toute vostre théologie infernale, sinon en ce que vous parlez tant irrévéremment du précieux corps de Jésus, combien méritez-vous de fagots et de feu, blasphémateurs et hérétiques, voire les plus grands et énormes qui jamais ayent esté au monde? Allumez donc vos fagots pour vous brusler et rostir vous-mesmes, non pas nous, pour ce que nous ne voulons croire à vos idoles, à vos dieux nouveaux et nouveaux christs, qui se laissent manger aux bestes et à vous pareillement, qui estes pires que bestes, en vos badinages, lesquels vous faites à l'entour de vostre Dieu de paste, duquel vous vous jouez comme un chat d'une souris: faisans les marmiteux, et frappans contre vostre poictrine, après l'avoir mis en trois quartiers, comme estans bien marris, l'appelans Agneau de Dieu, et lui demandans la paix. Saint Jean monstroit Jésus-Christ vivant et tout entier (qui était la vérité des agneaux qui ont esté figurés de lui en l'Ancien Testament) et vous monstrez vostre oublie partie en pièces : puis la mangez, vous faisans donner à boire. Saint Jean a-t-il mangé Jésus-Christ en ce poinct ? Que pourroit dire un personnage qui n'auroit jamais veu telle singerie ? Ne pourroit-il pas bien dire. Ce poure agneau n'a garde de devenir mouton : car le loup l'a mangé.....

..... Mais le fruict de la messe est bien autre, comme l'expérience le nous démontre. Car par icelle, toute connoissance de Jésus-Christ est effacée, la prédication de l'Évangile est rejettée et empeschée, le temps est occupé en sonneries, hurlemens, chanteries, vaines cérémonies, luminaires, encensemens, desguisemens, et telles manières de sorcelleries, par lesquelles le poure monde est (comme brebis ou moutons) misérablement trompé, entretenu et pourmené, et par ces loups ravissans mangé et devoré. Et qui pourroit dire ne penser, les larrecins de ces paillards ? Par ceste messe, ils ont tout empoigné, tout destruit, tout englouti. Ils ont deshérité princes et rois, seigneurs, marchans et tout ce qu'on peut dire, soit mort ou vif. En somme vérité leur défaut, vérité les menace, vérité les pourchasse, vérité les espouvante : par laquelle en bref leur règne sera destruit à jamais.

Extrait de la page 105 du 3me livre de l'Histoire des Martyrs, par Crespin.

N° 10.

HARANGUE DE FRANÇOIS 1er, APRÈS LA PROCESSION DU 21 JANVIER 1535.

Si le propos que j'ay à vous tenir, messieurs les assistans, n'est conduit et entretenu de tel ordre qu'il convient garder en harangue, ne vous esmerveillez. Pour autant que le zèle de celuy, de qui je veux parler, Dieu Tout-Puissant, m'a causé telle et si grande affection, que ne sçaurois en mes paroles garder ny tenir ordre requis et necessaire, voyant l'offense faite au Roy des Rois, pour lequel regnons, et auquel je suis Lieutenant en mon Royaume, pour faire accomplir sa sainte volonté; et considerant la meschanceté et acerbe peste de ceux qui veulent molester et destruire la monarchie françoise, laquelle par l'espace de tant d'années a esté par iceluy souverain Roy maintenuë, ne puis m'en taire. posé ores qu'ainsi soit que par aucun temps elle en soit esté cy-devant affligée : Toutefois les Rois mes predecesseurs sont tousjours demeurés permanents en la religion chrestienne et catholique, dont encore nous en portons et porterons, aidant Dieu, le nom tres-chrestien. Et bien que cette nostre bonne ville de Paris ait esté de tout temps chef et exemplaire de tous bons chrestiens, si est-ce que puis peu de temps aucuns innovateurs gens delaissés de bonne doctrine, offusquez en tenèbres, se sont efforcez d'entreprendre tant contre les saincts nos intercesseurs, qu'aussi contre Dieu Jesus-Christ, sans lequel ne pouvons agir ny prospérer en aucun bien-fait, qui seroit à nous chose tres-absurde, si ne confondions en tant qu'en nous est, et extirpions ces meschans, foibles esprits. A cette cause, j'ay voulu vous convoquer, et vous prier mettre hors vos cœurs et pensées toutes ces opinions, qui pourront vous seduire et vous affoler les uns les autres, et que vous veuilliez, comme je vous en prie, instruire vos enfans, familiers et domestiques, à la chrestienne obéissance de la foy catholique, et icelle tellement ensuivre et garder, que si cognoissez aucun contagieux et perclus de cette perverse secte, vueillez icelui tant soit-il vostre parent, frère, cousin, ou affin, revéler : car en taisant son malefice seriez adherant à sa faction tant infecte. Et quant à moy, qui suis vostre Roy, si je sçavois l'un de mes membres maculé ou infecté de ce detestable erreur, non-seulement vous le baillerois à couper, mais davantage si j'appercevois aucun de mes enfans entachez, je le voudrois moy-mesme sacrifier. Et parce qu'à ce jour je vous ay cognus de bon vouloir envers Dieu Jesus-Christ, vous prie perseverer. Et en ce faisant je vivray avec vous, comme un bon Roy, et vous avec moy, en paix, repos et tranquillité, comme bons et fidèles sujets chrestiens et catholiques doivent faire.

Extrait de l'Histoire de la Naissance de l'Hérésie, etc., par Florimond Racmond, liv. VII, p. 864.

N° 11.

LETTRE DE LA SOEUR DE FRANÇOIS Ier, EN FAVEUR DE MAROT.

Mon nepveu, avant mon partement de Compiegne pour aller en Bearn, Je vous priay ne vouloir oblyer Marot aux prouchains estatz (et pour ce que la souvenance depuis ce temps vous en pouroit estre passée, vous lay bien voulu ramentevoir, vous priant de rechef, mon Nepveu, le mettre hors de paine d'estre plus payé par acquitz. Et suyvant l'intention du Roy, le mettre en l'estat de ceste presente année. Ce faisant me ferez bien grant plaisir, estimant que l'aurez traité comme l'ung des miens et priant Dieu, mont nepveu, vous donner et continuer sa grace. Escript à Saint-Germain-en-Laye, ce XXme jour de mars.

Votre bonne tante et amye,
MARGUERITE.

Mon nepveu,
Mons. le grant maistre.

Bibliothèque Royale. Mémoires du règne de François Ier. Lettres, Mémoires, Chansons, etc., 8554, p. 18.

APPENDICE.

N° 12.

TÉMOIGNAGE RENDU A LA PIÉTÉ DE LA SOEUR DE FRANÇOIS Ier.

.. Cujus etiam manibus sanctissimum illud Veteris Novique Testamenti volumen, quod Bibliam appellant, nunquam vel raro exit, semper divinis ut verè Christianam decet intenta libellis: nihil unquam nisi divinum cogitat, suadetque adeo ut ipse etiam meminerim me aliquando ab ea cum Appamyam venisset humanissime submonitum, jussumque partem aliquam vel Veteris vel Novi Testamenti maximo affectu, orationis instar quotidie legere, quo sane ut ipsa aiebat, nosque etiam postea experti sumus, nostra mens a vitio averteretur, et ad virtutes facilius accederet.

Elias, fol. 103.
Extrait de l'Hist. de Foix, Bearn et Navarre, p. 502, par Pierre Olhagaray.

N° 13.

LETTRE DE FRANÇOIS Ier A MÉLANCHTON.

J'avais entendu, il y a quelque temps, par Guillaume du Belay, sieur de Langei, gentilhomme de nostre chambre, et conseiller de nostre conseil privé, le sincère désir que tu as d'aporter la paix, et appaiser les troubles et divisions survenues en l'Eglise; depuis, par les lettres que tu lui as escrit, et par le raport que m'a fait à son retour Barnabas Voceus, j'ay sceu que tu veux prendre volontiers la peine de venir vers moy, afin de conferer, avec nos docteurs et theologiens, sur la reünion de l'Eglise, et restablissement de l'ancienne police ecclesiastique, chose que je desire embrasser avec tout le soin et solicitude qu'il me sera possible; soit que tu viennes comme privé, ou comme ayant charge des tiens, tu seras le bien-venu, et me trouveras par effet tres-desireux du repos de la paix, et de l'honneur et dignité de la Germanie.

Cette lettre se trouve dans l'Histoire de la Naissance de l'Hérésie, etc., p. Florimond, liv. VII, p. 857. Elle a été traduite du latin par cet auteur.

N° 14.

LETTRE DE MÉLANCHTON A FRANÇOIS Ier.

Combien que ce tres-beau royaume de France, Roy Tres-Chrestien, et tres-puissant, excelle par-dessus tous les autres royaumes de la terre en plusieurs autres choses, qui luy servent d'honneur et d'embellissement; si est-ce qu'entre les principales loüanges, cette-cy doit tenir le premier rang, qu'il a tousiours surmonté les autres nations en la doctrine, et a tousiours esté comme en sentinelle, pour la deffense de la religion chrestienne. A raison de quoy a bon droit il porte ce tiltre de Tres-Chrestien, qui est une loüange des plus grandes, et des plus augustes qu'il se puisse dire en toute la terre, et partant c'est une chose loüable à vostre Royale Majesté, de ce que mesmes en ce temps, elle prend le soin de conserver son Eglise, non par des remèdes violens; mais avec la raison vraye et digne d'un Roy tres-bon et Tres-Chrestien, et de ce que parmy ces dissensions, elle s'estudie et s'affectionne de composer et moderer tellement les efforts et vehemences de l'un et l'autre party, que la doctrine chrestienne estant expliquée et repurgée, il soit diligemment pourveu et advisé à la gloire de Christ, à la dignité de l'Ordre ecclesiastique, et repos public. Certainement il n'y a rien qui merite tant de gloire et de loüange, que ce desir et ses conseillers. Rien ne se peut penser plus digne d'un Roy. Parquoy je supplie votre Majesté royalle, qu'elle ne se delaisse et ne cesse de s'employer de tout son pouvoir à ce soin, et à cette pensée : car encores que la dissension publique aye baillé place en certains lieux, à quelques déreglez et mauvais docteurs; toutefois, il y a plusieurs choses ouvertes et revelées par des gens de bien, lesquelles il importe et sert de beaucoup qu'elles soient montrées, et demeurent en l'Eglise. Et encore que la petulance des mauvais doive estre reprimée : toutefois, je supplie vostre royale Majesté, qu'elle ne se laisse tellement mener par les plus severes opinions des escrits de quelques-uns, qu'elle souffre les choses qui sont bonnes et utiles à l'Eglise, estre delaissées. Quant à moy, aucunes opinions desreglées, comme sont celles qui ont gasté et corrompu ce tres-beau et tres-sainct Ordre de l'Eglise, ne m'ont pleu, comme aussi il n'y a rien qui doive estre plus cher et plus recommandable à tous que cela. Et parce que je sçay que vous affectionnés tous les gens de bien, qui sont versez en ce mesme genre de doctrine que moy : sitost que j'ay veu les lettres de vostre royale Majesté, j'en prens Dieu à tesmoin, je me suis efforcé de tout mon pouvoir de faire, qu'incontinent je m'en peusse aller vers vostre Majesté : car il n'y a chose en ce monde que je souhaite tant que de pouvoir apporter à l'Eglise quelque secours, en tant que ma petite capacité se peut estendre. Et suis entré en quelque bonne espérance, après avoir cogneu que la piété et prudence de vostre royale Majesté, ne desiroit rien tant que d'aviser et pourvoir au commun bien de la gloire de Christ. Mais vostre Majesté entendra par Voceus, combien de difficultez me retiennent encore pour un petit, lesquelles quoy qu'elles ayent apporté du retardement à ce mien voyage, toutefois n'ont jamais destourné mon esprit ni de sa profession, ny des conseils, ou de l'affection et desir que j'ay d'appaiser les différens de la chrestienté. Voceus vous déclarera plus amplement toutes ces choses, pour la fin je me recommande à vostre royale Majesté, et vous promets que j'assembleray et rapporteray tousiours mon jugement à l'opinion des bons et doctes hommes qui sont en l'Eglise. Christ vueille garder vostre royale Majesté florissante et entière, et la vueille gouverner pour le salut commun de tout le monde, et pour l'illustration de la gloire de Dieu. Donnée en Saxe, le 5 devant les calendes de septembre 1535.

Cette lettre qui fut traduite du latin en français, peu de temps après sa reception a été également insérée dans l'Histoire de la Naissance de l'Heresie, etc., de Florimond. Elle se trouve au liv. VII, p. 857 et 858.

N° 15.

LETTRE DE FRANÇOIS Ier, ADRESSÉE EN 1541, AUX CANTONS RÉFORMÉS DE ZURICH, DE BERNE, DE SCHAFHOUSE, DE SAINT-GALL ET A LA VILLE DE MULHOUSE.

François par la grace de Dieu, Roy de France et de Navarre. Tres chers, grands amis, alliez et confederez. Nous avons receu les lettres que vous avez escrites, du 29me de juin dernier passé, en faveur d'aucuns nos subjects, detenus prisonniers tant à Grenoble, qu'auxtres villes de nostre royaume pour le faict de vostre religion à ce que les veuillons delivrer et aussi revoquer et rappeler ceux qui sont bannis, sans qu'ils soient tenuz d'abjurer selon l'ordonnance par nous faicte; sur quoy vous avons autrefoy repondu, et Nous semble que la dite reponse vous devoit assez suffire. Car comme nostre intention soit ne nous entremettre aucunement de l'ordre et forme de vivre dans vos pays, et des loix, constitutions et établissements qui y sont faites, ainsy ne vous devez vous advancer de nous faire prière de telles choses; car estant Roy, nous avons sceu, et sçavons très bien pourvoir avec l'aide de Dieu, au règne et administration de nos royaumes, pays et subjects, vous advisant, qu'en toutes choses, où nous vous pouvons gratifier que nous le ferons de bon cœur. Et à partant, très chers et grands amis, nous prions le Créateur vous avoir en sa saincte et digne garde. Escrit à Moulins, le dernier jour de juillet, l'an 1541.

FRANÇOIS.
ROCHELEB.

Nous avons copié cette lettre dans un des volumes de la précieuse collection de Simler, qui se trouve parmi les manuscrits de la Bibliothèque de Zurich. Voyez, de rebus sæculi XVI, *Simlers sammlung.*

N° 16.

LETTRE DE CALVIN A LA SOEUR DE FRANÇOIS Ier. MARGUERITE, REINE DE NAVARRE.

Madame, j'ay receu lettres d'un homme de ceste ville escriptes comme il dict de vostre commandement par lesquels j'entends que vous estes fort malcontente de moy à cause d'un certain livre par moy composé, lequel j'ay intitulé contre les libertins. Il me faict mal de vous avoir contristé, sinon que ce fust pour vostre salut. Car telle tristesse, dict saint Paul, est si bonne qu'il ne s'en faut point repentir d'en avoir causé. Mais je ne scay pas, Madame, comment ce livre vous a peu tant animer. L'homme qui m'a rescript m'allègue la raison que c'est d'autant qu'il est composé contre vous et vos serviteurs. Quant est de vous, mon intention n'a pas esté d'attoucher vostre honneur ni diminuer la révérence que tous fidèles vous doyvent porter. Je dy oultre, celle que nous vous devons tous pour la majesté royale en laquelle Notre Seigneur vous a exaltée, pour la maison dont vous estes descendue, et pour toute l'excellence qui est en vous, quant au monde. Car ceulx qui me cognoissent sçavent bien que je ne suis pas tant barbare ni inhumain que de mespriser ni tascher de mettre en mespris les principaultez, la noblesse terrienne, et ce qui appartient à la police humaine. Davantage, je cognois les dons que Notre Seigneur a mys en vous, et comment il s'est servy de vous et vous a employé pour l'advancement de son règne. Lesquelles choses me donnent assez d'occasion de vous honnorer et avoir vostre honneur en recommandation. Aussi, Madame, je vous prie de ne vous laisser point persuader par ceux qui vous enflambent contre moy, ne cherchant ni vostre profit ni mon dommage. Mais plus-tost de vous alliener de la bonne affection que vous portez à l'esglise de Dieu, et vous oster le courage de servir à Nostre

Seigneur Jésus, et à ses membres, comme vous avez faict jusques à ceste heure. Quant à vos serviteurs, je pense que vous n'estimez pas votre maison plus pretieuse que celle de Nostre Seigneur Jésus, de laquelle un membre est nommé diable, voyre un serviteur qui estoit assys à la table de son maistre, et constitué en cest estat tant honorable d'estre ambassadeur du Fils de Dieu. Combien que je n'ay pas esté si inconsideré que de nommer votre maison, mais dissimulant que ceulx dont j'avoys à parler vous attouchassent en rien, j'ay parlé en vérité et comme devant Dieu. Il reste à regarder sy j'ay prins plaisir à les diffamer, ou sy j'ay esté contrainct par grande et juste raison, voire par necessité à les taxer ainsy.

Or, Madame, sy vous estes bien advertye de tout, j'estime bien tant de vous, que non-seulement vous excuserez ce que j'en ay fait, mais estimeriez ma simplicité digne de louange. Je voy une secte la plus pernicieuse et exécrable qui fust oncques au monde. Je voy qu'elle nuyst beaucoup, et est un feu allumé pour destruire et gaster tout, ou comme une contagion pour infectionner toute la terre, si l'on n'y remédie. Puisque nostre seigneur m'a appelé à ceste office, ma conscience me contraint d'y résister tant qu'il m'est possible. Il y a plus. que je suis sollicité des princes fidèles que bientost et sans plus delayer je mets la main à l'œuvre. Néanmoins après telles requestes ay-je différé un an entier, pour voir sy le mal se pourroyt assoupir par silence. Si on m'allègue que je pouvois bien escryre contre la mesme doctrine, laissant les personnes là, j'ay mon excuse plus que raisonnable. C'est que sachant que icelle Monsieur Antoyne Poque, au pays d'Artois, selon la relation des frères qui sont expressément icy venus pour cela, l'ayant ouy mesme icy, sçachant que Quintin ne prétend à autre fin, que d'attirer les paoures simples ames à ceste secte plusque brutalle, et non point par raport d'autruy, tant que pour l'avoir ouy de mes oreilles, entendant qu'ils sont tousjours après pour renverser la sainte doctrine, tirer les paoures ames en perdition engendrer au monde un contemnement de Dieu, jugez, Madame, s'il mestoyt libre de dissimuler. Un chien aboye s'il voyt qu'on assaille son maistre. Je seroys bien lasche si en voyant la vérité de Dieu ainsy assaillie, je faisoys du muet sans sonner mot. Je suis tout persuadé que vous n'entendez pas qu'en faveur de vous, je trahisse la défense de l'Evangile que Dieu m'a commise. Parquoy je vous supplie, Madame, de ne vous point offenser, si estant contrainct par le devoir de mon office, soulz peine d'encourir l'offense de Dieu, je n'ay point espargné vos serviteurs sans toutesfois m'adresser à vous. Quand à ce que vous dictes que voudriez avoir un tel serviteur que moy, je confesse que ne suis pas pour vous faire grands services. Car la faculté n'y est pas. Et aussy vous n'en avez pas faulte. Mais si est-ce que l'affection n'y défaut pas. Et tant que vivray je persisteray tousiours en ce propos au plaisir de Dieu, et quoy que vous dédaignez mon service, cela ne m'empeschera pas que je ne sois votre humble serviteur et de bonne volonté. Au reste; ceulx qui me cognoissent, sçavent bien que je n'ay jamais aspris d'avoir entrée aux courtz des princes d'aultant que je n'estoys pas tenté de parvenir aux estatz. Quand j'y eusse tasché, c'eust esté possible en vain, mais je remercie notre Seigneur que je n'en ay jamais esté tenté.

Car j'ay bien occasion de me contenter de servir à un si bon maistre, qui m'a accepté et retenu en sa maison, voire en me constituant en un office tant digne et excellent quelque contemptible qu'il soyt selon le monde. Je seroys par trop ingrat, sy je ne preferoys ceste condition à toutes les richesses et honneurs du monde. Quant à la reproche d'inconstance que vous me faictes, d'aultant que je ne me suis dedict, je vous averty, Madame, qu'on vous a mal informée. Car jamais notre Seigneur ne m'a advenu jusque-là, qu'on m'ayt demandé confession de ma foy. Quand il luy eust pleu m'esprouver en cest endroict, je ne me vante pas de ce que j'eusse faict, mais je ne doulte pas que, puisqu'il m'a donné ceste constance d'exposer ma vie en danger pour aultruy, au regard seulement de sa parole, qu'il ne m'eust assisté par sa vertu quand il eust esté question de moy. Tant y a qu'il m'a préservé de ceste reproche que jamais je ne me soys dedict ni directement ni obliquement. Qui plus est, j'ai tousiours eu en horreur une telle lascheté que de renier Jésus pour sauver sa vie ou ses biens. Je dy mesme du temps que j'estoys en France comme plusieurs en sont tesmoings, mais affin que je vous soye plus acertenée que ceulx qui vous ont faict tel rapport de moy ont abusé de votre audience trop humaine, je m'en rapporte a Mons de Clerac (Roussel) lequel vous pourra dire que c'est une faulse calomnie qu'on m'impose, laquelle je ne doibs nullement porter, d'aultant que le nom de Dieu en seroyt blasphemé. Car combien que je ne soys rien, toutesfois puisqu'il a pleu à Dieu d'user de moy comme d'un de ces instruments à l'édification de son Eglise, je voy quelle conséquence tyreroit un tel blasme, s'yl estoyt en ma personne, pour diffamer l'évangile. Mais je loue le Seigneur qui n'a pas tant permys sur moy à Sathan, et mesme a supporté mon infirmité, en ce qu'il ne m'a jamais esprouvé par examen ni par prison. Je vous prie de m'excuser en la brieveté et confusion de ma lettre, car incontinent après avoir receu les nouvelles de votre mescontentement, je me suis voulu efforcer de vous satisfaire en tant qu'en moy seroyt, non pour aultre raison que pour eviter que je ne fusse cause de vous resfroidir ou destourner de la bonne affection qu'avez monstrée jusques icy envers les pauvres fidèles, et sur ce, Madame, après m'estre très humblement recommandé à vostre bonne grace, je supplie le Seigneur Jésus de vous maintenir en sa garde, de vous guyder par son esprit tant en prudence qu'en zèle, de poursuivre votre saincte vocation. De Genève, le 28 d'avril 1545.

Votre très humble obeissant
serviteur en Nostre-Seigneur, Jehan CALVIN.

Lettres de Calvin, n° 107 des Manuscrits de la Bibliothèque de Genève. François de Saint-Pol ou de Saules, qui avoit été continué ministre de Jeanne Albret, reine de Navarre, par le synode national de Nismes, l'avoit copiée sur l'original.

N° 17.

LETTRE DE CALVIN A MADEMOISELLE ***

Mademoiselle,

Retirez-vous par deça, pour servir à Dieu en repos de conscience. S'il vous estoit possible de vous en acquitter où vous estes : je n'auroye garde de vous donner conseil d'en bouger. Mais je scay en quelle captivité vous estes détenue….Combien que plusieurs se flattent en cest endroit, se faisant à croire que c'est une faulte legére que de se polluer aux superstitions qui sont répugnantes à la Parolle de Dieu, et deroguent à son honneur ; j'estime que l'honneur de celui auquel nous devons tout, vous est si précieux, que ce vous est un regret importable d'y contrevenir tous les jours comme vous y estes contrainte…..

Considérez maintenant, si ce n'est pas une malheureuse condition, d'y languir sans fin. Je scay bien que plusieurs nous objectent que nous ne sommes pas icy anges non plus : et que nous offensons Dieu comme on faict là ; ce qui est vray. Mais comme dit le proverbe : Mal sur mal n'est pas santé….. Au reste quand vous avez bien tasché par dissimulation à vous exempter des perils ou vous este : encore n'est-ce rien faict. Car les iniques espient de près : et ne les pourriez jammais contenter qu'en renonçant Dieu du tout. Parquoy vous n'estes en repos du corps non plus que de l'ame et après avoir dechue de Dieu pour complaire au monde, vous n'avez rien profité, sinon de languir comme en transe. Vous me demanderez si estant venue icy vous aurez repos assuré pour tousjours. Je confesse que non. Car pendant que nous sommes en ce monde, il nous convient estre comme oiseaux sur la branche. Il plaist ainsy à Dieu, et nous est bon. Mais puisque c'est asylet vous est donné auquel vous puissiez achever le reste de vostre vie en le servant, s'il luy plaist, ou bien profiter de plus en plus et vous conformer en sa Parolle affin que vous soiez plus preste à soutenir les persécutions quant il lui plaist : ce n'est pas raison de le refuser...

Je scay que c'est chose dure de laisser le pais de sa naissance principalement à femme ancienne comme vous, et destat. Mais nous devons reponlser telles difficultés par meilleure considération : c'est que nous preferions à nostre pais toute region ou Dieu est purement adoré : que nous ne désirions meilleur repos de nostre vieillesse, que d'habiter en son église ou il repose et faict sa residence : que nous aymons mieulx d'estre contemtibles en lieu ou son nom soit glorifié par nous, que d'estre honorables devant les hommes, en le fraudant de l'honneur qui lui appartient

Ce ***   (1546).

Votre serviteur et humble frère,
CHARLES D'ESPEVILLE.

Copies de lettres de Calvin. Manuscrits de la bibliothèque de Genève, n° 3. Voyez Ruchat, tom. v. Appendice, p. 529. On croit que cette lettre fut adressée à la veuve du célèbre Budé. Elle n'a pas d'adresse. L'épithète mademoiselle était alors donnée aux dames d'un rang élevé.

N° 18.

COPIES DE LETTRES DONNÉES A M. PHILIBERT HAMELIN POUR DRESSER ÉGLISE AUX FRÈRES DISPERSEZ EN AUCUNES ISLES DE FRANCE.

Très-chers frères.

Nous avons à louer Dieu de ce que en la captivité où vous estes, il vous donne ceste vertu que vous demandez à le servir purement, craignans plus d'estre privez de sa grace que de vous exposer aux dangers qui va peut-estre advenir par la malice des adversaires. car le frère présent porteur nous a déclairé que vous l'avez requis de retourner vers vous quand il pourroit et que vous désirez par tous moyens, estre sollicitez à

bien et confirmez en la foi de l'Évangile, et de faict il en est
aujourd'hui plus grand besoing que jamais. Il reste que ce bon
zèle soit ferme en vous, afin que poursuiviez constamment de
vous advancer au chemin du salut. Quand à l'homme vous le
cognoissez et de notre part selon qu'il s'est monstré icy,
homme craignant Dieu, et a conversé avec nous sainctement
et sans reproche et aussy qu'il a tousiours suivy bonne doctrine et saine, nous ne doubtons pas qu'il ne se porte fidèlement
par dela et ne mettre peine à vous édifier. Quand au conseil
qu'il nous a demandé en votre nom, voicy l'ordre qu'il nous
semble que vous avez a tenir tant pour prier Dieu en commençant, que pour être enseignez et exhortez tant par luy que par
d'autres que Dieu vous donnera, et auxquels il aura faict la
grâce de vous pouvoir servir. Sur cela, que vous preniez courage de vous separer des idolâtries, de toutes superstitions qui
sont contraires au service de Dieu, et à la confession que lui
doivent tous chrestiens, car nous sommes appelez à cela.
Quand Dieu, avec le temps, vous aura faict tellement profiter
que vous serez comme un corps d'Église qui s'entretiendra en
l'ordre déjà dit, et qu'il y en aura quelques-unes qui seront
resolus de se retirer des pollutions qui règnent là, alors vous
pourrez avoir l'usage des sacrements. Mais nous ne sommes
nullement d'advis que vous comenciez par ce bout, et mesme
que vous soiez hatés d'avoir la saincte Cène, jusques à ce que
vous aiez un ordre establi entre vous. Et de faict, il vous vault
beaucoup mieux de vous en abstenir, afin que vous soiez induicts
par cela à chercher les moiens qui vous en rendront capable.
C'est comme desia nous avons dict que vous soiez accoutumez
de vous assembler au nom de Dieu, estans comme ung corps,
et que vous soyez separez des idolatries, qu'il n'est pas licite de
mesler avec les choses sainctes. Mesmes, il ne serait pas licite
a ung homme de vous administrer les sacremens sans qu'il vous
recognoisse comme ung troupeau de Jésus-Christ et qu'il ne
treuve entre vous une forme d'église. Cependant prenez courage à vous dedier du tout à Dieu, lequel nous a si chèrement

acquis par son propre fils et rendez ung homage de corps et
d'âme ; monstrans que vous tenez sa gloire plus précieuse que
tout ce qui est du monde, et que vous estimez plus le salut
éternel qui vous est appresté au ciel que ceste vie caduque.
Surquoy, très-chers frères, faisans fin à la presente, nous
prierons ce bon Dieu d'accomplir ce qu'il a commencé en vous,
de vous augmenter en tous biens spirituels et vous avoir en sa
saincte protection. Ce 12ᵉ d'octobre 1553.

CHARLES D'ESPEVILLE.
Tant en son nom que de ses frères.

Nous avons copié ces instructions de Calvin, dans le premier volume des registres manuscrits de la vénérable compagnie des pasteurs de Genève.

N° 19.

LETTRE DE CALVIN A MADAME DE CANYZ.

(Il escripvit ceste lettre à madame de Canyz, qu'on lui avait dict estre sur le point de partir de France : et la lui porta un A. Dymonet.)

Madame,

. . . . . Si Dieu vous a donné quelques coups d'esperons, il
ne vous faut esbahir. Car si Loth, qui avait bon désir de sortir de
ce gouffre de Sodome, a eu besoing que l'Ange, l'empougnant
par le bras, le tirant quasi par force ; tant plus est-il requis que
ce bon Dieu ayde à nostre paresse et froidure. Or, puisque
maintenant vous estes au bort pour eschapper, soiez soigneuse
de faire valloir ceste occasion.... Au reste, quant après vous
estre résolue, vous prendrez courage, je me tiens assuré qu'en
moins d'un moys vous viendrez à bout de ce que vous ne pensez
faire en demy an. Mais il fault prendre le frain aux dents....

. . . . . Nous avons doncq prié ce porteur d'entreprendre le

...oiage, estimant qu'il vous délivrera de grandes facheries. Et Dieu nous l'a offert à souhhait.

Ce 24 juillet 1554.

> Votre serviteur et humble frère.
> CHARLES D'ESPEVILLE.

Lettres de Calvin. Manuscrits de la bibliotheque de Geneve, 3. Ruchat, tom. *, ...endice, p. 546.

N° 20.

FRAGMENTS DU CHAPITRE DES OEUVRES DE BERNARD DE PALISSY, OU CET AUTEUR RACONTE LES PREMIERS COMMENCEMENTS DE LA RÉFORME DANS QUELQUES PARTIES DE LA SAINTONGE ET L'ÉTABLISSEMENT DE L'ÉGLISE DE SAINTES.

Il advint l'an 1546, qu'aucuns moines ayans esté quelques jours ès parties d'Allemagne, ou bien ayans leu quelques livres de leur doctrine et se trouvant abusez, ils prindrent la hardiesse assez couvertement de descouvrir quelques abus; mais soudain que les prestres et beneficiers entendirent qu'ils detractoyent de leurs coquilles, ils incitèrent les juges de leur courir sus: ce qu'ils faisoyent de bien bonne volonté, à cause qu'aucuns d'eux possedoyent quelque morceau de benefice qui aidoit à faire bouillir le pot. Par ce moyen, aucuns desdits moines estoyent contrains de s'enfuyr, s'exiler et se desfroquer, craignant qu'on les flet mourir de chaud. Les uns se faisoyent de mestier, les autres regentoyent en quelque village, et parce que les isles d'Olleron, de Marepnes et d'Allevert sont loin des chemins publics, il se retira en ces isles là quelque nombre desdits moines ayant trouvé divers moyens de vivre, sans estre cogneus. Et ainsi qu'ils fresquentoyent les personnes, ils se hazardoyent de parler couvertement, jusques à ce qu'ils fussent bien asseurez qu'on n'en diroit rien. Et après que, par tel moyen, ils eurent réduit quelque quantité de personnes, ils trouvèrent moyen d'obtenir la chaire, parce qu'en ces jours-là, il y avoit un grand vicaire qui les favorisoit tacitement ; dont s'ensuivit que petit à petit, en ces pays et isles de Xaintonge, plusieurs eurent les yeux ouvers, et cogneurent beaucoup d'abus qu'ils avoyent auparavant ignorez, qui fut cause que plusieurs eurent en grand estime les dits predicateurs, combien pour lors, ils descouvroyent les abus assez maigrement. . . . .

. . . Un nommé Maistre Philebert Hamelin, qui avoit est autresfois prisonnier en ceste ville, et prins par le mesme Collardeau, se transporta de rechef en cette ville de Xaintes; et parce qu'il avait demeuré à Genève un bien long temps depuis son emprisonnement, et ayant augmenté audit Genève de foy et de doctrine, il avait tousiours un remords de conscience de ce qu'il avait dissimulé en sa confession faite en ceste ville, et voulant réparer sa faute, il s'efforcait, partout où il passait, d'inciter les hommes d'avoir des ministres, et de dresser quelque forme d'église, et s'en allait ainsi par le pays de France, ayant quelques serviteurs, qui vendoyent des Bibles et autres livres imprimés en son imprimerie, car il s'estoit despresté et fait imprimeur. En ce faisant, il passait quelquefois par ceste ville, et allait aussi en Allevert. Or, il estoit si juste et d'un si grand zèle, que combien qu'il fust homme assez malportatif, il ne voulut jamais prendre de chevaux, encore que plusieurs l'en requeroyent d'une bonne affection. Et combien qu'il eust bien de quoi moyennant, si est-ce qu'il n'avoit aucune espée à sa ceinture ; ains seulement un simple baston à la main, et s'en alloit ainsi tout seul sans aucune crainte. Or advint un jour, après qu'il eût fait quelques prières et petites exhortations en ceste ville, ayant au plus sept ou huit auditeurs, il print son chemin pour aller en Allevert ; et devant que partir, il pria le petit troupeau de l'assemblée de se congreger, de prier et s'exhorter l'un l'autre ; et ainsi s'en alla en Allevert.

tendant afin de gagner le peuple à Dieu, et là estant recueilli bénignement, par la plus grand'partie du peuple, fit certains presches au son de la cloche, et baptisa un enfant. Quoy voyant, les magistrats de ceste ville contraignent l'évesque d'exhiber deniers, pour faire la suite poursuite dudit Philibert avec chevaux, gens-d'armes, cuisiniers et vivandiers.

. . . .

. . . . Quelque temps auparavant la prise dudit Philibert, il vent en ceste ville un certain artisan, pauvre et indigent à merveilles, lequel avait un si grand désir de l'avancement de l'Évangile, qu'il le démontra quelque jour à un autre artisan aussi pauvre que luy et d'aussi peu de savoir, car tous deux n'en savoyent guère. Toutefois, le premier remonstra à l'autre, que s'il vouloit s'employer à faire quelque forme d'exhortation, ce serait la cause d'un grand fruit : Et combien que le second se sentoit totalement dénué de savoir, cela lui donna courage : et quelques jours après, il assembla un dimanche au matin neuf ou dix personnes, et parce qu'il estoit mal instruit ès lettres, il avait tiré quelques passages et du Vieux et Nouveau Testament, les ayant mis par escrit. Et quand ils furent assemblés, il leur usoit les passages et authoritez, en disant : Qu'un chacun selon ce qu'il a receu de dons qu'il faut qu'il les distribue aux autres.... Il leur proposait aussi la similitude des talents, et un grand nombre de telles authoritez : et ce faisoit-il tendant à deux bonnes fins, la première estoit, pour montrer qu'il appartient à toutes gens de parler des statuts et ordonnances de Dieu, et afin qu'on ne mesprisast sa doctrine, à cause de son abjection : La seconde fin, estoit à fin d'inciter certains auditeurs de faire le semblable ; car en ceste même heure, ils convinrent ensemble que six d'entre eux exhorteroyent par hebdomade, savoir est : un chacun de six en six semaines, les dimanches seulement. Et parce qu'ils entreprenoyent une affaire auquel ils n'avoyent jamais esté instruits, il fut dit qu'ils mettroyent leurs exhortations par escrit, et les liroyent devant l'assemblée ; or, toutes ces choses furent faites par le bon exemple, conseil et

doctrine de maistre Philibert Hamelin. Voilà le commencement
de l'église réformée de la ville de Xaintes. Je m'asseure qu'il y
a eu au commencement telle assemblée, que le nombre n'estoit
que de cinq seulement, et pendant que l'église estoit ainsi
petite, et que ledit maistre Philibert estoit en prison, il arriva
en ceste ville un ministre nommé de la Place, lequel avoit
esté envoyé pour aller prescher en Allevert. Mais ce mesme
jour, le procureur dudit Allevert se trouva en ceste ville, qui
certifia qu'il y seroit fort mal venu, à cause de ce baptesme
que maistre Philibert avoit fait, parce qu'on avoit coudamné
plusieurs assistans à fort grandes amendes, qui fut le moyen
que nous priasmes ledit de la Place, de nous administrer la
parole de Dieu, et fut receu pour nostre ministre, et demeura
jusques à ce que nous eusmes monsieur de la Boissière [1], qui
est celuy que nous avons encore à présent : Mais c'estoit une
chose pitoyable, car nous avions bon vouloir, mais le pouvoir
d'entretenir les ministres n'y estoit pas ; veu que la Place,
pendant le temps que nous l'eusmes, il fut entretenu une partie
aux despens des gentilshommes qui l'appeloyent souvent, mais
craignant que cela ne fut le moyen de corrompre nos ministres,
on conseilla à Monsieur de la Boissière de ne partir de la ville
sans congé pour servir la noblesse, veu qu'aussi il y eust
urgente affaire. Par tel moyen, le pauvre homme estoit reclos
comme un prisonnier; et bien souvent mangeoit des pommes et
buvoit de l'eau à son disner et par faute de nape, il mettoit bien
souvent son disner sur une chemise, parce qu'il y avoit bien
peu de riches qui fussent de nostre assemblée, et si n'avions
pas de quoy lui payer ses gages. Voilà comment nostre église
a esté érigée au commencement par gens mesprisez. . . .

[1] On lit dans les registres de la vénérable compagnie des pasteurs de Genève, les lignes suivantes concernant ce ministre :

Mai 1558.

Le 28 de may, maistre Claude Boissier qui auparavant avoit esté à Aix en Provence, partit d'icy pour s'en aller à Xaintes et prescher la parole de Dieu, selon qu'il y estoit eleu par les frères.

N° 21.

LETTRE DE CALVIN AUX FIDÈLES DE POITOU.

La dilection de Dieu, nostre Père, la grace de nostre Seigneur Jésus soient tousiours sur vous par la communion du Saint-Esprit.

Très-chers Seigneurs et Frères, nous avons à louer nostre bon Dieu de ce que de nouveau il vous a fortifié, afin que vous prissiez courage et vigueur pour vous exercer à son service, et non-seulement chacun en son particulier, mais aussi tous en commun. Comme de fait il est besoin de nous inciter par tel moyen, attendu la foiblesse qui est en nous et tant d'empeschement qui nous retardent à faire nostre devoir. Vrai est que ce n'est pas le tout de nous assembler pour prier Dieu et ouïr sa parole, mais cependant ce nous est une aide tant et plus nécessaire, vû que de nous mesmes, nous sommes trop tardifs. Parquoi, mes freres, que vous ayez ce but en vous assemblant, de vous confirmer en la foi de l'Évangile, et vous avancer en toute sainteté de vie. Mais quoiqu'il en soit, ne vous privez pas de ce bien d'invoquer Dieu ensemble d'un accord et de recevoir quelque bonne doctrine et exhortation, pour vous faire continuer au bon chemin. Car combien que chacun puisse et doive aussi prier Dieu en secret et s'estant retiré à part, et que chacun le puisse en sa maison, si est-ce que ce sacrifice est agréable à Dieu de nous assembler pour le prier comme d'une bouche et lui faire hommage solemnel et de nos âmes et de nos corps. Il seroit à souhaiter que nous le puissions faire devant tout le monde, etc.

3 septembre 1554.

Cette lettre se trouve dans le n° 108 des manuscrits de la Bibliothèque de Genève.

N° 22.

AUTRE LETTRE DE CALVIN AUX FIDÈLES DE POITIERS.

Très-chers Seigneurs et Frères,

Votre debvoir est aussi, tant par prières que par continuel exercice de la parole de Dieu, vous armer et munir, espérant que le bon Pasteur qui vous a pris en sa garde ne vous laissera point au besoing. Continuez cependant à vous ranger en son troupeau, ne doubtant point, que quand vous serez assemblés en son nom, qu'il ne réside au milieu de vous. Je vous ay par cy-devant escrit des moiens que j'approuvois pour obvier à la malice des ennemys, c'est que pour ne vous point descouvrir par trop, vous pouvez bien sans amasser toute la compagnie vous trouver ensemble par petites bandes, maintenant en un lieu, maintenant en un aultre. Seulement que chacun s'emploie à prester logis pour invoquer le nom de Dieu. Et reputez à grand cœur, que vos maisons soient dédiez à tel usage.

Davantage, puisque estant enseignés nous avons besoin d'estre tenus en bride, je vous prie au nom de Dieu de mettre tel ordre entre vous, que les vices ne soient point nourris, ne soufferts Pour ce faire, il sera besoing de surveillance, c'est qu'il y aict gens députés pour se donner garde comment un chacun du troupeau se gouverne, afin de redresser ceux qui seroient en train de se forvoyer, de corriger les delinquans, d'admonester ceux qui seroient mal advisés, et par ce moyen prévenir tous scandales ....

Ce 9 de septembre. 1555.

Manuscrits de la bibliothèque de Genève, n° 116
Ruchat, tom. VII, Appendice, p. 327.

APPENDICE

N° 23.

LETTRE DE CALVIN AUX FIDÈLES DE SÉDAN.

Il escrivit ceste lettre aux fidèles qui estoient à Sédan par M. Cunisson qu... envoié ministre.

..... Si la force de vos ennemis est grande, si vous estes foibles auprès, tant s'en fault que vous deviez perdre courage que cela vous doit tant plus inciter et picquer à recourir soubs la protection de celuy qui a dit, ne craignez point petit troupeau . . . . Cependant tenez-vous cachés le plus coyment qu'il vous sera possible, ne provoquans point la rage de vos ennemys : mais plus tost taschans par modestie, doulceur et honesteté de vie de gaigner ceux qui ne sont pas du tout incorrigibles.

Ce 9 de septembre 1555.

Lettres de Calvin. Manuscrits de la bibliothèque de Genève 105, 107 et 1... *Bechat*, tom. VII, p. 326.

N° 24.

LETTRE DE CALVIN A L'ÉGLISE DE PARIS.

A nos très chers Seigneurs et Frères, les ministres, Diacres et Anciens de l'église de Paris.

5 janvier 1556.

La dilection de Dieu nostre Père et la grace de nostre Seigneur Jésus-Christ soit tousiours sur vous par la communication du Saint-Esprit.

Messieurs et honorés Frères, combien que vos fascheries et angoisses nous touchent de telle tristesse que doibvent sentir les membres de un corps du mal l'un de l'autre, toutesfois Dieu donne tant plus grand lustre a sa vertu a ce que vous ne défailliez point, et avons plus ample matière tous ensemble de l'en glorifier, que si vous n'estiez point ainsi molestés et affligés. Ainsi que vostre fragilité ne vous estonne point, voians comment la vertu du Saint-Esprit besongne en vous pour y secourir : et là-dessus efforcez vous tant plus, ne doubtant point que le Père de misericorde aura en la fin pitié de vous pour donner allegement a vos oppressions. Si plusieurs de ceux qui estoient appelez au combat, se monstrent par trop debiles, que leur exemple ne vous soit point en scandale, pour vous desbaucher, sachant que de tout temps il y a eu de tels exemples, pour picquer les fideles a prier Dieu tant plus soigneusement, et les induyre a humilité et crainte. Pratiquez doncque plustost ceste doctrine pour suivre le chemin de salut en sollicitude, sachans que c'est Dieu qui donne le vouloir et le parfaire. De nostre costé, nous n'avons voulu faillir a vous aider en vous desnuant de nostre frère, lequel comme nous esperons, sera aussi tost arrivé que les presentes. De faict, nous n'avons pas regardé lequel nous vous pourrions envoier plus facilement : mais avons choisi le plus propre de la compagnie. De sa part il s'y est si franchement disposé, que nous ne doubtons point que celui qui lui a donné un tel zele et ardeur, ne bénisse sa doctrine et la fasse fructifier, ce qui vous doit servir d'aiguillon, pour appliquer a vostre usage le bien qu'il vous offre ; quant à l'autre, j'ay faict ce qui est en moy pour le faire marcher, et luy en estoit assez deliberé, mais il luy a esté impossible, s'il n'eust voulu tout rompre ; aussi je ne sçai s'il seroit expedient, qu'il y allast pour y faire demeure, pource que sa présence a grand peine pourroit estre cachée, et enflamberoit par trop la rage des ennemys. Pour un voyage de bien courte durée, quand il y auroit necessité extraordinaire, il seroit plus aisé de la tirer. Cependant faictes valoir ce que Dieu vous donne qui n'est pas a mépriser ; mesme que nostre bon frere, monsieur de la Roche, nous a promis de retourner en brief, pour travailler aussi vaillamment que jamais. Sur ce, tres-chers Seigneurs et Freres, apres nous estre recommandés de bon cœur à vos prières, nous supplierons le Père de misericorde augmenter ses graces en vous de plus en plus et vous tenir en sa protection.

Ce 5 janvier 1556.

Vostre humble frère,

CHARLES DESPEVILLE,
au nom de la compagnie.

Je n'escry point de ce coup a monsieur de Racam pource qu'il n'y avoit rien de nouveau. Seulement je prieray monsieur Melcar de me faire tenir, s'il est possible et bientost, les mémoires dont il parla en son voiage dernier. Je croy que Pellissier ne refusera point de les lui bailler. Dieu par sa bonté infinie vous maintieine tousiours et garantisse.

Cette lettre se trouve dans le n° 108 des manuscrits de la Bibliothèque de Genève et dans Ruchat, tom. VII, p. 330.

N° 25.

LETTRE DE CALVIN AU ROI DE NAVARRE.

14 décembre 1557.

Sire,

Aiant entendu la grâce que Dieu vous avait faicte de s'approcher de vous plus familièrement que jamais, pour vous certifier droitement de la pure verité de l'Evangile de son Fils Jésus-Christ nostre souverain roy, j'ay prins la hardiesse de vous escrire, esperant que pour l'honneur et la reverence que vous portez au maistre à qui je sers, vous daignerez bien recevoir la presente, laquelle vous offrant et moy et tout le service auquel il vous plairoit m'employer, vous rendra bon et fidèle tesmoignage, si je n'ay la faculté et moyen de monstrer par effect combien je suis vostre, pour le moins que le courage n'y deffault point. Aussi pource que j'ai entendu que de vostre grace vous me portiez bonne affection, cela m'a tant plus enhardy pour m'asseurer que j'aurais bonne entrée, et humaine envers vous. Qui plus est, je me tiens asseuré, quand vous vous verrez que je ne desire aultre chose, sinon que Dieu soit glorifié en vous, voire pour vostre bien et salut, que vous souffrirez voluntiers d'estre exhorté par moy au nom de celuy, qui a toute authorité envers vous. Car selon que les roys et princes ont a soustenir une charge difficile, tant plus ont-ils besoing destre advertis quel est leur devoir. Et voila aussi pourquoy Dieu a notamment commandé, que les rois appliquassent leur estude plus que les personnes privées à proffiter en la foy. Car de faict, selon que Dieu les eslevant en haulte dignité, les approche plus de soy, il les oblige quant et quant à s'employer de tant meilleur courage à faire tout debvoir envers luy; comme aussy ce n'est pas raison que les princes terriens qui ne sont que ses officiers et lieutenants veulent estre obeis, et que lui qui a l'empire souverain, soit fraudé de son droit. Or c'est aujourd'hui le temps plus que jamais, que grans et petits se doibvent efforcer a faire que Dieu soit servy selon qu'il le mérite. Car on veoit tout si corrompu et perverty, que la plupart de ce qu'on appelle service de Dieu, ne sont que faulsetés detestables, que le diable a forgé pour faire que le vray Dieu soit deshonoré. Car si les gens de basse condition et de nul credit sont tenus en tant qu'en eux est, et que leur petitesse le porte, de mettre peine que Dieu soit purement adoré : il fault bien que les grans, et que ceux qui sont eslevez plus hault s'employent au double, et chacun selon sa mesure : pensez, Sire, quand Dieu apres vous avoir choisy pour estre prince d'une si noble maison, vous a aussi retiré des tenebres de superstitions où vous estiez plongé comme les autres, et vous a illuminé en la cognoissance de l'Evangile de Nostre Seigneur Jesus, ce qui n'est pas donné à tous ; n'a pas voulu que la foy que vous avez receue demeurast enclose en vous et comme ensevelie : mais plustost que vous soyez une lampe ardente pour esclairer et grans et petits. Et de faict ne doubtez pas que beaucoup de gens regardent a vous : et Dieu les y adresse, affin que vous soiez tant plus sollicité à vous acquitter a monstrer le chemin a beaucoup d'autres. D'un costé il vous doit souvenir quel soing nous devons tous avoir, que l'honneur de Dieu soit maintenu en son integrité, selon qu'il est dit au Psaume, le zele de ta maison m'a consumé, et les opprobres qu'on t'a faicts sont tombés sur moy. Par quoy la pure doctrine en laquelle Dieu veult estre glorifié, nous doit estre si precieuse, qu'en la voyant obscurcie, voire comme abolie par erreurs, abus, tromperies et illusions de Satan, nostre zele se doit allumer, pour nous y opposer en tant qu'en nous est, et selon que Dieu en donne le moien a chacun. Mesme ceste sentence doit tousiours retentir a vos aureilles par laquelle Dieu prononce qu'il rendra honorables ceux qui l'auront honoré. D'aultre part, Sire, les soupirs et angoisses de tant de pauvres fideles meritent bien d'estre exaucés de vous pour prendre courage a leur subvenir, et leur procurer quelque allegement tant qu'il vous sera possible. Et a present l'occasion s'y offre plus que jamais en ceste assemblée des Estats. Car il est vraysemblable qu'en traitant de ce qui concerne le gouvernement public, l'article de la religion ne sera point oublié. Je sçai combien la chose sera odieuse, que vous sousteniez la querelle de Jesus-Christ: mais si vous, Sire, qui devez estre l'organe de tous enfans de Dieu, avez la bouche close, qui osera ouvrir la sienne pour sonner mot. N'attendez pas que Dieu vous envoye quelque message du ciel : mais tenez, pour resolu, qu'en vous appelant en tel lieu et tel degré, il vous produit pour son tesmoing et procureur de sa cause. Et d'aultant plus la magnanimité qui est en vous se doit ici déploier; mesme encores qu'il y eust quelque crainte pour les difficultés qu'on y veoit, d'aultant que c'est a Dieu de munir les princes d'un esprit franc et liberal; recourant a Luy je vous supplie de vous evertuer, comme c'est a ce coup qu'il en est besoing : ou il est craindre que la porte ne soit fermée pour l'advenir. Si l'ouverture n'est pas encore d'approuver le bien en plaine liberté et condamner le mal : c'est bien pour le moins de requerir qu'il soit congneu de la cause : et que tant de pauvres gens ne soient point condamnés a credit. Mesme il semble bien qu'on puisse remonstrer par raisons favorables, que ce n'est le repos et profit du royaulme, d'y proceder par executions violentes, d'aultant que les feux ne font que multiplier le nombre de ceux qu'on persécute : tellement que le sang sert tousiours de semence. Il semble bien aussi que, sans donner occasion à ceux qui ne peuvent encore gouster l'Evangile de s'escarmoucher par trop, on pourrait mettre en avant quelques poincts qui ne leur seroient pas tant en horreur ; comme d'alleguer pour exemple si un homme se contentoit de prier Dieu et avoir Jésus-Christ pour son advocat, de le faire mourir pour telle querelle, que c'est une rigueur trop excessive, et qu'il y aurait danger que Dieu ne fust irrité contre le pays : attendu que les apostres et disciples de nostre seigneur Jésus, qui sont les vrais miroirs et patrons de la chrestienté, n'ont jamais sceu que c'estait de prier les saincts trepassés. Il y a aussi d'aultres abus si lourds et si enormes, qu'il n'y a nul propos de les dissimuler. Et toutesfois si tost que quelcun en voudra remonstrer quelque chose, il sera tenu pour heretique sans s'enquerir plus oultre, qui est une extremité insupportable. Il y a aussi un aultre advertissement bien digne d'estre faict. Car d'autant plus qu'on cuide empescher le cours de la parolle de Dieu, et maintenir les abus en leur possession, beaucoup de gens deviennent profanes sans loy ni foy, pource que plusieurs se mocquent hardiment en leur cœur de toute la papauté, sachant qu'il n'y a qu'ignorance et sottise ; et toutesfois craignant le danger de leur vie, rejectent toute instruction. Et à la verité, s'il n'y est proveu de bonne heure, on sera ebay, que le royaulme sera rempli de telle infection. Et pleust a Dieu que ceulx qui sont les plus cruels a faire mourir les pauvres gens, ne fussent pas tels contempteurs de Dieu et mocqueurs de toute religion. Mais il est a desirer que le roy soit adverty, que si on persiste d'opprimer les bonnes simples gens, qui par bon zele, et crainte de Dieu ne s'accordent point a la façon commune, il est a craindre que telle vermine ne gaingue et occupe tout le pays: ensorte qu'il sera trop tard d'y remedier. Je desirerois bien, Sire, que vos affaires souffrissent de lire un petit traité, que je fis il y a douze ans passés, quand les Estats de l'Empire estoient assemblés pour les différens de la religion. Mesmes je vous oseray bien supplier, qu'il vous plaise prendre le loisir de passer par-dessus, pour estre mieux informé quelle procedure il seroit expedient de tenir, non pas que je presume de vous donner reigle: mais pource que je me confie que vous ne dedaignerez pas d'apprendre soit par moy ou par aultre quelle est la volonté de celuy auquel vous desirez de complaire en tout et partout, affin de vous y conformer. Sire, apres m'estre tres-humblement recommandé a vostre bonne grace, je prieray nostre bon Dieu et pere de vous avoir en sa garde, vous gou-gouverner par l'Esprit de sagesse, droitture et constance, et vous faire prosperer de plus en plus.— Ce 14 de décembre 1557.

Manuscrits de la bibliothèque de Genève, no 107, *Ruchat*, tom. VII, p. 340.

N° 26.

LETTRE DE CALVIN A MADEMOISELLE DE LONGEMEAU.

14 décembre 1557.

(Il escrivit ceste lettre à Mademoiselle de Longemeau, prisonnière à Paris.)

Mademoiselle et bien-aymée sœur,

Quelque délivrance que les hommes vous promettent, Dieu vous tient arrestée là, que si vous pretendez de racheter trois jours de vie en ce monde, c'est renoncer à son héritage céleste.

Ce 14 décembre 1557.

Vostre humble frère,
CHARLES DESPEVILLE.

Manuscrits de la bibliothèque de Genève, n° 107. Bouchat, VII, p. 339

N° 27.

LETTRE DE CALVIN AU DUC DE WURTEMBERG.

21 février 1558.

(A très-illustre très-hault et puissant prince monseigneur le duc de Wurtemberg).

Monseigneur,

Je me suis desporté de vous escrire, craignant qu'il ne semblast, que je ne m'attribuasse trop de credit : aussi que j'estois bien persuadé que vous estiez tant enclin favorable à ceste cause, qu'il n'estoit ja besoing de vous solliciter beaucoup Maintenant pource qu'il a fallu pour grande necessité et urgence, que ce troisième voyage fust entrepris, je vous prie monseigneur, qu'il vous plaise m'excuser, si je me suis avancé de vous declarer que ce qu'on retorne si souvent vers vous n'est point par legereté, ou zele inconsideré, mais d'autant qu'il est bien requis que vous, monseigneur et les aultres très-illustres princes, soiez advertis, en quel estat est aujourd'hui la chose pource qu'on vous peult faire accroire que la condition des fideles est passable, qui seroit pour vous empescher de faire ce que vous aviez deliberé, et tant liberalement promis. Or je vous puis assurer monseigneur, pour verité combien que de la grande compagnie qu'on avoit emprisonnée pour un coup on en aict bruslé que sept, que cela n'est pas advenu que les ennemys, de l'Evangile aient été appaises, ni adoulcis. Car le roy estant poulsé par le cardinal de Lorraine, a declairé qu'il ne se contentoit pas de sa court de parlement de Paris et avec menaces a faict tancer ses conseillers comme nonchallans et tardifs. Au reste, les juges qu'il avait députés a l'appetit dudit cardinal, n'ont esté refroidis pour aultre raison, que pource qu'ils n'esperoient pas rien profiter en bruslant ainsi a la haste. Car ils avoient condamné deux jeunes enfans pensant bien que l'infirmité de l'age les feroit fléchir pour renoncer tout; et mesme accuser leurs complices, comme ils parlent; mais aiant veus la force et constance que Dieu leur avoit donnée, ont cherché par astuce aultres moiens de tout miner petit à petit. Car après avoir examiné tous les prisonniers, ils en ont enserré plus de trente qu'hommes que femmes les tenant desia pour condamnés et toutesfois differant l'execution jusqu'à ce qu'il leur vienne mieux a propos. Tant y a que les pauvres gens trempent et languissent en des fonds de fosses, n'attendant que l'heure de la mort; mesme il est bon et expedient que vous sachiez, monseigneur, la façon de proceder qu'on tient envers tous ceux qu'on brusle. C'est qu'apres les avoir condamnés devant que de les mener au feu, on les meet a la torture, pour leur faire reveler tous ceux qu'ils cognoissent, tellement que nul ne meurt que tous ne soient en danger. Et affin de tenir en doubte et perplexité tous ceux qui pourraient estre soupçonnes, ils font coupper les langues à tous ceux qu'ils ont ainsi gesnés. Par quoy ceux qui sont encore detenus ne seront pas quittes de mourir à petit feu: mais si Dieu leur faict la grace de tenir bon, il fauldra que chascun endure grief tourment, pour racheter la vie de ses freres. Si quelcun estant vaincu flechit, voila un feu de nouveau de grande persecution allumé. Or oultre ceux qui sont ainsi resserrez, les juges en ont departy, çà et là par les monasteres afin de les contraindre par l'importunité des moynes à renoncer Jesus-Christ. Et ce que plusieurs sont échappes n'a pas esté sinon d'aultant que les moynes craignaient d'estre gaingnes plustost que de leur faire changer de courage, ainsi pensans que leurs cloistres pourroient estre pollus, ils n'en ont point faict si grande garde qu'aulcuns ne soient sortis. Tant y a que nul n'a esté absoubs ne relasché, sinon en confessant d'avoir failly, qui est blasphemé contre Dieu et sa verité. Depuis le Roy ne se contentant point a faict supplier le pape d'ordonner trois cardinaux souverains juges sur le faict des heresies qu'il appelle. Or je vous laisse a penser, monseigneur, puisque toute licence est donnée au cardinal de Lorraine, qui ne demande qu'a tout exterminer, en quel estat seront les pauvres fideles, s'ils ne sont secourus par la bonté de Dieu. D'aultre part, il y a nouvel edit publié par le Roy, auquel il remect toute jurisdiction et coguoissance des heresies aux evesques, et a leurs officiers, pour declairer heretiques ceux que bon leur semblera : tellement que les juges royaux en despit qu'ils en aient seront contraincts de faire mourir tous ceux qui leur seront remis : comme aussi il leur est estroittement enjoinct. Et de tout cecy, monseigneur, il ne vous en fault point enquerir de loing pource que vous verrez le tout imprimé, ou ceux à qui il vous plaira commander de le veoir. Quant au mot des sacramentaires, il a esté entrelassé par astuce, afin de rendre la cause des pauvres freres odieuse, et par ce moyen les priver de tout support et aide. Il serait bien à desirer que le différent qui a causé par cydevant de grans troubles entre nous, fust bien appoincté. . . .

. . . .

J'aimerois beaucoup mieux m'employer à esclaircir simplement la verité pour venir en bonne et saincte union, que d'estre contrainct a respondre a ceux qui ne demandent que noise et querelle et assaillent sans propos ceux qu'ils voient estre paisibles. . . . .
Tant y a, monseigneur, que les François ne discernent point les uns d'avec les aultres. . . . .

. . . .

Or il y a un nombre quasi infini de bonnes gens par tout le royaume qui peulvent estre fort effrayés, voyant leur vie pendante a un filet, sinon que Dieu aict pitié d'eux. . . . . .

. . . .
Selon vostre prudence vous n'oublierez rien de ce qui viendra a propos. Seulement je diray ce mot, qu'il seroit à soubhaiter que le roy entendit pour un bon coup quelle doctrine il persécute. Car il n'y auroit rien meilleur, ne propre à luy amollir son courage, que de l'informer que par faulte d'avoir bien cogneu le merite de la cause, il est ainsi enflambé contre les enfans de Dieu; non pas que je vous en ose requerir, monseigneur, mais affin qu'il vous plaise y adviser. . . . . .

De Genève ce 21 de febvrier 1558.

(Non-signée.)

Lettres de Calvin, no 108 des manuscrits de la Bibliotheque de Genève. *Rech. t.* tom. VII. p. 350.

No 28.

LETTRE DES PRINCES PROTESTANTS D'ALLEMAGNE, AU ROI HENRI II.

Mon Seigneur,

Estans avertis que depuis quelque temps ençà, plusieurs personnages nobles tant hommes que femmes, comme aussi d'autres, ont esté mis prisonniers pour avoir receu la doctrine contraire aux superstitions qui pullulent en l'Eglise de Dieu qu'en vostre royaume, ceux qui font confession de la susdite doctrine sont extrémement persecutez tant en leurs biens qu'en leurs corps : nous reconnoissans membres d'un mesme chef, et estre tenus à ce qui peut servir a les soulager, avons envoyé la présente : vous supplians n'estimer qu'ayans pri ceste charge, sans premierement estre suffisamment informez de la doctrine qu'ils tiennent, et sans estre entierement asseu rez qu'ils ne soustiennent opinions seditieuses, ou fourvoyantes des symboles chrestiens. Et d'autant que nous ne travaillon pas moins que vous à rejetter tout ce qui peut tomber au deshonneur de nostre Dieu ; et prenons peine de maintenir la vraye invocation de Dieu, et la doctrine de l'eglise catholique de nostre Seigneur Jésus-Christ, contenue ès-livres des Pro phètes et apostres, et ès-symboles et anciens docteurs de la première Eglise chrestienne : davantage nous faisons punition rigoureuses des mal-vivants, et donnons à connoistre que la seule obéissance deûe a nostre Seigneur souverain, nous induit à maintenir la doctrine dont nous faisons profession, jusques à ce que nous soyons receus en la compagnie eternelle du royaume céleste : C'est la cause qui nous a esmeus a vous escrire : sachans leur confession estre du tout accordante aux symboles, et eslongnée de toute opinion fanatique ou sedi tieuse. Et pour vous asseurer davantage, nous vous envoyons le contenu de leur confession que trouverez estre (comme dit est) totalement eslongnée de seditions. Or il n'y a celui qui ne confesse plusieurs abus avoir esté receus et enracinez, partie par erreur, partie aussi par avarice de quelques uns : l'extir pation desquels beaucoup de gens de bien ont longtemps par ci devant grandement désirée : et singulierement ceux qui ont fleury entre les gens savans de vostre Université de Paris, assavoir Guil laume Paris, Jean Gerson, Wessel et autres. Lesquels abus con fessons avoir esté aussi par nous corrigé, suyvant le contenu de la confession par nous publiée, C'est aussi le poinct que feu de mémoire heureuse le roy François vostre père avoit entrepris, il y a vingt ans, comme prince orné de vertu et prudence : suivant en ce l'exemple de ses ancestres rois de France, qui par plusieurs fois ont pris la connoissance des différens survenus en l'Eglise. Et c'est la raison (Monseigneur) qui vous doit semblablement induire à vous reigler en cest affaire, plutost que donner lieu à la cruauté qu'exercen aucuns. Vous devez estre certain que ceste doctrine jamais ne se pourra esteindre par telle maniere de force qu'on exerce; mais, au contraire, qui sera a ceste occasion respandue; servira d'une semence pour faire croistre les chrestiens de jour en jour davantage. En sorte que pour les extirper entierement, il vous faudroit ruiner la plus grand' part de vos sujets, en quelque age, condition, ou estat qu'ils fussent. Dieu menace par sa saincte Escriture, qu'il fera punition et vengeance rigoureuse du sang des innocens; et qu'il punira griefvement ceux qui auront mesprisé ou rejetté la connoissance de sa doctrine. Il n'y a pas long temps (Monseigneur) que par nos ambassadeurs et par lettres par eux presentées, nous vous avons fait semblable remonstrance, et suyvant la response qu'il vous plut nous mander, estions desia presque asseurez que pour l'avenir n'endureriez que les poures chrestiens fussent si cruellement affligez, et que tel tort fust exercé à l'encontre d'eux et de leurs biens. Et neantmoins avons esté avertis qu'en vostre royaume la persecution dure, et qu'elle s'y continue autant que par ci-devant, par feu, glaive et toute autre sorte de tourment : en quoy nous portons la tristesse de vos loyaux et bons sujets, comme la charité entre vrais chrestiens requiert; et sommes par ce contraints d'estimer que ne soyez pas moins animé à l'encontre de nostre doctrine mesme : d'autant que les poures susdits ne sont travaillez pour autre occasion, que pour la religion propre que nous maintenons et ensuyvons en nos églises, et sur laquelle nous apuyons le fondement de nostre salut. Ce qui nous rend extrêmement compassionnez et marris : non-seulement pour le préjudice de nous, ains principalement à cause de l'honneur de nostre Seigneur souverain, estant par tels efforts foulé et aneanti. Or, d'autant que l'affection que portons a vos sujets, nous induit à aimer leur repos, et les voir delivrez de ces travaux; et aussi que desirans de bon cœur que puissiez en cest afaire concernant la gloire de Dieu et le salut des ames, tellement besongner, que n'amassiez sur vous le jugement et ire de Dieu; nous vous supplions de bien aviser à toutes les circonstances de ce faict; et mesmement considerer les causes, pour lesquelles vos poures sujets, sont mis en ces extremitez, et de prendre peine a ce que l'Eglise de Dieu soit repurgée de toutes idolatries et erreurs qui sont survenues en la chrestienté, et que les esprits de plusieurs puissent en ce recevoir quelque contentement. Et d'autant que difficilement vous parviendriez à la connoissance de cest afaire, qui est si grand, sans ouyr le jugement des gens de savoir craignans Dieu : qu'il vous plaise, ensuyvant l'exemple des ancestres, assembler le plustost que pourrez gens idoines, aimans l'honneur de Dieu, et n'estans transportez d'affection : les ouïr paisiblement, et faire examiner les articles de la foy qui sont en different, et d'en dire franchement leur avis selon les sainctes Escritures sur chaque poinct : afin que par ce moyen vous puissiez restablir l'Eglise de Dieu et réformer les abus qui y sont. Que durant ce temps, et devant que tout soit entierement resolu et conclu : vos bons et loyaux sujets, adherans à nostre confession, ne soyent inquietez, ne contrains, de faire chose contre Dieu, ou leur conscience, ne d'observer les ceremonies jusques a present receües en vostre royaume. Et aussi que desormais ne soit procedé aucunement à l'encontre de leurs personnes, ou leurs biens ; et que ceux qui par si longtemps sont detenus prisonniers, soyent delivrez à pur et a plein ; et que par effect nous puissions entendre que nos requestes n'ayent point moins profité envers vous, que l'importunité et les calomnies des ennemis de nostre religion. Ce fait vous executerez le commandement du Fils de Dieu : lequel sur toutes choses vous recommande son eglise, l'ayant si chèrement rachetée par son sang tant precieux : et montrerez aussi à vos sujets, une misericorde et grace singuliere : leur permettant d'invoquer Dieu ; et l'honorer purement. Et nous, de nostre côté, serons en tout temps près de le reconnaître en vostre endroit, et demeurer vos anciens amis et serviteurs.

De Francfort ce 19 mars 1558.

Cette lettre que nous avons extraite de la 439e page du livre VII de l'Histoire des Martyrs, par Crespin, était revêtue des signatures du comte Palatin, du duc de Saxe, du marquis de Brandebourg, du comte Wolfang, Comte de Weldents et du duc de Wurtemberg.

Nº 29.

LETTRE DE CALVIN A MADEMOISELLE DE PANTIGNY.

10 avril 1558.

Mademoiselle et honorée sœur,

. . . . Combien que vous n'ayez pas monstré au besoing une telle vertu et constance que nous esperions, et qu'il estoit a desirer et que Dieu aussi requerroit de vous. . . . .
Mais pource que Satan ne tasche qu'à nous plonger au désespoir pour nous aliener du tout de Dieu, cognoissant les astuces, pour y obvier seulement, tenez ceste mesure qu'a deux ou trois offenses vous n'adiousterez point le comble. Vous n'avez pas resisté, devant les juges comme vous deviez. Vous avez trop accordé à vostre mary pour luy complaire. . . . . . .
Ce n'est pas petite offense, quand vous declairez a un incredule, que vous estes preste de le preferer à Dieu. . . . .
Car il a monstré si bonne marque de son election en vous, qu'a bon droit nous debvons esperer qu'il fera fructifier la bonne semence à laquelle il a donné vives racines en vostre cœur. De vous specifier comment et à quelle condition vous pouvez consentir de retorner a vostre mary, je n'ose pas, pource que de si loing, beaucoup de circonstances me sont incogneues. . . . .

Ce 10 d'apvril 1558.

Votre tres-humble frère,
CHARLES D'ESPEVILLE.

Lettres de Calvin, nº 107 des manuscrits de la Bibliothèque de Genève, Ruchat, VII. p. 350.

APPENDICE.

N° 30.

PSAUME ET SECTION DE CATÉCHISME COPIÉS MOT A MOT DANS L'UNE DES PREMIÈRES ÉDITIONS DU PSAUTIER EN USAGE DANS LES ÉGLISES RÉFORMÉES DE FRANCE.

PSEAUMES DE DAVID.

PSEAUME 1. — *CL MA*.

Beatus vir qui non abijt.

Ce Psaume chante : *que ceux sont bien-heureux, qui rejettant les mœurs et le conseil des mauvais, s'addonnent à connoistre et mettre a effect la loy de Dieu, et mal-heureux sont ceux qui font le contraire.*

Qui, au conseil des malins n'ha esté,
Qui n'est au trac des pécheurs arresté,
Qui des moqueurs au banc place n'ha prinse,
Mais nuict et iour la loy contemple et prise,
De l'Eternel et en est desireux :
Certainement cestuy-là est heureux.

    Et semblera un arbre grand et beau,
    Planté au long d'un clair courant ruisseau,
    Et qui son fruict en sa saison apporte,
    Duquel aussi la fueille ne chet morte :
    Si qu'un tel homme, et tout ce qu'il fera,
    Tousiours heureux et prospère sera.

Mais les pervers n'auront telles vertus ;
Aincois seront semblables aux festus,
Et a la poudre au gré du vent chassée.
Parquoy sera leur cause renversée
En jugement, et tous ces reprouvez
Au rang des bons ne seront point trouvez.

Car l'Eternel, les justes cognoist bien,
Et est soigneux et d'eux et de leur bien ;
Pourtant auront felicité qui dure.
Et pour autant qu'il n'ha ne soin ni cure
Des mal-vivants, le chemin qu'ils tiendront,
Eux et leurs faicts en ruine viendront.

Oraison.

Seigneur Dieu qui nous has creez a beatitude et felicité souveraine, et nous has donné ta saincte loy, qui est la seule reigle de bien vivre, fay par ta grace que renonçant aux desirs charnels, et a toute compaignie mauvaise, nous fructifions tellement selon l'esprit, qu'estant tousiours soubs ta protection, nous ayons confiance, quand Jesus-Christ ton fils apparoistra pour separer les boucs d'avec ses brebis qu'il ha rachetées de son sang. Amen.

LE CATECHISME,

C'est-à-dire le Formulaire d'instruire les enfans en la chrestienté, fait en manière de Dialogue, où le Ministre interroge, et l'Enfant respond.

DES ARTICLES DE LA FOY.

DIMANCHE I.

Le Ministre. — Quelle est la principale fin de la vie humaine ?
L'Enfant. — C'est de cognoistre Dieu.

M. — Pourquoy dis-tu cela ?

E. — Pource qu'il nous ha creez et mis au monde, pour estre glorifié en nous. Et c'est bien raison que nous rapportions nostre vie à sa gloire, puisqu'il en est le commencement.

M. — Et quel est le souverain bien des hommes?

E. — Cela mesme.

M. — Pourquoy l'appelles-tu le souverain bien?

E. — Pource que sans cela nostre condition est plus mal heureuse que celle des bestes brutes.

M. — Par cela donq nous voyons qu'il n'y ha nul si grand mal-heur que de ne vivre pas selon Dieu.

E. — Voire.

M. — Mais quelle est la vraye et droite cognoissance de Dieu?

E. — Quand on le cognoist afin de l'honorer.

M. — Quelle est la manière de le bien honorer.

E. — C'est que nous ayons toute nostre fiance en luy : que nous le servions en obeissant à sa volonté : que nous le requerions en toutes nos necessitez, cherchant en luy salut et tous biens ; et que tout bien procede de luy seul.

Quoique l'auteur de ce Catéchisme qui se trouve, avec la liturgie et les prières, à la fin du Psautier ne soit pas nommé, il est à présumer que c'est Calvin qui l'a composé. On lit en effet les paroles suivantes dans la 35e page de la Vie du Réformateur, par Théodore de Bèze : « *Il fit aussi en peu de jours le Catéchisme, tel que nous l'avons maintenant : non pas qu'il y ait rien changé du premier, quant à la doctrine, mais la reduisant par demandes et responses, pour estre plus aisée aux enfans, au lieu qu'en l'autre les choses estoyent traittées par sommaires et briefs chapitres.* »

N° 34.

LETTRE DE PIERRE VILLEROCHE A CALVIN.

Eximiæ pietatis et doctrinæ viro D. Calvino, ecclesiæ Genevensis pastori fidelissimo salutem et pacem.

Quoniam e literis multorum qui in Gallia versantur, e eorum sermone qui isthuc demigrant quotidiè, ad te perferri scio quæ sint Ecclesiarum nostrarum incrementa, auxilia, difficultates, angustiæ, non laborabo in præsenti ut quæ jam satis nota sunt frustra declarem, neque committam ut et me in scribendo et te in legendo parum prudenter occupasse videar.

Unum est quod hisce diebus accidit tibi non injucundum futurum, ut spero, nempe aulicum concionatorem qui antehac magna ex parte atuerat nunc esse Regi nostro penitus exploratum atque perspectum. Qua quidem ex re incredibilis fructus manebit. Detecta sunt omninò mipuri hominis flagitia, libidines nefandæ, doli, fraudes, ita ut magnopere lætari nos omnes oporteat huic sicario carnam esse detractam. Heri Simon Burserius (credo enim sic vocari) cum rege nostro collocutus est, sermonemque ad multum noctem produxit. Ibi multa de officio principum, de vitâ æterna, de cruce Christi, de religionis fide dicebantur, in quibus et ratio ætatis et admiranda vitæ sanctæ testimonia majestatem atque authoritatem maximam viro conciliabant. Denique sic res habet ut de principe hoc de quo hactenus dubitatum fuit multò majora et plura quam antehac expectemus. Faciat Dominus ut res ipsa expectationi nostræ respondeat. Vale.

Neraci Idib. April. Dominus tibi benedicat, Pater observande, tuaque omnia studia spiritu suo gubernet.

Petrus VILLEROCHUS, planè tuus

à Monsieur,
Monsieur d'Espeville.

Manuscrits de la Bibliothèque de Genève, n° 110 Lettres à Calvin

N° 32.

LETTRE DE CALVIN A MONSIEUR D'ANDELOT, PRISONNIER A MELUN.

Monsieur,

Combien que je suis assez persuadé que de longue main vous avez premedité comment pour soustenir les assaubts qui nous sont dressés, il vous falloit estre armé et muny, et ne doubte pas outre ce que Jesus-Christ fait profiter en vous au besoing la doctrine que vous avez aprinse en son eschole que ceulx qui sont plus prochains de vous s'y emploient fidelement en tant que l'acces leur est donné. Si n'ay-je pas voulu faillir à m'acquitter d'une partie de mon debvoir. Je ne suis pas asseuré si la presente viendra jusque a vous, mais quoy qu'il en soit, ce m'est quelque alegement et demy repos d'essayer si de ma part je pourray aulcunement vous aider en vostre combat. Nous avons bien tous à louer Dieu de l'entrée qu'il vous a donnée, laquelle il fera servir plus que ne pouvons estimer, et de faict il nous fault tenir ce point resolu, que Dieu a produit comme par la main pour estre temoing à sa verité au lieu dont elle avoit esté forclose jusques icy. Mais qu'il vous souvienne qu'en vous donnant telle magnanimité pour la premiere poincte, il vous a tant plus obligé a soy de persister constamment, en sorte qu'il y auroit moins d'excuse de reculer que de ne vous estre advancé. Je conçoy bien en mon esprit une partie des alarmes que vous avez desia experimenté, et encores n'est-ce pas la fin, mais quand ils seroient cent fois plus aspres et rudes, si est-ce que le maistre auquel servez, merite bien que vous y resistiez jusques au bout, ne defaillant pour rien qui soit. Vous avez par cy-devant souvent exposé vostre vie en hasard pour vostre prince terrien, et seriez encores prest d'en faire la semblance au besoing, d'autant que vous y estes tenu : ce n'est pas raison que le souverain Roy du ciel et de la terre, auquel le Pere a donné tout empire, soit moins prisé, et qu'il vous face mal d'acquerir des ennemys pour maintenir sa gloire, veu que non-seulement nous sommes du tout à luy, tant de droit de nature que pour le prix inestimable de son sang, qu'il n'a pas espargné pour nostre salut, mais aussi que le service que nous luy rendons ne peult estre perdu, et que tout ce qu'il nous fauldra endurer pour luy nous sera profitable, comme saint Paul se glorifiant que Jesus-Christ luy est gaing a vivre et a mourir..... Vous avez desia senty, comme je croy, que le plus dur assault et le plus difficile est de ceulx qui soubs umbre d'amitié s'insinuent pour vous faire fleschir..... Ainsi, Monsieur, eslevant tous vos sens, apprenez de boucher les aureilles à tous ces soufflets de Satan qui ne taschera qu'r renverser vostre salut en esbranlant la constance de vostre foy; apprenez de fermer les yeux à toutes distractions qui seroient pour vous divertir, sachant que ce ne sont qu'autant de tromperies de nostre ennemy mortel.....

Car quoyque plusieurs aujourd'huy ne facent que torcher leur bouche en reniant la vérité, si est-ce que la confession d'icelle est trop precieuse à Dieu, pour en tenir si peu de compte.....

Tant y a qu'il fera profiter nostre simplicité plus que nous ne pensons, si nous suyvons ce qu'il nous commande.....

De Genève, 10 may 1558.

Lettres de Calvin. Manuscrits de la Bibliothèque de Genève, n° 107. Ruchat, vii. p. 351.

N° 33.

LETTRE DE CALVIN AU ROI DE NAVARRE.

Sire,

Combien qu'il sembleroit que durant ces troubles qui se sont eslevés depuis nagueres je vous deusse espargner; toutesfois, je ne craindray point en telle necessité vous prier et solliciter, au nom de Dieu, a vous employer en ce que Dieu requiert de vous, esperant que vous ne prendrez point à importunité, si je procure la cause du Roy souverain, auquel nous ne pouvons rendre la centiesme partie de ce que nous debvons, encores que chacun s'efforce de toutes ses facultés à s'employer envers luy..... Car en telle occasion qu'il vous presente, il est certain qu'il veult esprouver quelle affection vous avez envers luy..... Le haut degré où vous estes ne vous exempte pas, comme vous sçavez, de la loy et reigle qui est commune à tous fideles, de maintenir la doctrine de nostre Seigneur Jesus, en laquelle gist toute notre felicité, et salut; mais selon que vous estes eslevé par-dessus les aultres, Sire, d'aultant plus vous fault-il efforcer de monstrer le chemin a ung si grand peuple qui a les yeux jetés sur vous..... Je ne sçay pas jusqu'ou vous avez desia esté tiré; mais je vous prie, Sire, si vous aviez commencé trop debilement, comme souvent les premiers combats ne nous trouvent pas si bien disposés comme il seroit requis, de maintenant prendre courage.

Au reste, confiez vous en celuy, etc. . . . .

Quand vous y procederez ainsi franchement, ne doubtez pas, Sire, qu'il ne prenne la cause en main. . . . .

Ce 8 juin 1558.

<small>Lettres de Calvin, n° 107 des manuscrits de la Bibliotheque de Geneve. Ruchat, VII, p. 353.</small>

N° 34.

LETTRE DE CALVIN A D'ANDELOT.

Monsieur,

Depuis avoir receu vos lettres, j'ay aussi entendu les tristes nouvelles de ce qui se machinoit contre vous. . .

Mais quoy qu'il en soit, nous avons à nous consoler en glorifiant Dieu de ce qu'il continue à vous tenir la main forte. . . .

. . . Et aussi je croy, comme il dispose tout par son conseil admirable, ainsi que vous le considerez tres-bien, qu'il vous a retenu pour une occasion jusques à ce que vous eussiez accomply la charge à laquelle vous avoit appelé, et vous fussiez acquitté de vostre debvoir, affin que si ayant respondu de vostre foy, vous prenez le congé qui vous sera permis, cela ne soit imputé à legereté ne defiance. . . . . . . Parquoy si les hommes murmurent contre vous, c'est bien assez que vous soiez absouts d'enhault. . . . .

Ce 12 de juillet 1558.

Lettres de Calvin, n° 107 des manuscrits de la Bibliotheque de Genève. Ruchat, p. VII. 355.

N° 35.

LETTRE DE CALVIN AU MÊME.

1558.

Monsieur,

Je scay bien quant à l'acte que vous avez faict que les excuses que vous amenez ont couleur pour amoindrir la faulte en partie; mais quand vous aurez tout bien considéré de plus près, le tout ne peult gueres alleger devant Dieu. Car vous scavez combien de povres ames debiles ont esté troublees d'un tel scandalle, et combien de gens pourront prendre pied a vostre exemple. Et quand ce mal n'y serait pas d'avoir ruiné ce que vous avez edifié, ce n'est pas une offense petite ne legere d'avoir preferé les hommes à Dieu, et pour gratifier a une creature mortelle, avoir oublié celuy qui nous a formés, etc... Mesme en vostre personne ils ont cuydé avoir vaincu nostre Seigneur Jesus-Christ; aiant mis sa doctrine en opprobre. . . Seulement je vous prie de vous desplaire tellement au mal qui est ja commis, que pour le reparer vous rentriez au train que vous aviez bien commencé, mettant peine de glorifier Dieu purement. . . . .

Lettres de Calvin, n° 107, des manuscrits de la Bibliothèque de Genève. Bochat, VII, p. 355.

N° 36.

LETTRE DE CALVIN A L'AMIRAL DE COLIGNY.

Monseigneur,

J'espere qu'apres avoir leu la presente, d'aultant qu'elle vous sera ung tesmoignage du soing que j'ay de vostre salut, vous ne tiendrez pas maulvais que je vous l'aie escrite. . . . .

Or, ce n'est pas assez de se monstrer vaillant et de ne point deffaillir ou perdre couraige en adversité, sinon que nous aions ce regard de nous submectre du tout a la bonne volunté de Dieu et nous y accorder paisiblement. Or puisque il vous a desia donné telle constance, il n'est plus besoing comme on dit de vous y exhorter, seulement je vous prieray de penser plus oultre, c'est que Dieu en vous envoyant ceste affliction vous a voulu comme retirer à l'escart pour estre mieulx escouté de luy. . . . . Parquoy, Monseigneur, je vous prie d'aultant que Dieu vous a donné ceste opportunité de profiter en son escolle, comme s'il vouloit parler à vous privement en l'oreille d'estre attentif a gouster mieulx que jamais que vault sa doctrine et combien elle nous doibt estre precieuse et amyable.......

Vray est qu'aujourd'huy toutes choses seront plustost permises que d'honorer purement Dieu tellement que vous ne pouvez luy rendre fidele debvoir qu'il ne vous faille soustenir plusieurs murmures et menaces. Tant y a que l'honneur de Dieu vous doibt estre tellement privilege que le reste soit mis bas aupres, et sa grace mesrite bien d'estre preferée à toutes faveurs des creatures. . . . .

Ce 4 septembre 1558.

Cette lettre se trouve imprimee en latin dans le tom. VIII des Œuvres de Calvin p. 214. Manuscrits de la Bibliothèque de Genève, 108. Bochat, VII, p. 362.

N° 37.

LETTRE D'AMBROISE FAGET A CALVIN.

Viro tam pietate et eruditione clarissimo
Jo. Cal. gratia et pax
a Deo patre per Salvatorem Christum.

Quod hactenus nihil ad te scripserim, nec te de felicitate rerum nostrarum certiorem reddiderim, causam omnem continuo nostro labori ascribas. Volui equidem sed non potui, imo nunc vix quidem possum, nisi quòd furtim ad te hanc epistolam scribo. Omnia apud nos prospera se habent et messis est ingens certè regnum cœlorum hic patitur et violenti rapiunt illud. Gratias ago Deo opt. max. quod hactenus incolumes servavit nos ab importunis hostibus. Omnes sunt pacis amantes, sed verbi Dei studiosiores : hereticorum nulla mentio. Scholasticos habemus aliquot qui pro admiranda sua indole et studio bonarum rerum copiosissimam in postremum frugem polliceantur. Tu pro tua pietate cæteri quoque fratres omnes precibus nos apud Deum juvabitis, ut aperiat nobis ostium..... ad patefaciendam Evangelii sui. Non pluribus ad te scribo quòd ea tabellario omnia possis intelligere. Cogor tamen, super una atque altera questione tuam consulere prudentiam: super pluribus consulturus nisi timerim tibi molestius esse viro alioqui occupatissimo........

Vale vir præstantissimus, quem incolumen conservet noster.

15 decembris 1558. Tibi deditissimus.

Amb. Fagetus.

à Monsieur
Monsieur d'Espeville.
la ou il sera.

Cette lettre, très-difficile à lire, se trouve dans le n° 109 des manuscrits de la Bibliothèque de Genève, qui a pour titre : Lettres adressées à Calvin.

N° 38.

LETTRE DE THÉODORE DE BÈZE AUX FIDÈLES DE L'ÉGLISE RÉFORMÉE DE PARIS.

Théodore de Bèze à l'église de nostre Seigneur grace et paix.

J'ay dressé ces jours passez un recueil que j'ay intitulé confession de foy auquel j'ay comprins par le meilleur ordre que j'ay peu ce que j'ay apprins en la religion chrestienne par la lecture du vieil et nouveau Testament, avec la conference des plus fideles expositeurs. Or n'ai-je dressé ce recueil au commencement que pour mon usage, et aussi pour satisfaire à celuy qui l'avoit requis de moy. Mais depuis en partie par l'advis d'aucuns bons et sçavans personnages; en partie estant esmues de quelques raisons qui m'ont semblé de consequence, j'ay aisement accordé qu'il fut publié. . . . .

Je confesse volontiers qu'il n'est besoing apres le catechisme (de Calvin) dont j'ay parlé de mettre en avant ceste confession de foy. . . . .

Bien est vray qu'entre autres fautes je confesse n'avoir este si bref qu'il seroit requis en un tel argument, auquel seulement il faudroit déclarer la resolution des matieres sans disputer. Mais si est-ce que j'espere, que ceste longueur, entendue la qualité des ennemis auxquels nous avons à faire, ne sera tant ennuyeuse qu'elle ne serve de quelque chose, pource que je me suis efforcé de ne rien alleguer qui ne touchast droit au but, et qui ne fut necessaire pour resondre celuy qui viendroit à la lecture de ce traité avec quelques prejudices au contraire. Voyla quelle est mon intention, c'est assavoir non point prescrire à homme vivant un formulaire de confession de foy, mais en premier lieu de declarer quelle est la mienne à tous ceux qui le vouldroit entendre à la gloire de notre Dieu et puis aussi pour ayder selon mon petit pouvoir aux moindres ordres de l'eglise du Seigneur. J'espére aussi que pour le moins je bailleray exemple de faire quelque chose plus accompli, à ceux qui sans comparaison peuvent fournir mieux que moy à ce qui est tant proufitable en la chrestienté, desquels tant s'en fant que je refuse le jugement, qu'au contraire je desire qu'un chacun qui la verra la confere diligemment avec l'Escriture qui est la seule et vraye pierre de touche pour esprouver la vraye doctrine. Que s'il y a chose contenue en icelle qui soit digne de reprehension (ce que j'espere qu'on ne trouvera point quant à la substance de la doctrine), je suis celuy qui de bon cœur desire de l'entendre pour amender les fautes. Si d'autre part aussi il s'y trouve du bien (comme je seray marry qu'il n'y en eust) la louange en soit à celuy qui nous a revelé sa saincte verité, et revelera encore plus à plein quand nous aurons l'accomplissement que nous attendons. Loué soit Dieu. . . . .

Cette lettre, qui parait avoir été adressée à l'église de Paris avec la confession de foy qui la suit, par Théodore de Bèze, avant que la confession de foi des églises reformées fût faite, se trouve dans le manuscrit de la Bibliotheque royale de Paris intitulé Histoire des persécutions et Martyrs de l'église de Paris, depuis 1557 jusqu'au temps de Charles neufviesme 182. Saint-Germain. Manuscrits français. Théologie.

Nº 39.

LETTRE DU MINISTRE BONVOULOIR A DUPONT, SIEUR DE CORGUILLERAY, AU CHATEAU DE SAINT-GERMAIN, A GENÈVE.

Grace et paix par notre Seigneur Jesus-Christ.

Monsieur, je vous ecris en particulier comme escrivant à tous messieurs vos freres, ce que cause la familiarité que m'avez montrée des delà. Par cette présente, je vous advertis donc qu'a mon arrivée (qui fut seulement le 13 de decembre, tant pour l'incommodité du temps que pour ce que j'ai vu en passant les trois principales villes de Berry, lesquelles croissent graces au Seigneur), je ne trouvais pas Monsieur Paur, mon frere, pour ce il était allé à Poictiers, et moi arrivé, il me presenta au consistoire du vendredi 16 du susdit mois, là où il fut arreté que je ferais trois exhortations assemblant nos quantons qui sont cinq en nombre, en trois assemblées affin que tout le corps de l'eglise m'ouït avant ma reception, ce que fit les vendredi, samedi et dimanche suivants, qui etoient le 16, 17 et 18 du susdit mois : Et c'est grace a Dieu (l'eglise aucune glorifiée de moi, ouict aussi que monsieur Paur, mon frere, remontra que n'etois exercé a la predication) et que de l'autre côté a fait que j'ai esté supporté ; du reste, messieurs, j'ai bien vu cette assemblée et en si bonne disposition et saint ordre qu'elle a liberté jusqu'au baptesme et mariage pur et impollu de superstition, et jusque à l'enterrement de nos morts a la maniere de par de-là ce que j'ai vu quant aux trepassés, et deja plusieurs fois moi-même pratiqué quant aux baptesmes et mariages, en quoi nous avons matiere et occasion de glorifier notre bon Dieu. L'Eglise aussi etend tellement sa benediction sur ceste ville, que les papistes et nous vivons en telle paix les uns parmi les autres qu'on jugerait que nous ne sommes qu'un corps : même a mon exemple et exhortation se chastient aucunement de leurs vins comme des jurements, jeux et autres, ce qui me fait esperer que le Seigneur en adjoindra tousiours quelqu'un a son troupeau ; en demeurant, Messieurs, j'ai esté humainement receu de monsieur Paur, mon frere, lequel m'a logé en sa chambre et demeurons ensemble, là ou je n'ai point faute de livres : car il en est bien garni. J'ay aussi esté fort bien receu de toute l'assemblée à laquelle j'espère, Dieu aidant, profiter, l'edifiant de mon costé selon la mesure de de grace qu'il plaira de nous donner, pour laquelle chose, je vous prie tous de vouloir supplier et aussi pour l'avancement et prosperité de notre chere assemblée, et pareillement vous ne serez oubliés en nos oraisons, aidant le Seigneur eternel lequel je prie, messieurs, nous augmenter ses graces et enrichir de ses benedictions spirituelles par nostre maistre et souverain Seigneur Jesus-Christ son bien-aimé fils, auquel a lui et le Saint-Esprit soit gloire, honneur et empire éternellement.

Ce 2 fevrier 1559.

Messieurs, je ne veux pas oublier de me recommander bien humblement a vos bonnes graces et sainctes prieres. Votre humble serviteur,

DE BONVOULOIR.

Manuscrits de la Bibliotheque de Geneve, n° 121. Lettres de divers à divers.
De Bonvouloir ou Delaunay était second pasteur à Saint-Maixent

N° 40.

LETTRE DE CALVIN A L'ÉPOUSE [1] DE L'AMIRAL DE COLIGNY.

Madame :

Le bruyt commun touchant la delivrance de monseigneur nous a donné courte joye pour quelque petit de temps, et d'autant nous a-ce esté plus grant regret d'entendre tantost après que nous estions frustrés de nostre desir et opinion. Mais combien qu'il en soit aultrement advenu si vous fault-il pratiquer ce que l'Escripture nous monstre que la foy est de longue attente, et qu'il ne nous est point commandé d'estre patiens pour ung an ou pour deux, mais tenir nos affections en suspend jusqu'a ce que le temps opportun soit venu. . . . .

27 fevrier 1559.

Lettre de Calvin n° 108 des manuscrits de la Bibliotheque de Geneve. Ruchat, vii, p. 375.

[1] Charlotte de Laval.

N⁰ 41.

LETTRE DE FRANÇOIS DE MOREL A CALVIN.

Ante quatuor dies ad te scripsi de rebus multis. Verum quia heri accidit ut rex in hypodromo cum exerceretur ita graviter assula lancea in fronte sauciaretur ut oculi dextri detrimentum fuerit non sine mortis periculo hoc te ignorare nolui. Ita dies aliquot quæ spes vitæ futura sit cognosci poterit. Judicia Domini profunda abyssus quæ tamen sole clarius interdum apparet, gravissima persecutionis tempestas quæ totum istud regnum nulla pene civitate aut oppido prætermisso concusserat fortasse iste maxime sedabitur. Dominus nostrî misereatur et te commilitonesque tuos conservet. Amen.

Cal. Julii, 1559.
Tuus obsequentissimus
Filius F Morellenus.

A mon tres-honore Seigneur
Monsieur Charles Passel.

Manuscrits de la Bibliothèque de Genève n° 112. Lettres à Calvin.

Liebe, dans sa pseudomye de Calvin, a prouvé que le réformateur prenait aussi le nom de Carolus Passelius.

N⁰ 42.

LETTRE DE LA MOTTE A CALVIN.

Dies nunc abierunt sexdecim, ex quo Neracum perveni, ubi ea reperi quæ partibus infinitis meam expectationem superarunt.

Conciones publice et palam : psalmi omnibus viis : libri propalam, nihilominus omnino quam apud nos : . . . . . . Theodoros incredibilem adventu suo expectationem concitavit. . . . .

Vale pater optimus et saluta amicos nostros. . . . . Du Mas d'Agenoy.

Ce 27 juillet.

Tibi ex animo deditus
benevolus Plancius
(Nom. novo)   DE LA MOTTE.

à Monsieur
Monsieur d'ESPEVILE,
là où il sera.

Cette lettre, de laquelle nous ne donnons qu'un fragment, se trouve dans le n° 109 des manuscrits de la Bibliothèque de Genève : manuscrits latins, lettres adressées à Calvin.

N° 43.

LETTRE DE CALVIN AU DUC DE LONGUEVILLE.

Monseigneur,

. . . . . Mesme quand l'opportunité s'adonneroit de vous inciter plus souvent, je croy que ma diligence ne vous fascheroit point. Et vous experimentez assez le besoin que vous en avez au milieu de tant de destoursbiers que Satan vous dresse, auxquels il est difficile de resister. . . . Or, monseigneur, vous avez un grand avantage en ce que madame vostre mere ne desire rien plus que de vous voir cheminer rondement en la crainte de Dieu, etc. . . . . Parquoy il vous est necessaire de vous revestir d'une telle magnanimité, qu'il n'y ait ne faveur, ne haine des hommes qui vous destourne de glorifier celuy qui merite bien d'estre preferé a toute creatures mortelles et caduques. . . . . Je vous prie, monseigneur, de vous exercer songneusement a lire et ouïr la Parole de Dieu. . . . . Je vous prie aussi, Monseigneur, de vous garder des allechemens et delices de ce monde, dont il est impossible que vous ne soyez environné. . . . .

Ce 22 d'aoust 1559.

Lettres de Calvin. n° 108 *des manuscrits de la Bibliothèque de Genève*. Ruchat, VII, p. 376.

N° 44.

LETTRE ADRESSÉE A CATHERINE DE MÉDICIS PAR UN GENTILHOMME QUI S'ÉTAIT CACHÉ SOUS LE NOM DE VILLEMANDON.

Je commenceray, Madame, par vous dire que regnant le feu Roy, lors Dauphin, revenu de Piedmont, où il s'oublia tant que de commettre un ord et sale adultere, par le conseil et conduicte de certains mignons, meschans et infideles serviteurs, et par lesquels d'abondant la miserable et grande Senechale, Diane de Poictiers, public et commun receptacle de tant d'hommes paillards et effrenez qui sont morts, et qui encores vivent, luy fut introduicte comme une bague dont il apprendroit beaucoup de vertu : et depuis que les nouvelles furent venues, que la bastarde estoit née du susdict adultere, vous fustes mise sur les rengs, Madame, par les susdicts moqueurs et la dicte vieille meretrice : qui vous despescherent et declarerent entre eux incapable de telle grandeur et honneur, que d'estre femme d'un Daulphin de France, pource que n'auriez jamais enfans, puis que mettiez tant à en porter, veu qu'il ne tenoit à vostre seigneur et mari. Il me souvient que au lieu et chasteau de Roussillon sur le Rosne, ils en tindrent un grand parlement, dont la cognoissance en vint à la feu Roine de Navarre, qui vous aimoit singulierement, laquelle me dit . . . .

..... Vous n'estiez aussi ignorante, Madame, de telle mechanceté contre vous machinée; ains en aviez une plaie fort sanglante au cœur, et cherchiez par larmes et prieres le Seigneur, parce qu'en aviez affaire : et en ce temps-là vous le recognoissiez, honorant la saincte Bible, qui estoit en vos coffres, ou sur vostre table, en laquelle regardiez et lisiez quelquefois : Et vos femmes et serviteurs avoyent ceste heureuse commodité d'y lire, et n'y avoit que la nourrice qui ne vous aimoit gueres, non plus qu'elle faisoit Dieu, qui en enrageoit..... Dieu ne vous respondit pas incontinent : mais vous laissa plusieurs ans languissante chercher, requerir, demander, qu'il s'esveillast à vostre aide.................

L'Eternel, vostre protecteur, va preparer et ouvrir le moyen par lequel il vouloit que toute la benediction du Roy et de vous print naissance, et sortit en perfection et évidence. Car ce Pere plein de misericorde meit au cœur du feu Roy François d'avoir fort agreables les trente Psalmes de David, avec l'Oraison Dominicale, la Salutation Angelique et le Symbole des Apostres, que feu Clement Marot avoit translatez et traduicts, et dediez à sa grandeur et Majesté : laquelle commanda audict Marot presenter le tout à l'Empereur Charles-le-Quint, qui receut benignement la dicte translation, la prisa, et par paroles, et par present de deux cens doublons qu'il donna audict Marot, luy donnant aussi courage d'achever de traduire le reste des dicts Psalmes, et le priant de luy envoyer le plus tost qu'il pourroit *Confitemini Domino, quoniam bonus*, d'autant qu'il l'aimoit. Quoy voyans et entendans les musiciens de ces deux Princes, voir tous ceux de nostre France, tirerent à qui mieux mieux lesdicts Psalmes en musique, et chacun les chantoit. Mais si personne les aima et embrassa estroictement, et ordinairement les chantoit et faisoit chanter, c'estoit le feu Roy Henri, de maniere que les bons en benissoyent Dieu, et ses mignons et sa meretrice les aimoyent ou feignoyent ordinairement les aimer, tant qu'ils disoyent, Monsieur, cestuy-ci ne sera-t-il pas mien? Vous me donnerez cestuy la, s'il vous plaist ; et ce bon Prince alors estoit à son gré empesché à leur en donner à sa fantaisie. Toutesfois il retint pour luy, dont il vous peut bien et doit souvenir, Madame, cestuy.

> Bienheureux *est quiconques*
> *Sert à Dieu volontiers*, etc. (Psaume CXXVIII.)

Feit lui-même le chant à ce Psalme, lequel chant estoit fort bon et plaisant, et bien propre aux paroles. Le chantoit et faisoit chanter si souvent, qu'il monstroit évidemment qu'il estoit point et stimulé d'estre beniet, ainsi que David le descrit audict Psalme, et de vous voir la verité de la figure de la vigne. Cela fut au sortir de sa maladie à Angoulesme. La Roine ma maistresse (qui pour lors estoit avec le Roy François, son frère), le priant d'embrasser en pitié et clemence les citadins de La Rochelle, en lieu de les massacrer, m'envoya vers vous pour sçavoir de sa maladie : laquelle trouvay ja tant diminuée, qu'il se mettoit à chanter lesdicts Psalmes, avec lucs, violes, espinettes, fleustes, les voix de ses chantres parmi, et y prenoit grande delectation, me commendoit approcher; parce qu'il cognoissoit que j'aymois la musique, et jouois un peu de luc et de la guiterne : et me fit donner le chant et les parties que je portay à la Roine ma maistresse, avec la convalescence de vostre bonne santé. Je n'oublieray aussi le vostre que demandiez estre souvent chanté : c'estoit,

> *Vers l'Eternel des oppressez le pere*
> *Je m'en iray, luy monstrant l'improperc*
> *Que l'on me faict, luy feray ma priere*
> *A haulte voix, qu'il ne jette en arriere*
> *Mes piteux cris, car en lui seul j'espere* (Psaume CXLI.)

Quand madicte Roine de Navarre vit ces deux Psalmes, et entendit comment ils estoient frequentement chantez, mesmes de Monseigneur le Daulphin, elle demoura toute admirative, puis me dit : Je ne sçay où Madame la Daulphine a pris ce Psalme, VERS L'ETERNEL, il n'est des traduicts de Marot. Mais il n'est possible qu'elle en eust sceu trouver un autre où son affliction soit mieux despeinte, et par lequel elle puisse plus clairement monstrer ce qu'elle sent, et demander à Dieu en estre allegée, comme vrayement elle sera. Car puis qu'il a plu a Dieu mettre ce don en leurs cœurs, voici le temps, voici les jours sont prochains, que les yeux du Roy seront contens, les desirs de monsieur le Dauphin, saoulez et rassasiez, les pensées des ennemis de Madame la Daulphine renversez; mon esperance aussi et la foy de mes prieres prendront fin. Il ne passera gueres plus d'un an que la visitation misericordieuse du Seigneur n'apparoisse et gaigeray qu'elle aura un fils pour plus grande joie et satisfaction. . . . . De treze à quatorze mois en là, vous enfantastes nostre Roy François, qui vit aujourd'huy. . . . . Mais ainsi qua ce bon Dieu vous rendroit plus feconde, ainsi allait le feu roy negligeant et oubliant tel bienfaict : dont advint que Dieu irrité permit que ce povre prince, enyvré de la menstrue de ceste vieille paillarde Diane, donna par elle entree en sa maison a un jeune serpent (le cardinal de Lorraine) qui secrettement leichoit le sein d'elle dont il se feict oracle, et elle organe de luy, qui commença à blasmer les susdits psalmes de David, lesquels enseignent à laisser tous pechez, fortifient la chasteté, et corroborent la vertu; et va faire feste des vers lascifs d'Horace qui échauffent les pensées et la chair à toutes sortes de lubricitez et pailliardises, et met en avant toutes chansons folles et en faisoyent forger de leurs infames amours par ces beaux poëtes du diable pour non seulement entretenir leur vie impure et impudique, ainsi pour les engoufrer et absorber en l'abysme de toute iniquité et desordre, voire de toute impiété. Car lui voyant que ladite grande Seneschalle avoir à l'imitation de vous une Bible en françois : avec un grand signe de croix, un coup de sa main sur sa poictrine, et parole souspirante d'un hypocrite, la luy va despriser et damner, lui remonstrant qu'il n'y falloit pas lire, pour les perils et dangers qu'il y a, mesmes qu'il n'appartenoit aux femmes telle lecture : mais qu'en lieu d'une messe, elle en ouist deux, et se contentast ces paternostres et de ses heures, où il y avoit tant de belles devotions belles images. Et par ainsi ceste povre vieille pecheresse persuada tout son dire au feu roy, et vous y contraignoyent, Madame, jusques à vous oster vostre confesseur Bouteiller, qui pour lors vous preschoit et administroit purement la verité Evangelique, et au lieu dudict Bouteiller, vous bailla par force son docteur Henuyer, sorboniste, pour suborner vostre conscience : et depuis le bailla au feu Roy pour gouverner la sienne, sçavoir qu'elle disoit et y imprimer ce qu'il vouloit. Brief il vous destroussa tous deux de ces saincts meubles qui ne perissent point, mais entretiennent en incorruption celuy qui les possede et toute sa maison : les vous cacha, et vous rendit tous deux captifs de vaines superstitions, soubs la corde de la vieille, que premièrement pour mieux cacher son roole il avoit aveuglée.

26 Août 1559.

Cette lettre se trouve dans le Recueil des choses memorables faites et passees pour le fait de la Religion et estat de ce royaume depuis la mort du Roy Henri II, tom. 1, p. 501, 502, 503, 504, 505, 506, édition de 1565, in-12.

N° 45.

LETTRE DE CALVIN A MADAME DE GRANTMONT.

Madame,

J'eusse bien desiré s'il eut pleu à Dieu avoir entrée un peu plus joyeuse a vous escrire pour la premiere fois; mais c'est bien raison que nous souffrions d'estre gouvernés selon la bonne volonté de celuy auquel nous sommes, et qui a toute superiorité et empire par dessus nous...... Je vous prie maintenant, madame, au mal domestique qui vous presse de bien pratiquer que c'est de nous tenir captifs en nos affections, et les donter du tout pour nous ranger a ce que Dieu cognoist estre juste et equitable..... Cependant priez Dieu continuellement qu'il convertisse le cœur de votre mari, et de vostre part mettez peine de le gagner et le reduire au bon chemin.... Quand vous aurez bien medité ces choses, vous ne trouverez pas qu'il soit licite de vous départir d'avec luy, que pour le moins vous n'ayez garde.... que la justice en cognoisse....

28 octobre 1559.

Lettres de Calvin, n° 108 des manuscrits de la Bibliothèque de Genève. Ruchat, an. VII, p. 377.

N° 46.

LETTRE DE CALVIN A LA DUCHESSE DE FERRARE.

Madame,

Combien que j'ai esté souvent requis et solicité de vostre part, je n'ay peu estre indui de vous envoyer l'homme tel qu'on demandoit craignant que ceux qui m'en portoyent la parole ne s'avansçassent par bon zele oultre vostre intention. Car je n'avoy nulles lettres de vous pour me certifier si ainsi estoit ou non. Et maintenant encore, Madame, j'eusse bien desiré d'avoir quelque meilleure assurance, afin de vous escrire plus librement. Non pas que je me defie du porteur, lequel m'a donné assez bonnes enseignes pour monstrer qu'il estoit envoyé de par vous. Mais vous savez, madame, combien de gens pourroyent estre subornés pour tirer de moy choses qui vous tourneroient a grande fascherie et regret. Quant au serment qu'on vous a contrainte de faire, comme vous avez failli et offensé Dieu en le faisant, aussi n'estes-vous tenue de le garder non plus qu'un vœu de superstition. Vous sçavez, madame, que non seulement Herode n'est pas approuvé d'avoir trop bien observé le serment qu'il avoit fait à la volée, mais que cela luy est imputé à double condamnation. Ce que je dis non pas pour vous importuner de m'escrire, mais afin que vous ne faciez scrupule en ce que Dieu laisse en vostre liberté, et dont il vous absout. Je me seray acquitté, madame, de vous en avoir advertie. Du voyage lequel vous avez entreprins, combien que la captivité en laquelle vous estes et avez esté par trop detenue, soit dure et pitoyable : toutesfois si fault-il que je vous déclare, madame, que vous n'aurez pas beaucoup gagné d'estre sortie d'un abysme pour entrer en l'autre. Car je ne voy pas en quoy ce changement puisse amender vostre condition. Le gouvernement, auquel on pretend vous mesler est aujourd'huy si confus que tout le monde en crie alarme. Quand vous y seriez et qu'on vous escoutast, je croy bien, madame, que les choses n'iroyent point du tout si mal. Mais ce n'est point ce qu'on cherche. On se veut couvrir de vostre nom pour nourrir le mal qui ne peult estre plus enduré. Or vous allez maintenant fourrer en telle confusion, c'est manifestement tenter Dieu. Je desire vostre prosperité, madame, tant qu'il m'est possible. Mais si la hautesse et grandeur du monde vous empesche d'approcher de Dieu, je vous seroye traistre, vous faisant à croire que le noir est blanc. Si vous estiez bien resolue de vous porter franchement, et un autre magnanimité que n'avez fait jusqu'ici: je le prieroye de vous avancer bientost en plus grand maniement qu'on ne vous presente. Mais si c'est pour dire amen a tout ce qui est condamné de Dieu et des hommes: je ne sçay que dire sinon que vous gardiez de tomber de fiebvre en chauldmal. Ce n'est pas a dire pourtant, madame, que je vous conseille de vous plus tenir en la servitude ou vous estes, ne vous y endormir. Car c'est trop du passé. Seulement je vous prie de changer tellement, que ce soit pour servir a Dieu a bon escient et tendre au droit but, non plus vous envelopper en des filets qu'il vous seroit difficile de rompre, et lesquels vous tiendroyent serrée autant et plus que les premiers. Quoiqu'il en soit, c'est par trop languir, madame, et si vous n'avez pitié de vous, il est a craindre que vous ne cherchiez trop tard remede a vostre mal. Oultre ce que Dieu vous a de longtemps monstré par sa parole, l'age vous advertit de penser que nostre heritage et repos éternel n'est pas ici-bas. Et Jesus-Christ vaut bien de vous faire oublier tant France que Ferrare. Et Dieu par

la viduité vous a rendue plus franche et libre, afin de vous
retenir du tout a soy. Je voudroye avoir le moyen de vous
remonstrer de bouche ces choses plus a plein ; et non pas pour
un coup, mais de jour a autre. Mais je vous en laisseray plus
penser selon vostre prudence que je n'en ay escrit. Madame,
apres m'estre tres-humblement recommandé a vostre bonne
grace, je supplie nostre bon Dieu vous tenir en sa protection,
vous gouverner par son Esprit, et vous accroistre en tout bien.
Ce 5 juillet 1560.

Lettre de Calvin, n° 108 des manuscrits de la Bibliothèque de Genève. *Ruchat*, tom. VII, p. 378.

N° 47.

LETTRE DE CALVIN A L'AMIRAL DE COLIGNY.

Monseigneur,

Nous avons bien de quoy louer Dieu de la vertu singulière
qu'il vous a donnée de servir a sa gloire et advancement du
regne de son fils. Il seroit a desirer qu'il y eut beaucoup de
compagnons pour vous ayder. Mais quoy que les aultres soyent
tardifs a s'acquitter de leur devoir, si vous faut-il pratiquer la
sentence de nostre Seigneur Jesus c'est que chacun de nous
le doit suivre promptement sans regarder que font les aultres.
Saint Pierre craignant de marcher tout seul, luy disoit de Jehan
Et cestuy-ci quoy? La reponse faite a un homme se doit appliquer a tous : que chacun pour soy aille où il sera appelé :
encore qu'il n'y ait nulle suite. Combien que j'espere que la
magnanimité que Dieu a faict jusqu'ici reluire en vous sera
bonne instruction pour attirer les nonchallans. Mesme quand
tout le monde seroit aveuglé et ingrat, et qu'il sembleroit que
toute vostre peine seroit comme perdue, contentez-vous, monseigneur, que Dieu et ses anges vous approuvent. Et de fait il
vous doit bien suffire que la coronne celeste ne vous peult faillir

apres avoir vertueusement combattu pour la querelle du Fils de
Dieu, en laquelle consiste nostre salut eternel. — Au reste,
Monseigneur, j'ay prins la hardiesse de vous adresser le porteur
pour vous exposer quelque affaire que vous entendrez plus au
long de sa bouche, s'il vous plaist lui donner audience. Je croy
quand vous l'aurez ouï, que vous ne trouverez pas l'advertissement mauvais ni la poursuite impertinente; pour le moins que
vous jugerez selon vostre prudence que je ne procure que le
repos et la prosperité du royaume. Je ne dissimule pas le desir
que j'ay qu'il fust proveu a ceste povre ville, afin qu'elle ne soit
en pillage. Mais pour ce que j'estime que la seureté d'icelle vous
est pour recommandée, vous ne condamnerez pas le soin que
j'en ay auquel Dieu m'oblige. Surtout quand il ne tend qu'au
bien public de France et en depend. Sur quoy faisant fin, Monseigneur, apres m'estre humblement recommandé a vostre
bonne grace, je supplieray nostre bon Dieu vous tenir en sa
protection, vous augmenter les dons de son Esprit, afin que son
nom soit de plus en plus glorifié en vous.

Ce 16 de janvier 1561.

Lettres de Calvin, n° 108 *des manuscrits de la Bibliothèque de Geneve.* Ruchat,
VII, p. 381.

N° 48.

LETTRE DE CALVIN AU ROI DE NAVARRE.

Sire,

Le restablissement d'un tel royaume merite bien que rien n'y
soit espargné. Et par plus forte raison le devoir est encore
beaucoup plus grand a procurer que le regne du Fils de Dieu,
la vraye religion, la pure doctrine de nostre salut, qui sont
choses plus pretieuses que tout le monde, soyent remises en
leur entier..... Ce n'est pas mon naturel de coustume de

m'ingerer ny d'entreprendre, mais il m'a semblé que c'estoit mon devoir de vous adresser ce porteur pour vous declarer plus a plein de bouche ce qui en est.....

Le 16 de janvier 1561.

Lettres de Calvin, n° 108 des manuscrits de la Bibliotheque de Geneve. Bachet. VII. p. 382.

N° 49.

LETTRE DE PRÉVOST A CALVIN.

Monsieur et père, voyant qu'il estoit besoin que j'eusse communication de ce qu'il se doit traiter au synode, j'ay pensé que mon debvoir estoit de me transporter jusques icy pour en   avant les eglises et savoir le recit de la deliberation qui aura esté prinse en nostre ville quand je seray arrivé au lieu qui m'est assigné. Par ce moyen un chascun aura plein de loisir et opportunité d'y penser et d'y ajouster ou diminuer selon que l'exigeance du païs le portera. L'on desire fort des advis sur les moiens qu'il fauldra tenir a mon conseil general, et comment les eglises s'y doivent gouverner. Ceux de nostre eglise m'ont remonstré le besoin qu'ils ont d'estre promptement secouruz et aidez d'un ministre, d'autant qu'ils en ont troys qui sont la pluspart du temps comme inutiles, a cause qu'ils sont trop remarquez et congnuz. S'il se pouvoit faire que Mons de Colonges y vint pour un temps, ils s'en sentiroient fort tenuz et obligez, outre les benefices qu'ils ont receus continuellement de vous tous. Ils m'ont donné charge de vous en advertir et prier instamment, afin qu'il vous plaise d'en adviser avec les frères. Au reste quelques autres   que le roy ayant invoquées a nostre court de parlement il n'y a pas un seul prisonnier qui soit delivré. L'on est après pour obtenir leurs patentes, mais cependant mez pauvres freres languissent. Le meilleur que j'y vois et dont nous avons occasion de louer Dieu, c'est que la bourse nous est ouverte au conseil privé et que par tout   defense est faite a tous nos prisonniers et   n'outrager ny   desmouvoir un peuple a sedition. Ainsi, il y a bien apparence de quelque relasche; mais Satan avec ses suppost est si plein de vieilles ruzes et cautéles qu'il nous donne bien occasion de veiller plus que jamais. Le parlement de Roan, tant s'en faut qu'il ayt obey aux ordres du Roy en delivrant les prisonniers qu'il a renvoyé en court d'esglise un prisonnier qui estoit condamné a estre bruslé, et ce pour autant que l'edit de Remorantin leur a esté delivré en forme, attaquant ainsi lesdits ordres du Roy et qu'il veut estre retenuz que le dit edict soit gardé et observé selon sa forme et teneur. J'ai presenté vos lettres à madame la marquize [1] qui les a leues et releues avec un si grand contentement qu'elle vous prie bien fort de luy escrire plus souvent comme vostre commodité le porte. Nous pouvons passer par Montargis sans nous destourner des trois grandes journées du chemin qu'il nous faut tenir. J'ay baillé vostre lettre à M. Cappel [2], l'un des principaux de nostre esglise, lequel lez presentera fidelement. J'espere partir demain au plaisir de Dieu, lequel je prie vous maintenir tousiours en sa sainte garde et protection, apres avoir presenté mes tres humbles recommandations a vos bonnes graces et prieres. De Paris, ce 2 fevrier 1561.

Votre tres humble fils en notre Seigneur.

PREVOST.

A Monseigneur, Monseigneur d'Espeville,

[1] Probablement, la marquise de Rothelin, mère du duc de Longueville, avec laquelle Calvin se trouvait en correspondance.
[2] Il est question de ce Cappel dans Bèze, 1 vol, p. 160.

Cette lettre se trouve dans le n° 195, des manuscrits de la Bibliothèque de Genève, qui a pour titre, Lettre à Calvin, par diverses Eglises, par divers. Il y a plusieurs mots qu'il nous a été impossible de déchiffrer.

N° 50.

LETTRE DU MINISTRE MOYSE A CALVIN.

Grace et paix par Jesus-Christ, amen.

Monsieur, le present porteur qui est un de nos frères de l'Eglise de Libourne qui, dès le commencement, s'est monstré fort affectionné envers la religion, comme maintenant aussi le monstre par le fait, s'en va par devers vous et nos autres pères par delà des parts de tout l'Esglise pour vous supplier leur prester la main encore une foys, si possible est, leur adressant un homme tant pour appasteler plusieurs qui incessamment a la faim qu'aussi pour arrester aucuns qui autrement par faute de conducteur sont menacés de ruine prochaine ainsi que le puis prouver (a mon grand regrect) tant pour nostre voisinage comme pour y avoir esté souvent selon ma charge et petites commoditez. Bref, je ne saurait par deça lieu entre plusieurs ou il y ait si grand besoin de vostre faveur que là. J'espere que bientost par vostre moyen la nécessité urgente y sera pourveue. Au reste, nostre Eglise et autres part deça s'augmentent de jour en jour et se fortilient (Dieu mercy) entre plusieurs empaischements qui mieux vous pourront estre declairez, si desirez les cognoistre, par le present pourteur de bouche qu'adverty par moy et lettres et laquelle pour ce respect sera plus briefve, qui sera fin.

Monsieur, m'estant tres humblement recommandé tant a vostre bonne grace que prieres, suppliant le Seigneur continuer longuement et augmenter les graces qu'il a mises en

vous desquelles tous les jours nous nous ressentons.
De Castillon, ce 12 Mars.

Vostre tres humble serviteur,
MOYSE.

à Monsieur,
Monsieur CALVIN,
à Genève.

Cette lettre se trouve dans le n° 195 des manuscrits de la Bibliothèque de Genève, qui a pour titre : Lettres à Calvin, par diverses Églises, par divers

N° 54.

LETTRE DE JEANNE D'ALBRET, AU MINISTRE DE LA RIVIÈRE.

Mons. de la Riviere, l'asseurance que j'ay de votre bonne vie et doctrine me faict vous escripre pour vous faire entendre qu'en nostre ville de Tournon, il y a ung assez beau commencement d'eglise, assemblée et congregation de fidelles craignant et aymant Dieu, aspirant a ceste pasture spirituelle. Qui est cause que je vous prye incontinent la presente reçeue vous transporter en nostre dite ville pour là y resider et leur prescher et annoncer tant sa sainte parole que administration de ses sacremens. Et m'asseurant que vous en acquiterez si fidellement sous telle edification que vous atirerez ceux[1] . . . . . les ignorans a sa sainte congnoissance. Le luy priant vous y faire la grace et vous donner augmentation d'icelles. De notre ville de Pau, ce 25 april 1561.

La bien votre,
JEHANNE.

à Mons. de la Rivière,
ministre.

[1] Il y a deux mots que nous n'avons pu déchiffrer.

Cette lettre se trouve dans le n° 197 des manuscrits de la Bibliothèque de Genève, qui a pour titre, Lettres d'diverses à divers.

N° 52.

LETTRE DU MINISTRE BORDAT A COLLADON, PASTEUR A GENÈVE.

Salut par Jesus-Christ,

Mons. et pere, il y a de par deça une si grande famine et disette de pasteurs que combien que nous sachions que ne pouvez fournir et satisfaire à tous les demandeurs, neanmoins nous vous supplions pour deux paroisses qui sont icy à l'entour de nous lesquelles il y a bon nombre de gens de bien et principalement, le Seigneur nommé Mons. de la Force, lequel est requis et Mons. et père, Mons. de Colonge, qu'il vous plaise, s'il est possible, de les en pourvoir d'un pour le moins, sans qu'ils s'en retournent vuides. Car il y a, graces a Dieu, si grand avancement dans ce païs, que le diable en est desia pour la plus grand part chassé, tellement que nous n'y pouvons fournir. Et de jour en jour nous croissons, et Dieu a tellement faict fructifier son armée, que les dimanches, aux sermons, il s'y trouve environ quatre à cinq mille personnes et avons desia eu le moyen de faire la Cène, par trois fois. Le Seigneur entretienne son armée entre nous tant en cognoissance qu'en reformation, lequel nous prions vous maintenir en sa grace et ensemble tous nos pères.

Escrit à Bragerac, ce 28 de may 1561.

Vos humbles et obeissans serviteurs :
BORDAT, au nom de toute l'Eglise
de Bragerac.

à Mons. et père,
Mons. COLLADON.

Cette lettre se trouve dans le n° 121 des manuscrits de la Bibliothèque de Genève, qui a pour titre : Lettres de divers à divers.

N° 53.

LETTRE DE FRANÇOIS DE MOREL A CALVIN.

Monsieur, je loue Dieu dont il nous a si heureusement amené Monsieur de Bèze duquel le nom seul est espouventable a nos adversaires. Monsieur de Saule estoyt arrivé deux iours devant monsieur Marlorat et monsieur de Saint-Paul et nostre frere monsieur Merlin estoyent icy les premiers, qui m'avoyent envoyé querir à Montargis, mais ie ne say sur quelle querelle sinon qu'ilz me voulussent employer a recueillir quelques passages. Car ie me sens trop debile pour entrer en un tel combat comme celuy qui se prepare. Il seroyt bien a desirer que vous y fussiez et de faict monsieur de Bèze nous a asseurez de vostre bonne volonté, dont de ma part j'ay esté merveilleusement aise. Auiourd'huy nous avons deliberé de nous assembler pour aviser tant de cela que d'autres choses. Je suis fort marri de la procedure qu'on a tenu a envoyer querir monsieur Martyr. Je ne me veux point venter de mon esprit, mais il me semble neantmoins que si ieusse esté a la deliberation qui en fut prise, on y eust autrement proveu. Auiourd'hui, nous nous attendons d'avoyr response a la requeste que nous avons presentée bien solennellement au roy et a la royne-mere, present le chancellier et le conseil. Incontinent que nous i'aurons eue, nous la vous envoyerons. Je vous envoye le double de ladite requeste. Au surplus ie vous veux bien advertir que madame la duchesse a prins courage par la grace de Dieu, de sorte que maintenant elle seroyt fort marrie de me laisser aller. Elle s'est accoustumée à nostre façon de parler, tellement qu'elle ne voudroyt point qu'on allast par circuits autour de la verité comme faysoient prescheurs anciens, mais elle prend plaisir qu'on parle clairement. Pourtant, Monsieur, si vous ne lui avez escrit comme vous aviez deliberé ainsi que m'a dit nostre frere monsieur de Beze, je vous supplie espargnez-la. Car j'espere que nous la mettrons en bon train. Je voudroys bien neantmoins qu'il vous pleust lui toucher un mot de ma femme, comme je vous avoys prié par mes precedentes lettres. De nouvelles de l'assemblée de Poissy : On nous a dit que jeudi dernier le cardinal de Tournon et le cardinal de Lorraine pleurerent confessans qu'ils avoyent grandement failli de ce qu'ils n'avoyent repeu leurs troupeaux, mais pour faire cognoistre leur penitence de regnard, ils adiousterent que c'estoyt une juste punition de Dieu dont ils estoyent tant molestez par les heretiques. Il y en a qui adioustent que le cardinal de Lorraine avoyt esté d'avis qu'on abbatist toutes les images des temples pour faire la paix entre les peuples et qu'on ne parlast plus latin ne en sermons ne en prieres. Mais ie ne tien pas ceci pour article de foy. Nous avons entendu a ce matin qu'on avoyt mis en deliberation au conseil, si nous devions estre ouys selon nostre requeste. Mais la royne a tranché tout court, qu'elle ne veuloit point qu'on deliberat de cela, mais qu'elle vouloyt que nous fussions ouys, qu'on regardast seulement aux conditions par nous proposées. Les ecclésiastiques qui estoyent presens ont dit qu'ils ne vouloyent rien respondre de ceste affaire, qu'ils n'en eussent parlé à leurs compaygnons d'autant qu'ils y avoient interest. Ainsi nous attendons qu'ils respondent à nos conditions. Au surplus, monsieur de Beze vous escrira d'une rencontre qu'il eut hier soyr cheux le roy de Navarre qui me fera clore ma lettre par mes tres-humbles recommandations a vos tres bonnes graces et de tous messieurs nos freres, priant Dieu, Monsieur, qu'il vous conserve et augmente les graces qu'il a mises en vous. De Saint-Germain-en-Laye, ce 25 d'aoust 1561.

Vostre humble fils très-obéissant serviteur,
F. DE MOREL.

A Monsieur, Monsieur d'Espeville.

Cette lettre se trouve dans le n° 196 des manuscrits de la Bibliothèque de Genève, qui a pour titre : Lettres de Calvin, par diverses Églises, par divers.

N° 54.

LETTRE DU MINISTRE BONVOULOIR A COLLADON, PASTEUR A GENÈVE.

Grace et paix par nostre Seigneur Jesus-Christ.

Monsieur et tres honoré frere, j'ay receu la lettre que vous a pleu m'escrire par mon beau frere, et vous remercie grandement de la bonne souvenance de l'amitié ancienne d'entre nous deux, laquelle moy estant de par delà je n'ai peu monstrer par frequentation comme j'eusse bien desiré, à cause des affaires par lesquelles il a pleu au Seigneur pour lors m'exercer et croyez que n'eusse attendu estre assailli de vous par lettres, car j'eusse commencé, n'eust esté que j'ai si peu de loysir que ne croiriez pour le grand peuple et que Dieu me donne en charge, et aussi que souvent il me fault aller dehors. Pleust a Dieu que les Eglises de par delà augmentassent en foy et repentance, comme en nombres. O combien il y en a qui usent de l'Evangile comme vous m'escrivez a scavoir en pompe et orgueil et qui fuyent la croix, voire tirent toute la doctrine d'icelle en risée. Que si le Seigneur nous envoyoit une espreuve, combien il y en a qui feroyent comme les lumaz, lesquels retireroyent les cornes qui monstrent aujourd'hui si hault eslevées qu'ils estiment l'Evangile dependre de leur prud'hommie. Quant a la jeunesse dont faites mention en votre lettre, tant s'en fault qu'elle se veuille consacrer au ministère ou suive les moyens pour y parvenir que la plus part est tellement desbauchée que nous avons occasion d'en gemir. Et si nostre bon Dieu n'inspire le magistrat pour reprimer les vices: je ne puis esperer qu'une ruine pitoyable, prenant toutesfois consolation des promesses du Seigneur qui conservera son vray et petit toupeau au meilleu de toutes calamités et tempestes. Or, voyant les choses en telle confusion, nous avons a recourir a notre Dieu par continuelles prieres, et en toute patience attendre l'issue qu'il luy plaira envoyer, nous tenans tousiours pretz pour le suivre ou il luy plaira nous appeler.

Monsieur et tres honoré frere, je me recommande autant humblement a vos bonnes graces, qu'affectueusement a vos sainctes prieres, sans oublier madame votre compagne. Vous priant bien fort en presenter autant de ma part a Messieurs vos freres et compagnons en l'œuvre du Seigneur, lequel je supplie nous conduire tellement en la charge qu'il nous a baillée, qu'il en soit honnoré, et son Eglise conduite à salut, par Jesus-Christ notre chef et capitaine, auquel avec le Père et le St.-Esprit soit gloire et honneur à tout jamais. Ainsi soit-il.

De Sainct Maixent, ce 6 de septembre 1561.

Vostre frere et obeissant serviteur,
DE BONVOULOIR.

à Monsieur et frère
Monsieur COLLADON, ministre,
   à Genève.

Cette lettre se trouve dans le n° 121, des manuscrits de la bibliothèque de Genève, qui porte le titre de Lettres de divers à divers.

N° 55.

LETTRE DU MINISTRE ALARDY, AU RÉFORMATEUR CALVIN.

Salut par Jesus-Christ.

Monsieur et pere, dernierement par ceux qui alloient querir ma femme vous escris de nouvelles de par deça, entre autres que la messe et les chapelains, idoles et autels, tout cela s'estoit evanouy par des moyens du tout auxdits hommes insignez. Toutefois ne puys nier que n'y ait eu de l'insolence et timidité

en beaucoup de gens abusans des graces que Dieu nous eslargissoit. Et quoy qu'ils aient faict ne l'ont fait par aucun bon zèle comme aucuns l'ont donné à entendre . . . .
. . . .

Pour ce, Monsieur, si jamays les Eglises ont eu besoin de vos aydes tant par le moyen de vos saintes prieres que d'autres que Dieu vous a mis en main, comme est de escrire a la cour. S'il y avoit dissipation en ce pays la playe saigneroit par toute la France, d'autant que c'est un pays deja bien avancé. Au reste, Monsieur; il y a un gentilhomme, nommé Monsieur de La Garde qui envoye querir de ministres pour Tonnins et autres Eglises circonvoisines. Vous supplye que, s'il est possible d'en recouvrer, pourvoir ledit Seigneur de La Garde. d'autant que c'est un homme qui s'emploie hardiment aux affaires de la religion et qui a l'honneur de Dieu en singuliere recommandation. Monsieur, me recommandant à voz bonnes graces et prieres et a tous les freres, supplye le Seigneur vous donner a voir ce que de longtemps avez desiré et vous tienne en bonne santé. D'Agen en estant assemblé au collocque, ce 23 septembre 1561.

Votre obeyssant serviteur,

ALARDY.

Je ay communiqué la presente a l'enfant lequel se recommande bien humblement a vous et a toute la compagnie.

à Monsieur et pere,
Monsieur Charles de AUBEVILLE.

Cette lettre se trouve dans le n° 121 des manuscrits de la Bibliothèque de Genève

N° 56.

LETTRES DES DIACRES DE MEZIN EN GASCOGNE AU RÉFORMATEUR CALVIN.

Grace et paix de par nostre Seigneur Jesus-Christ,

Monsieur nostre pere, pere disons a bon droit et c'est par regeneration d'esprit et auquel nous sommes plus a tenus que nos propres peres naturels aulsquels (par le commandement du Seigneur Dieu) debvons honneur et obeyssance, mais vous estes pere de tous les chrestiens, organe et ministre de Dieu vivant par la sufluxion du Sainct-Esprit et les vostres labeurs et nocteurnes lucubrations . . . . nous a retirés de la mauditcte et damnable idolatrye superstition papale en laquelle nous et nos pères avons longtemps demeuré et par la grace du Seigneur Dieu vous nous avez conduys a la droyte bergerie du Seigneur Dieu, et maintenant vous assurons que somes comme pauvres ovelles esgarées, sans pasteur, les enfans demandent le pain vif mais n'y a gueres . . . .

De Mezin en Gascogne, le 26 jour du moys de octobre 1561.

Vostres obeissans fils du Concistoyre,

Michel LESQUADE, diacre, DE MAUDIN, DE LA BALUT.

Monsieur et tres honoré pere,
Monsieur CALVIN, a Genève.

N° 57.

LETTRE DU MINISTRE DUMONT A COLLADON, PASTEUR A GENEVE

Monsieur et frère, ayant congneu la bonne volonté tant de foys que me portez, je vous requiers me faire ce bien que d'estre advocat pour nous en l'affaire duquel vous escripvons à tous en general, qui est de nous envoier s'il est possible quelque homme tel que cougnoistrez estre non seulement pour prescher, mais aussi pour faire lectures et ferez un bien inestimable pour ceste pauvre province en laquelle n'y a point de pasteur. Car bon nombre de jeunes gens par ce moien prendront la charge du ministere lesquels diminuent à faulte d'avoir quelqu'un pour faire lectures. Vous savez qu'il me seroit impossible de ce faire estant tout seul, joinct mon insuffisance. Toutesfois je m'efforcerois d'en faire mon devoir, si j'estois secouru, vous assurant que celluy qui viendra sera le bien venu et en lieu d'un fort bon air, s'il y en a en France. Je dicts cecy d'autant qu'on nous a advertis que Monsieur Viret desiroit bien trouver quelque lieu salubre. Ce que n'ay voulu escripre en general, n'estant pas assuré de la verité. Vous priant, si ainsi est, l'assurer qu'il ne sauroit estre mieux en France pour sa santé, et si vous y aydiez, nous serions tenus et obligez de plus en plus a vous faire service la ou le moyen s'offriroit, comme je croys que vous en assurez. Qui sera fin, priant Dieu vous maintenir en sa paix et grace. D'Angoulesme, ce 26 novembre 1561.

Je vous supplie, saluez en mon nom monsieur L'Advocat votre oncle, et madame votre mère.

Voustre tres-humble serviteur et frere,
DUMONT.

A monsieur et frere monsieur Colladon, ministre.

<small>Cette lettre se trouve dans le n° 197 des manuscrits de la Bibliothèque de Geneve qui a pour titre : Lettres diverses a Colladon. Lettres diverses à divers</small>

N° 58.

LETTRE DE CALVIN A LA REINE DE NAVARRE.

Madame,

Ce ne sera pas sans grand regret que nous soions encore prives pour quelque temps de la presence de mon frere, monsieur de Beze. Car l'Eglise y a dommaige et les escolliers qui sont icy pour profiter en theologie sont recules d'autant pource que je ne puis satisfaire a tout. Or puisqu'il fault qu'ainsy soit, je prieray Dieu, madame, que le fruict qui reviendra de son labeur pour l'avancement du regne de Jesus-Christ nous soit comme recompense pour nous esiouyr ou alleger en partie nostre mal. Cependant nous avons de quoy benir Dieu de ce qu'il besogne si vertueusement en vous, madame, et vous faict surmonter tout ce qui pourroit divertir du bon chemin. Il seroit bien a desirer que le Roy vostre mary print pour ung bon coup telle resolution que ce ne fust plus pour nager entre deux eaux......

Il y a ung certain rustre que le Roy vostre mary a faict magister de son bastard, lequel estant ung apostat et traistre a Dieu et a la religion a desgorge par ung livre imprime contre moy toutes les injures qu'il a peu forger...

24 decembre 1561.

Vostre tres-humble serviteur,

Charles DESPEVILLE.

Lettres de Calvin, n° 108 des manuscrits de la Bibliotheque de Geneve Bochat, tom. VII. p. 389.

N° 59.

FRAGMENT D'UNE LETTRE DE THÉODORE DE BÈZE ADRESSÉE A BULLINGER.

..... Sed hoc valde me torquet, quòd de quorundam patientiâ plane despero, qui utinam sibi solis nocerent, quando ita illis placet. Exemplum unum recens proferam. Aquitani quibus adhuc omnia licuerunt, non contenti suâ libertate, nisi in omnes adversarios extruserint, oppidum quoddam quod Basas vocant, repente occupant, idola dejiciunt, sacrificos populant, denique quid non. Hoc nudius tertius huc nunciatum Gubernatoris literis, ita omnes commovit ut nihil incommodius potuerit accidere .....

Cette lettre se trouve dans le n° 119 des manuscrits de la Bibliothèque de Genève, qui porte le titre de : Copie de lettres de Théodore de Bèze à divers.

N° 60.

FRAGMENT DU CHAPITRE DES ŒUVRES DE BERNARD PALISSY, OU CET AUTEUR RACONTE LES PREMIERS COMMENCEMENTS DE LA RÉFORME DANS QUELQUES PARTIES DE LA SAINTONGE ET L'ÉTABLISSEMENT DE L'ÉGLISE DE SAINTES.

.... Combien que l'Eglise (de Saintes) eut de grans ennemis, toutesfois elle fleurit en telle sorte en peu d'années, que mesme les ennemis d'icelle, a leur tres-grand regret estoyent contraints de dire bien de nos ministres, et singulierement de Monsieur de la Boissière, parce que sa vie les redarguoit, et rendoit bon tesmoignage de sa doctrine. Or aucuns Prestres commencoient d'assister aux assemblées, a estudier, et prendre conseil de l'Eglise, mais quand quelqu'un de l'Eglise faisoit quelque faute, ou tort à quelqu'un des adversaires, ils savoyent tres-bien dire, vostre ministre ne vous a pas conseillé de faire ce mal : et ainsi, les ennemis de l'Evangile avoyent la bouche close, et combien qu'ils eussent en haine les ministres, ils n'osoyent mesdire d'eux, à cause de leur bonne vie. En ces jours-là, les prestres et moines furent blasmez du commun : savoir est, des ennemis de la religion, et disoyent ainsi, les ministres font des prieres, que nous ne pouvons nier qu'elles ne soyent bonnes : pourquoy est-ce que vous ne faites le semblable ? Quoy voyant Monsieur le Theologien du chapitre se print à faire les prieres, comme les Ministres : aussi firent les moines qu'ils avoyent a gages pour leur predication : car s'il y avoit un fin frere, mauvais garçon, et subtil argumentateur de moine en tout le pays, il faloit l'avoir en l'Eglise cathedrale. Voila comment en ces jours-là, il y avoit prieres en la ville de Xaintes tous les iours d'une part et d'autre. Veux-tu bien cognoistre, comment les ecclesiastiques romains faisoyent lesdites prieres par hypocrisie et malice ? Regarde un peu, ils n'en font plus a present, ni n'en faisoyent au paravant la venue des ministres, est-il pas aisé à juger, que ce qu'ils en faisoyent, estoit seulement pour dire, je say faire cela aussi bien comme les autres ? Quoy qu'il en soit, l'Eglise profita si bien alors, que les fruits d'icelle demeureront a jamais : et ceux qui ont esperance de voir l'Eglise abbatue et anichilée seront confus, car puis que Dieu l'a garantie lors qu'ils n'estoyent que trois ou quatre pauvres gens mesprisez, combien plus auiourd'huy aura-t-il soin d'un grand nombre ? Je ne doute pas qu'elle ne soit tormentée : cela nous doit estre tout resolu, puisqu'il est escrit : mais ce ne sera pas selon la mesure et desir de ses ennemis. Plusieurs gens des villages en ces jours-là demandoyent des ministres a leurs curez ou fermiers, ou autrement ils disoient qu'ils n'auroyent point de dismes : cela faschoit plus les prestres, que nulle autre chose, et leur estoit fort estrange. En ce temps-là furent faits des actes assez dignes de faire rire et pleurer tout a un coup : car aucuns fermiers ennemis de la religion, voyans telles nouvelles, s'en alloyent aux ministres, pour les prier de venir exhorter le peuple, d'où ils estoyent fermiers : et ce, à fin d'estre payez des dismes. Quand ils ne pouvoyent finir de ministres, ils demandoyent des anciens. Je ne ris jamais de si bon courage, toutesfois en pleurant, quand j'ouy dire, que le procureur qui estoit greffier criminel, lorsqu'on faisoit les proces de la religion, avoit luy-mesme fait les prieres un peu auparavant le saccagement de l'eglise de la paroisse d'où il estoit fermier : a savoir, si lors qu'il faisoit luy-mesme les prieres, il estoit meilleur chrestien, que quand il escrivoit les proces contre ceux de la religion : certes autant bon chrestien estoit-il lorsqu'il escrivoit les proces comme quand il faisoit les prieres, attendu qu'il ne les faisoit que pour avoir les gerbes et fruits des laboureurs. Le fruit de nostre petite eglise avoit si bien profité, qu'ils avoyent contraint les meschans d'estre gens de bien. Toutesfois leur hypocrisie a esté depuis amplement manifestée et cogneüe.....

Voyez : *OEuvres completes de Bernard Palissy, édition conforme aux textes originaux imprimés du vivant de l'auteur : avec des Notes et une Notice historique, par Paul-Antoine Cap. — Paris . J.-J. Dubochet et Cie, éditeurs, rue de Seine, 33. 1844.*

N° 61.

LETTRE DE CALVIN AU ROI DE NAVARRE.

Sire,

D'autant que la reyne est toute resolue de bien payer ses arrerages a Dieu, et recompenser les defaults du temps passé, c'est a nous aussi de nous haster afin de marcher tousiours devant en nostre ordre et degré. Car c'est la meilleure de toutes vos preeminences de vous porter si vertueusement. . . .
. . . Or il vous plaira nous pardonner, Sire, si nous ne pouvons pas nous dissimuler que jusques icy vous ne vous estes pas acquitté a beaucoup pres de ce que Dieu a bon droit requiert de

vous. Ce n'est pas que nous considerions assez, Sire, les obstacles dont vous estes assiegé de tous costés. Mais quand vous penserez que nous sommes procureur de Dieu, vous souffrirez selon vostre pieté que nous ne vous flattions point en maintenant son droict. Il est donc temps de courir de paour que la nuit ne vienne, et que vous soyez surprins. En general, combien s'en fault-il, Sire, que vous aiez maintenu la querelle de Jesus-Christ selon que votre estat et dignité vous y oblige plus que les personnes privées. Si quelque povre homme et de basse condition fait semblant de consentir a ce que le nom de Dieu soit blasphemé, la religion mise en opprobre, et la paoure Eglise foulée soubs les pieds il fauldra qu'il se condamne de n'avoir point eu la parole de verité en sa bouche; que cera ce de vous auprés, Sire, en ceste authorité, honneur et haultesse, si, sans vous flatter, vous entrez en compte avec celuy duquel vous tenez tout? Ce seroit aussi lascheté a vous de couvrir par silence l'acte particulier qui a engendré envers grans et petits un si grand scandale. C'est de ceste malheureuse harangue qui a esté faite a Romme de vostre part, Sire, laquelle fait rougir, pleurer et gemir et quasi crever de despit tous bons zelateurs tant de la gloire de Dieu que de la bonne reputation de Vostre Majesté. Il est certain, Sire, que vous ne sauriez trop travailler a vous esvertuer tout au rebours jusqu'à ce qu'une telle faulte soit reparée devant Dieu et devant les hommes. Nous ne parlons point de celuy qui a esté employé pour porter la parole, pource qu'il ne se fust pas trouvé homme de bien qui eust voulu accepter telle charge. Mais il semble que luy et vos ennemis ayent voulu faire un triomphe du vitupere qui vous a esté faict en imprimant une telle ordure, qui n'estoit desia que par trop divulguée. Nous voyons bien, Sire, comment vous y avez esté induit, mais soit que les perplexités ou vous estiez pour lors vous ayent faict plier oultre vostre vouloir, soit que vous aiez eu esgard a vostre seureté pour obvier aux embusches de vos ennemys ou pour rompre des filets qui vous estoient tendus, soit que vous y aiez esté attiré par l'esperance de recouvrer a l'advenir ce qui vous appartient, rien de tout cela, sire, ne sera receu devant Dieu pour vous absoudre. Et de faict que seroit-ce s'il vous estoit dict que tout le monde vous seroit donne quand vous faictes hommaige a celuy qui ne peult rien que mal. Vous pardonnerez a la necessité, sire, laquelle nous contrainct de parler ainsi d'aultant que nous avons soing de nostre salut. . . . . Mais combien que les affaires de ce monde se demainent par longs circuits : Dieu veult qu'on procede plus franchement a soutenir sa querelle. Tellement que la façon de temporiser que vous ayez suyvye jusques icy, sire, ne sera jamais trouvee bonne en son bureau. . . . . Mesme nous pensons que Dieu pour corriger la tardiveté des grans a faict avancer les petits voire tellement qu'il seroit aujourd'hui difficile de les faire reculer. Or s'il luy a pleu les songner en telle sorte d'aultant plus que les malins s'efforceront d'y resister, tant plus debvez vous estre aiguise, sire, a mectre et applicquer en usaige les instrumens debiles auxquels en la fin apparoit la vertu du Saint-Esprit. . . . .

1562.

Lettres de Calvin, n° 108 *des manuscrits de la Bibliothèque de Genève.* Ruchat, VII, p. 390.

N° 62.

LETTRE DE CALVIN A LA REINE DE NAVARRE.

Madame,

La compassion que j'ay de vos angoisses me faict sentir en partie combien elles vous sont dures et ameres a porter. Mais quoy qu'il en soit si vous vault-il beaucoup mieulx d'estre triste pour telle cause que de vous anonchaillir a vostre perdition. C'est chose desirable d'estre a repos et a son aise quand Dieu faict ce bien a ses enfans de se pouvoir pleinement resiouir. Or puisque cela est ung privilege qui ne dure pas tousiours, s'il lui plaist de nous examiner, apprenons de le suyvre par chemins aspres et difficiles. . . . . Ainsi combien que tout le monde renverse si nostre ancre est fixée au ciel combien que nous soions agites si arriverons nous a bon port. . . . . Je me tiens bien asseure, madame, que Dieu exaulcera vos gemissemens et les nostres moyennant que luy offrions le sacrifice d'humilité qu'il requiert.

22 Mars.

Lettres de Calvin, no 108, des manuscrits de la Bibliothèque de Genève. Ruchat, VII, p. 393.

N° 63.

LETTRE DE FRANÇOIS DE MOREL A CALVIN.

Non possem explicare gaudium quo tuis literis sum affectus. Nihil cadit irritum de iis quæ præcipis atque mones.

Gratissimum mihi fecit noster normandius quod ad vos profectum ex itinere nos salutavit quam humaniter et illustrissima ducissa exceptus fuerit ipsum refere malo. Est hoc illi cosuetum ut in eos se propemodum effundat quos tibi charos esse putat. Cætera gravissimis telis ab hinc mensem vulnerata est generi tructu fœdumque facinus audit. Nam et fratres nostros charitate complectitur eorumque calamitatem miseratur et genero propter filiam bene cupit, minoremque culpam esse vellet. In ea pugna existit ad extremum regni christi cupido, superatis carnis affectibus. De causa religionis multa feruntur, neque inter se consentanea nisi quod constanter plerique afirmant Navarrenum et Guisum postquam relicta Lutetia ad aulam cum circiter tribus equitum milibus pervenerunt, edictum peperisse de proscribendis exturbandisque ex universa Gallia Pastoribus evangelicis. Condæus et rerum maritimarum præfectus cum non contemnenda nobilium manu in opido cui nomen La Ferté

sous Jouarre consederunt. Quæ consilia ineant, quid fratres
Lutetiæ animi habeant, tam ignoro quam in ultima agunt
Aquitania.
Ex monte Argi, 4.

*Cette lettre se trouve dans le n° 112 des manuscrits de la Bibliotheque de Geneve,
qui a pour titre : Lettres à Calvin.*

N° 64.

DERNIER FRAGMENT DU CHAPITRE DES OEUVRES DE BERNARD
PALISSY, OU CET AUTEUR RACONTE LES PREMIERS COMMEN-
CEMENTS DE LA RÉFORME DANS QUELQUES PARTIES DE LA
SAINTONGE, ET L'ÉTABLISSEMENT DE L'ÉGLISE DE SAINTES.

Lorsqu'ils ont eu liberté de mal faire, ils ont montré extérieurement ce qu'ils tenoyent caché dedans leurs misérables
poitrines : ils ont fait des actes si misérables, que j'ay horreur
seulement de m'en souvenir, au temps qu'ils s'esleverent pour
dissiper, abysmer, perdre et destruire ceux de l'Eglise reformée. Pour obvier à leurs tyrannies horribles et execrables, je
me retiray secrettement en ma maison, pour ne voir les
meurtres, reniemens et destroussemens qui se faisoyent ès lieux
champestres; et estant retiré en ma maison l'espace de deux
mois, il m'estoit avis que l'enfer avoit esté desfoncé, et que
tous les esprits diaboliques estoyent entrez en la ville de
Xaintes; car au lieu que j'entendois un peu auparavant
pseaumes, cantiques et toutes paroles honnestes d'edification
et bon exemple, je n'entendois que blasphemes, bateries, menaces, tumultes, toutes paroles miserables, dissolution, chansons lubriques et detestables, en telle sorte, qu'il me sembloit
que toute la vertu et saincteté de la terre estoit estouffée et
esteinte : car il sortit certains diabletons du chasteau de Taillebourg, qui faisoyent plus de mal, que non pas ceux qui estoyent
diables d'ancienneté. Eux entrans en la ville, accompagnez de

certains prestres, ayans l'espée au poing, crioyent : Où sont-ils ?
Il faut couper gorge tout à main, et faisoyent ainsi des mou-
vans, sachans bien, qu'il n'y avoit aucune resistance ; car ceux
de l'Eglise reformée s'estoyent tous absentez : toutesfois pour
faire des mauvais, ils trouverent un Parisien en la rue qui avoit
bruit d'avoir de l'argent : ils le tuerent, sans avoir aucune resistance, et en usant de leur mestier accoustumé, le mirent en
chemise devant qu'il fust achevé de mourir. Apres cela, ils s'en
allerent de maison en maison, prendre, piller, saccager, gour-
mander, rire, moquer et gaudir avec toutes dissolutions, et
paroles de blasphemes contre Dieu et les hommes, et ne se
contentoyent pas seulement de se moquer des hommes, mais
aussi se moquoyent de Dieu ; car ils disoient que Agimus avoit
gagné Pere eternel. En ce jour-là, il y avoit certains personnages ès prisons, que quand les pages des chanoines passoyent
par devant lesdites prisons, ils disoyent en se moquant : Le
Seigneur vous assistera, et luy disoyent encore, or dites à
present : Revenge moy, pren la querelle : et plusieurs autres
en frapant d'un baston, disoyent : Le Seigneur vous benisse. Je
fus grandement espouvanté l'espace de deux mois, voyant que
les portefaix et belistreaux estoyent devenus seigneurs aux
despens de ceux de l'Eglise reformée : je n'avois tous les jours
autre chose que rapports des cas espouvantables, qui de jour
en jour s'y commettoyent, et de tout ce que je fus le plus des-
plaisant en moy-mesme, ce fut de certains petits enfans de la
ville, qui se venoyent journellement assembler en une place
pres du lieu ou j'estois caché (m'exerçant toutesfois à faire
quelqu'œuvre de mon art) qui se divisans en deux bandes, et
jettans des pierres les uns contre les autres, juroyent et blas-
phemoyent le plus execrablement que jamais homme ouyt
parler : car ils disoyent, par le sang, mort, teste, double teste,
triple teste, et des blasphesmes si horribles, que j'ay quasi horreur, de les escrire : or cela dura assez longtemps, sans que les
peres ni meres, y missent aucune police. Il me prenoit souvent
envie de hazarder ma vie, pour en faire la punition ; mais je

disois en mon cœur le Pseaume LXXIX, qui se commence : Les gens entrez sont en ton heritage.....

N° 65.

LETTRE DE CALVIN A LA DUCHESSE DE FERRARE.

Madame,

Je scay comment Dieu vous a fortifiée durant les plus rudes assaulx. .... Je scay bien qu'une princesse ne regardant que le monde, auroit honte et prendroit quasi injure qu'on appelat son chateau un hostel Dieu, mais je ne vous scaurois faire plus grand honneur que de parler ainsy pour eslever et recognoistre l'humanité de laquelle vous avez usé envers les enfans de Dieu qui ont eu leur refuge a vous. J'ay pensé souventes fois, madame, que Dieu vous avoit reservé telles espreuves sur vostre vieillesse pour se paier des arrerages que vous luy debviez a cause de vostre timideté du temps passé, je parle à la façon commune des hommes. Car quand vous en eussiez faict cent fois plus et mille, ce ne seroit pas pour vous acquitter envers luy de ce que vous luy debvez de jour en jour pour les biens infinis qu'il continue à vous faire. Mais j'entends qu'il vous a faict un honneur singulier en vous employant a ung tel debvoir, et vous faisant porter son enseigne pour estre gloriffié en vous. ...... Je n'ay presentement satisfait a vostre desir pour vous envoyer un prescheur, mais je ne fauldray de veiller jusques à ce que vous en soyez pourveue. ...... Mais quand vous seriez icy, vous verriez que je ne vous prie pas sans cause d'avoir patience......

De Genève, ce 10 de may 1563.

Lettres de Calvin, Manuscrits de la Bibliotheque de Genève, n° 168. Ruchat. VII p. 400.

N° 66.

FRAGMENTS D'UNE LETTRE ADRESSÉE PAR LA REINE DE NAVARRE AU CARDINAL D'ARMAGNAC, QUI LUI AVAIT ÉCRIT POUR LA SUPPLIER DE REVENIR A LA VRAIE ÉGLISE, ET DE REMETTRE SOUS PEU DE TEMPS LES ÉGLISES DE LESCAR, DE PAU ET AUTRES, EN LEUR PREMIER ÉTAT.

A Belle-Perche, le 18° jour d'aoust 1563.

. . . . . Et quant au premier point sur la réformation que j'ay commencée à Pau et à Lescar, que j'ay deliberé continuer par la grâce de Dieu en toute la souveraineté de Béarn, je l'ai apprinse par la Bible que je lis plus que les docteurs, aux livres des Rois d'Israël, formant mon patron sur le roi Josias afin qu'il ne me soit reproché comme aux autres Rois d'Israël, que j'aye servi à Dieu, mais que j'ay laissé les hauts lieux.. . . . . . . et n'ay point entreprins de planter nouvelle religion en mes païs, sinon y restaurer les ruines de l'ancienne. . . . . Les deux estats m'ont protesté obeyssance pour la religion. . . . . Mes sujects tant ecclesiastiques que nobles et rustiques, sans qu'entre tant j'en aye trouvé de rebelles m'ont offert, en continuant tous les jours, la mesme obeyssance, vray opposition de rebellion. . . . . Je ne fay rien par force; il n'y a ny mort, ny emprisonnement, ny condamnation, qui sont nerfs de la force. Je sçay quels voisins j'ay. . . . . Dieu me montre des exemples. L'un et principal, à mon grand regret, du feu Roy mon mary, duquel discours vous sçavez le commencement, le milieu et la fin qui a descouvert l'œuvre. Où sont ces belles couronnes que vous lui promettiez et qu'il a acquises a combattre contre la vraye religion et sa conscience, comme la confession dernière qu'il en a faite en sa mort en est le seur tesmoignage et les paroles dites a la Royne, en protestation de faire prescher les ministres partout s'il guerissoit. Voilà le fruict de l'Evangile que la misericorde trouve en temps et lieu..... et me faites rougir de honte pour vous, quand vous alleguez tant d'exécrans que vous dites faites par ceux de nostre religion. Ostez la poultre de vostre œil pour voir le festu de vostre prochain, nettoyez la terre du sang juste que les vostres ont espandu, témoin ce que vous savez et ce que je scay. Et d'où sont venues les premières séditions, lorsqu'en patience, par le vouloir du Roy et Reyne, les ministres, tant en cour que partout le royaume, preschoyent simplement selon l'edict de janvier, et que le conseil de Monsieur le legat, cardinal de Tournon, et vous brassiez, ce qui a apparu depuis, vous aidans pour tromperie de la bonté du feu Roy, mon mary. Je ne veux pour cela approuver ce que soubs l'ombre de la vraye religion s'est fait en plusieurs lieux, au grand regret des ministres d'icelle et des gens de bien : et suis celle qui crie vengeance contre ceux-là, comme ayant pollué la vraye religion de laquelle peste avec la grâce de Dieu, Béarn sera aussi bien sauvé........

Je cognois bien que vous ne les avez hantez (les ministres) ouïs ny cognus, car ils ne preschent rien que l'obeissance des princes, la patience et l'humilité.

.... Quand vous dites que nous laissons l'ancienne doctrine pour suivre les apostats, prenez-vous par le nez, vous qui avez renoncé et rejetté le saint laict, dont la feu Reyne ma mere vous avoit nourry, avant que les honneurs de Rome vous eussent oppillé les vaines de l'entendement...... Je diray comme saint Paul, je n'ay point honte de l'Evangile........ Quant aux docteurs, j'y croi en tant qu'ils suivront la Saincte Escriture, comme aussi fai-je aux livres de Calvin, Bèze et les autres, tous reglez au niveau de la parole de Dieu. ....

Je ne scay où vous avez appris, qu'il y a tant de sectes entre les ministres ; mais je l'ay bien apperceu de vous austres à Poissy..... La France est sous le pape et est à s'en repentir..... Je ne recognois en Béarn que Dieu, auquel je dois rendre compte de la charge qu'il m'a baillée de son peuple. .

De par celle qui ne sçait comme se nommer, ne pouvant estre amye, et doutant de la parenté, jusqu'au temps de la repentance et penitence, qui vous sera cousine et amye,

JEANNE.

Extrait de l'Histoire de Foy, etc., par Olhagaray. p. 544. 545, 546. 547, 548, 549, 550 et 551.

N° 67.

LETTRE DE CALVIN A LA DUCHESSE DE FERRARE.

Madame,

J'ay entendu par vostre dernière lettre que quand vous aviez mandé a Messire Francisco qu'il serait bon que j'exhortasse a charité ceux qui font profession d'estre chrestiens, cela se rapportoit a quelques ministres lesquels vous avez trouvé peu charitables a vostre jugement. Cependant je puis recueillir que c'est au regard de feu M. le duc de Guise, en tant qu'ils ont été trop aspres a le condamner. Or Madame, devant qu'entrer plus avant en matiere, je vous prie, au nom de Dieu, de bien penser aussi que de vostre costé il est requis de tenir mesure.... C'est que sus ce que je vous avois allegué que David nous instruit par son exemple de haïr les ennemys de Dieu, vous respondez que c'estoit pour ce tems-la duquel soubs la loy de rigueur il estoit permis de haïr les ennemys. Or, madame, ceste glose seroit pour renverser toute l'Escripture..... Mais en disant qu'il a eu en haine mortelle les reprouvés, il n'y a doubte qu'il ne se glorifie d'un zele droict et pur et bien reiglé : auquel il y a trois choses requises, c'est que nous n'ayons point esgard a nous ny a nostre particulier : et puis que nous ayons prudence et discretion pour ne point juger a la volée : finalement que nous tenions bonne mesure sans oultre passer les bornes de nostre vocation. Ce que vous verrez plus a plain, Madame, en plusieurs passages de mes Commentaires sur les Psaulmes, quand il vous plaira prendre la peine d'y regarder. Tant y a que le Saint-Esprit nous a donné David pour patron, affin que nous en suivions son exemple en cest endroict. Et de faict il nous est dict qu'en cest ardeur il a este figure de nostre Seigneur Jesus-Christ. Or si nous pretendons de surmonter en doulceur et humanité celuy qui est la fontaine de pitié et misericorde, malheur sur nous. Et pour couper broche a toutes disputes, contentons-nous que saint Paul applique a tous les fideles ce passage que le zele de la maison de Dieu les doit engloutir..... Mesme Saint-Jehan, duquel vous n'avez retenu que le mot de charité, monstre bien que nous ne debvons pas soubs ombre de l'amour des hommes nous refroidir quant au debvoir que nous avons a l'honneur de Dieu et la conservation de son Eglise. C'est quand il nous defend mesme de saluer ceux qui nous destournent en tant qu'en eux sera de la pure doctrine..... Vous n'avez pas esté seule a sentir beaucoup d'angoisses et amertumes en ces horribles troubles qui sont advenus. Vray est que le mal vous pouvoit picquer plus asprement voyant la couronne de laquelle vous estes issue en telle confusion. Si est ce que vostre tristesse a esté commune a tous enfans de Dieu. Et combien que nous ayons peu dire tous, malheur sur celui par lequel ce scandalle est advenu : toutefois il y a eu matiere de gemir et pleurer, attendu qu'une bonne cause a esté fort mal menée. Or si le mal faschoit à toutes gens de bien, M. de Guise, qui avoit allumé le feu, ne pouvoit pas estre espargné. Et de moy, combien que j'aye tousiours prié Dieu de lui faire mercy, si est ce que j'ay souvent desiré que Dieu mit la main sur luy pour en delivrer son Eglise, s'il ne le vouloit convertir. Tant y a que je puis protester qu'il n'a tenu qu'a moy que devant la guerre gens de faict et d'execution ne se soyent efforcés de l'exterminer du monde, lesquels ont esté retenus par ma seule exhortation. Cependant, de le damner c'est aller trop avant sinon qu'on eut certaine marque et infaillible de sa reprobation : en quoy il se fault bien garder de presomption et temerité. Car il n'y a qu'un juge devant le siege duquel nous aurons tous a rendre compte. — Le second point me semble encore plus exhorbitant de mettre le roy de Navarre en paradis et M. de

Guise en enfer. Car si on faict comparaison de l'un a l'autre : le premier a esté *apostat;* le second a tousiours esté ennemy ouvert de la vérité de l'Evangile. Je requerrois donc en cest endroict plus grande moderation et sobrieté. Cependant j'ay a vous prier, Madame, de ne vous pas trop aigrir sur ce mot de ne point prier pour un homme, sans avoir bien distingué de la forme et qualité dont il est question..... Sur quoy, Madame, je vous feray un recit de la reyne de Navarre, bien pertinemment. Quand le Roy son mary se fut revolté, le ministre qu'elle avoit, cessa de faire mention de luy aux prieres publiques. Elle faschée luy remonstra que mesme pour le regard des subjects il ne s'en debvoit point deporter. Luy s'excusant declaira, que ce qu'il s'en taisoit du tout estoit pour couvrir le deshonneur et honte du Roy son mary : d'aultant qu'il ne pouvoit prier Dieu pour luy en verité qu'en requerrant qu'il le convertit, ce qui estoit descouvrir sa cheute. S'il demandoit que Dieu le maintint en prosperité, ce seroit se mocquer profanant l'oraison. Elle ayant ouy ceste responce demeura quoye, jusqu'a ce qu'elle en eut demandé conseil a d'aultres. Et les trouvant d'accord acquiesça tout doulcement. Madame, comme je sçay que ceste bonne princesse vouldroit apprendre de vous selon que l'usage le porte et vos vertus le meritent : aussi je vous prie n'avoir point honte de vous conformer a elle en cest endroict. Son mary luy estoit plus prochain que vostre gendre ne vous a esté. Neantmoins elle a vaincu son affection, affin de n'estre point cause que le nom de Dieu fut profane. Ce qui seroit quand nos prieres seront feinctes ou bien repugnantes au repos de l'Eglise. Et pour conclurre ce propos par charité : jugez, Madame, je vous prie, si c'est raison qu'a l'appetit d'un seul homme nous ne tenions compte de cent mille : que la charité soit tellement restraincte a celuy qui a tasche de mettre tout en confusion que les enfants de Dieu soient mis en arriere. Or le remede est de haïr le mal sans nous attacher aux personnes; mais laisser chacun devant son juge..... Et la responce aussi et refus de M. Coulonge sent plus son ambition et vanité mondaine que la modestie d'un homme de nostre estat, dont je suis bien marry..... Ainsi haine et chrestienté sont choses incompatibles. J'entens haine contre les personnes.

1er Avril 1564.

Lettres de Calvin. Manuscrits de la Bibliothèque de Genève. Ruchat, VII, p. 408

N° 68.

LETTRE DE CALVIN A LA DUCHESSE DE FERRARE.

Madame,

. . . . Je vous prieray de me pardonner si je vous escris par la main de mon frere a cause de la foiblesse en laquelle je suis et les douleurs que je souffre de diverses maladies, deffault d'aleine, la pierre, la goutte et une ulcere aux vaines esmoroïcques qui m'empesche de prendre aulcun exercice ce qu'il seroit toute esperance d'allegement (*sic*). . . . . . Vous avez pris le propos tout au rebours (quant a Guise et a Coulonges). Voila pourquoy je me deporte de vous en dire plus ne bien ne mal. . . . .

Genève, ce 4 avril 1564.

Lettres de Calvin; manuscrits de la Bibliothèque de Genève, n° 108. *Ruchat*, tom. VII, p. 442.

N° 69.

LETTRE DU MINISTRE DE BONVOULOIR A COLLADON, PASTEUR A GENÈVE.

Monsieur et tres-honoré frere, non-seulement l'ancienne cognoissance et amitié, la patrie : l'union de l'office auquel il a pleu a Dieu nous appeler me donnent occasion de vous escrire : mais principalement les exhortations et consolations saintes que je reçoy par les responses qu'il vous plaist faire a mes lettres; je vous ai donc voulu saluer par la presente pour vous advertir de l'estat de ceste eglise et autres circonvoisines. Elles se portent assez bien selon le temps, la grace au Seigneur. Il n'y a que ceux qui devoient donner exemple aux plus petits qui ne daignent venir ouir la parolle de Dieu, pour ce que nous preschons aussi loing de ceste ville, comme de Lancy a Bernay, et y a beau chemin pour y aller, mais tels penseront avoir fait grand courvée. Je crois qu'ils sont aveuglez en leurs biens et grandeurs, et se persuadent qu'ils les perdroient s'ils se trouvoyent aux sermons, pour ce que les edits du Roy ne le permettent, disent-ils, assez apertement, mais, comme vous sçavez, sont les petits et non les sages de ce monde que Christ appele à la communication de ses tresors celestes. Cependant il y en a quelques-uns riches et d'authorité qui suyvent nostre eglise : et qui se comportent chrestiennement en icelle. Je vous supplie de prier nostre pere celeste pour la prosperité de nostre dite eglise, et pour toutes celles de par-deça. Au reste, si commodité se presente a vous de m'escrire, je vous prie me mander si quelques cantons suisses ont receu l'evangile depuis peu de temps, comme on dit de par deça, si l'empereur s'est declaré de la religion etc., car nous desirons sçavoir telles bonnes nouvelles, non pour le support que nous en pourrions avoir (car Jeremie nous a appris de ne nous fier en l'homme, et de ne prendre la chair pour nostre bras) mais pour ce qu'elles concernent l'avancement de la gloire de Dieu et du regne de son fils eternel, nostre Seigneur Jesus-Christ, ce que sur toutes eglises nous souhaittons. Quant a nostre disposition moi et toute ma famille nous portons bien, graces a Dieu, lequel nous prions estre ainsi de vous et de toute la vostre. J'espere en l'aide du Seigneur accroistre la mienne de mon pierre ce mois de janvier prochain, car je pretens le faire venir de par deça par quelques-uns de ceste ville qui lors deliberent aller de par dela. Vray est que j'eusse esté joyeux de le pouvoir entretenir en ce bon college de Genève pour son instruction; mais puisque Dieu ne m'en donne la puissance pour ceste heure, il me faut faire de mieux que je pourray. Sur ce, Monsieur et tres-honoré frere, je me recommande humblement a vos bonnes graces et prieres, de Madame, semblablement et de toute votre famille : puis, quand tous en aurez autant pris de la part de ma femme, je prie Dieu vous tenir tousiours en sa garde et en santé donner longue et heureuse vie.

Je vous prie bien fort presenter mes humbles recommandations aux bonnes graces et prieres de messieurs vos freres et coadjuteurs en l'œuvre du Seigneur.

De Saint-Maixent, ce 30 novembre 1564.

Vostre frere obeissant et ami
serviable, Delaunay, dict de Bonvouloir.

Cette lettre se trouve dans le n° 197 des manuscrits de la Bibliothèque de Genève, qui a pour titre: Lettres diverses à Colladon. Lettres divers à divers.

N° 70.

LETTRE DU MINISTRE CLAUDE DE LA BOISSIÈRE
A THÉODORE DE BÈZE.

Salut en nostre Seigneur.

Monsieur, je loue Dieu et vous remercie du bien que par ci-devant il vous a pleu de me faire, tant pour l'advertissement que vous m'avez envoié touchant la modestie requise au service de Dieu, au tems ou nous sommes; comme aussi pour l'adresse qu'il vous a pleu donner au jeune escollier dict Tezac lequel de votre grace avez mis cheux Monsieur Baduel. Je ferois difficulté de vous prier encores de mesme chose, n'estoit que je sçay, que le desir et plaisir qu'avez a l'advancement de la jeunesse n'amoindrit point en vous, et surpasse beaucoup l'ennui que prennez de y vous employer; pourquoy je prendray l'hardiesse de vous presenter encores le present porteur et son frère, enfans d'une bonne et chrestienne veuve, laquelle ne veult rien epargner pour les bien louger en lieu qu'ils puissent acquerir ensemble sçavoir et bonnes mœurs. Il est vray qu'elle auroit grand desir, s'il ne vous estoit trop ennuyeux (comme je sçay aussi la difficulté qu'il y a que vous puissiez satisfaire a chose de plus grande importance) de les recueillir auprès de vostre personne, par ainsi il vous plaira les avoir pour recommander, et si vos negoces ne peuvent permectre un tel bien, pour eux comme la mere leur souhaite, il vous plaira les dresser en quelque aultre lieu vertueux, comme par vostre bon advis cognoistrés plus expedient, esperant que la mere ne sera ingrate envers ceulx qui en auront besoin. Le Roy a esté en ceste ville et par ce pais, et a veu par experience partie des fruicts qu'aporte la parolle de Dieu. Car en tout son royaume, il n'a point trouvé une plus grande tranquillité, qui a causé qu'il a amplifiié sa façon d'esdict, donnant l'exercice de la Religion ou bien liberté d'iceluy en trois lieux, oultre celuy qui estoit contenu par son edict. Quant est de nostre lieu, nous sommes tousiours en mesme peine que par le passé, mais (comme nous sommes faicts si non pour servir a Dieu, on bien estre retirés à luy), je ne me puis persuader que ce corps d'eglise, ce corps de notre Seigneur, lequel par si longtemps il a basti et dressé en ce lieu, doive estre deschiré et confus par la privation de son service, et quand ainsi seroit nous ne sommes poinct envoyés aux lieux pour seulement conserver ceux là qui sont venus en l'Eglise, car s'il en y a peult estre de meilleurs qui sont encore enveloppés et errants hors l'Eglise a raison desquels nous sommes destinés a nostre vocation, a plus forte raison sommes-nous obligés à n'intermettre le service de Dieu aux lieux où nous sommes appellés. Dieu par sa grace nous y sera secourable. Je vous prieray aussi, monsieur, qu'il vous plaise nous faire ce bien, si possible est. que nous puissions encores estre pourveux de deux ou trois pasteurs pour ceste province, comme le frere qui en a charge vous exposera la necessité que nous en avons, et d'autant qu'il vous pourra reciter plus au long toutes nouvelles de par deça, faisant fin à la presente, je supplieray Dieu, monsieur, qu'il luy plaise de toujours faire prosperer son œuvre entre vos mains, et vous conserver avec nos bons freres qui sont avec vous pour les siens a sa gloire eternellement.

De Xaintes, ce 17e de septembre 1563.

Vostre tres humble et entier frere,

BOISSIÈRE.

Cette lettre se trouve dans le n° 118 des manuscrits de la Bibliothèque de Genève, qui a pour titre : Lettres diverses de Bèze.

N° 71.

LETTRE DE THÉODORE DE BÈZE A LA REINE DE NAVARRE.

Madame,

L'infirmité de ce pauvre monde est telle, comme je sais que vous avez appris, et par écrit et par expérience, que nul n'a plus besoin de serviteurs que ceux qui sont elevés en plus haut degré; de ma part ayant receu ce bien d'estre du nombre de ceux auxquels je m'assure que n'auriez de plaisir de commander, et n'ayant toutesfois aucun moyen de vous faire service, comme je desirerois s'il plaisoit a Dieu, j'ai deliberé, a faute de pouvoir m'employer moi-même, au moins chercher tant que je pourrai le moyen de vous en addresser qui le puissent et veulent faire, a l'honneur de Dieu et a l'acquit de votre conscience.

Madame, je vous prie vous souvenir d'un personnage nommé Laurent de Normandie, qui vous fut recommandé par feu mon bon père, monsieur Calvin, lorsque vous estiez à Saint-Germain, avant ces derniers troubles, pource qu'il avoit besoin des lettres du roi, afin de rentrer en ses biens, desquels il avoit esté spolié pour s'estre retiré par deça. Outre ce qu'il estoit longtemps un serviteur du feu roi votre père, en état de maistre des requestes, auquel état mesme il a esté continué par le feu roi vostre mari, et par vous aussi, madame, je sais que, estant lieutenant de Noyon, il a tousiours manié grands affaires concernant le feu roi en Picardie, et depuis, estant par deça par l'espace de seize ans, il s'est tellement gouverné que je ne ferai jamais difficulté de repondre de sa prudhomie, experience et diligence. Et pource que maintenant ayant obtenu telles lettres qu'il demandoit de rétablissement, il est pour faire un voyage en Picardie, je n'ai voulu faillir, madame, de vous en avertir, et en escrire un mot a M. de Passy, qui le connoist comme moimême, pour l'assurance que j'ai qu'il est pour vous y faire bon service, selon l'occasion qui s'offrira, à la gloire de Dieu et a vostre contentement.

Madame, je prie nostre bon Dieu et pere que, vous multipliant toutes ses grâces de plus en plus, il vous maintienne et conserve en sa sainte protection.

De Genève, ce dernier de juin,

Vostre très humble et obeissant serviteur,
TH. DE BESZE.

Cette lettre se trouve imprimée dans les généalogies genevoises de M. Galiffe.

N° 72.

LETTRE DU PRINCE DE NAVARRE AUX SYNDICS ET CONSEIL DE GENÈVE, POUR DEMANDER THÉODORE DE BÈZE.

Messieurs,

Par ce présent porteur, que vous envoyons exprès vous entendrez bien au long l'estat des affaires qui touchent les

Eglises de ce royaume, l'ayant chargé vous en discourir et apporter fidellement aucunes particularités. Aussi, pour vous faire une requête de nostre part, qui concerne mons. de Bèze. Vous priant donc, messieurs, ouyr et entendre tout ce que cedit porteur vous dira et requerra, de tellement priser et considerer les justes occasions de nostre requeste que, en la nous octroyant comme nous vous asseurons que vous ferez, nous en puissions recevoir le fruict que nous en esperons et attendons, et sur ce, nous ne vous ferons plus longue lettre, priant Dieu, messieurs. qu'il vous ayt en sa tres saincte et digne garde.

De La Rochelle, ce onzième jour de janvier 1570.

Vostre bien bon amy,
HENRY.

A magnifiques Seigneurs
Les sindics et conseil de la ville de Genève.

Lettres du prince de Navarre
Touschant mons. de Bèze; venue le 27 février 1571.

Cette lettre se trouve dans les archives de l'hôtel-de-ville de Genève.

N° 73.

DÉLIBÉRATION DE LA VÉNÉRABLE COMPAGNIE DES PASTEURS DE L'ÉGLISE DE GENÈVE, SUR LA DEMANDE QUI LUI AVAIT ÉTÉ FAITE DE LAISSER ALLER THÉODORE DE BÈZE AU SYNODE DE LA ROCHELLE.

1571.

En mars vint ung secretaire de monsieur l'admiral pour convier Mons. de Besze à La Rochelle, où se debvoit tenir ung synode. Le mercredy prochain, M. de Besze manda a Colladon après le premier coup sonné pour le presche, qu'un seigneur syndique vouloit parler a lui apres qu'il avoit presché, lequel s'estant presenté a lui après le sermon devant la maison de ville dit audit Colladon que messieurs desiroient avoir l'advis de la compaignie sur ce que le susdit secretaire estoit venu querir M. de Besze pour le synode de La Rochelle, et qu'il le proposast en l'assemblée des aultres ministres.

Ce qu'il fit, et la chose estant mise en deliberation, fut trouvé bon que M. de Besze ne fist ledit voyage tant pource qu'il estoit fort cogneu, et avoit la beaucoup de gens qui pourroient l'espier à l'aller ou au revoir, qu'aussi pource que desia du temps de feu M. Calvin et depuis, on avoit dict que Geneve vouloit entreprendre sur les aultres Eglises comme si on ne pouvoit en France adviser et ordonner des choses appartenantes au gouvernement des Eglises, sinon qu'il y eust ung ministre de Genefve. Ainsi qu'il estoit a craindre que plusieurs par dela le trouvassent mauvais vu mesmement les lettres que le Roy avoit escriptes a messieurs a son advenement a la couronne, et qu'il ne pourroit estre qu'en ennuyt a la cour la presence dudit monsieur de Besze audict lieu de La Rochelle, et qu'il sembleroit là a aucun qu'il y seroit allé pour quelque entreprise et remuement a cause des troubles précédents, au moins qu'ils l'interpreteroient ainsi. M. de Besze en partie s'excusoit suivant l'advis des aultres, en partie respondoit a toutes les objections concluoit qu'il estoit expedient qu'il y allast, et qu'il savoit les chemins et moyens pour y aller secrètement, et a moins de dangers qu'on ne pensoit. Mons. de la Faverge et Colladon furent deputez pour faire le rapport de l'advis de la compagnie a messieurs, et notamment qu'on ne trouvoit pas bon que M. de Besze fist ledit voyage, et ainsi le rapportèrent lesdits pasteurs a deux sieurs syndiques qu'ils trouvèrent au dedans de la maison de ville. A quoy l'un desdits sieurs syndiques repliqua que messieurs trouvoient bien des difficultés là. Toutesfois que pour gratifier à la royne de Navarre, messieurs les princes et monsieur l'admiral, ils inclinoyent a y envoyer mons. de Besze. Lesdits M. de la Faverge et Colladon respondirent que les ministres, puisqu'il avait pleu a messieurs d'en demander leurs advis ne pourroyent le trouver bon, et qu'il y avoit moyen de faire les responses envers messieurs les princes, telles qu'ils les auroyent aggréables, et sur ce prindrent congé. Mais l'ung desdits sieurs syndiques se levant adjousta que ledit secretaire de monsieur l'Admiral reportoit que ledit sieur Admiral avoit a dire audit monsieur de Besze des choses concernans l'estat de la ville et de grandes consequences lesquelles il ne pouvoit escrire en sorte quelconque, ni mander de bouche par aucuns. Lesdits de la Faverge et Colladon dirent qu'ils rapporteroient a la compagnie le ditpoint de Monsieur l'Admiral, afin d'en rendre response a messieurs. Ledit sieur syndique adjousta encore qu'il y avoit en France certains ministres tenans opinions faulses en la doctrine, et d'aultres n'accordans a la discipline pour lesquels ranger on mandoit de Besze. Ledit de la Faverge et Colladon promirent de rechef de rapporter le tout en leur assemblée. Ce qu'ils firent, et ce poinct de rechef estant mis en deliberation, l'advis fut que quant audits ministres qui en France troubloyent la doctrine y avoit gens savans pour les refuter comme monsieur de Chandieu, monsieur Despina, Mons. Malot et autres, quant a ceux qui ne vouloient approuver la discipline, il y avoit les statuts synodaux, lesquels il estoit aisé de proceder contre eux, et mesmement qu'au dict synode de La Rochelle assisteroyent la Reyne de Navarre, messieurs les princes et monsieur l'Admiral, qui authoriseroyent le tout.

Quant a ce qu'on disoit que Mons. l'Admiral avoit quelque chose a dire a M. de Besze concernant l'estat de la ville, l'advis a esté de respondre a messieurs que l'estat des freres n'est pas de deliberer là-dessus et ainsi qu'ils s'en raportent a leur bonne prudence et discretion, prians Dieu de tenir le tout. Et ainsi fut rapporté le tout a messieurs.

M. de Besze partit quelques jours apres.

Extrait des registres manuscrits de la venerable compagnie des pasteurs de Genève de 1571.

N° 74.

FRAGMENT DU JOURNAL MANUSCRIT DU MINISTRE MERLIN, MINISTRE DE LA ROCHELLE, OU CE PASTEUR RACONTE COMMENT IL PARVINT A ÉCHAPPER AU MASSACRE DE LA SAINT-BARTHÉLEMI.

De la mon pere partit au mois de juillet 1572 avec M. de Lavardin pour aller trouver Mons le prince de Condé a Vendosme, ou le corps de la roine de Navarre Jehanne d'Albret fut apporté en ce mesme temps. Tost apres, le roy de Navarre et le prince de Condé suyvis de grand nombre de noblesse partirent pour aller a Paris espouser leurs femmes sçavoir est : le prince une fille de Clèves, et le roy de Navarre, la sœur du roy Charles IX. Mon pere estant la à la suyte dudict Seigneur prince envoya querir ma mere et moy, de sorte que nous y arrivasmes quelques jours avant les nopces du Roy de Navarre, moy estant aagé de 6 ans 5 mois : quatre jours apres, le 22 d'aoust, M. l'admiral fut blessé d'ung coup d'harquebouze tiré en trahison comme il retournoit du Louvre : et deux jours apres fut cest horrible massacre qui esteignit presque l'eglise duquel toutesfois mon pere qui estoit en la chambre de M. l'admiral fut delivré par une grace de Dieu spéciale comme aussi ma mere et moy qui estions logez en la rue de Grenelles, vis-à-vis d'ung petit hospital de femmes vefves chez ung taillieur nommé maistre Pierre. Certains gentilshommes de la suite de M. de la Chastre qui estoyent logez pres, nous sauverent ma mere et moy, et nous ayans gardé une nuict, le lendemain nous menerent en ung jardin tout au bout du faulxbourg Saint-Honoré et nous laisserent en garde, a une femme agée, concierge du logis et du jardin. De la environ le midy ils firent conduyre ma mere à l'hostel de l'An chez madame la duchesse de Ferrare me laissans entre les mains de la dite femme en esperant que ma dite mere me renvoyeroyt bientost querir apres, ce qu'elle fist des ce jour :

mais la femme ne me voulut rendre disant qu'il luy falloyt cinq cens escus. Le lendemain elle envoya de rechef avec quelque argent, mais encores ne voulut-elle me rendre menassant de me donner a ung Italien escuyer de la grande escuyerie du roy, si on ne luy bailloit quelque bonne somme d'argent. De sorte qu'il falloit prier les gentilshommes qui nous avoyent mis la dedans de m'aller retirer de ses mains, ce qu'ils firent faysant entendre à ma mère que pour me ravoir ils avoyent baillé dix escus. Ainsi je fus rendu sain et sauf à mon père et à ma mère le mercredy après le massacre. Vray est que cest femme me fit apprendre l'Ave Maria et me fit baiser les idoles, ce que mon père et ma mère m'ont souvent depuis reproché, et le vendredy suivant, madame la duchesse de Ferrare nous ayant tous fait mettre en ung coche, nous amena avec soy à Montargis, où nous arrivasmes le dernier jour d'aoust, ayant été conduits par une escorte de gens de cheval qu'avoit baillé M. de Guyse, petit-fils de madite dame.....

Extrait du Diaire du ministre Merlin, pasteur de La Rochelle.
Manuscrits de la Bibliothèque de La Rochelle.

N° 75.

INSCRIPTION

FAITE ET PUBLIÉE PAR LE CARDINAL DE LORRAINE, ET AU NOM DE CHARLES IX, EN L'HONNEUR DE LA SAINT-BARTHÉLEMY.

D. O. M.

Beatissimo Patri Gregorio XIII, pont. max. sacro illustrissimorum cardi. collegio.

S. P. Q. R.

Carolus IX christianissimus Francorum rex, zelo zelatus pro Domino Deo exercituum, repenté, velut angelo percussore divinitus immisso, sublatis unâ occidione propè universis regni sui hœreticis perduellibusque, tanti beneficii immemor nunquam futurus, consiliorum ad eam rem datorum, auxiliorum missorum, duodecennalium precum, supplicationum, votorum; lacrimarum, suspiriorumque ad D. O. M. suorum et christianorum omnium planè stupendos effectus, omnino incredibiles exitus, modis omnibus redundantem divino munere societatem, ipse nunc solidissimorum gaudiorum gratulatur.

Tantam felicitatem, quæ beatissimi patris Gregorii XIII. Pont. initio, non multo post ejus admirabilem et divinam electionem evenerit, unâ cum orientalis expeditionis constantissimâ et promptissimâ expeditione, ecclesiarum rerum instaurationem, marcescentis religionis vigorem et florem certò protendere auguratur.

Pro isto tanto beneficio, conjunctis vobiscum hodie ardentissimis votis, absens corpore, præsens animo, hic in æde Sancti Ludovici ævi sui D. O. M. gratias agit quàm maximas, utque spes hujus modi ne fallat, ejus bonitatem supplex deprecatur.

Carolus tituli sancti Apolinaris S. R. E. Card. de Lotharingia hoc omnibus significatum et testificatum esse voluit

Anno M. D. LXXII. VI id. septemb.

Litteris romanis aureis majusculis descriptum festâ fronde velatum ac lemniscatum est supra limen ædis Sancti Ludovici, Romæ appensum, anno et die prædictis. Parisiis, apud Joannem Dallier, in ponte D. Michaëlis, sub Rosâ alba.

Extrait de l'Histoire de Jeanne d'Albret, par Mme Vauvilliers, tom. III. p. 275

N° 76.

LETTRE DE FRANÇOIS DE LA NOUE, PRISONNIER AU CHATEAU DE LIMBOURG, A L'UN DE SES FILS.

..... Je ne sçay comment les affaires du monde peuvent aller : cependant gouvernez vous y prudemment. Et sur tout avant que rien entreprendre qui importe, priés toûsiours Dieu de bon cœur; car vos pas seront dirigez. Je scay bien que les tempestes qui sont survenuës sont grandes : mais ne doutés point que Dieu ne les desmesle. Je vous veux parler de ma disposition : Elle s'ameliore : mais ce ne sont pas vos medecins qui en sont cause : c'est une continuelle et ardente priere que je fais à Dieu, qui a eû pitié de moy, selon son ancienne misericorde. Car j'ay au moins cette commodité que je puis toûjours lire et escrire, qui sont mes consolations. Ma principale estude est ès escritures, ausquelles i'estime toûjours profiter de plus en plus : et c'est le precieux tresor que i'ay trouvé, qui me donne un contentement incomparable. Toutes choses au prix ne sont que vanité. Ma patience croist, et ma consolation attend l'accomplissement des promesses de Dieu, qu'il fait à ceux qui sont en extrême affliction. Vous les verrés et moi aussi effectuées, quand le temps determiné sera venu, qui nous est encore caché. Toutes fois je vous puis asseurer qu'il ne sera pas long d'autant que par experience et sentiments interieurs, i'en juge aucunement. Parquoy travaillés : car par aventure Dieu benira vos labeurs, et ceux de tous nos amis. Ce n'est à nous à luy prescrire les moyens de nous aider : seulement il le faut requerir qu'il benisse ceux qu'il luy plaira. Estant en Flandres vous verrez ce qui se passe. On dit par deça qu'on traite tantost avec

les uns, tantost avec les autres. Quoy qu'il soit, faites avec
nos amis que je ne sois pas oublié, car il m'en prendroit mal.
Il me semble que quoy qu'on ait determiné contre moy, vous
devés procurer que tous les prisonniers de delà soient bien
traittés. Car quelque jour les cruautés et les inhumanités seront
conneües, et on verra que nous n'avons voulu user de revanche.
J'ayme mieux endurer que non pas qu'on fist endurer autruy
à mon occasion, encore qu'il n'y ait jamais eu barbare traité
comme moy : mais le Seigneur l'a ainsi permis pour mon instruction, et il fera un jour reluire les fruits de mon affliction.
Vous leur pourrez toûiours remontrer qu'en deux ans et
demy qu'il y a que je suis icy, je n'ay pas eû ce privilege de
me pouvoir promener une seule fois dans une cour ou jardin,
pour prendre l'air, n'ayant bougé d'une horrible spelonque où je
suis. J'ay eû de grandes et extremes angoisses par cy devant,
que vous avez pû voir par mes mouvemens, ayant senti toutes
les pesanteurs d'une mortelle affliction, et n'ayant point fait
conte de ma vie. Cependant je suis prest de la laisser quand
il plaira à Dieu ; mais il m'a un peu relevé de mes douleurs
par les consolations de l'esprit. Je me doute bien qu'on machine
souvent ma mort. Toutes fois sans ordonnance celeste je scay
qu'aucun ne la peut avancer. Je vous prie, et tous nos amis aussi,
de considerer la longueur de ma prison, qui est merveilleusement dure, estant seul comme je suis. Mais les conseils de Dieu
sont admirables. Je scay qu'il m'instruit, mais je ne scay pas
pourquoy. Priés mes amis qu'ils prient pour moy : car cela
profite. Ecrivés aussi au roi de Navarre, et à Monseigneur le
Prince, et leur faites entendre la misere de ma condition et la
prison perpetuelle qu'on m'a signifiée. Je m'asseure qu'ils en
auront pitié : car je suis de leurs anciens serviteurs. Messieurs de Montmorancy et de Châtillon me sont amis. Entre-
tenès-les toûiours en leur bonne volonté, afin qu'ils ne perdent

les occasions de m'ayder. J'ay beaucoup de bons amis en ces quartiers là, entr'autres je m'asseure que Mess. de Segur, du Bartas, du Plessis, de la Marsillere et du Pin, veilleront toûiours pour moy. Priés les en de ma part, et me recommandés toûjours à eux, afin qu'ils se souviennent de moy, car il en est temps ou jamais, maintenant qu'on m'a signiffié cette perpetuelle prison, ou plustot cette mort. Certes le Seigneur a compassion de ceux à qui on denie misericorde. J'espere que je seray delivré devant que la derniere persecution de France arrive, laquelle ne sera pas petitte, et y a encore de la besongne taillée. Cependant quiconque invoquera le nom du Seigneur sera sauvé. Je vous avois escrit il y a quelque temps qu'un jeusne public eust esté necessaire. J'estime qu'en ces grandes afflictions on se convertira à Dieu. Quant à moy, je ne m'attens pas tant aux moyens humains, que je decline de l'esperance que j'ay en Dieu, lequel comme il m'a envoyé une affliction extraordinaire, m'aidera aussy extraordinairement s'il luy plaist. Je seme en pleurs et en larmes, mais i'espere que le Seigneur me fera moissonner en joye. Vous avés veu la delivrance merveilleuse d'Anvers. Croyés que ses miracles ne sont attachés en un lieu. J'attendray le terme de mon affliction selon la volonté de Dieu. S'il est possible faites que j'aye quelque commodité de me promener quelques fois. Car je suis icy comme dans le taureau de Phalaris, plus mal traité qu'un parricide. Dieu vueille que je pardonne à mes ennemis, comme David et Job ont fait aux leurs. J'ay esté esprouvé jusques au dernier degré, mais j'ay appris beaucoup. Il y a encore du mal à passer pour le corps dont nous sommes membres. Mais le refuge est certain. Et ne faut pas penser qu'estant hors d'icy je sois hors de toutes miseres : car il faut parachever la course en souffrant : mais il y a des relaches. Je puis dire avec David, encore que je ne sois qu'un vermisseau

Dieu m'a jusques au fond plongé, des fosses noires et terribles : mais la fin sera heureuse. Dieu prepare un bel œuvre. Nous ne devons point nous enquerir que ce sera, mais le supplier de parfaire ce qu'il a commencé. Nous dirons avant qu'il soit longtemps : Advis nous estoit proprement, que nous songions tant seulement. Le Seigneur Jesus-Christ qui m'a donné santé corporelle, me la donne spirituelle s'il lui plaist. Mais je vous puis dire que ma maladie a esté horrible en douleur et continuation. Je ne perdray cependant rien en mon martyre, puisque i'ai trouvé le tresor caché. Car i'ai des talents que je mettray quelque jour à proffit. Recommandés moy bien à tous mes bons amis, et qu'ils se souviennent de moy. Car je les verray de mes yeux corporels. Ecrit le 2 de juin 1584.

Cette lettre, qui fut trouvée dans le château de la Noue, à Montreuil-Bonnin, en Poitou, a été insérée dans la biographie que Moyse Amyrault nous a laissée de ce guerrier célèbre.

FIN DE L'APPENDICE.

TABLE
DES MATIÈRES.

Chapitre premier. — 1509-1523.

Aurore de la réformation en France. — Premiers travaux de Lefèvre sur la Bible — Arrivée de Guillaume Farel à Paris. — Sa conversion. — L'évêque Briçonnet tente de réformer son diocèse. — Oppositions. — Progrès de l'Évangile à Meaux. PAGE 1.

Chap. II. — 1523-1524.

Farel va prêcher la Réforme dans le Dauphiné. — Ses succès. — Son retour à Meaux. — Attaques des docteurs de Sorbonne contre Antoine Papillon, Louis de Berquin et Lefèvre. — Faiblesse de l'évêque Briçonnet. — Premiers martyrs. — Farel se retire à Bâle. PAGE 16.

Chap. III. — 1524-1525.

Zèle de Marguerite, sœur de François Ier, pour répandre la réforme. — Prédicateurs évangéliques à Grenoble, à Lyon et à Mâcon. — Réformation du comté de Montbéliard. — L'Évangile est prêché en Lorraine. — Martyres de Jean Castellan et de Wolfgang Schuch. PAGE 25.

Chap. IV. — 1525-1529.

Nouvelles persécutions. — Départ de la sœur de François Ier. — Lefèvre et Gérard Roussel se retirent à Strasbourg. — L'évêque Briçonnet abandonne la profession de l'Évangile. — Martyre de Jacques Pauvant et de l'ermite de Livry. — Assemblées secrètes dans le diocèse de Meaux. — Antoine Papillon meurt empoisonné. — Retour de Marguerite. — Sa correspondance avec le doyen du chapitre de Strasbourg. — Conciles provinciaux de Sens et de Bourges. — Martyres de Denis de Rieux, d'Étienne Renier et de Louis de Berquin. PAGE 38.

Chap. V. — 1529-1533.

La réforme trouve des adhérents dans les Universités. — Premières années de Jean Calvin. — Son séjour à Paris. — Il commence à connaître les doctrines de la Réforme. — Son arrivée à Orléans. — Il étudie le droit et la théologie. — Il travaille à répandre la Réforme à Orléans et à Bourges. — Ses prédications à Lignères. — Son retour à Paris. — Son premier ouvrage. — Zèle du réformateur. — Il est obligé de quitter Paris. PAGE 57.

Chap. VI. — 1533-1534.

Bienveillance de Marguerite envers Lefèvre. — Ses efforts pour étendre la réforme en France. — François Ier cède aux instances de sa sœur, et invite Mélanchton à venir dans son royaume. — Imprudence des réformés. — Violentes persécutions. — Courault et Gérard Roussel se retirent de Paris. PAGE 71.

TABLE

Chap. VII. — 1534-1535.

La réforme s'introduit dans plusieurs villes du midi. — Martyre de Jean de Caturce — Progrès de la réforme dans la Guienne et le Béarn. — Gérard Roussel, abbé de Clairac et évêque d'Oloron. — La reine de Navarre recommande la lecture de la Bible. — Pieuse activité de Gérard Roussel. — François Ier écrit à Mélanchton. — Édit de Coucy. — Lettre de Mélanchton au roi de France. — L'électeur de Saxe refuse de laisser partir le réformateur. — Renouvellement des persécutions. — Plaintes des princes Allemands. — Les réformés accusés faussement de sédition et de rebellion. PAGE 83.

Chap. VIII. — 1535-1538.

Séjour et travaux de Calvin dans l'Angoumois. — Voyages du réformateur à Nérac et à Noyon. — Il quitte l'Angoumois et se rend à Poitiers. — La réforme s'établit dans cette ville. — Calvin et son ami du Tillet sortent de France et se retirent à Bâle. — Le réformateur publie son institution chrétienne. — Il va visiter la duchesse de Ferrare. — Son retour à Bâle. — Nouveau voyage à Noyon. — Calvin quitte cette ville avec son frère Antoine pour retourner à Bâle. — La guerre l'oblige à passer par Genève. — Farel le retient dans cette ville. — Lettre de du Tillet et de Calvin. PAGE 94.

Chap. IX. — 1538-1557.

Progrès de la réforme en Poitou, et dans les autres provinces de France. — Massacres à Mérindol et à Cabrières. — Grande émigration. — De nouveaux messagers de l'Évangile se répandent en France. — Martyre de cinq étudiants à Lyon. — Philibert Hamelin, réformateur de la Saintonge, est brûlé à Bordeaux. PAGE 120.

Chap. X. — 18 Avril 1557. — 4 Septembre 1557.

Continuation des persécutions. — Plusieurs hauts personnages embrassent la réforme. — Un grand nombre de réformés vont s'établir au Brésil. — L'Évangile est prêché en Bretagne. — Progrès de la réforme en Guienne. — Henri II veut établir l'inquisition. — Organisation de l'Église de Paris. PAGE 145.

Chap. XI. — 4 Septembre 1557 - 19 Mars 1558.

Assemblée de réformés surprise à Paris. — Démarches pour sauver les prisonniers. — Calomnies déversées sur les réunions secrètes des réformés. — Interrogatoire et martyre de la dame de Luns. — Intercession de quelques cantons suisses et de plusieurs princes allemands, en faveur des réformés français. PAGE 161.

Chap. XII. — 19 Mars 1558. — 28 Avril 1559.

Progrès de la réforme en Béarn. — Plusieurs membres du parlement, de la noblesse et du clergé embrassent l'Evangile. — Chants des Psaumes au Pré-aux-Clercs. — Emprisonnement de d'Audelot. — Le ministre Simon Brossier est reçu à la cour de Nérac. — Le parlement de Paris traite les réformés avec moins de rigueur. — Confession de foi des églises réformées de France. PAGE 177.

Chap. XIII. — 28 Avril 1559. — Janvier 1560.

Henri II se rend à l'assemblée de la mercuriale. — Noble hardiesse de plusieurs membres du parlement de Paris. — Emprisonnement de plusieurs conseillers. — Nouvelle persécutions. — Tentative du roi de France pour ramener la duchesse de Ferrare au catholicisme. — Mort de Henri II. — Catherine de Médicis s'empare du gouvernement. — La persécution continue. PAGE 193.

CHAP. XIV. — Janvier 1560. — Mars 1560.

Procès et martyre d'Anne du Bourg. — Progrès de la réforme. — Les Guise se font les champions du catholicisme. — Continuation des persécutions à Paris et dans les provinces. PAGE 205.

CHAP. XV. — Mars 1560. — Juillet 1560.

Plaintes contre le gouvernement des Guise. — Conspiration d'Amboise. — Ralentissement de la persécution. — Progrès de la réforme en Guienne. — Assemblées publiques des réformés. — Ils s'emparent dans quelques provinces des églises et y célèbrent leur culte. — Traitements barbares exercés contre eux. PAGE 217.

CHAP. XVI. — Juillet 1560. — Avril 1561.

Assemblée des notables à Fontainebleau. — Requête des réformés présentée au roi par l'amiral de Coligny. — Jean de Monluc, évêque de Valence, et Charles de Marillac, archevêque de Vienne, s'élèvent contre la corruption de l'église. — Théodore de Bèze prêche dans l'église de Nérac. — Piège tendu au roi de Navarre et au prince de Condé. — Nouvelles persécutions contre les réformés. — Mort de François II. — Catherine de Médicis favorise la réforme. — Édit de tolérance. PAGE 229.

CHAP. XVII. — Avril 1561. — 25 Juillet 1561.

Joie des réformés. — Établissement de nouvelles églises. — Plusieurs hauts personnages demandent des ministres. — Un grand nombre de pasteurs de Genève et de la Suisse se rendent en France. — Jeanne d'Albret, reine de Navarre, abjure le catholicisme. — Efforts des ennemis de l'Évangile pour arrêter les progrès de la réforme. — Édit de Juillet. PAGE 242.

CHAP. XVIII. — 25 juillet 1561. — 9 Octobre 1561.

Colloque de Poissy. PAGE 249.

CHAP. XIX. — 9 Octobre 1561. — 17 Janvier 1562.

Accroissement prodigieux des églises. — Activité et zèle des réformateurs. — Plusieurs villes se déclarent pour la réforme à la suite de délibérations solennelles. — Théodore de Bèze célèbre le mariage de mademoiselle de Barbançon avec le prince de Rohan. — Assemblées de réformés dans les environs de Paris. — Prédication du ministre Malot au Patriarche, troublée par les prêtres de l'église Saint-Médard. — Édit de janvier 1562. PAGE 266.

CHAP. XX. — 17 Janvier 1562 — 1 Mars 1562.

Les ministres et députés des églises invitent les réformés à se soumettre à l'édit. — Difficultés opposées par les Parlements. — Le roi de Navarre abandonne la cause des réformés. — Fermeté de Jeanne d'Albret. — Les princes de Châtillon et de Condé quittent la cour. — Les Guise se rendent à Paris. — Massacre de Vassy. PAGE 279.

CHAP. XXI. — 1 Mars 1562. — 2 Avril 1562.

Indignation des réformés à la nouvelle du massacre de Vassy. — Francourt et Théodore de Bèze sont envoyés à la cour pour se plaindre de l'infraction de l'édit. — Nouveaux massacres. — Entrée du duc de Guise à Paris. — Le prince de Condé se retire de la capitale. — L'amiral de Coligny hésite à prendre les armes. — Il cède aux prières de son épouse et va rejoindre le prince de Condé à Meaux. — Les

Guise enlèvent le roi. — Fanatisme du connétable. — Les réformés s'emparent d'Orléans. — Belle discipline de l'armée protestante. PAGE 289.

CHAP. XXII. — 2 Avril 1562. — 15 Août 1570.

Les réformés s'emparent de plusieurs villes. — Conférence de Toury. — Mort du roi de Navarre. — Bataille de Dreux. — Le duc de Guise est assassiné. — Convention d'Amboise. — Le pape excommunie plusieurs prélats français, et déclare Jeanne d'Albret déchue de la dignité royale. — Deuxième guerre civile. — Tentative des réformés pour enlever la cour à Monceaux. — Bataille de Saint-Denis. — Paix de Longjumeau. — Troisième guerre civile. — Bataille de Jarnac. — Mort de Condé. — Henri, prince de Béarn, est proclamé général en chef des réformés. — Combat de la Roche-Abeille. — Bataille de Montcontour. — Paix de Saint-Germain. PAGE 298.

CHAP. XXIII. — 15 Août 1570. — 10 Juin 1572.

Synode national de La Rochelle. — La confession de foi y est signée d'une manière solennelle. — Jeanne d'Albret fait paraître la traduction du Nouveau Testament en langue basque. — Ordonnances ecclésiastiques publiées à Pau, le 26 novembre 1571. Artifices pour attirer les chefs du parti réformé à la cour. — Mort de Jeanne d'Albret. PAGE 305.

CHAP. XXIV. — 10 Juin 1572. — 5 Septembre 1572.

Massacre de la Saint-Barthélemy à Paris et dans les provinces. PAGE 321.

CHAP. XXV. — 5 Septembre. — Décembre 1576.

Quatrième guerre civile. — Siéges de La Rochelle et de Sancerre. — Quatrième paix. — Parti des politiques. — Entreprise des jours gras. — Mort de Charles IX. — Exécution du comte de Montgomery. — Avénement de Henri III. — Caractère du nouveau roi. — Reprise des hostilités. — Belle défense de Livron. — Évasion du duc d'Alençon et du roi de Navarre. — Cinquième paix. — Commencement de la ligue. — Premiers états de Blois. — Révocation de l'édit de paix. PAGE 346.

CHAP. XXVI. — Décembre 1576. — 5 Janvier 1589.

Manifeste du roi de Navarre et du prince de Condé. — Sixième guerre civile. — Échecs des réformés. — Édit de Poitiers. — Synode national de Sainte-Foy. — Traité de Nérac. — Guerre dite des amoureux. — Paix de Fleix. — Mort du duc d'Anjou. — Continuation de la ligue. — Révocation de l'édit de Poitiers. — Huitième guerre civile. — Claude de la Trémouille embrasse la réforme. — Le roi de Navarre fait amende honorable à Pons. — Bataille de Coutras. — Mort du prince de Condé. — Audace des ligueurs. — Édit d'union. — Henri de Guise et le cardinal son frère meurent assassinés. — Mort de Catherine de Médicis. PAGE 362.

CHAP. XXVII. — 5 Janvier 1589. — 2 Mai 1598.

Fureurs de la ligue. — Henri III s'unit à Henri de Navarre. — Mort de Henri III. — Avénement de Henri IV. — Combat d'Arques. — Bataille d'Ivry. — Blocus de Paris. — Mort de François de la Noue. — Abjuration de Henri IV. — Douleur des réformés. — Assemblée de Mantes. — Serment d'union. — Synode national de Montauban. — Assemblée de Sainte-Foy. — Formation d'un conseil général des églises. — Sessions du conseil général des églises à Saumur, à Loudun, à Vendôme et à Châtellerault. — Édit de Nantes. PAGE 373.

APPENDICE.

		Pages
N° 1.	Lettre de Pierre Toussaint à Farel.	3.
2.	Lettre d'Anémond de Coct à Farel.	4.
3.	Lettre de Pierre de Séville à Anémond de Coct.	5.
4.	Lettre de Pierre Toussaint au réformateur Farel.	7.
5.	Lettre de Marguerite de Navarre au Grand-Maître, Anne de Montmorency.	9.
6.	Lettre de Farel à Capiton.	10.
7.	Lettre d'Œcolampade à Farel.	11
8.	Lettre de Calvin à Bucer.	11.
9.	Fragment d'un ancien traité imprimé à Neuchâtel.	13.
10.	Harangue de François Ier, après la procession du 21 janvier 1535.	14.
11.	Lettre de Marguerite en faveur de Marot.	16.
12.	Témoignage rendu à la piété de Marguerite.	17.
13.	Lettre de François Ier à Mélanchton.	17.
14.	Lettre de Mélanchton à François Ier.	18.
15.	Lettre de François Ier aux cantons réformés de la Suisse.	20.
16.	Lettre de Calvin à la sœur de François Ier.	21.
17.	Lettre de Calvin à Mademoiselle de Budé.	25.
18.	Instructions de Calvin remises à M. Philibert Hamelin.	26.
19.	Lettre de Calvin à Madame de Cany.	28.
20.	Fragment tiré des Œuvres de Bernard Palissy.	29.
21.	Lettre de Calvin aux Fidèles de Poitou.	33.
22.	Lettre de Calvin aux Fidèles de Poitiers.	34.
23.	Lettre de Calvin aux Fidèles de Sédan.	35.
24.	Lettre de Calvin aux Fidèles de Paris.	35.
25.	Lettre de Calvin au Roi de Navarre.	37.
26.	Lettre de Calvin à Mademoiselle de Longjumeau.	41.
27.	Lettre de Calvin au duc de Wurtemberg.	42.
28.	Lettre des Princes protestants d'Allemagne à Henri II.	45.
29.	Lettre de Calvin à Mademoiselle de l'antigny.	49.
30.	Vers tirés de la première édition du Psautier.	50.
31.	Lettre de Pierre de Villeroche à Calvin.	53.
32.	Lettre de Calvin à d'Andelot, prisonnier, à Melun.	54.
33.	Lettre de Calvin au Roi de Navarre.	55.
34.	Lettre de Calvin à d'Andelot.	56.
35.	Lettre de Calvin au même.	57.
36.	Lettre de Calvin à l'amiral de Coligny.	58.
37.	Lettre d'Ambroise Faget à Calvin.	59.
38.	Lettre de Théodore de Bèze à l'Église réformée de Paris.	60
39.	Lettre de Bonvouloir à Dupont.	61.
40.	Lettre de Calvin à l'épouse de l'amiral de Coligny.	62.

N° 41. Lettre de François de Morel à Calvin.	64.
42. Lettre de La Motte à Calvin.	64.
43. Lettre de Calvin au duc de Longueville.	65.
44. Lettre adressée à Catherine de Médicis.	66.
45. Lettre de Calvin à Madame de Grandmont.	70.
46. Lettre de Calvin à la duchesse de Ferrare.	71.
47. Lettre de Calvin à l'amiral de Coligny.	73.
48. Lettre de Calvin au Roi de Navarre.	74.
49. Lettre de Prévôt à Calvin.	75.
50. Lettre du ministre Moyse à Calvin.	77.
51. Lettre de Jeanne d'Albret à de La Rivière.	78.
52. Lettre du ministre Bordat à Colladon.	79.
53. Lettre de François de Morel à Calvin.	80.
54. Lettre de Bonvouloir à Calvin.	82.
55. Lettre d'Alardy à Calvin.	83.
56. Lettre des Diacres de Mezin à Calvin.	85.
57. Lettre de Dumont à Colladon.	86.
58. Lettre de Calvin à la Reine de Navarre.	87.
59. Fragment d'une lettre de Théodore de Bèze à Bullinger.	88.
60. Dernier fragment des Œuvres de Palissy.	88.
61. Lettre de Calvin au Roi de Navarre.	90.
62. Lettre de Calvin à la Reine de Navarre.	92.
63. Lettre de Morel à Calvin.	93.
64. Fragment des Œuvres de Palissy.	94.
65. Lettre de Calvin à la duchesse de Ferrare.	96.
66. Fragment d'une lettre adressée par la Reine de Navarre, au cardinal d'Armagnac.	97.
67. Lettre de Calvin à la duchesse de Ferrare.	102.
68. Autre lettre de Calvin à la duchesse de Ferrare.	102.
69. Lettre de Bonvouloir à Colladon.	104.
70. Lettre de Claude de la Boissière à Théodore de Bèze.	106.
71. Lettre de Théodore de Bèze à la Reine de Navarre.	107.
72. Lettre du Prince de Navarre aux Syndics de Genève.	108.
73. Délibération des Pasteurs de l'Église de Genève sur le départ de Théodore de Bèze.	108.
74. Fragment du manuscrit du ministre Merlin.	111.
75. Inscription faite en l'honneur de la Saint-Barthélemi.	112.
76. Lettre de François de la Noue, à l'un de ses fils.	114.

FIN DE LA TABLE.

www.ingramcontent.com/pod-product-compliance
Lightning Source LLC
Chambersburg PA
CBHW071704230426
43670CB00008B/905